戦略経営111大学事例集

篠田道夫 著

東信堂

はじめに

　振り返ってみると、この10年間で100を超える大学を訪問し、理事長、学長、理事、事務局長、部課長などトップや幹部からお話を伺い、報告書や記事にまとめ、新聞・雑誌等に発表してきた。今回、出版のお勧めを頂き、改めて数えてみると111大学、これだけの数の大学訪問とインタビュー、報告書は過去にも例が少ないとのことで、これが本書のタイトル『戦略経営111大学事例集』となった。東信堂より『大学戦略経営の核心』と合わせて同時発刊の運びとなった。

　100を超える大学の取り組み事例は、大学の経営・教学のあらゆる分野を網羅し、その取り組みも極めて多彩である。そのことは目次からもご覧いただけると思う。全国111の大学が、厳しい現状を切り拓き、目標実現への真摯な取り組みの中で創り上げた幾多の成果は貴重であり、かつ示唆に富んでいる。10年間の激変する高等教育情勢に、如何に大学が立ち向かってきたかの大切な記録でもある。

　一つの大学の事例の中には、いくつものテーマで改革に活用できる情報が詰まっている。そのどこが役立つかは読み手にしかわからない。読者の所属する大学の現状や課題、何が問題となりどうしたら進むのか、この問題意識によって事例集から引き出せるノウハウは無限大だとも言える。

　事例に何が書かれているか、目次にも詳しい見出しを付けたが、あわせて、関心のあるテーマがどの大学の、どこに記載されているか分かるように、テーマごとに、その大学名と掲載ページを付した「テーマ別索引」(iv～viii)を作った。読みたい箇所を集中的にお読みいただくのも本書の活用法である。

　以下は、索引で選定した57のテーマを使って戦略経営の重要性を述べてみた。それぞれのテーマが大学改革全体のどこに位置付くか、確認しながらお読みいただければ幸いである。

テーマ解説

　18歳人口が再び急減する2018年を間近に控えた厳しい大学環境の中で、大学の存立と発展を作り出すには、 I 戦略の策定・推進・評価 のPDCAサイクルの構築が不可欠である。**優れた中長期計画の策定・推進**、すなわち**中長期計画を軸に改革を前進**させなければならず、そのためには**具体化された中期計画**が求められる。**戦略マップを活用**し、**中期計画、経営改善計画を徹底的に浸透**させ、**戦略推進体制を構築・強化、戦略課題を部門・個人に連結**し、一人でも多くの教職員を動かすことで成果に結びつけなければならない。**達成指標・数値目標を鮮明**にし、**到達度評価体制を強化**し、**自己点検評価を改革に生かす仕組み**、内部質保証体制を構築するための**組織・制度改革を断行**することで、初めて、**先を読んだ構造改革**が実現できる。
　 II 戦略推進マネジメントの構築 には、**優れたリーダーシップで大学を牽引**することが大切だが、一方、こうした**トップの統括力とボトムアップの結合**も必要だ。やはり**ボトムアップ、現場提案を重視**することなしには、正しい、実態を踏まえた政策は立案できず、その結び目にいる**企画部門が大きな役割**を果たす。こうした運営を作り上げることで、**学部自立運営が強い中での改革推進**も可能となり、また、このことが**大規模大学を動かすマネジメントの構築**にも、さらには**小規模を強みに変える、地方立地を強い特色に変える**ことにもつながっていく。
　そのためには、 III 組織・運営、経営改革 が極めて重要で、**経営体制・管理運営改革や事務局改革に本格的に取り組むこと、財政・人事・人件費改革推進**も必要だ。**徹底した実態調査に基づく教職協働による改革推進、プロジェクトやワーキンググループでの改革推進、職員が大学運営に参画**し力を生かすことが成果につながる。一方で、**教職員の育成・評価制度の構築、先駆的・体系的な職員育成制度の構築**によって、きちんと教育や業務を評価し、力量を高めなければ組織は動かせない。**任期制導入で緊張感ある運営**を作り出したり、**表彰制度で教職員や学生を励ます**のも有効な取り組みである。
　 IV 教育改革、質向上 は、今日、大学が直面する最も重要なテーマである。

全ての大学が**教育の質向上に組織的に取り組み**、**特色ある先駆的な教育**を作り上げなければならない。これを推進するためには、**教学マネジメント体制を構築・強化**し、教育の充実に達成目標を明確にして取り組むことが求められる。また、それを担う教育力を培うため、**徹底したＦＤで教育の充実**を図るなど、**組織・運営改革の断行**で教育改革を進めなければならない。こうした取り組みによって、**少人数で徹底した面倒見のよい教育**や**地域（企業）と連携した実践的教育**が実現でき、**社会人基礎力育成教育**としても効果を上げ、力を持った人材を社会に送り出すことで、大学の評価を向上させなければならない。

教育の充実だけでなく、Ｖ　学生支援、徹底した学生成長支援が求められる。その仕掛けとしては、入り口から出口まで、**エンロールメントマネジメントで学生育成を一貫して行うこと**、学生同士の**徹底したピアサポート**、学生主役で成長を図る取組み、**優れた地域連携活動**や留学、留学生を生かして成長に効果が上がる様々な取り組みが求められる。また、学習実態を把握するためのＩＲを活用し教育の改善に成果を上げる取り組みも有効である。その結果、**学生の中退率を減少させる**など学生満足度の向上を進めていかねばならない。これらの教育・学生支援の結果、**高い就職率や資格取得**を実現し、**大学の評価向上**につなげていくことが強く求められている。

大学のイメージを大きく変え、時代のニーズにこたえるⅥ　学部再編で大学の評価・広報・学募の前進につなげることが今日、大学の存立にとって極めて重要となっている。取組みの内容はそれぞれ異なるが、**連続的な学部増設で評価向上につなげたところ**、**学群制への転換で教育を特色化**したところ、**キャンパスの移転・拡充で前進**したところなど様々で、創立以来の**伝統とその革新の両立**で改革を進めている。やはり、**全国に通用する強い特色作りにこだわり**、**広報戦略の見直し・強化**を進めるなどの取り組みによって**連続的な改革を積み上げ志願者急増**につなげたり、また、**定員割れを改善、克服**したりと大きな成果を作り出している。これらのキーワードを、本気で、総合的に実践することで、**志願者のＶ字回復を達成**した大学も出てきており、戦略経営の確立にとって、これらの事例から改革推進に共通する原理を掴み取ることは極めて大切だといえる。

テーマ別索引

※「大学」は省略。カッコ内は本書掲載ページ

I 戦略の策定・推進・評価

◆優れた中長期計画の策定・推進
　福岡工業 (37, 273)　静岡理工科 (92)　新潟工科 (234)　名城 (250)　日本福祉 (256)　大阪経済 (270)　京都女子 (280)

◆中長期計画を軸に改革を前進させる
　志學館 (48)　麻布 (50)　大阪工業、摂南、広島国際 (56)　淑徳 (70)　関西福祉科学 (72)　高千穂 (75)　福岡歯科 (90)　北海道医療 (114)　福井工業 (116)　金城学院 (141)　岐阜経済 (182)　尚絅 (230)　茨城キリスト教 (246)　広島工業 (276)　京都ノートルダム女子 (283)　大妻女子 (290)　新潟薬科 (332)

◆具体化された中期計画で前進
　神田外語 (35)　静岡理工科 (92)　四国 (145)　日本福祉 (256)　大阪経済 (270)　中村学園 (306)

◆戦略マップを活用し改革推進
　愛知東邦 (13)　福岡工業 (37, 273)　静岡理工科 (92)

◆中期計画、経営改善計画の徹底浸透で前進
　愛知東邦 (13)　福岡工業 (37, 273)　十文字学園女子 (77)　四国 (145)　長崎国際 (178)　長崎外国語 (180)

◆戦略推進体制を構築・強化し前進
　九州共立、九州女子 (31)　福岡工業 (37, 273)　広島文化学園 (206)　日本福祉 (256)　静岡産業 (294)

◆戦略課題を部門・個人に連結し成果
　神田外語 (35)　静岡理工科 (92)　四国 (145)　広島文化学園 (206)　日本福祉 (256)

◆達成指標・数値目標を鮮明に改革推進
　九州共立、九州女子 (31)　くらしき作陽 (66)　関西福祉科学 (72)　静岡理工科 (92)　金城学院 (141)　四国 (145)　広島文化学園 (206)　新潟工科 (234)　中村学園 (306)

◆到達度評価体制を強化し改革に成果
　九州共立、九州女子 (31)　福岡工業 (37, 273)　千葉工業 (54)　金城学院 (141)　四国 (145)　岐阜経済 (182)　新潟工科 (234)　仙台 (242)　名城 (250)　静岡産業 (294)　国士舘 (313)　金沢工業 (336)

◆自己点検評価を改革に生かす
　千葉工業 (54)　大阪工業、摂南、広島国際 (56)　甲南女子 (58)　金城学院 (141)　愛知学泉 (158)　名城 (250)　新潟青陵 (328)　金沢工業 (336)

◆組織・制度改革を断行し成果を上げる
　神奈川工科 (52)　札幌 (120)　佛教 (136)　四国学院 (143)　麗澤 (165)　中部 (167)　京都ノートルダム女子 (283)　桜美林 (300)

◆先を読んだ構造改革を推進
　　明星（5）　麻布（50）　神奈川工科（52）　甲南女子（58）　平安女学院（202）

II　戦略マネジメントの構築

◆優れたリーダーシップで大学を牽引
　　高崎商科（6）　群馬医療福祉（9）　関西福祉科学（72）　森ノ宮医療（169）　平安女学院（202）　広島文化学園（206）　北陸学院（232）　仙台（242）　山梨学院（248, 310）　広島工業（276）　静岡産業（294）　桜美林（300）　女子栄養（303）　中村学園（306）　兵庫（316）　長岡（322）

◆トップの統括力とボトムアップの結合
　　文京学院（11）　高崎商科（6）　群馬医療福祉（9）　東京造形（134）　愛知学泉（158）　女子栄養（303）　兵庫（316）　山梨学院（248, 310）

◆ボトムアップ、現場提案を重視
　　愛知東邦（13）　群馬医療福祉（9）　松本（17）　神田外語（35）　福岡工業（37, 273）　甲南女子（58）　日本福祉（256）　大阪経済（270）　京都女子（280）　金沢工業（336）

◆企画部門が大きな役割
　　明星（5）　福岡工業（37, 273）　志學館（48）　大阪工業、摂南、広島国際（56）　淑徳（70）　日本福祉（256）

◆学部自立運営が強い中での改革推進
　　明星（5）　神戸学院（28）　日本体育（118）　札幌（120）　京都光華女子（130）　佛教（136）　四国学院（143）　南九州（156）

◆大規模大学を動かすマネジメントの構築
　　大阪工業、摂南、広島国際（56）　常葉（100）　中部（167）　名城（250）　神奈川（287）　国士舘（313）

◆小規模を強みに変える
　　愛知東邦（13）　ルーテル学院（14）　松本（17）　鹿児島純心女子（46）　美作（68）

◆地方立地を強い特色に変える
　　松本（17）　鹿児島純心女子（46）　静岡産業（294）　長岡（322）

III　組織・運営、経営改革

◆経営体制・管理運営改革で前進
　　神戸学院（28）　平安女学院（202）　日本福祉（256）　京都ノートルダム女子（283）　国士舘（313）

◆事務局改革に本格的に取り組む
　　ルーテル学院（14）　和洋女子（26）　志學館（48）　麻布（50）　神奈川工科（52）　東京造形（134）　神奈川（287）

◆財政・人事・人件費改革推進
　明星(5)　志學館(48)　神奈川工科(52)　愛知学泉(158)　青森中央学院(186)　弘前学院(188)　平安女学院(202)　兵庫(316)
◆徹底した実態調査で改革推進
　文京学院(11)　共愛学園前橋国際(16)　奈良(160)　東北文教(238)　金沢工業(336)
◆教職協働による改革推進
　明星(5)　群馬医療福祉(9)　共愛学園前橋国際(16)　甲南女子(58)　麗澤(165)　森ノ宮医療(169)　国立音楽(212)　金沢工業(336)
◆プロジェクトやワーキンググループで改革推進
　明星(5)　椙山女学園(12)　くらしき作陽(66)　北海道医療(114)　福井工業(116)　四国学院(143)　中部(167)　新潟青陵(328)
◆職員が大学運営に参画し力を生かす
　長野(8)　共愛学園前橋国際(16)　駿河台(96)　至学館(138)　北陸学院(232)　日本福祉(256)　大阪経済(270)　金沢工業(336)
◆教職員の育成・評価制度を構築
　椙山女学園(12)　関西福祉科学(72)　十文字学園女子(77)　産業能率(79)　福岡歯科(90)　静岡理工科(92)　常葉(100)　北海道医療(114)　四国(145)　長崎国際(178)　尚絅学院(224)　中村学園(306)　兵庫(316)　新潟青陵(328)　新潟薬科(332)
◆先駆的・体系的な職員育成制度の構築
　福岡工業(37, 273)　千葉工業(54)　淑徳(70)　至学館(138)　森ノ宮医療(169)　日本福祉(256)　兵庫(316)　新潟薬科(332)
◆任期制導入で緊張感ある運営
　福岡歯科(90)　尚絅(230)　仙台(242)
◆表彰制度で教職員、学生を励ます
　文京学院(11)　椙山女学園(12)　大手前(24)　新潟国際情報(98)　中部(167)　茨城キリスト教(246)　金沢工業(336)

IV　教育改革、質向上

◆教育の質向上に組織的に取り組む
　文京学院(11)　関西福祉科学(72)　高千穂(75)　十文字学園女子(77)　大同(88)　徳山(204)　日本文理(226)　山梨学院(248, 310)　名城(250)　新潟青陵(328)　金沢工業(336)
◆特色ある先駆的な教育を作り上げる
　松本(17)　大手前(24)　北海道情報(122)　東京工科(132)　鈴鹿医療科学(210)　徳山(204)　広島文化学園(206)　日本文理(226)　長岡(322)　金沢工業(336)
◆教学マネジメント体制を構築・強化
　筑紫女学園(33)　高千穂(75)　大同(88)　四国学院(143)　宮崎国際(154)　日本文理(226)　金沢工業(336)

テーマ別索引　vii

◆教育の充実に達成目標を明確に取組む
　　筑紫女学園(33)　くらしき作陽(66)　金城学院(141)
◆徹底したＦＤで教育充実
　　千葉工業(54)　大同(88)　北海道情報(122)　東京工科(132)　至学館(138)　北陸学院(232)　新潟工科(234)　名城(250)
◆組織・運営改革の断行で教育改革を推進
　　大手前(24)　和洋女子(26)　東京電機(29)　佛教(136)　鈴鹿医療科学(210)　桜美林(300)
◆少人数で徹底した面倒見の良い教育
　　ルーテル学院(14)　美作(68)　金沢星稜(110)　宮崎国際(154)　青森中央学院(186)　弘前学院(188)　びわこ学院(190)　尚絅学院(224)　尚絅(230)　北陸学院(232)　東北文教(238)
◆地域（企業）と連携した実践教育
　　松本(17)　産業能率(79)　新潟国際情報(98)　奈良(160)　東北文化学園(222)　日本文理(226)　静岡産業(294)　長岡(322)
◆社会人基礎力育成教育を重視
　　駿河台(96)　愛知学泉(158)　日本文理(226)

Ｖ　学生支援

◆徹底したピアサポート、学生主役で成長
　　金沢星稜(110)　四国学院(143)　麗澤(165)　東北文化学園(222)　熊本保健科学(228)　静岡産業(294)　金沢工業(336)
◆エンロールメントマネジメントで学生育成
　　東京家政(112)　京都光華女子(130)　日本文理(226)
◆ＩＲを活用し教育の改善に成果
　　京都光華女子(130)　盛岡(240)
◆徹底した学生成長支援
　　長野(8)　宮崎国際(154)　長崎外国語(180)　びわこ学院(190)　広島文化学園(206)　弘前学院(188)　東北文教(238)　田園調布学園(244)
◆学生の中退率を減少させる
　　佛教(136)　びわこ学院(190)　徳山(204)　日本文理(226)　尚絅(230)　東北文教(238)　田園調布学園(244)
◆留学、留学生を生かして成長に効果
　　新潟国際情報(98)　宮崎国際(154)　長崎外国語(180)　青森中央学院(186)
◆優れた地域連携活動で学生育成
　　松本(17)　足利工業(163)　青森中央学院(186)　東北文化学園(222)　静岡産業(294)　長岡(322)
◆高い就職率、資格取得で評価向上
　　美作(68)　駿河台(96)　金沢星稜(110)　愛知学泉(158)　岐阜経済(182)　中部学

院 (184)　青森中央学院 (186)　弘前学院 (188)　びわこ学院 (190)　福山平成 (208)　尚絅学院 (224)　熊本保健科学 (228)　東北文教 (238)　盛岡 (240)　仙台 (242)　茨城キリスト教 (246)

VI　学部再編・大学評価・広報・学募

◆志願者のＶ字回復を達成
　甲南女子 (58)　金沢星稜 (110)

◆連続的な改革を積み上げ志願者急増
　森ノ宮医療 (169)　東京家政 (112)　名城 (250)

◆定員割れを改善、克服
　鹿児島純心女子 (46)　志學館 (48)　美作 (68)　静岡理工科 (92)　福井工業 (116)　南九州 (156)　長崎国際 (178)　長崎外国語 (180)　岐阜経済 (182)　弘前学院 (188)　びわこ学院 (190)　平安女学院 (202)　福山平成 (208)

◆連続的な学部新増設で評価向上
　甲南女子 (58)　淑徳 (70)　東海学園 (94)　東京家政 (112)　東京工科 (132)　佛教 (136)　南九州 (156)　中部学院 (184)

◆学群制への転換で教育を特色化
　和洋女子 (26)　札幌 (120)　桜美林 (300)

◆伝統と革新の両立で改革前進
　日本体育 (118)　東京造形 (134)　至学館 (138)

◆キャンパスの移転・拡充で前進
　志學館 (48)　東京家政 (112)　南九州 (156)　中部学院 (184)

◆全国に通用する強い特色作りにこだわる
　鹿児島純心女子 (46)　四国学院 (143)　宮崎国際 (154)　足利工業 (163)　麗澤 (165)　文化学園 (200)　徳山 (204)　広島文化学園 (206)　鈴鹿医療科学 (210)　国立音楽 (212)

◆広報戦略の見直し・強化
　美作 (68)　長崎国際 (178)　山梨学院 (248, 310)

目次／戦略経営 111 大学事例集

はじめに ……………………………………………………… i
テーマ解説 …………………………………………………… ii
テーマ別索引 ………………………………………………… iv

第1章　達成目標を鮮明に、自覚的行動を作り、トップと現場を一体化させる ……………………………………………… 3

1．はじめに ……………………………………………… 4
2．10 大学の改革事例 …………………………………… 4
達成指標を鮮明にして改革推進を図る：**明星大学**　5
時代の変化への素早い対応：**高崎商科大学**　6
学生の成長支援に全てを集中する：**長野大学**　8
信頼で結ぶ現場主義の運営：**群馬医療福祉大学**　9
ボトムとトップが織りなす循環型経営：**文京学院大学**　11
改革の当事者意識を醸成する参加型運営：**椙山女学園大学**　12
現場の改革力とフットワーク：**愛知東邦大学**　13
小規模を強みに変える：**ルーテル学院大学**　14
調査で市場の声を聞く実証主義：**共愛学園前橋国際大学**　16
地方・単科・小規模・新設を逆手に：**松本大学**　17
3．10 大学の事例から学ぶべきもの …………………… 19
3.1　政策の明確化と遂行システムの確立　19
3.2　トップとボトムのベストミックス　20
3.3　優れた運営で教育のコアを作り出す　21

第2章　目標実現には、組織改革先行、成果指標、プロセス指標で多くの教職員を行動に巻き込む ……………………… 23

1．8 大学の改革事例 …………………………………… 24
先駆的教育システムの構築：**大手前大学**　24
学群制への転換と着実な改善の結合：**和洋女子大学**　26

組織改革で教育特色化を推進：**神戸学院大学**　28
　　　将来構想を軸に着実に改革：**東京電機大学**　29
　　　先駆的マネジメントの構築へ：**九州共立大学、九州女子大学**　31
　　　教学マネジメントサイクルの確立へ：**筑紫女学園大学**　33
　　　特色ある教育を作る持続的改善：**神田外語大学**　35
　　　渡米研修で改革力をアップ：**福岡工業大学**　37
　　２．8大学の事例から学ぶべきもの ………………………………39
　　　2.1　あらゆる改革の前には、組織改革がある　39
　　　2.2　方針の策定実行（PD）から成果指標による検証改善（CA）へ　40

第3章　都市移転か地域密着か、真の力は改革の持続、先を読んだ構造改革に立ち向かう…………………… 45

　　１．7大学の改革事例 ……………………………………………46
　　　地域密着で個性的教育を作る：**鹿児島純心女子大学**　46
　　　移転、教学充実で志願者急増：**志學館大学**　48
　　　一歩先を見据え、総合改革に着手：**麻布大学**　50
　　　厳しい構造改革に挑む：**神奈川工科大学**　52
　　　実効性あるＦＤで教育を充実：**千葉工業大学**　54
　　　目標を鮮明に3大学の改革推進：**大阪工業大学、摂南大学、広島国際大学**　56
　　　総合政策で志願者V字回復：**甲南女子大学**　58
　　２．7大学の事例から学ぶべきもの ………………………………60
　　　2.1　都市移転か地域密着か　60
　　　2.2　厳しい構造改革に挑む　61
　　　2.3　巧みな改革推進体制　62

第4章　学生を伸ばす熱意ある実践的な教育、ニーズに応える学部作りが大学の評価を作る…………………… 65

　　１．7大学の改革事例 ……………………………………………66
　　　西日本一へ、志高く改革に挑む：**くらしき作陽大学**　66
　　　地域人材育成を核に定員充足：**美作大学**　68

連続的な学部新設で基盤強化：**淑徳大学**　70
　　　学園一体運営で誠実に教育創り：**関西福祉科学大学**　72
　　　「教育共同体」を担う改革推進体制：**高千穂大学**　75
　　　堅実な経営が優れた教育を創る：**十文字学園女子大学**　77
　　　伝統ある社会人教育と学生教育の結合：**産業能率大学**　79
　　2．7大学の事例から学ぶべきもの ……………………………81
　　　2.1　一人ひとりの学生に届く教育　81
　　　2.2　福祉を核に目標と到達度評価で前進　82
　　　2.3　伝統を生かしつつ大胆な改革　83

第5章　全授業公開、任期制の先駆的かつ厳しい評価、綿密な中期計画と改革実行力が改革推進を支える……………　87

　　1．7大学の改革事例 ……………………………………………88
　　　徹底した授業公開と授業研究で質向上：**大同大学**　88
　　　中期構想、任期制、評価で活性化：**福岡歯科大学**　90
　　　優れた中期計画で確実な成果：**静岡理工科大学**　92
　　　急速な学部新設で大学力強化：**東海学園大学**　94
　　　就職力向上をキーに全学改革推進：**駿河台大学**　96
　　　国際・情報の地元ニーズに徹底対応：**新潟国際情報大学**　98
　　　3大学を統合、10学部へ発展：**常葉大学**　100
　　2．7大学の事例から学ぶべきもの ……………………………102
　　　2.1　全授業公開、全教員任期制の先駆的制度　102
　　　2.2　緻密な中期計画か改革実行力か　104
　　　2.3　就職力の強化に真剣に向き合う　105

第6章　ピアサポート、一貫した学生本位の教育や学部再編、その推進のためのプロジェクトが本物を作る…………　109

　　1．7大学の改革事例 ……………………………………………110
　　　「北陸一の教育大学」目指して：**金沢星稜大学**　110
　　　エンロールメントマネジメントの組織・実践で前進：**東京家政大学**　112
　　　PJ（プロジェクト）、WG（ワーキンググループ）を軸に全学改革推進：**北海**

道医療大学　114
　　　「アクションプラン60」軸に着実な改革：**福井工業大学**　116
　　　伝統の革新と継承の同時遂行で前進：**日本体育大学**　118
　　　5学部を統合、1学群で特色化：**札幌大学**　120
　　　教育工学を駆使した先進的教育：**北海道情報大学**　122
　　2．7大学の事例から学ぶべきもの …………………………… 124
　　　2.1　改革の中心軸に徹底してこだわる　124
　　　2.2　プロジェクトを活用し、下からの改革を仕掛ける　125
　　　2.3　伝統と革新、歴史的に作り上げた強みとその打破　126

第7章　EMなど最先端の手法による教育改善、教学方針の
　　　　明示と達成評価で個性ある教育を創造…………………… 129
　　1．8大学の改革事例 ………………………………………… 130
　　　IRと結合したEMで学生支援を進化：**京都光華女子大学**　130
　　　時代の最先端行く学部構成：**東京工科大学**　132
　　　「造形」発祥の伝統の堅持・充実で発展：**東京造形大学**　134
　　　堅実な改革・拡充で安定した評価：**佛教大学**　136
　　　大学名変更・共学化・一学部へ大転換：**至学館大学**　138
　　　目標・評価サイクルの徹底した継続で前進：**金城学院大学**　141
　　　教育の本質への深い洞察に基く独創的改革：**四国学院大学**　143
　　　「大学改革ビジョン2011」で前進：**四国大学**　145
　　2．8大学の事例から学ぶべきもの …………………………… 147
　　　2.1　時代を先取りした最先端の改革に挑む　147
　　　2.2　試練を乗り越え安定感のある着実な経営　149
　　　2.3　先を読んだ先見性のある改革を断行　150
　　　2.4　独創的改革で特色を鮮明化、存在感示す　150

第8章　全国に通用する強い特色作りにこだわり、それを徹底し、
　　　　推進するマネジメントを作り出す ……………………… 153
　　1．8大学の改革事例 ………………………………………… 154
　　　日本初、全て英語で授業のリベラル・アーツ大学、外国人教員比率は80％超：**宮**

崎国際大学　154
　　移転経て定員確保、地域ニーズに応える学部新設・改組も：**南九州大学**
　　156
　　社会人基礎力育成教育を徹底：**愛知学泉大学**　158
　　伝統を生かし、堅実な運営：**奈良大学**　160
　　工学部改組から看護学部設置へ：**足利工業大学**　163
　　道徳教育（モラロジー）を学内の隅々に浸透：**麗澤大学**　165
　　文理融合の総合大へ、地域連携は学内で一本化：**中部大学**　167
　　鍼灸師育成からリハビリテーション・看護へ：**森ノ宮医療大学**　169
　2．8大学の事例から学ぶべきもの …………………………… 171
　　2.1　全国に通用する強い特色作りにこだわる　171
　　2.2　競争力を支えるマネジメントの強みを生かす　173

第9章　鮮明な目標（中期計画）、徹底した少人数の丁寧な教育、高い就職実績が発展を作り出す …………………… 177

　1．7大学の改革 ………………………………………………… 178
　　経営改善計画に基づき着実に成果：**長崎国際大学**　178
　　徹底した外国語教育を推進：**長崎外国語大学**　180
　　中期計画軸に改革：**岐阜経済大学**　182
　　徹底面談等で就職100％：**中部学院大学**　184
　　グローカルに学生を育成：**青森中央学院大学**　186
　　徹底した少人数、オーダーメイド教育：**弘前学院大学**　188
　　徹底した少人数教育で満足度向上：**びわこ学院大学**　190
　2．7大学の事例から学ぶもの ………………………………… 192

第10章　強いリーダーシップ、正しい政策方針の浸透、強力な補佐体制、力ある教職員の育成が前進を作り出す …… 199

　1．7大学の改革 ………………………………………………… 200
　　大学、短大、専門学校…グループでアジアの服飾教育をリード：**文化学園大学**　200
　　改革断行で財政健全化　破たん寸前大学の再生モデル：**平安女学院大学**

202

AL（アクティブラーニング）を独自に可視化・数値化：**徳山大学** 204

全国に先駆けたＡＯ入試やポートフォリオ　複数キャンパスをプロジェクトで横串：**広島文化学園大学** 206

徹底したキャリア支援体制　同一法人の福山大学と密な連携：**福山平成大学** 208

"医療人底力教育"が始動　チーム医療に必要な知識・技術修得：**鈴鹿医療科学大学** 210

音楽のリベラルアーツ大学へ　進路支援も充実、図書館は世界トップレベル：**国立音楽大学** 212

２．７大学の事例から学ぶもの ………………………………… 214

第11章　強いミッション、それを支える強い改革推進体制の
　　　　構築こそが厳しい試練を乗り越え、成果を作り出す… 221

苦難の歴史乗り越え　"Ｅサポ"で教育支援を強化：**東北文化学園大学** 222

法人・大学組織を一本化　２つの専門監制度が入口と出口で活躍：**尚絅学院大学** 224

地域に根差す緻密なプログラム　最新の教育手法を徹底活用：**日本文理大学** 226

伝統を基に厳しく改革　高い国試合格率、就職率100％、定員充足率1.17倍…：**熊本保健科学大学** 228

ほぼ全教員に任期制を導入　総合的な組織改革に着手：**尚絅大学** 230

入学前から丁寧な教育　綿密なガバナンス体制で改革遂行：**北陸学院大学** 232

分かりやすさ重視の学科改組で志願者増　URA、教職員のチームで研究プロジェクト採択：**新潟工科大学** 234

第12章　目標実現へ、トップ、幹部職員の強い思い、教職員の
　　　　創意工夫と一体行動が大学発展を作り出す…………… 237

高い就職実績支える多様なメニュー　教職学生に年250回の勉強会など：**東**

北文教大学　238
30年で2400人の教員採用合格者　実践的指導力ある教員養成：**盛岡大学** 240
特色あるスポーツ教育、高い就職率　入試創職部などを設置　一貫支援で安定的な学生募集：**仙台大学**　242
中長期計画で6つの柱を掲げ、着実な改革を実現：**田園調布学園大学** 244
第14期中期経営計画・アクションプランで教育の質向上：**茨城キリスト教大学**　246
スポーツ科学部など連続的な学部増で特色を鮮明化：**山梨学院大学**　248
基本戦略MS‐26マネジメントシステムの構築で前進：**名城大学**　250
90年代から政策を軸にした改革推進体制を構築：**日本福祉大学**　256

第13章　中長期計画の確立、トップマネジメントの強化とボトムアップの重視、政策遂行体制の進化……………269

戦略を具体化し確実な実践を図る：**大阪経済大学**　270
PDCAサイクルの全学的な定着：**福岡工業大学**　273
理事会を中核に改革を進める：**広島工業大学**　276
教職員参加型の中期計画立案：**京都女子大学**　280
学園一体の改革を目指して：**京都ノートルダム女子大学**　283
周年事業を機に中期計画を策定：**神奈川大学**　287
初めての将来構想で改革推進：**大妻女子大学**　290
企業手法の大学への創造的応用：**静岡産業大学**　294

第14章　強い信念と熱意、個性あるリーダーシップ、全学を動かす組織力が危機を乗り越える……………299

斬新な改革を作り出すマネジメント：**桜美林大学**　300
リーダーシップによる運営：**女子栄養大学**　303
明確な目標の浸透による経営：**中村学園大学**　306
鮮明な経営コンセプトで改革を推進：**山梨学院大学**　310
強い経営とボトムアップ：**東京造形大学**　311

達成指標を鮮明にした堅実な運営：**国士舘大学**　313
　　　経営危機、全学一致で乗り越える：**兵庫大学**　316

第15章　新潟・金沢地方大学が作り出す、それぞれの大学に合った優れたマネジメントと改革推進体制……………321
　　　定員割れ克服へ果敢な挑戦：**長岡大学**　322
　　　「ビジョン21」柱に改革を推進：**新潟工業大学**　325
　　　評価を生かした教育品質の向上：**新潟青陵大学**　328
　　　外部評価生かした堅実な改革推進：**新潟薬科大学**　332
　　　「教育付加価値日本一」大学の源泉：**金沢工業大学**　336

第16章　20大学（13章～15章）の経営・教学改革、マネジメントサイクルに共通する原理……………………343
　1. 中長期計画の意義と必要性………………………… 344
　　　1.1　改革推進の柱・中長期期計画　344
　　　1.2　政策は如何に作られるか　345
　　　1.3　政策推進上のポイント　346
　2. 戦略推進型の運営―マネジメント改革……………… 347
　　　2.1　様々な理事会改革の取組み　347
　　　2.2　教学との連結、現場への浸透　348
　　　2.3　政策を策定、推進する組織　349
　3. 戦略を具体化する―中期計画の実質化……………… 350
　　　3.1　戦略の実行計画化　350
　　　3.2　特別予算の設定と成果発表　351
　　　3.3　数値目標、実践計画に具体化　352
　　　3.4　政策実現への具体化と工夫　353
　4. 戦略を遂行する―リーダーシップの発揮…………… 354
　　　4.1　方針管理制度による意見集約　354
　　　4.2　トップからの語りかけ　355
　　　4.3　リーダーの役割　356
　　　4.4　中堅管理者の重要性　356

4.5　おわりに　357

あとがき………………………………………………………… 359

装幀：篠田鉱平

戦略経営 111 大学事例集

第1章
達成目標を鮮明に、自覚的行動を作り、トップと現場を一体化させる

1. 達成指標を鮮明にして改革推進を図る：**明星大学**——バランス・スコア・カードを使って実効性のある改善を図る
2. 時代の変化への素早い対応：**高崎商科大学**——地域ニーズを現場職員からくみ上げる
3. 学生の成長支援に全てを集中する：**長野大学**——職員参加の王道の改革
4. 信頼で結ぶ現場主義の運営：**群馬医療福祉大学**——教職員が背中で見せる教育
5. ボトムとトップが織りなす循環型経営：**文京学院大学**——理事長の人柄が生む教職協働の強み
6. 改革の当事者意識を醸成する参加型運営：**椙山女学園大学**——意欲を引き出す工夫されたワーキンググループ
7. 現場の改革力とフットワーク：**愛知東邦大学**——勉強熱心、活発な議論の風土を作る
8. 小規模を強みに変える：**ルーテル学院大学**——教職協働で手厚い学生支援
9. 調査で市場の声を聞く実証主義：**共愛学園前橋国際大学**——センター制では、職員が教学にも中心的な役割を果たす
10. 地方・単科・小規模・新設を逆手に：**松本大学**——学生を通じて培われる教職員協働

  10大学の事例から学ぶもの
　　政策の明確化と遂行システムの確立／トップとボトムのベストミックス／優れた運営で教育のコアを作り出す

1．はじめに

2011年7月から『教育学術新聞』紙上で「改革の現場―ミドルのリーダーシップ」の連載を小林功英記者と協働で始めた。日本私立大学協会加盟大学を月1～2校ほど訪問、2016年5月ですでに90大学を越えた。この取材兼経営実態調査の狙いは、連載のタイトルの通り、「改革の現場」で、厳しい現実と切り結び、改革を実際に担い推進する「ミドルのリーダーシップ」の優れた実践経験、奮闘の実相を明らかにすることにある。この取材・調査の概要を『私学経営』誌に連載して頂けることになった。

中堅幹部(ミドル)に焦点を当て、困難な環境、厳しい課題を乗り越え、改革を如何に実現させてきたのか、一歩踏み込んで大学の内部運営を調査させて頂くことで、その努力と成果、問題点やその解決の知恵を明らかにしようとした。とりわけ、組織と人の動き、現場と政策決定、実効性のある遂行システム、トップと一体となり構成員を動かして目標実現を図る様々な取り組みの実像に迫った。

その内容は多岐にわたる。優れた取り組みではあるが、苦労の多い経験の中から、改革推進マネジメントの共通の原理を明らかにしようとした。多くの大学が直面している課題、運営上の改革のヒントを掴んで頂ければ幸いである。

2．10大学の改革事例

今回はその第1回として、2011年中に紙上に掲載された10の大学の事例の概要をご紹介し、そこから学ぶべき点を整理してみたい。

ご紹介する大学は、明星大学、高崎商科大学、長野大学、群馬医療福祉大学、文京学院大学、椙山女学園大学、愛知東邦大学、ルーテル学院大学、共愛学園前橋国際大学、松本大学である。

● 達成指標を鮮明にして改革推進を図る：明星大学
バランス・スコア・カードを使って実効性のある改善を図る

　まずは明星大学の、バランス・スコアカードを応用し、学科レベルからの改善行動を着実に積み上げ、志願者減少傾向に歯止めをかけ上昇に転じた事例から紹介したい。

　明星大学は、無理な拡大路線がたたり 1990 年代から逆風が吹き始めた。2002 年の改組でいったん回復したものの、志願者の長期低落傾向に歯止めがかからない。中退率もなかなか改善しない。何とかしなければ財政破たんに向かうという状況の中、2008 年、小川学長が登場した。経営機能は弱く、方針が決まっても実際の業務は各部局や教員任せで、ベクトルがそろっているとは言い難い状況だった。

　学長の強いリーダーシップの下、「全学戦略マップ」を作り、MI（明星イノベーション）21 プロジェクトを立ち上げ、バランス・スコアカードの手法を使って実効性のある改革に着手した。学科レベルの具体的な成果目標を定め、PDCA で事業展開する全学的取組で改革をすすめた。学科ごとに教員・職員半数でチームを構成、対等の立場で協働、泊りこみの研修、夜中までの議論で現場の改善活動活性化に絶大な効果を表した。

　アイディアは民間シンクタンク、しかし自力で作り上げた。トップダウンではなく、教育の現場、学科の改善活動として始め、全て現場での分析、自主目標に任せた。目標は学科によって異なるが、定員充足率、離籍率、進路決定率、授業改善・授業公開率等が中心である。あらかじめ方針を教授会や理事会で決めるのではなく、自己評価活動の推進手法として自然にスタートさせた。従って、やり方に異論はあってもやらないという選択肢はない。ナビゲーターと呼ばれる若手改革派教員と力のある選抜職員によってチーム編成し、結果はともかく、まず改革を始めることを重視した。

　この推進の核は職員ナビゲーター。事務局長任命で専門的研修を受けた改革の中心部隊。全学戦略を徹底して理解する。ただし、こうするという方針、解決策よりは問題を投げかける役割で、SWOT 分析や目標設定、改善方策は

現場で作る。しかし、実質は、全学の戦略と部門目標を結び付け、逆に戦略に部門の実態を反映させる機能を担う。組織単位で目標をはっきりさせ、客観的なデータで評価し、継続して改革を推進できる体制の確立こそが最大の狙いであり成果だ。実効性あるミドルアップダウンシステムの構築と言える。

　この進行度合いに合わせる形で、徐々に組織改革、制度改革を行い、将来構想委員会、学部改組委員会などを設置、職員人事制度や教員人事制度を整えた。制度や組織先行ではない。財政健全化のためのシビアな勧奨退職制度、昇給や手当見直し、賞与の削減、職員人員計画の見直し・削減など厳しい改革も断行する一方、大胆な投資も連続的に行っている。年功型賃金から資格給と役割給への転換、35歳昇給ストップにひとりの反対者も出さなかったこと、厳しい目標管理・評価制度の導入などは、赤山事務局長をはじめとする職員の力を示している。

　改革作戦の中軸は、学長、副学長、学長室職員で、強力な学長室スタッフ、学長室企画課を設置、MI21担当課長も配置し、そこから全学に方針が発信される。教職協働でバランススコアカードシステムを使いこなし、持続的改革推進体制を作り出した先駆的な事例だと言える。

● 時代の変化への素早い対応：高崎商科大学
地域ニーズを現場職員からくみ上げる

　高崎商科大学は、取り組むべき政策・方針が鮮明だ。学長から年度初めに「大学運営方針」が全教職員に提起される。学長のもとには「将来構想委員会」が設置され、学部・学科・大学院の名称変更、コースの再編、カリキュラム改革を推進してきた。連続した改革が可能となった背景には、トップ機構として、理事長、学長、法人本部長（常務理事・事務局長兼務）の三者で構成される企画会議の存在がある。法人・大学全体の経営、教学、事務を総括・管理する三者があらゆる基本政策や重要事項を議論し、調整する。しかし、トップダウンかと言えば、そうではない。

　この政策・企画実務を担うのは法人の企画部門と学長室だが、人的兼務や

業務連携によって法人・大学の一体的な方針作りを担保している。それを支える事務局も、大括りな課である教学課の中に教育・学習支援グループと学生支援・総務グループを置くなど目標を鮮明にしたシンプルな編成で、この上に教職協働組織として、学生生活・学習支援センター、学生生活支援室が設置されている。委員会やセンター等の組織は、全て教職員によって構成されており、現場からの提案や意見が企画部門や教学課を通して日常的にトップに反映される流れになっている。

全学の実質的な意思形成と共有化は「大学協議会」で行われる。ここで教授会に諮る前に基本案件は全て議論され、事務局長、事務局次長も正規メンバーとして参画する。ここで事前に練られた方針が各教授会で審議され、事務部課長会にも諮られ浸透する仕組みだ。学部名称の変更も、6コースへの拡大・再編（流通・マーケティング、情報・メディア・eビジネス、経営・経済、会計・金融、観光・ホスピタリティ、地域・国際・キャリア）もこうして決断された。

大学開学は2001年だが、1906年に裁縫女学校として設立されてから、2006年で100年を迎える歴史がある。学校法人名称も、創立者名の高崎佐藤学園から、知名度がある高崎商科大学に変えた。これも創業家自らの判断によるもので、大学発展のためには、しがらみにとらわれず果断に改革していく気風の表れと思われる。

環境変化に合わせて、大胆な改革を連続的に押し進める背景には、大学が最も重視する実学重視の校風、伝統がある。企業や現実社会の動きに敏感でなくては成り立たない実学重視の意味合いを大学トップや幹部層は良く自覚しており、「時代の変化への素早い対応」をモットーに、そのリサーチと改革遂行のシステムを作り上げてきた。

人事評価制度もきちんと運営され機能しており、小規模ながら組織運営の基本、プラン・ドゥー・シーを動かし、明確な方針と評価をあいまいにせず取り組んでいる。

現場からの率直な意見、事務職員からの遠慮ない提案とトップの前例にこだわらない決断がこの大学の持続的な改革を支えている。経営・教学トップと直結しながら事務局機能を有効に発揮することで持続した改革を推進している。

● 学生の成長支援に全てを集中する：長野大学
　職員参加の王道の改革

　長野大学は、二度目の逆風に立ち向かっている。一度目は創立間もなく、本州大学経済学部として誕生したものの経営悪化に陥り、当時の長野県知事を理事長に迎え、大学名を変更、経済学部を社会福祉学科を含む産業社会学部に改組し、立ち直った。今、また厳しい局面に立っている。福祉人気による安泰意識、旧来型の教員主導の管理運営、改革を進めるマネジメントや運営体制が対応できず、新幹線が通り便利になったことが、逆に東京圏の大学との競争を激しくした。

　こうした事態を打開すべく、将来構想委員会を立ち上げ、2007年には学部改組を行い3学部体制とした。翌2008年には長野大学憲章を制定、地域に根差す大学の原点に立ち返り、教育の再建をスタート、教育方法そのもの、学生育成のプロセスを根底から変えることを提起した。それが「Step up 戦略」（長野大学における「成長」支援の枠組み）である。その柱として、教育の基礎・基本の重視、学生の自己成長の徹底支援の二つを掲げる。

　「教育の質・特別検討チーム」を立ち上げ、具体的な施策を検討。学習とティーチングポートフォリオ導入／リメディアル教育／ウェブシラバス／観点別教育目標と詳細授業計画／キャップ制見直し／授業評価アンケートの学生公表／学生アドバイザー制度／学習支援室の設置…やれることは全てやる。学生の成長を支援する、この一点にあらゆる手法・制度を動員し集中させる。この成否は「教職員が如何に学生と向き合う時間を組織的に確保するかがポイント」とする点も重要な点だ。この延長線上で大学の個性作りの実績の定着を目指す。

　その成果は出ている。例えば日本学生支援機構が行う優秀学生懸賞事業に2009年には優秀賞3名、奨励賞1名、2年連続の受賞、社会福祉士など国家資格の合格率も向上しつつある。しかし、これがまだ志願者減少のスピードに追いついていない。

　改革路線は正しい。地道な努力が重ねられているが、評価の抜本的な向上

に至っていない。評判や話題を作り出すパフォーマンス、教育成果のアピールももっと必要だ。そのための強力なリーダーシップ、教職一体の取組の抜本的強化、若い力を生かした大胆な改革の実践、そして何よりも、力を持った職員の登場が求められている。

　2011年からは、新学長を中心に、その布陣と政策が着々と進行しつつある。教学意思決定機関を評議会から全学教授会に移管、教員のみの学長・学部長会議を職員3人を正規メンバーに加え大学運営会議とする。学長室を新たに設置し、副学長・学部長と共に職員を正規メンバーとし、学長スタッフ機能、政策実行機能を強化する。幸い、地域立大学でしがらみはない。教員・職員が、真摯に、一体となって取り組めば、何でもでき得る状況にある。今後が期待できる大学だ。

● 信頼で結ぶ現場主義の運営：群馬医療福祉大学
　　教職員が背中で見せる教育

　群馬医療福祉大学の建学の精神は極めて明快、かつ教育システムに貫くことを徹底している。福祉の専門職としての理論や技術の前に、まず福祉の心、福祉に携わる人の資質・人間力の育英こそが使命だとする。教育目標「ボランティア、環境美化、礼儀作法」を、全学生に義務づける教育の三本柱とする。ボランティア活動を学部共通科目（必修含）として配置、自分たちが学ぶ教室を学生自ら清掃し、挨拶は理事長を先頭に教職員が率先垂範、全学生が行っている。その教育の自信は、例えばキャリアサポートセンターが実施する就職先へのアンケートに見られる。「建学の精神、礼儀やあいさつ、ボランティア活動が、本人の日常の勤務や生活に生かされていますか？」など教育の成果を直截に質問し、採用担当者から高い評価を得ている。

　その教育方法もきめ細かく、熱心だ。例えば学生の出席状況を把握し月1回教授会、教員会議に報告、クラス担任から学生に個別指導が行われる。学生コメントカード、授業評価自由記述欄で学生の声を集約、教員は改善策をその都度丁寧に答える等に現れる。それらの成果が関東地区2位、全国6位（週

刊東洋経済、2010年)の就職実績にも現れる。しかも驚くべきことに就職者の9割が福祉関係に就職。あえてインターンシップをしなくても日常的な福祉施設でのボランティアが効果を発揮する。就職係が掴んだ求人情報は、時間差なく全てのクラス担任に伝えられ学生に情報提供、個別指導による学生の動向も就職係に集約される。

この背景には、鈴木理事長・学長の強いリーダーシップがある。若くして理事長を継ぎ、40年間、幼稚園しかなかった時代から経営トップとして専門学校、短大、大学まで作り上げてきた。幼稚園時代からの率先垂範は今でも変わらず、この運営感覚が良い意味で大学運営に生きている。教授会に限らず、基本的に全ての委員会、学科会議、担当者会議に顔を出す。現場の状況把握、現場での指揮、現場主義を信条とし、直接教職員と意見を交わす。しかし単なるトップダウンではない。

トップの意思は明快に伝える。しかし、部下を認め、良い行動や意見はすぐに評価し、痛いところを突く意見にも耳を貸す。その点で強いトップでありながら教職員が顔色を窺うことなく言いたいことを言う雰囲気を作り出す。この点が鈴木氏の人柄であり強みだ。部下への信頼がトップへの信頼も作り出す。

一方で、組織的な運営・執行システムはきちんと整備している。授業評価・教育改善システム、就職支援システムも、学生の声を組織的に把握し改善に生かす仕組みだ。学長直轄の企画調整室が学長のアイディアを形にし、政策に落として学内に提起、実行する。中間的審議機関はなく学長直轄だが、議論や意見を重視、これをつなぐのも企画調整室だ。これに、この学園ならではの、2〜3割の職員が教員を兼務するシステムが有効に機能し、独特の教職一体運営を作り出す。事務方という意識が払拭され、職員の発言力を高めている。大学を我が家と見なす雰囲気、家族的な一体感をベースにした運営、これに改革推進システムが結合することで、この学園に大きな力を作り出してきた。

現場のあらゆる問題にトップが教職員と一緒に格闘する姿、率直に意見を述べる教職員、建学の理想・人材養成に妥協なく、切磋琢磨する中での一体感がこの大学の持続する発展の原動力となっている。

● ボトムとトップが織りなす循環型経営：文京学院大学
   理事長の人柄が生む教職協働の強み

　文京学院大学は、創立時から自己評価委員会と将来構想委員会を同時に立ち上げ、評価を政策に生かす、実態に基づき改善を行う精神を根付かせてきた。
　5年に1回、自己点検・評価報告書を発刊、他大学、高校、企業等の委員による外部評価を行う。授業・学生生活・施設等20項目の学生生活満足度調査を毎年実施、半年に1回の学生による授業評価はイントラネットで公開、4年生の「保護者満足度調査」として保護者の視点から教育、学生生活、就職指導の充実度、学生の成長度、保護者自身の満足度等を20項目で調査する。卒業生満足度調査も実施し、ステークホルダーの評価を徹底してつかみ、これを基礎に学生満足度向上の仕掛けを作り、学部改組改革を連続して実施してきた。
　それが「てっぺん賞」（学習やサークル活動で最も頑張った学生）や「スイッチオン賞」（目標に向かってスイッチが入った学生）、「ゼミディベート」（ゼミを戦う組織として熱くする）、「さまざまな海外研修・海外インターンシップ」などを編み出してきた。学部改組も持続的に取り組み、経営学部、人間学部などの再編新設を行っている。学生実態、第三者評価や自己評価、優れた点や指摘事項などを次年度以降の大学運営や将来構想に生かすため、内部質保証システム（PDCAサイクル）の組織づくりに継続して取り組む。その一つが「ベンチマーク委員会」であり、具体的な教育目標に基づき、志願者数、入学者数、定員充足率、中退率、授業満足度、学生満足度、各補助金申請・採択率、就職希望・内定率、卒業生満足度など、あらゆるものに目標数値を設定し、評価軸を明確にして、教職一体で実現に取り組む。さらに実効性を高めるべく「内部質保証委員会」を設け、教育、学生生活、キャリア、ディプロマポリシーなど事業の分野別に目標、方針・計画、達成のサイクルとエビデンスを設定しようと取り組みを始めている。
　これを自ら「循環型管理運営」と名付け、ボトムアップだけでなく一方的なトップダウンでもない、大学の実態（現実）と上からの政策が循環することで現実に立脚した改革が持続的に進むシステムと位置付ける。大学運営会議、

学部運営会議が心臓・ポンプとなり、現場からの提案が機関決定され、方針となり実行され、到達点や問題を把握し、新たな方針を作る現場に根ざした改革推進システムだと言える。またそれを担う人づくりを重視、特に職員は、ケーススタディ中心の体系的な研修を推進、「大学マネジメント勉強会」、目標管理、職員の経営・教学組織参加、部課制の廃止と学生サポートを第一義とした支援センターへの再編などに取り組んできた。

これらの背景には、島田理事長、川邉学長をトップとする教職員幹部の、現場に真摯に向き合いそこから出発する強い意志、地道な改善の積み重ねで大学の発展を実現する、基本を堅持した姿勢がある。

● **改革の当事者意識を醸成する参加型運営：椙山女学園大学**
意欲を引き出す工夫されたワーキンググループ

椙山女学園大学は、女子大としては日本最多の7学部（生活科学部、国際コミュニケーション学部、人間関係学部、文化情報学部、現代マネジメント学部、教育学部、看護学部）を設置する総合大学である。短期間に新学部の設立、組織改革など多くの取組をやり遂げた。その原動力はどこから来るのか。その力の源泉のひとつに、この大学の優れたWG（ワーキンググループ）による改革推進の取組があり、またこれを人材育成にも活用している。

飛び抜けた力がなくても、WGやプロジェクトを作ればスーパー職員何人分かの力を発揮することができる。チームでの仕事は、職員の強み、特性を生かす最大の武器である。課の縦割り業務、処理型業務を脱却し、解決を求められる経営や教学のテーマに直接シフトできる。参加者の視野を広げ、また隠された力を引き出すのにも効果があり、改革案がまとまればメンバーの自信や確信となる。個人の意見では聞く耳を持たない組織でも、WGの答申なら議題として取り上げられ、承認されればただちに実行に移され、提案が現実のものとなる。大学は自分たちの力で動かせるという実感、改革への参加意識と共に、これを繰り返すことで企画力が身に付いていく。WGの具体的テーマは、事務局独自のものとしては、事務データ整理（IR）WG、財務

分析WG、給与制度検討WG、事務組織改革WG、事務局中期目標策定WGなど、教職協働のものとしては、学生支援の在り方WG、教育の質保証WG、研究活動の活性化WG、国際化推進WG、大学・地域連携WG、教学組織検討WGなどがある。

並行して職員の力量アップにも取り組んでいる。同大学の職員の、分掌毎に求められる専門的能力や知識を「職員の専門性ガイドブック」にまとめた。これは各部署で必要な知識、能力、関連法令等を書きだしたもの。これによって職員が自らの業務を客観的にみる視点が養われるとともに、書きだしていく過程で自らの知識や能力を確認、この作業プロセスそのものが気づきにつながる。こうした基礎能力の確立に止まらず、「事務局中期目標」で大学目標と連動したより高いチャレンジ目標を提起し、分掌ごとに、さらに目線を上げて業務に取り組むことを促している。事務の課題を遂行するレベルから教学や経営が求める課題への挑戦が、業務を高度化させ、事務局の存在感を高め、改革を担いうる組織、職員を作る。

そして、それらを評価する「局長賞」制度がある。これは事務職員の中から各課の課長が2名ずつ推薦し、5名を選んで表彰するもの。単に派手なことをしている職員ではなく、地味だが全体の課題に貢献している職員もきちんと表彰する。優れた成果を上げた職員を「事務局長賞」で励ませば、皆が目指すべき、望ましい職員像も共有できる。職員のコアコンピタンスを作り、共有し、そうした職員が経営や大学運営に参画してこそ実際の改革が進む。

強烈なリーダーシップというより、意欲を引き出す工夫された参加型の運営が、この大学の活力を作り出している。

● 現場の改革力とフットワーク：愛知東邦大学
勉強熱心、活発な議論の風土を作る

愛知東邦大学は、直面する2つの課題、入学者確保と中途退学者防止に、徹底的にスモールサイズを生かす学びの充実、その素早い、連続した改革で立ち向かってきた。それは少人数教育による「東邦基礎力」学習、学生ポー

トフォリオによる個人指導・援助、文部科学省・大学教育・学生支援推進事業にも採択された「就職合宿」による朝から夜までの学生トレーニング、全職員が一年生数名を受け持つ東邦スチューデントサポーター制度など一人ひとりへの親身な、行き届いた対応が挙げられる。

これには、大学の歴史が浅いこともあって事務局長以下40代、30代が幹部層を構成する若さと、多くが大学院で学ぶなど勉強熱心でモチベーション高く活発に議論する風土がある。その背景には提案型職員を歓迎・重視する理事長以下幹部の姿勢、理事会のもとに「教学法人協議会」を置いて、経営、教学・事務局が一体で知恵を出して大学を作っていこうという参加型運営の基本理念がある。

組織・機構も効果があると見れば「朝令暮改」を恐れずすぐ変える。しかし断片的改革を積み上げているかと言えば、全くそうではない。2008年には「東邦学園将来計画の策定について」の討議を、全学のあらゆる機関に呼びかけた。7つの政策基本領域を設定し、戦略マップ「明日の東邦」として誰にでも分かるよう一覧にした。それを具体的に推進する「第三次中期財政計画」も進行中だ。

思いついたらすぐ実行。現場からの改革提案力とフットワークの良さこそが、この大学の一番の強みである。しかし、教学改革にせよ経営改革にせよ、それが改革推進の全体像の中でどこに位置づくか、常に明確にするよう努めている。教職員の個々の活力を集約し、大きく方向付け、戦略目標達成に結びつけているところに、事務局長や経営トップ層の優れた指導力がある。

教職員のエネルギーを最終的に改革という一点に集中させることで、大学の評価は変えられる。外部から熱心に学び、その良さを取り入れ、小規模ならではのマネジメントを実践しようとする幹部の姿勢が効果を発揮している。大きな戦略提起、現場からの前向きな改善提案と行動、それを生かす組織運営、この三つのシナジーが学園に活力を作り出している。

● 小規模を強みに変える：ルーテル学院大学
　　教職協働で手厚い学生支援

教員29名、職員22名、学生約500人。全員の顔が分かり名前で呼び合える真のアットホーム・キャンパス。教職一体の連携協力で、一人ひとりを大切にする教育と生きたコミュニケーション環境がこの大学の強みを作りだす。

年2回、全学生と面談。授業出席率は非常に高く、欠席4回で定期試験の受験資格にも関わるため、すぐ学生と個別相談、難しい問題は保護者も同席する。毎回の授業で感想や分からない点、要望などを調査、指導する。授業評価アンケートはホームページで概況を公開、自由記述欄で指摘された点は、問題があれば学長が教員と面談し改善を図る。学生会執行部とは月1回学生連絡協議会を開催し、豊かなキャンパスライフを過ごすための情報共有と改善に向けた協議を行う。就職率は94％、うち80％が福祉分野へ。社会福祉士国家試験の合格率も54％と高く、年末には受験勉強のため学長を先頭に輪番で学生の質問に答える。

小さい集団ゆえに組織運営が弱いかと思えば、これが全く逆。教授会は議論百出、平均3〜4時間以上と時間をかけ、実質的な審議が機能している。理事会で扱う教授会提案事項も、案件によっては数回に亘って議論を続けることもあり、率直な議論と一致がこの大学の強い行動力を作り出す。

中期構想づくりにも経営・教学で組織的に取り組む。規模の小ささは、経営的には不安定な要素ともなり計画的な運営が不可欠だ。大学の近未来委員会が理事会の経営委員会と一体、裏表の関係で議論を進めている。学部改組や教学の構造改革、財務計画、募集政策などをとりまとめる。日常の政策は、学内戦略企画委員会と事務組織である経営企画センターと一体で取り組む。全ての委員会は教職で構成、職員のほぼ全員が何らかの委員会に所属することで、大学構成員としての役割と責任の自覚を高める。

事務改革も、あえて波風を立て、原則的な改革を、コンサルタント（外の風）も取り入れながら断行する。それまでの課別編成、業務の縦割り化による閉そく感を打破すべく、4つのセンターに抜本再編、外部環境の変化や戦略への機動的な対応、入口から出口までの一貫教育支援、複数担当配置体制でサービス向上を目指し、定期的な人事ローテーションも行う。

きちんとした業務管理シートを作成し、半年間の主要業務、成果、問題点、反省点、当面の処置、次期の方針・目標を職員単位で作り上席と面接、管理

職は市川学長と面談する。職務の原則的な点検・評価、改善の検証を行い、目標に基づく業務で、個々人の役割意識の向上、人材育成を図る。

これらの源流には、慣れ合いを排し、原理・原則に忠実に、常に基本に立ち返って改革していこうという市川学長ら幹部集団の強い意志が感じられる。少人数組織が陥りやすい、マンネリズムや人間関係の固定化を、活発な議論と参加型の組織運営、本格的な教職協働で活性化させ、意気高く改革に取り組む環境を創り出している。

● 調査で市場の声を聞く実証主義：共愛学園前橋国際大学
センター制では、職員が教学にも中心的な役割を果たす

共愛学園前橋国際大学は、創立から定員割れが続き、また認証評価では、設置基準教員数を満たしていないなどの指摘も受けた。危機意識を持った教職員は、主体的に創意を持ってこの克服に取り組み、2005年度からの定員充足を成し遂げ、教育充実も果した。

そのひとつが2002年度からのコース制の導入。「国際」の分かりにくさを具体的な進路もイメージできるように工夫し、狭い語学・国際教育だけでなく、情報・経営・心理・文化・教育分野にまで領域を拡大した。

もうひとつが資格特待生・授業料全額免除のシステム。これが経済的困難から進学を躊躇していた層に大きな効果を発揮した。さらに入試特待生（成績優秀者、スポーツ特待生）、学業優秀者等に学長賞、奨学金を授与する仕組みも作った。資格特待生・授業料全額免除制度は、認定資格が入学後のコースの学習内容に直結しており、成績優秀者が増えたことで就職率も向上、地元高校の評価も高まり、志願者増の上昇スパイラルにのった。

こうした改革の原点には、学長が語る「何よりもまず学生たちの声をしっかりと傾聴すること、毎年学生アンケートを実施しそこに寄せられた声のひとつひとつが大学づくりの原点」という姿勢がある。勝手な思い込みでなく、調査で市場の声を聞く実証主義を大学改革の基本手法とする。学生アンケートのみならず、スピークアップ・システムという独自の投書制度、卒業生へ

のアンケート調査を実施、外部専門機関に委託し、地元高校の進路担当教員に近隣数大学との比較で自大学の特色やイメージ、強み、弱み、大学選択の動機を分析、新たな入学者獲得政策を打ち出すなどしている。

　もうひとつの強みに、大学独自の「センターによる全学運営」がある。教員と職員が全く対等という風土のもと、就職支援、入試・広報、学生（教務、学生）の中心的3センターは職員がセンター長を務めている。学生センターは、職員のセンター長の下に教務、学生の2つのグループ長は教員が務める構造で、職員が教学運営にも中心的役割を果たす。

　もともと全教職員によるスタッフ会議が実質的な最高意思決定機関として教授会よりも重要な役割を果たしてきたという伝統がある。各センターで練り上げられた方針や改善案は、教職全ての役職者で構成される企画運営会議で審議されたのち、教授会や理事会に上がっていく。職員の声がダイレクトに届く仕組みであり、意思決定過程において実質的な政策を決める役割を担ってきた。自由に、教職の分け隔てなく、現場から意見や提案ができるシステムが、様々な改革の断行に重要な役割を果たした。

　各課の中期業務計画書を作成し、半期サイクルで個人の業務目標を上司との面談によって設定、進捗状況を報告、点検するなど職員の個人責任をあいまいにしない運営もこうした改革を進める原動力となってきた。

　ただ危機的事態の打開には強いシステムが、改革の持続や更なる抜本改革にも有効に機能するとは限らない。改革の大きな前進を踏まえ、政策的なリーダーシップと「自分たちが大学を動かす」参加型運営がマッチする新たな仕組み作りが続いている。

● 地方・単科・小規模・新設を逆手に：松本大学
　学生を通じて培われる教職員協働

　松本大学は、地域立大学である。長野県、松本市、周辺19市町村（合併前）から設置経費の3分の2の支援を得て誕生した。教職員はこのことを忘れてはいない。地域密着型の教育方法を次々に編み出し、この分野で全国のモデ

ルとなり、見学者を集め、マスコミからも熱い注目を集める。

　その三つの仕掛けが「アウトキャンパス・スタディ」「教育サポーター制度」「地域づくり考房『ゆめ』」だ。地元の工場や事業所、ホテルや老人ホーム、農家の庭先等が教室となる。生々しい実体験が学生を飛躍させる。またそこから、ものづくりの職人や営業マン、市町村の職員や農家のおじさんが先生として100人以上、教室にやってくる。生きた教師であり広報マンであり、大学の厳しい評価者であり、強力な就職応援団である。考房『ゆめ』は、この地域と学生をつなぐ拠点だ。

　経営母体の学校法人松商学園は校友会（卒業生）を母体に運営される。理事会も全員が非常勤で、強い管理がない分、各学校の教職員に、自立心や自己責任を求め、またそれを培ってきた。職員は、新設ということもあり7割が企業出身で、教員が出す方針に黙って従うという風土は元々なかった。今も若手職員の元気が良く、遠慮なく提案をし、またそれを推奨する風土、幹部の姿勢がある。

　「地方・単科・小規模・新設」。潰れる大学の条件が全て揃っており、言われるまでもなく危機意識は浸透。これを全て逆転の発想でとらえ、小規模ならではの協働と実践の速さ、都会では絶対にできない、地域を最大の財産に変え、新設であることを活力に、先進大学のまねを一切やらず、個性ある大学を創り上げてきた。

　教職員が、常に携行しているCREDO（教職員の行動規範）の三本柱のひとつが「学生満足度の向上」。その第一番が「待たせないことと親身な姿勢」。理屈でなく、具体的な行動で示すことこそが、この大学の真骨頂だ。

　当初は、大学を表面的に見て、「勉強ができない生徒を集めているので、授業そっちのけで、地域に出歩いて苦労している」と言われていた。いまや地域力を生かした学生の育成が、今日の「学士力」「社会人基礎力」にもマッチ、マスコミの評価にも結び付いた。逆にこの評価で自信を付け、これを学内の行動モデル＝コアコンピタンスとして創りあげ、拡大再生産を進めてきた幹部の練達したリーダーシップも特筆できる。

3．10大学の事例から学ぶべきもの

3.1　政策の明確化と遂行システムの確立

　明星大学、高崎商科大学、長野大学は、政策を掲げ、それに基づいて改革を推進しようとしている点では共通している。明星大学は「全学戦略マップ」、高崎商科大学は「大学運営方針」、長野大学は「Step up 戦略」（長野大学における「成長」支援の枠組み）である。しかし、その実行システムやマネジメント手法は異なる。

　明星大学は、MI 21 プロジェクトを学科ごとに立ち上げ、ナビゲーターと呼ばれる先導役を若手教職員から選抜し、バランス・スコアカードを活用して達成指標を設定、その実現に向けた活動を強力に推し進めてきた。これを自己評価活動の一環と位置付け、全職員を巻き込みつつ、中核となる改革集団を作り、改革推進の組織と運営を作り上げた点が大きい。

　高崎商科大学は、改革を主導するのは企画会議で、理事長・学長・常務理事である事務局長の3者で構成されているが、それを実務上動かしているのは職員組織である学長室や法人の企画部門である。課長クラスも教員に遠慮なく提案する風土がある。事業の実行には創業家トップの判断が必要だが、ここも変化を先取りし、しがらみにとらわれず果断に決断する実学重視の伝統が受け継がれている。創業家の実行力と現場の職員を中核とする改革集団がうまく結び付き改革が推進されている。

　長野大学も、改革の方針は提起され、それを実行するための特別検討チームなどは作られている。しかし、まだ教員中心で、改革推進のための恒常的組織はなく、職員参加も始まったばかり、オーナー型でない分強力なリーダーシップを発揮しにくい点もある。

　改革の方向を指し示す政策は共通して存在する。しかし、これを具体化し実践にまで至るシステムの有無、意思決定し、決断し、教職員に浸透・徹底させ、実行計画に落とし込んで改革推進を強力に推し進めるシステムの点で違いが表れる。戦略を実行するそれぞれの大学に相応しい体制の構築、教職員への確実な貫徹、あいまいさを残さない実践こそが求められる。

3.2 トップとボトムのベストミックス

　群馬医療福祉大学も、文京学院大学、椙山女学園大学も、創業家が経営を担うオーナー系の大学である。いずれも建学の精神を強く打ち出し、トップが強い影響力を保持して、リーダーシップを発揮するが、そのやり方はかなり違う。

　群馬医療福祉大学は、率先垂範、徹底した現場主義で、あらゆる会議に顔を出し、議論し、また指示をする。文京学院大学と椙山女学園大学は、大きな方向は出すが、具体化や実践は幹部や教職のチーム、組織に任せる。共通する点は 2 点、現場の声をよく聞くということ、実際の改革はトップの指示で個別に動かすのではなく、改革推進の組織やシステムを作り、組織を通して行うという点である。

　群馬医療福祉大学の鈴木理事長も、ほとんどの会議に出席するが、一方的な意見や指示ではなく、率直な意見には耳を傾け自分の提起が不十分な場合はすぐ変える。この人柄が意見を言いやすい雰囲気を作る。職員が教員を兼務するユニークな体制で教職の風通しも良く、またトップがこれら幹部を信頼している。これがトップの強い関与と自由な雰囲気を両立させ、現場の実態を掌握することとなる。

　文京学院大学は、徹底したアンケート調査重視による実証主義、現場重視、自ら「循環型経営」と名付けている通り、上からの政策と現場の実態（現実）がうまく結び付くこと、トップとボトムの循環によって、現場に即した改革が持続的に推進できるシステムを作るということを運営の基本に置いている。

　椙山女学園大学も、理事長の大きな方針の下、実際の計画づくりは、テーマごとに、それを具体化し推進するための教職協働でのワーキンググループを数多く作り、稼働させることで、現場の教職員の知恵を集め、縦割りではない横断的な力で改革を進めている。

　各大学の実際の改革推進組織は、群馬医療福祉大学は企画調整室、文京学院大学ではベンチマーク委員会や内部質保証委員会、椙山女学院大学の、教職の 10 を超える WG などである。組織を通すことで客観化し、現場実態と適合させ、ある意味でトップの恣意性を排除し、正しい方針を確立するシステムとしても機能している。ここに、トップとボトムのひとつの在るべき姿が示されていると思われる。

3.3　優れた運営で教育のコアを作り出す

　愛知東邦大学と**ルーテル学院大学**は、規模が小さい点で共通しており、それを生かした特色を作り出している。ルーテル学院の年2回の全学生との面談や国家資格試験直前、学長を先頭に学生の質問に答え個別指導を行うことなどは、大手では真似ができない。愛知東邦の就職合宿や全職員が1年生数名を担当し援助する「東邦スチューデントサポーター制度」なども同様である。

　しかし、こうした強みは、学生規模や教職員が少人数だとすぐできるという訳ではない。ルーテル学院で言えば、少ないからこその徹底した議論、マンネリ化を起こさせない原則に立ち返る大学運営、あえて波風を立てる原理的な改革や評価システム、職員全員が何らかの委員会に所属して大学運営に直接タッチしている点などが挙げられる。愛知東邦も、効果があると見れば朝令暮改も恐れず、フットワーク良くすぐ変える。しかし、そのバックには学園将来計画（戦略マップ「明日の東邦」）や中期財政計画を立て、大きな改革方向を見据えながらの小回りのきく運営がある。職員の半数近くが大学院で学ぶ勉強熱心さも特筆すべきだ。共通するのは、「小さいからこそ基本・原則を大切に」という点だ。

　共愛学園前橋国際大学も松本大学も強い特色を打ち出して学生を引き付けている。

　共愛前橋国際の資格特待生・授業料全額免除制度や各種の独自奨学金制度は、2〜3割の学生を対象とする数の多さでも、また、受験生の持つ資格を大学の学びに繋げている点でも優れたもので、これが多くの優秀な学生を引き寄せ、定員割れから一転、大学を上昇スパイラルに乗せた。

　松本大学の地域密着型教育も、地方・単科・小規模・新設を逆手に取り、様々な職業を持つ地元の100人を超える方々を先生として大学の授業で活用し、また地域に学生を連れ出し実践教育をして、地域の信頼と評価、地元就職を実現させている。ここには両大学に共通する現場からの参加型運営がある。

　共愛前橋国際では、昔からデータに基づく実証主義が根付いており、トップの意向だけでなく、現場の提案で動く仕組みが重視されてきた。もともと教授会より全教職員によるスタッフ会議に重きを置いてきた運営の伝統もあ

り、今でも教職の役職者全員で構成する企画会議が大学運営の中軸を担い、それを推進するのが「センターによる全学運営」である。このセンター長も教員・職員が上下なく、適材適所で就いており、それを疑問視する風土は全くない。これが現場からの改革を可能にした。

松本大学も新設の強みで、職員の7割が企業出身、もともと教員が出す方針に黙って従うという風土はない。危機意識の共有をベースに、都会では絶対まねのできない「社会人基礎力」教育のモデルを作り出す。

個々の大学は、それぞれ個性ある運営システムを形造っており、ひとつとして同じものはない。しかし一歩踏み込んでみると、そこには共通する優れた努力、改革を成功に導く原理が潜んでいる。

初出：「事例に学ぶ、大学マネジメントの優れた取り組み」『私学経営』連載1、2012年4月号

『教育学術新聞』連載、掲載一覧
「成果指標の明確化による改革推進・明星大学―バランス・スコア・カードを使って実効性のある改善を図る」平成23年12月21日
「地域ニーズを現場職員からくみ上げる・高崎商科大学―時代の変化への素早い対応」平成23年9月7日
「職員参加の王道の改革・長野大学―学生の成長支援に全てを集中する」平成23年8月24日
「教職員が背中で見せる教育・群馬医療福祉大学―信頼で結ばれた現場主義の幹部たち」平成23年10月19日
「理事長の人柄が生む教職協働の強み・文京学院大学―ボトムとトップが織りなす循環型経営」平成23年11月2日
「改革の当事者意識を醸成する・椙山女学園大学―意欲を引き出す工夫された参加型運営」平成23年7月13日
「勉強熱心、活発な議論の風土を作る・愛知東邦大学―現場の改革提案力とフットワークの良さ」平成23年7月27日
「教職協働で手厚い学生支援・ルーテル学院大学―小規模ながら原理的運営を貫く」平成23年11月16日
「調査で市場の声を聞く実証主義・共愛学園前橋国際大学―センター制では職員が教学にも中心的な役割を果たす」平成23年9月14日
「学生を通じて培われる教職協働・松本大学―地方・単科・小規模・新設を逆手に創り上げた個性」平成23年8月17日

＊各大学の記載内容は、全て掲載時点のものである。

第2章

目標実現には、組織改革先行、成果指標、プロセス指標で多くの教職員を行動に巻き込む

11. 先駆的教育システムの構築：**大手前大学**——目標の実現目指し運営改善と力量向上を図る
12. 学群制への転換と着実な改善の結合：**和洋女子大学**——教職一体で教育目標・計画を自己評価、改善に取り組む
13. 組織改革で教育特色化を推進：**神戸学院大学**——中期計画の確立・推進へ経営・教学・事務体制を強化
14. 将来構想を軸に着実に改革：**東京電機大学**——目標を実践する組織を作り実効性ある活動を推進
15. 先駆的マネジメントの構築へ：**九州共立大学、九州女子大学**——体系的な政策策定と成果指標による推進管理
16. 教学マネジメントサイクルの確立へ：**筑紫女学園大学**——ＳＰ（サポートポリシー）を定式化、専攻・コース目標で教育を充実
17. 特色ある教育を作る持続的改善：**神田外語大学**——120項目の中期経営計画で総合的な改善に取り組む
18. 渡米研修で改革力をアップ：**福岡工業大学**——企画・開発力を実際の仕事の体験を通して育成

8大学の事例から学ぶべきもの
あらゆる改革の前には組織改革がある／方針の策定実行 (PD) から成果指標による検証改善 (CA) へ

1.8 大学の改革事例

引き続き、訪問した8大学のマネジメントを紹介する。前半の大手前大学、和洋女子大学、神戸学院大学、東京電機大学は、3学部クロスオーバー、学群制などをはじめとした先進的な教育改革、着実な教育の特色化に取り組んでいるが、並行してそれを推進するための組織・機構・運営システムの改革に如何に取り組んできたか、この点にも注目してお読みいただきたい。

続く福原学園(九州共立大学、九州女子大学)、筑紫女学園大学、神田外語大学は、中期計画推進システムの進化、すなわち成果指標・到達度評価を重視しながら改革の現実的実行力の強化に努力している点を、最後の福岡工業大学は先進的なマネジメントで知られるが、ここの一歩先を行く渡米研修の狙いについてご覧いただければ幸いである。

● **先駆的教育システムの構築：大手前大学**
　目標の実現目指し運営改善と力量向上を図る

ユニット自由選択制、3学部クロスオーバー、そして、社会人基礎力育成のC-PLATS、大手前大学は、日本初の先駆的教育システムを短期間で次々に創出してきた。これは、2005年、福井有現理事長の就任を前後して始まった男女共学化、人文科学部、社会文化学部の廃止・再編、2学部5学科から3学部3学科・23専攻へ、創立60周年での建学の精神を再設定など、連続する改革の総仕上げでもある。ブランド戦略会議など外部の力も生かした強力な改革推進の仕掛けも使って、今日の大手前大学の最大の強み、売りを作り出した。

目指す資格、なりたい職種に応じてオーダーメイドのカリキュラムを提案する「履修名人」、「学びかたログ」、科目ごとに難易度を4段階に分けて番号を振り、自分の関心と難易度を照らし合わせて履修できる「レベルナンバー制」。出欠や課題の提出状況の携帯電話による確認システム「確認くん」、学

生の反応・意見、理解度、満足度を授業で即座に把握・集約できる「C-POS（シーポス）」。様々な工夫されたサブシステムとユニークなネーミングは、教職員の知恵の結晶でもある。しかし、先進システムは模倣ができない分困難も伴う。学生の希望を実現する履修ルートの構築は、カリキュラムの徹底した見直しが不可欠で、ユニット化、レベルナンバー化に適した科目とそうでない科目もある。カリキュラムの本格的構造化は、日本の大学ではまだ始まったばかり、並大抵ではない努力が求められる。そして何よりも、このシステムを使いこなし、学生に浸透させ、結果を出すことが求められる。中期構想でも率直に語っているように、最終的に就職や学募の目標の達成に結び付けなければシステムの存立にかかわる。

ではこうした先駆的改革がなぜ成し遂げられたのか。これは、創立者である福井家が長年にわたって築き上げてきた学園が一体になって取り組む気風を背景に、現理事長の強い信念とリーダーシップがあることは間違いない。その上で、学長との強い連携、教学システムを実際に作りだす上での副学長、教務部長、教職幹部の一体的な力、それらを財政、人事面から支える法人本部長、事務局の努力、この総合力にある。しかし、これは自然にできてきたわけではない。

3学部横断の教育システムに合わせ、学部教授会を廃止、大学教授会として一本で運営するとともに、教学の最高審議機関として教学運営会議を設置、ここでまず大学全体の方針を議論し提起するシステムとした。学部中心の運営から大学全体運営に大きく舵を切った。年2回、全教職員で合宿も伴う研修会を継続的に行っている。職員の人事評価制度＝目標チャレンジ制度に続いて、2008年からは教員評価制度もスタート、「活動・業績報告書」をもとに全員面接を行う。また優れた活動を行った教職員の褒賞制度もある。FDはほぼ全員の教員が参加、全授業の参観・見学が毎年行われ、授業改善研究会など活発に動く。事務局も学生支援にシフトした組織編成をとり、総合企画室などがデータに基づく、先を見た改革の手を打つ。

改革を担うのは人。先進的なシステム作りに挑戦し続けることを通して、教職員の心に火を付け、改善・改革力を高める持続的な取り組みが続けられている。先を見据えるトップとそれを支える幹部、教職員、この力がこの大

学の大きな改革を支える。

● 学群制への転換と着実な改善の結合：和洋女子大学
教職一体で教育目標・計画を自己評価、改善に取り組む

　和洋女子大学は、明治30年(1897年)、和裁と洋裁を合わせて教授するという当時としては画期的な学校として誕生した。今また女子大学としては日本初の学群・学類制を導入、先駆的な教育改革にチャレンジしている。

　和洋女子大学は、これまで伝統的な女子大として安定的、保守的な運営を行ってきたが、ここにきて大きく改革に舵を切った。2008年から導入されたこの制度は、人文学群、家政学群の下、6学類13の専修・コースをおき、新入生は学類に所属、2年進級時に自分に合った専修やコースを選択する。教員が所属するのは学系（研究組織）で、言語・文学、人間・社会、生活科学の3つを置く。学科の壁を除く弾力的な教育組織である。学生は学習内容を十分に理解した上で専門を選択、将来の進路を自己決定できる。教員も専門性に基づく編成で、変化に合わせ柔軟に教育課程の改編が可能となる点がある。

　こうした思い切った改革に舵を切ったのには、いくつかの背景がある。ひとつは2000年代からの志願者減少傾向であり、学科によっては定員割れが常態化、再編が避けられない事態となっていた。定評がある面倒見の良い教育が逆に学科の細分化となり、これが設置基準上の教員数の増加につながり、学生数の減少によって人件費比率が上昇、財政悪化が進行していた。丁寧な教育は教員の学科への愛着、その基礎単位である学科会議への帰属意識を強くした。学科は強いまとまりを持つがそれを越える全学横断的な教育連携が進まず、教授会で決定すべき案件も学科の議論では結論がまちまちで決定に時間がかかった。新制度はこれら全体の課題解決を狙った。

　学群制度は、そのユニークな内容から評判を呼び、志願者が増加、定員割れを克服、中退率も下がり始めた。教員数も数年先を見通して計画的な抑制に見通しが立った。並行して取り組んだ経費削減や賞与見直しの効果もあり、

財政は大きく改善した。学科会議は廃止され、新組織の研究室会議にその名残りが引き継がれているものの、学系教授会所属で全学連携強化の方向に変わりつつある。

　もちろん課題もある。自由選択ゆえの2年次の専修・コースの定員と実際の学生数とのかい離などである。しかし全体として学群制への転換は、和洋女子大学が直面する課題を解決する上で大きな役割を果たし、有効に機能してきた。

　形は出来た。次は教育内容の充実が求められる。この間の認証評価では少人数教育やキメ細かい学生指導は評価されたが、教育は伝統的なやり方を踏襲、教育改善への関心や取組は不十分だと指摘されてきた。これを改善すべく、和魂洋才のミッションの見直しを契機に『人を支える「心」と「技術」を持って行動する女性の育成』を掲げ、単に学科の専門知識、専門人材育成でなく、学生が身に付けるべき5つの基礎的・基本的能力を提起した。そして、その獲得のための参加型授業の工夫、地域・社会との接点の重視、授業ごとの目的の明確化、科目構成の見直しなど教育内容・方法の改善を求めた。

　この実現に向け「教育目標の自己評価システム」を機能させた。「人材養成に関する目標と計画」「新組織の効果的な運用」「学士課程教育」などを専攻別、テーマ別に「目標」（将来あるべき姿）と「計画」（誰が、何を、なぜ＝理由・目的）、いつまでに、どのように（手段・方法）、どの程度（定量化できるものは数字）を簡潔に箇条書きで記載させ、この達成状況を自己評価し、％で表す仕組みである。これは教学事務組織、教務課や学生課でも同様に取り組む。達成度合いを集計・分析、低い所は改善・向上方策を練る。大学全体を巻き込んだ教学充実の恒常的な改善システムである。

　かつては教員が事務局長を務め、10年ほど前まではあまり積極的に発言する風土がなかった事務局も、改革の風の中で大きく変わった。特に近年は石渡朝男常任理事（当時）の指導の下、事務局改革を推進、チーム制の導入、職務権限の明確化と権限委譲、厳格な予算編成、固定していた人事異動を定例化するなどしてきた。研修制度を体系化、目標管理制度を導入、エンロールメントマネジメントにも積極的に取り組む。今や教学の充実や運営改善は事務局との協働なしには進まない。

和洋女子大学は、強い伝統を背景に、学群制を軸とした大胆な改革と着実な改善を結び合わせ、成長を続けている。

● 組織改革で教育特色化を推進：神戸学院大学
中期計画の確立・推進へ　経営・教学・事務体制を強化

　神戸学院大学の神戸ポートアイランドキャンパスは、素晴らしい校舎と立地で知られる。大学改革のテンポも速く2000年に入ってから連続的に学部・学科を新設、増設、再編し、7学部とした。ポートアイランドキャンパスを開設した2007年からは、全学共通の教養教育、基礎教育を実施する「共通教育機構」と学部の専門教育にとらわれない幅広い学問を学び実践力を高める「学際教育機構」で学部を超えた自在なプログラムを提供している。

　アンケートから、就職が弱いと評価されていることを掴んだ企画部の提起から、徹底したキャリアサポート体制の強化を推進してきた。就職内定まで4年間の全行程を支援、企業人事部経験者を4～5人採用し指導強化、年間2300名の学生が個別相談に訪れ、また650社の企業を訪問する。目標設定―実践―振り返り―改善―のサイクルをWEB上に活動記録として蓄積するキャリアポートフォリオを構築した。1年次から進路ガイダンス、キャリアトレーニング入門を実施、内定まで徹底したフォローアップを行い、24時間どこからでも就職情報が見られるシステムも作った。採用企業アンケートを実施し、報告書を作成、各学部へもフィードバックするなど、あらゆることに取り組んでいる。

　2012年に法人創立100周年を迎える。それまでに、次の発展計画である中期計画をまとめるのが学長が掲げる公約の柱だ。これまでの拡充政策の到達を踏まえ、まずは教学の充実、内実作りに集中、就職や学生募集の成果につなげる。その上で、次なる新学部、そのための施設建設等大規模事業に着手する。高校の移転新築も課題となっており、そのための資金蓄積の計画も必要だ。これらの大きな改革の骨格を、100周年を機に固める。この策定の中心を担っているのが総合企画会議であり、学長、副学長、事務局長、総務、

企画部長等で構成される学長ミーティングである。

　こうした展開を可能にした背景には、10年に及ぶ、経営強化、管理運営改革、事務機構整備の持続的な改革の努力の歴史がある。神戸学院大学は、1970年代以降、大学の経営・教学事項の全てを教学組織が決める、教授会中心の運営が続き、理事会はいわば形式的な運営となっていた。理事会で決定しても評議会で覆ることもあり、また、学部と評議会の関係も、学部にかかわる案件は評議会で学部の意向に反して決定することは難しく、学部の利害が対立し調整が難航すれば政策決定が困難になる事態もあった。構成員参加型の運営により、理事長・学長の権限は限られ、選挙で選ばれる学長と学部長には上下の関係はない、という風土であった。

　しかし、近年の大学を巡る厳しい環境、高校、短大の経営悪化や志願者減から、教学主導では経営難になっても法的・社会的責任は取れず、法人の経営基盤の整備、経営組織やそれを担う事務組織の整備・確立を求める声が、教職員、とりわけ事務組織から強く上がった。2001年、寄附行為変更、常任理事会の設置、経営・教学・事務一体の総合企画会議を立ち上げた。2002年からは事務局長の理事就任、経営を支える法人部と企画部を立ち上げ、経営確立の条件が整った。そして、経営管理事項も審議していた評議会、教授会から予算、中期計画、組織にかかわる重要事項などは経営機関に移管した。これによって、相互の責任を持った本来的な法人、大学運営体制が確立し、今日の神戸学院大学の発展の基礎を作り出すことになる。

　規模の大きな大学での改革推進には、独特の困難が付きまとう。粘り強く改革を積み上げ、着実に成果に結び付ける努力が、大きな前進につながっている。

● **将来構想を軸に着実に改革：東京電機大学**
　　目標を実践する組織を作り実効性ある活動を推進

　2000年代初頭、工学離れの影響から志願者が急減、危機意識を持った学長や経営陣は本格改革の必要性を強く認識した。おりしも2007年に創立100

周年が控えており、これを改革のチャンスととらえ抜本改革案の策定に着手した。2005年、理事長が指名する理事、学部長、学校長、事務部長等で構成する将来構想企画委員会を立ち上げ、5つのWGを置いて、学園の全ての課題を洗い出し改善計画の策定を進めた。そして前述した5つの提言①建学の精神、教育理念の尊重、②環境変化に適応する組織の構築、③規模・配置の適正化、④財政健全化、⑤学園・大学の行政管理体制の確立、としてまとめた。これが、今日まで続く東京電機大学の改革の羅針盤として事業計画等で繰り返し明記され、その実践が追求されている。特に、2007年の100周年を機に取り組まれた「全学的改編」、斬新な未来科学部の設置から北千住キャンパスへの全面移転など、財政を含め大きな決断を伴う大事業のバックボーンとなった。

さらに、こうした経営・管理面の改革だけではだめだという自己認識の中から、2009年、古田学長のイニシアティブで大学のグランドデザインが策定され、教育の中身、質向上の施策が次々と実行に移される。今年度からはこの、教育の充実・改善向上を専門的に進める教職一体の組織として、理事（元学部長）を室長に、学部選任委員4名と担当副学長、事務局による教育改善推進室が設置された。学部選任委員は、教育改善方策の立案に関るとともに、その学部への浸透のキーパーソンとなっており、専属職員3名を配置して強力な活動を開始している。入学前教育、初年次教育、導入教育を重視し、学習サポートセンターも設置した。『パーフェクトな就職支援体制』を売りに、徹底した就職支援システムを作り、先輩学生アドバイザーによる「就職寺子屋」などユニークな活動で、高い就職率を作り出してきた。

こうした改革を実現した背景には、当初より5つの提言の柱に盛り込まれた「変化に適応する組織構築」「行政管理体制の確立」など、政策の推進体制、管理運営改革が明確に位置づけられている点が上げられる。プランは策定するだけでは絵に描いた餅、掲げた目標の実現に相応しい推進の仕組みがあってはじめて前進する。

理事会自身も、常務理事を大幅に増やし、専務理事体制を敷き、経営執行機能を抜本的に強化した。理事数の3倍をはるかに超える評議員を削減、運営の機動性を図った。法人の政策立案、推進機構として経営企画室を立ち上

げ、改革の日常的な遂行体制を強化した。財政面では、財政健全化委員会が数値目標を明確に掲げて財政改革に取り組み、財政健全化グランドデザインを策定、厳しい給与、定年制の見直しに着手するとともに、重点事業と予算計画の結合、目的別予算・決算書の作成、それを使った事業単位の採算チェックなどを、ステップ1〜3へ、3段階で計画的な実行を目指している。

教学面でも、大学のグランドデザインの実行組織としてブランディング委員会を設置、その下にいくつかのWGを設置して具体化と推進を図り、その中から前述の教育改善推進室も誕生した。焦点の学生募集も、広報推進本部を設置、狭い学募対策や広告に止まらず、大学の活動全体の広報を通して評価向上に結び付ける総合的な取り組みを行い、特にHPを重視する。

きっちりとした目標の設定、その推進のためのテーマ（分野）ごとの実行組織の設置、この組織を実質化することで、確実な実践と成果を作り出している。大規模大学での改革の堅実、着実な推進に効果的な手法だといえる。

● 先駆的マネジメントの構築へ：九州共立大学、九州女子大学
体系的な政策策定と成果指標による推進管理

学校法人福原学園、九州共立大学と九州女子大学・短期大学の中期計画の立案、その具体化、その実践のための成果指標の設定とエビデンスの明示、これら一連の政策遂行マネジメントシステムは、極めて先進的である。

前述の通り、政策策定組織は「福原学園経営戦略会議」を頂点に「戦略プランニング委員会」と「中期経営計画委員会」を設置、前者は、調査、計画の素案作り、定量的な管理（評価）指標の設定に取り組んでおり、その下に現場職員を含む10数名のタスクチームを置く。後者の計画委員会の下には、大学、高校、事務局の各計画部会を置き、マスタープランの下、学校ごとの計画の具体化を図る。戦略会議の下には「人事評価委員会」も設置され、大学、高校、幼稚園、事務局の評価を、学園戦略目標の達成という視点から個人目標にまで浸透させ、また到達度評価をコントロールする仕組みを持っている。

特に優れているのは、成果目標による改革の推進・評価システムの構築で

ある。中期計画全体の進捗管理は「定量的管理（評価）指標」の導入を進めており、それは「プロセス目標」と「成果目標」に分かれる。例えば、「プロセス指標」の学生確保の、広報の項目ではホームページアクセス数、高校対応では高校訪問回数などで、教育活動では学生カルテ作成率、授業相互参観の実施回数などで、学生支援では個人面談学生数や学生相談室（九女ルーム）利用件数で、キャリア支援では、インターンシップ受け入れ企業数や実習終了者データ入力件数で評価するという具合だ。

成果目標としては、学生確保の項目では、志願者数、伸び率、定員充足率、受験倍率などで、教育活動は、留年学生割合、授業満足度、学習目標設定学生割合、退学学生率、キャリア支援は進路・就職決定率、採用企業満足度、採用継続企業割合、求人件数、研究推進では教員一人あたり論文発表数、外部資金新規採択数でみる。

こうした、分野ごとの具体的な成果目標の設定は、各大学ごとでも、独自のやり方で取り組まれている。九州共立大学では、BSCを活用し、入試広報では入学希望者数、HPアクセス数、オープンキャンパス参加者数など、大学生活の充実については、満足度調査結果の各項目の評価向上度合いから、就職では、内定率、活動開始時期、面接、履歴書指導者数など具体的な改善指標を設定している。これらを一覧表で作成、戦略項目ごとに、当年度目標（達成指標）を掲げ、達成のための具体的な活動事例をドライバーとして明記、それぞれに学部（教員）担当者名と事務担当者を、個人名を挙げて記載する。

目標の実施状況・進行管理は、毎週1回の課長会で「懸案事項の進捗状況について」というチェックのための一覧表が配られ、青字は完了事項、赤字は計画変更事項、黒字は実施中ないしは未実施として管理される。

九州女子大学では、こうした評価をアンケート調査で検証する方法をとっており、学生満足度アンケート調査、卒業生調査、企業アンケートなどを定時に実施している。

学生を伸ばすには、学生個別の理解と施策が必要と、全学生への面談、指導に力を入れる。その素材として、学生調査「チェックシート」があり、自己成長感、社会人基礎力の獲得状況についての自己評価を詳しく問い、その結果を分析して、学生の現状を的確に摑み、タイプ別に分類、傾向を摑んで

指導の対策を立てる。

　こうした優れたマネジメントシステムが出来た背景には、学園の苦難の歴史がある。60周年記念小史にも記載されている1980年代からの一連の不祥事と補助金停止や文科省からの行政指導、役員の総退陣、それに続く志願者減少と財政悪化。この困難な状況の中で、学園再建の使命を担って福原理事長が登場した。不退転の決意と強いリーダーシップによって工学部の廃止とスポーツ学部の新設、中期計画を軸とした総合的な改革システムの構築と理事会権限の実質化、学長兼務による改革の大学への浸透など改革推進体制の構築を進めた。併せて、それを担う人材、適材を発掘し、抜擢し、また職員の力を最大限に発揮させる運営を強化した。徹底した現場主義、部下を信頼する業務姿勢、またそれに応える理事や事務幹部の目線の高さや熟達した業務遂行も特筆される。

　学生募集、財政再建は軌道に乗りつつあるが、改革はまだ始まったばかり、システム全体はこれから本格稼働する。この成果が期待される。

● 教学マネジメントサイクルの確立へ：筑紫女学園大学
　ＳＰ（サポートポリシー）を定式化、専攻・コース目標で教育を充実

　筑紫女学園大学には、教育目標とその達成数値目標、AP（アドミッションポリシー）・CP（カリキュラムポリシー）・DP（ディプロマポリシー）を学部・学科・専攻・コースごとに記載した冊子がある。これは「基本理念と教育目標―教学マネジメントサイクルの確立のために―」と題するもので、2年ごとに改訂され、教職員の教育活動や業務遂行の柱として使われている。

　この冊子の冒頭で、これまでの「自己点検評価報告書」は執筆者の思いを述べたものの寄せ集めで、これが組織的意思となり、改善に資することはなかった。その最大の原因は、核となる使命・目標が未確立、かつ学科・専攻レベルの達成目標が設定されていなかった点にあることを強く指摘している。この冊子は、2003年の認証評価を契機に、大学の力の源泉である教育の質向上、人材養成機能の強化のため実効性ある評価・改善を行う教学マネジメ

ントサイクルを確立したいという、小野学長（当時）の強烈な問題意識からスタートしている。

　もうひとつの重要な提起に、前述の3つのポリシーから4つのポリシーへの発展の定式化がある。地方中小規模大学の現実、経営の事情から、志願者は、学力・意欲に関らず受け入れなければならない状況にあり、入学後直ちにCP（正課授業）につながらない。そこをつなぐには、多面的・総合的な正課外教育、支援体制の構築、学生サポートシステムが不可欠であり、これらをSP（サポートポリシー）と名付けた。そして、この4Pが、総合的に機能することで多様な学生を動機づけ、活性化し、支援して、学生の成長を図ることができる。

　SPとは、初年次教育支援としての入学前教育、リメディアル教育、導入教育、自校教育などである。また学習支援としての履修指導、クラスアドバイザー、スチューデントルーム……、キャンパスライフ支援としての健康支援、経済支援、課外活動支援、キャリア支援などの総合的な支援制度の体系化である。このSPの教育体系への組み込みによって、職員も教育、学生育成の中心的担い手として登場する。

　そして、特に優れているのは、教育目標の設定、さらに、その達成のための数値目標の設定である。専攻・コースにまで落ちて設定される目標は、かなりバラエティに富んでいる。社会福祉士等国家資格合格率、各種教諭免許取得率、司書、学芸員など資格取得者何名・何%、開講する課程の終了者数、TOEICの点数やパソコン、ワープロ検定合格者数、大学院進学者数、留学や海外研修参加者、授業評価の満足度%の向上、ボランティア参加率、就職率さらに幼稚園教諭等その学科の専門分野への就職率目標等である。教育の成果を、できるだけ数字で追求しようとしている。そして、この推進のために、前述したFDの3領域を、3層構造として体系化し推進している。

　事務局も、この教育目標を基にして、各課ごとに「SPを具現化する方針」を立てるとともに、その優れた点（強み）と課題（弱み）を明らかにし、それをどのように改善するか、達成目標（何を達成するか）と向上・活用計画（いつまでにどうするか）を明らかにする。

　こうした一連の目標や計画は、立てっぱなしではなく、その実践を経て、

毎年1回「発表会」と称し、教育、事務一年交代で、丸1日かけ、全教職員参加で到達状況と評価の報告・討論会を開催している。

こうしたマネジメントサイクルの推進組織として、自己点検評価組織と共に、教育開発センターが、学長の下で強力な力を持って動いており、これを大学企画室が支えている。センター長は副学長か学部長、企画室長は事務局次長が担っている。

教員任せだった評価報告書を、職員が全て原案を書くように転換したことをきっかけに、目標設定からその到達度評価まで、事務局が主導的に管理する仕組みに変わった。ここから事務局の力量が飛躍的に高まり、改革推進の運営面は、職員主導で進むようになった。

認証評価の実質化、如何に評価を改善につなぐかの問題意識から、徹底した教学改革のマネジメントサイクルを構築した優れた事例と言える。

● 特色ある教育を作る持続的改善：神田外語大学
120項目の中期経営計画で総合的な改善に取り組む

神田外語大学は「言語と文化を学ぶ日本一の環境」を自負する。学内に、7カ国の町並みや建物、生活文化を再現した語学学習施設や英語のみで話し、徹底した個別指導を行うセンターを作り、さながら留学した雰囲気の中で外国語・文化教育を行う。その指導体制も充実しており、少人数・参加型・実践的な授業を、60人を超えるネイティブスピーカーの教員を含め、教員一人当たり学生11人という恵まれた環境で行っている。

神田外語学院をルーツに、佐野学園の名前が示す通り、創業家が理事長を担うオーナー系大学である。2005年に受診した認証評価、自己評価が契機となり、創立20周年を迎えた2007年を前後する時期から、弱点を克服し、高い評価を得たものにはさらに磨きをかけ、大学の質向上と特色化を図るシステムを確立・整備してきた。こうした改革推進体制は、2010年に就任した現理事長佐野元泰氏に受け継がれさらに加速することなる。

2007年からスタートした中期経営計画は第1フェーズを2009年の3年間

で終え、現在、2012年までの第2フェーズに取り組んでいる。この経営計画の大項目は8つの分野に設定され、⑴ 教育・研究の質向上、⑵ 学生支援の充実、⑶ キャリア支援の強化、⑷ 企画力・改革力の強化、⑸ 広報力・募集力の強化、⑹ 運営・組織体制の強化、⑺ 財務力の強化、⑻ 社会連携の推進、から成り立っている。それをさらに32の中項目に分類、120の小項目の計画として立案、総合的で具体性のある中身となっている。例えば、⑵の学生支援の充実（大項目）では、中項目①自立学習支援の充実に対して、具体的改善計画として15の施策（小項目）が設定されている。同様に、②留学生支援では7項目、③課外活動支援でも7つ、④健康・体力向上支援で2つ、⑤施設・設備の充実で4つの施策に具体化されるという具合だ。

　それぞれの小項目ごとに何をやるか、「実行計画」が簡潔に書かれ、「主管部署」「担当者名」が明記され、「スケジュール」として3カ年の進行計画を具体化、「達成目標」として、どういう状態にもっていくのか、具体的な到達目標を記載するものとなっている。計画自体は1～2行の簡潔なもので、その下に半年ごとの進行状況を記載するという形をとっている。

　優れているのは、この計画が上からの指示ではなく、担当者の提起をベースに作られるという点だ。中期経営計画の柱、大きなテーマの提示、志願者や就職率など具体の目標を含む全体目標の提示を受けて、担当者が、現場から自ら現状を分析、問題点や強化策の課題を設定、改善・向上計画を立案、達成目標を設定する。これを事務局長が取りまとめ、この大学独自の組織、執行役員会で審議し、取りまとめるシステムとなっている。そして、この進捗状況を半年ごと担当者が、パソコン上の指定フォームに記載して進行状況をチェックするとともに、全職員の共有化を図っている。

　職員は一人当たり1～4項目程度の課題を受け持つ。これを人事評価の中の目標管理シートとも連動させ、日常業務遂行上の目標の他に中期経営計画上の自己の役割・課題を明記させ、年度単位でさらに詳しく到達状況や問題点を記述し、また次年度の改善計画を練る。目標を鮮明にした改善行動を積み重ねることで職員の育成、力量向上も進める。月2回開かれる職場代表者による大学連絡会では、持ち回りでテーマを決め、具体的な改善計画のプレゼンテーションを行う。また学生満足度アンケートはその集計結果と併せて、

出された意見に対する具体的な改善策、サービス向上方策を同時に発表している。これもこうした取り組みの延長線上ではじめて可能となる。

中期経営計画による3年サイクル、年度単位、半期の改善サイクルを続け、さらにこれに年度単位の自己点検評価を重ね合わせることで、改革推進の独自システムの構築、PDCAサイクルの確立を目指す。変化の激しい高等教育環境、高校生や学生ニーズの変化、就職先の動向にもきめ細かく対応し、現場からの改善を、しかも総合的に推進することで、大学の特色化、評価の向上を継続的に進めることを狙っている。

全職員参加型の改善行動の積み上げを通じて、この大学が「日本一」を自負する特色ある教育を作り上げ、進化させている。

● 渡米研修で改革力をアップ：福岡工業大学
企画・開発力を実際の仕事の体験を通して育成

福岡工業大学は、全ての取組みにPDCAサイクルの経営管理システムを導入し、教育・研究の充実、就職率向上、マネジメント改革を推進する先駆的な大学として評価が高い。MP（マスタープラン）、AP（アクションプラン）、目的別予算編成、事業計画審査会等で立案した方針が実行に移され、中間進捗管理を経て実施状況確認（APレビュー報告会）を経由し、事業総括、成果報告会に至る完成度の高いシステムである。MPで定められた募集力、教育力、研究力、就職力、経営力を、このサイクルを通じて具体化し、事業改善を毎年積み上げることで5年連続の志願者増を実現してきた。

この福岡工業大学が、職員の3割以上、中堅職員の大半を3年にわたって3回、長期にアメリカ研修に送り出す。日本の大学では恐らく初めての思い切った手を打ってきた。この背景には、直接的には、これまでの改革を担い切り開いてきた、企業からの転職組も含む強力な幹部集団が交代期にさしかかったという事情がある。

一方、この大学では、2001年の社会環境学部の新設以降10年、学部の設置や大幅な改組はせず、教育支援、就職支援、大学教育の質向上に力を入れ

てきた。学術支援機構を設置し、その下に、ものつくりセンターやエクステンションセンターを置き、学生に力を付けるとともに、2010年にはFD推進機構を作り教育力充実に本格的に取り組んできた。

ここで求められる力は、学生の実態や大学の現状に対する具体的な分析能力であり、オリジナルな改善策の立案力であり、教育や学びの中身を具体的に作り出す力である。事務レベルの改善や単なる模倣ではない。この考え出す力、企画・開発力が、一部の職員ではなく、現場で改革を担う中堅職員全てに求められているという状況があった。

この渡米研修システムの非常にすぐれた点は、アメリカの進んだシステムを学び取り入れる（模倣）ことではないという点だ。それは参加者が事前準備する「100の質問」と最後にまとめる「具体的な提言」に端的に表われる。質問は、課題を鮮明にし、中身の理解を深める上で極めて重要なツールだ。質問を解き明かし、徐々に本質に迫る上で、1チーム3〜4人で4チーム、2か月ずつ、3回の渡米はサイクルとしても適切だ。分掌・分野ごとに先方大学の担当者・管理者に密着し、どのようなデータ・資料からどのように方針を立て、調整し、会議で決定し、実行に移し、評価するか、仕事のサイクルをトータルに把握する「シャドウィング」に力点を置いている。そして、最終的には自大学の具体的テーマで改善策を練り、帰国後発表し、良いものは直ちに実践に移すことで、現実的で身に付いた開発力の育成を図っている。これは立命館大学・大学行政・研究研修センターの「政策立案演習」などに共通する政策力形成の有効な手法だ。

方針をきちんと遂行する事務局からさらに一歩踏み出し、自ら学び、考え、新たな方針、改善・改革案を作り出せる、まさにアドミニストレーターの育成を目指すものだと言える。

トップとボトムの間にあり、改革の中核を担うミドル層のレベルを短期間に飛躍させ、そこからの改革の風が、職場全体へ伝播されることを狙っている。この研修を通して、「学習する組織への変革」を狙っているという目標の通り、ミドル層からの改革力の伝播を通して職場全体の風土を改革していく。

この大学の先駆的なマネジメントシステムを担う、一歩先を行く職員能力

開発システムとして、その成果が注目される。

2.8 大学の事例から学ぶべきもの

2.1 あらゆる改革の前には、組織改革がある

　大きな改革には、その前提に組織や運営システムの改革がある。平穏な調整型運営組織のままで、これまでのやり方を抜本的に変える、また教職員の利害に関するような厳しい改革の決定や実行には無理がある。大学のあらゆる改革には、まず組織改革が先行すべきだといわれる所以である。

　しかし、この組織や運営の改革は、生身の人の役割や権限、ポストや人事・処遇、仕事の仕方に関るため、厄介かつ抵抗や軋轢も大きい。誰でも矢面に立ちたくないところから、敬遠され、先送りされる傾向もある。しかし、これを避けていたのではせっかくのプランも計画倒れ、改革が進まないどころか計画さえ決定できないということになりかねない。

　福原学園・九州共立大学等の学園統合の目標管理システムは先駆的な特徴を持つが、その実現のためには、教員人事権をはじめ重要事項は教授会が決めていた従来型の慣行を変え、理事会が責任を負う事項については理事会直轄の機関で行うことで実質的な理事会の役割と権限、責任範囲を明確にした所から始まる。実行的な計画を推進するためには、その前提となる権限の確立、一本化がまず求められる。**大手前大学**のユニット自由選択制・3学部クロスオーバーも、この横断的教育システムを実質化するため学部教授会を廃止し、大学教授会一本にすると共に、教学最高意思決定機関として教学管理者を中心構成員とする教学運営評議会を新設することで、全学を貫く教育機能を発揮するシステムとした。

　トップ機構を強くすることだけが組織改革ではない。しかし、今までの方針を大きく転換し、新しい改革、これまでの前例を破る改革をやろうとすれば、意思決定のプロセスや最終責任を明確にし、目標の実現に責任を負う機関や人の権限を確立しない限り、改革はスタートラインに立てない。その上で、政策や計画の構成員への浸透や共有・参画が問題となる。

　もちろん制度や権限の有り様を変えただけで、構成員の意識や実質運営が

変わるかというとそれだけでは難しい。学群制に移行した**和洋女子大学**の改革目的のひとつに、学科のみに帰属意識を持つ教員の視野を全学に広げ、意思決定のスピードアップを図る点があり、学科会議を廃止したが、研究室会議にその名残が残り、意識は徐々にしか変わっていかない。大手前大学の斬新な教育改革も、思い切った運営改革も、成果を上げるのは最後は個々の教員の力によるため、そこにまで浸透させ教員がやる気を持って使いこなし、また力量強化につながる運営でなければならない。学部を廃止すれば直ちに効果が上がる訳ではなく、個々の教員を動かすいろんな仕掛けが求められる。福原学園の改革も、目標管理の形、システムは出来たが、現実の改革がデータや結果の検証によって飛躍的に前進するかどうかは今後の取り組みにかかっている。しかし、こうした仕掛け、組織改革なしには、改革が現実には前に進まず、前例踏襲の調整型に陥ってしまうことは目に見えている。

　組織・機構改革は、小回りが利く小規模大学ではスピードが速い。しかし、**神戸学院大学**、**東京電機大学**くらいの規模になると一定の長期にわたる取組みが必要だ。しかも、安定した基盤を持つ大学では問題が顕在化しにくく、ドラスティックな組織改革を断行するきっかけがつかめず、エネルギーを1点に集中することが困難だ。神戸学院大学の10年に及ぶ理事会強化の取り組みも、東京電機大学の「変化に対応する組織構築」をあらゆる組織で重視し、改革テーマごとにしっかりとした推進機関を整える取り組みも、改革の推進には継続的な組織の改革がつきものであることを示している。

2.2　方針の策定実行（PD）から成果指標による検証改善（CA）へ

　福原学園（九州共立大学、九州女子大学）、筑紫女学園大学、神田外語大学、第1章所収の明星大学などの取り組みを見てみると中期計画そのものが進化していることが見て取れる。中期計画が、方針を掲げ具体化し実行する段階からもう一歩進んで、それを評価すること、つまりビジョン・中期計画の立案 → 政策の具体化 → を経て、今や成果指標を明確にし、結果が出ているかどうかを検証する、いわば第3段階に入ってきたのではないかということだ。

　例えば、福原学園では成果目標による改革推進・評価システムの構築として、プロセス目標と成果目標に分けた定量的管理（評価）指標を設定し、毎週、

実施状況を、完了＝青字、計画変更＝赤字、未実施・実施中＝黒字と字の色を変え一目でわかる管理をしている。**筑紫女学園大学**では、教育目標の達成のため、専攻・コースにまで落とし込んでできるだけ教育成果を数値目標として設定する努力をし、その成果を報告会で発表して、全学で共有する仕組みを作り上げた。**神田外語大学**では120項目に及ぶ経営計画の小項目ごとに達成目標を設定し、半年ごとに達成状況をパソコン上にアップし、またそれを題材に月2回行われる職場代表者の会で持ち回りでプレゼンし共有化し、また力量育成に利用している。

　こうした中長期計画そのものの進化を、私が所属する日本私立大学協会附置私学高等教育研究所の8年間の経営調査に基づき、段階を追って見てみると以下のように整理できる。

①P（プラン）段階

　2006年の私学高等教育研究所の調査によると、中期計画策定は全体の4分の1 (24・8％)。まずは計画を作ることが重要で、方針が無くやみくもに運営していた時代から厳しい環境に目標と政策を持って立ち向かうことが、曲がりなりにもでき始めた段階。計画があれば、成果が上がっていた。

②D（ドゥ）段階

　2009年の同調査では、中期計画は4分の2 (55％)。中期計画があるだけでは成果に結び付かない。事業計画、教育計画、予算編成、業務計画に具体化すること、この実質化こそが重要で、それをやれている大学が前進している。

③C（チェック）段階

　2011年の同調査では、中期計画を含め何らかの政策を持っているのは4分の3 (76.2％)。中期計画があり、方針に具体化しているだけではだめ。その達成指標、数値目標、到達した証明（エビデンス）・データ等を明確にし、方針を掲げ実践した結果、成果を上げたのか、未達成なのか、総括、チェックし、具体の方針の実行性を高める段階。ここまで努力している大学が成果を上げている。

④A（アクション）段階

ほぼ全大学が中期計画など何らかの政策を持っている状態に到達した段階では、計画があり、それが具体化されチェックされているだけではだめで、到達度合いや問題点、実態が確実に改善に結びつき、次の方針に生かされることになる。PDCAサイクルが回り、改革・改善を推進するマネジメントが機能して、いわばマネジメントの完成形に近づく段階（ここはあくまで仮説）。

こうした中期計画の発展によって、ビジョンは抽象的な方針から徐々に目の前にある具体的課題につながり、そのことで教育や業務を改革・前進させようとしている中核教職員の行動と結び付く。ここまで突き詰めることで方針は具体性を伴って全学に浸透し、中期計画の目標達成行動に、段階を追ってより多くの教職員を巻き込んでいくことになる。逆に言えば、教職員の参加率を上げなければ、末端までの方針の実践や項目ごとの細かな成果の検証は不可能ということだ。

成果を検証することによって、はじめて、やれなかった原因も、成果に結び付けることができなかった問題点も具体的に明らかにすることができる。それが次の方針づくり、計画の改善に結びついていく。PDCAサイクルのP（プラン＝計画作り）、D（ドゥ＝具体的実行）の段階からC（チェック＝到達度評価）を実質化することで、A（アクション＝改善行動）へとつなげることができる。大学マネジメントの進化にとって重要な新たな段階が、多くの大学で共通して実行に移されつつある点に注目すべきである。

最後に触れたい点として、こうした改革を担う人づくりが、引き続き重視され、かつ高度化しているということである。**福岡工業大学**の研修は、その渡米という手法ではなく、分析・改善策を提案できる企画・開発力を実践訓練で身に付けるという点で大変優れている。神田外語大学や大手前大学の、職員が持ち回りで具体的な改善計画のプレゼンテーションを行う研修も、同様の意味で改革力を蓄えていく上で効果がある。知識を学ぶだけの研修から脱却し、生きた業務課題をテーマに高い目標を掲げて挑戦し、その達成状況や経験を文章にまとめ発表し、客観化し共有することが、今日求められる職員の開発力・実践力を高める。

もう一つ、多くの大学ではこうした改革を始めるに当たって認証評価が大きな契機になっているということだ。筑紫女学園大学でも神田外語大学や東京電機大学でも、評価・点検作業、自己点検評価書のとりまとめの経験の中から、実態を正確に分析すること、問題点を点検し大学全体の課題や方針を明らかにすることの改善効果を実体験で認識してきた。そのとりまとめの中から分野ごとの目標が生まれ、より高度な計画づくりに進化し、教職協働による作業を通じて信頼感と一体行動の重要性が培われてきた。これまで脇役が多かった職員が初めて大学全体の現状分析や改革方針を執筆することを通して自信をつけ、改革を主導するまでになってきた。大学に本格的な改革のきっかけを与え、7年に1度の法的義務をはるかに超える効果をもたらしたと言える。

　　初出：「事例に学ぶ、大学マネジメントの優れた取り組み」『私学経営』連載2、2012年9月号

『教育学術新聞』掲載一覧
- 「先駆的教育システムの構築・大手前大学―目標の実現目指し運営改善と力量向上を図る」（平成24年2月1日）
- 「学群制への転換と着実な改善の結合・和洋女子大学―教職一体で教育目標・計画を自己評価、改善に取り組む」（平成24年5月16日）
- 「組織改革で教育特色化を推進・神戸学院大学―中期計画の確立・推進へ経営・教学・事務体制を強化」（平成24年2月22日）
- 「将来構想を軸に着実に改革・東京電機大学―目標を実践する組織を作り実効性ある活動を推進」（平成24年4月25日）
- 「先駆的マネジメントの構築へ・九州共立大学、九州女子大学―体系的な政策策定と成果指標による推進管理」（平成24年4月4日）
- 「教学マネジメントサイクルの確立へ・筑紫女学園大学―SP（サポートポリシー）を定式化、専攻・コース目標で教育を充実」（平成24年4月11日）
- 「特色ある教育を作る持続的改善・神田外語大学―120項目の中期経営計画で総合的な改善に取り組む」（平成24年4月18日）
- 「渡米研修で改革力をアップ・福岡工業大学―企画・開発力を実際の仕事の体験を通して育成」（平成24年3月7日）

＊各大学の記載内容は、全て掲載時点のものである。

第3章

都市移転か地域密着か、真の力は改革の持続、先を読んだ構造改革に立ち向かう

19. 地域密着で個性的教育を作る：**鹿児島純心女子大学**——ＧＰ５年連続獲得など特色ある教育づくりを推進
20. 移転、教学充実で志願者急増：**志學館大学**——大きな事業展開を支えた中期経営計画、教育改革基本方針
21. 一歩先を見据え、総合改革に着手：**麻布大学**——中期計画、ガバナンス改革、教育改善、事務改革をトータルに推進
22. 厳しい構造改革に挑む：**神奈川工科大学**——長期的視野に立ち、教育・人事・組織改革を着実に実行
23. 実効性あるＦＤで教育を充実：**千葉工業大学**——授業改善点検書、教育シンポジウムを通じて恒常的改善を推進
24. 目標を鮮明に３大学の改革推進：**大阪工業大学**、**摂南大学**、**広島国際大学**——統一的な意思決定とその推進を担う事務局
25. 総合政策で志願者Ｖ字回復：**甲南女子大学**——学部新設、教育充実、教職員育成強化の一体改革

　　７大学の事例から学ぶべきもの
　　　都市移転か地域密着か／厳しい構造改革に挑む／巧みな改革推進体制

1.7 大学の改革事例

　1・2年次教育の一部を行っていた鹿児島キャンパスを引き払い薩摩川内市に統合した鹿児島純心女子大学、霧島市から鹿児島市に移転した志學館大学、この異なる選択をした二つの大学の決断とその底流に流れる共通点を先ずご覧いただきたい。麻布大学と神奈川工科大学に共通する未来を見据えた厳しい構造改革への決意を秘めた挑戦、千葉工業大学の実効性ある授業改革、3大学を運営する常翔学園の巧みな分散と統合のマネジメントシステム、改革の王道を全てやりつくして見事V字回復を成し遂げた甲南女子大学、それぞれの取り組みの優れた特質に着目してお読みいただければ有難い。

> ● 地域密着で個性的教育を作る：鹿児島純心女子大学
> 　ＧＰ5年連続獲得など特色ある教育づくりを推進

　鹿児島純心女子大学は、鹿児島市内にある短大、中・高と同じキャンパスで1〜2年次教育の一部を行っていたが、2008年に本校のある薩摩川内市に統合し、全学教育を行うことを決断した。中心都市移転の流れにあえて逆らって薩摩川内市で生きることを決めた背景には、開通した九州新幹線の停車駅という交通アクセスの面もさることながら、鹿児島県北西部にある唯一の大学で、薩摩川内市の支援も熱心、もともと地域密着型で地域ニーズに応えることに存在価値を置いてきた設立の理念があり、立地場所よりも個性ある教育を実現できるか否かが、生き残り発展する要であるという強い信念があった。

　しかし、その道は平坦ではなかった。定員確保には厳しい環境で、創立時の国際言語文化学部を2001年には国際人間学部に改め、2002年にはこども学科、健康栄養学科を増設、2004年英語コミュニケーション学科に改組、2010年に国際人間学部に4コース制や幼稚園、小学校教員免許課程を置くなど、資格と就職を重視する連続的改革を行ってきた。

優れているのは、地方・小規模でありながら、2006年から5年連続GPを獲得、作り上げてきた個性ある教育のレベルの高さを実証したことである。採択されたテーマは「川内川エコパートナーシップ」「認知症教育を通した人づくり・まちづくり」「英語新時代を拓く教師養成モデルの構築」「企業アンケートに学ぶ学士力・実務力向上と学生支援体制の強化」などで、大学のミッションと個性を良く示すものとなっている。

　その背景には、全学カリキュラム・教養教育特別委員会など、時々のテーマで改革組織を作り、大学教務委員会が主導しての全学あげた学士課程教育の質向上への取り組みがある。初年次教育、リメディアル・補習教育、シラバスと成績評価、キャップ制、GPA導入、単位制の実質化など中教審等の答申を正面から受け止め、原則的な教育改革を積み上げてきた。また、学長を責任者とするGP特別委員会を設置、その下にワーキンググループを置き、申請にあたっての事業の必要性、教育効果、そして事業申請、採択後の事業推進に一貫して専門的に取り組む仕組みと責任体制を整えたことが挙げられる。

　教育の成果を示す就職実績も抜群だ。今年（2012年）の大学案内でも冒頭に就職実績98.1％を強調、特に、こども学科、看護学科、健康栄養学科は就職率100％を誇る。

　こうした優れた改革ができた背景には、GPのテーマにもなったアンケートに基づく改善システムが機能している。学生による授業アンケート、学生生活実態調査、就職先の企業アンケート、卒業生アンケートを取り、丁寧に改善策を講じることで学生の満足度を向上させてきた。

　そして、これらの取り組みは個々バラバラで実行されるのではなく、長期計画（2009年度〜2016年度）、中期計画（2009年度〜2012年度）で全体方針として示され、教職員が共有して進める運営となっている。この計画では、学部・学科ごとに課題や改善方針を明示すると共に、教育研究の充実、学生支援、地域貢献などテーマ別に新規事業や改善策が盛り込まれ、これがまた補助金獲得の柱となり、かつ評価向上、学募の核となっている。

　学長は規定で設立母体である「長崎純心聖母の会」会員がなり、現松下学長は理事長も兼務する。カトリック精神をバックに、経営面では、7つの設

置校トップが参加する「学園管理・運営会議」が、大学では役職者と事務局長が加わる「大学管理運営会議」が、目標達成を目指す中期計画を強力に推進する。

人事考課はなく財政上も課題はあるが、制度よりも専任教員70人、職員27人、全員の顔と特性を摑み、適材適所、一体感を重視した運営が効果を上げている。

こうした取り組みで次第に定員割れを克服、今年は4学科中3学科が定員を確保した。地域密着で個性ある教育づくりに取り組んできた成果が着実に表れている。

● 移転、教学充実で志願者急増：志學館大学
　大きな事業展開を支えた中期経営計画、教育改革基本方針

大学設立時から日本最南端の女子大学を標榜、霧島市の立地を強みにしようと特色ある教育づくりに努めてきた。しかし、10数年ほど前から少子化の加速とともに、交通アクセスの問題等から志願者の減少傾向が始まった。1999年には男女共学に転換、大学名も現在の志學館とし第二のスタートを切ったが入学者は回復せず、その後文学部を廃止し人間関係学部に改組、2008年には法学部法ビジネス学科を立ち上げたが、2009年には最悪、収容定員の65％まで落ち込んだ。

この時期、志賀壽子現理事長は学園存続のため強い決意をもって、鹿児島市高麗町にあった併設の鹿児島学芸高校を定員未充足のため理事会に諮り廃校とし、そこに同じ市内にあった女子短大を移転、女子短大のあった鹿児島市紫原に大学を移転する決断をした。移転発表の翌年から志願者が1.5倍と増え始め、2011年には入学定員を大幅に上回る入学者を集め、2012年には収容定員もほぼ確保できるところまできた。

定員割れの時期には財政悪化も深刻となり、徹底した財政説明、給与や賞与の減額等を行ったが減収に追いつかず大学移転となった。立地する霧島市や地元出身の理事からは反対の声も上がり難しい決断であったし、連続する

移転による校舎の新増設も資金面から今をおいてチャンスは二度とないぎりぎりの状況であった。

　高校生の反応等大きな賭けの側面はあったが、何度も財政シミュレーションを行い、これなしには大学再生はあり得ないと確信、強い姿勢で繰り返し説明を行い、理解を広げていった。当初から全てビジョンを描いて進めていった訳ではないと志賀副理事長は言う。時々に直面する困難な課題に正面から立ち向かい、時々に最善解を作り出した到達が、結果として最も良い選択だったということではある。

　しかし、こうした決断ができた背景には、危機に立ち向かう創業家の姿勢もさることながら、定員を大幅に満たせない厳しい時代にあっても、大学改革推進会議や将来計画会議を設置し、企画広報部を軸に常に先を見据えながら改革を構想、長期経営計画を立案し、正しい選択を模索し続けた取り組みがある。特に、2007年に活動を開始した企画広報部は、中・長期経営計画の立案、移転事業、法人と大学を一致した政策で結ぶ上で重要な役割を果たしてきた。

　定員割れが厳しかった2009年に策定された志學館学園長期経営計画（2010－2015）は、学園のミッションと計画策定の背景を改めて整理した上で、法人、大学が取り組むべき32項目の重点課題を示している。これを受けて中期事業計画、単年度事業計画が策定され具体策が示される。特に優れているのは中期事業計画のテーマ（項目）ごとに3か年の目標を明記した上で、年度ごとの達成目標を示し、9月末と3月末の年2回達成度をA〜Eで評価、最近では達成率80％以上の項目が全体の7割に及ぶなど改革行動に構成員を参加させ、目標前進に大きな役割を果たしてきた。

　これに呼応し、大学では大学教育改革ワーキンググループが志學館大学教育改革基本方針（2010年）をとりまとめた。この年は入学者最低、存続の危機、移転決断の年。しかし、それだけでは不十分で質保証、学生募集につながる教育改革が不可欠として立案された。

　特に専門的能力の強化に着目し、「皆資格・高資格」のオリジナルスローガンを掲げ、この推進方策として報奨金制度（取得資格に対しA10万、B5万、C3万、D1万）と人間力養成ポイント制度（サークルや学生諸活動参加で定めら

れたポイントが加算）を推進している。ふたつの顔が重なりあうシンボルマークの表す通り、アットホームな女子大時代の伝統を受け継ぎ、少人数によるキメ細かな教育、学生指導個人ファイル、出席状況調査、丁寧な卒論指導、学生と共に行う学外調査、内定率95％を誇る就職では個別面談指導を重視、職員が就職希望学生の名前をそらんじることができる。

　職員も各課ミーティング、全職員定例会、研修における班別討議の重視や女性職員研修会など参加型の運営を行っている。目標設定や評価時の懇談、指導・助言・行動記録作成を重視する人事考課制度も効果を上げている。

　人件費比率を改善するため、「財政状況を教職員の皆様へ」と題する冊子を発行するなど徹底して情報公開、給与・賞与の減額、定昇減額と昇給停止年齢設定、定年切り下げ、教職員削減とパートへの切り替えなどの厳しい措置を、理解を広めながら断行してきた。

　これら総合的な努力の中にこそ今日の前進の源がある。

● 一歩先を見据え、総合改革に着手：麻布大学
　中期計画、ガバナンス改革、教育改善、事務改革をトータルに推進

　東京獣医講習所を発祥とする麻布大学は、獣医師養成の草分けである。この伝統ある大学が、ここにきて改革に大きく舵を切った。

　2009年には「中期目標・中期計画」(平成21年〜26年)を策定、①法人の経営管理、②大学教育、③学術研究、社会貢献、④高等学校の四本柱からなる。それに基づき、教育研究組織、教育内容・方法、学生受入れ、管理運営、事務組織、財務等テーマごとに中期目標を設定し、それに対応する形で実現方策＝中期計画を記載するという書式で、全体で49ページに及ぶ具体的な内容となっている。

　それをさらに事業計画、予算編成大綱で年度ごとの実行方針に落とし込み、事業報告書では47項目に及ぶ計画項目ごとに実施状況や事業経費の執行状況を総括することで改革推進を図ってきた。

　2010年の7月からは「麻布獣医学園の今後の在り方に関する委員会」を立

ち上げ、これまでの学園の取り組みを総括するとともに、時代の変化、中教審等の政策への対応、中期計画・目標の実現方策を全面的に議論し、抜本的な改革方針をまとめ上げ全学に提起した。担当理事を責任者に①学園の統治（ガバナンス）体制、②大学・高校の業務運営、③学園の財務、④教職員の人事計画、労務管理の4つの分科会を置き、2年をかけ、40人近い教職員を巻き込んで徹底的に分析・討議した。

　2012年4月末に発表された答申「麻布獣医学園の今後の在り方について」は、これまでの学園運営の基本原理を転換する抜本的な内容を持っている。35ページに及ぶこの答申は、①学園のガバナンスの改善・充実、③学園の運営体制の改善・充実、⑤教学役職者の選考方法の改善等の項に見られる通り、管理運営の改革からスタートしている。

　これまでバラバラだった理事や役職の任期を政策の継続性の観点から見直し、学長への過度な業務集中を改め、職務分担を明確にした副学長制を敷くとともに、経営の守備範囲を拡大し、大学への経営のリーダーシップの確立も追求した。

　改革推進のリーダーシップを強化すべく、選挙で選任されていた現行システムを改め、学長は、学内の意向投票として上位3人を選出し、理事会に推薦、理事会が面接などを行い選任する実質任命権の強化を提起した。教学役職者については、学長主宰の教学役職者選考会議の議を経て学長が推薦し理事長が決定するシステムとした。

　さらに、全学的な教育・研究の推進や諸改革の迅速な実行を図るため、教員の学部所属を改め、全学機構としての教育学術院への所属とし、その中に設置する大学教育機構が全学教育を担い、かつ同機構運営会議に学内理事や幹部教職員を加え意思決定することとした。学長のリーダーシップの下、全学主導型の強力かつ円滑な教学執行体制の確立を進めようとしている。学部は意思決定機関として法に基づき限定して運営される。これは2010年の大学基準協会の認証評価で問題点として指摘された点に対応する改善措置でもある。

　また、人件費抑制の必要性から、給与を環境の変化に対応し、一定の幅で変動、調整できるシステムの導入や教職員の評価制度の導入も提案している。

事務改革室を3年の期限付きで立ち上げ、思い切った事務局改革も行ってきた。まずは専任職員の大幅な増員に着手。専任：派遣職員が4：6に近づいていたが、総合的な改革推進に対応するには専任のパワー強化が不可欠との事務局長の強い決断の下、5年間で25人増（約1.5倍）とした。さらに縦割り業務の改善を目指し、9課4室を2部5課に再編、研修制度も本格的に強化した。

　こうした、一歩先を見据えた総合的な改革に踏み切った背景には、この学園がオーナーが無く構成員主導型で、理事選任の母体となる評議員も学内、同窓生からそれぞれ選挙で選ばれ、そこから理事が選出され経営を行っていること。役職も同様選挙で、この民主的な運営は、構成員の総意による運営の良い面がある半面、勢い調整型となり大きな改革は難しく、安定期には照応したこの体制が、今日の厳しい環境の中ではいずれ行き詰まるとのトップや教職幹部の共通した思いがあったからである。一歩先を読んで手を打つ先見性と、前例を覆す改革には決断がいる。本格的な実践により、これからの成果が期待される。

● **厳しい構造改革に挑む：神奈川工科大学**
　　長期的視野に立ち、教育・人事・組織改革を着実に実行

　神奈川工科大学は、2012年から新たな教育課程をスタートさせた。教育体系等検討委員会で2年をかけ検討し、取りまとめたものだ。ユニットプログラム、PBL（課題解決型学習）を柱に、教育目的「考え、行動する人材育成」の実現を目指す。ユニットは1科目（90分）の4倍（360分）をひとつのユニットとし、知識・理論科目と技術・実習・体験的科目を組み合わせ、また必要学習事項と関連授業科目を有機的に連携させ、系統的学習ができるようにする。学生がグループ学習を軸に主体的に学ぶことで「力と自信がつく教育」を目指している。

　シラバスは授業計画だけでなく事前・事後の学習内容を、授業の各回ごとに具体的に明示する様式に改めた。自ら学ぶ学習への転換を目指し、教員は

ファシリテイターの役割に徹し、モデル授業で研修を深める。

しかし、改革は教育分野だけに止まらない。

理事会機能を強化するために担当理事制を導入、総務・財務・企画・入学・キャリア・国際・管財など課題ごとに業務責任を明確にした。実務家・専門家集団としての理事会機能の強化を目指して現在、理事11名中、理事長、学外出身理事1名のほか、職員系理事6名、教員系理事（学長・副学長）3名の構成となっている。理事や学長就任時には、学内動向に左右されずに職務専念すべく、教員、職員を退職し、復帰は原則なしとした。正規の理事会の他に、定例理事会、全体理事会、担当理事連絡会議など構成と目的を変えた経営会議をほぼ毎週開催し、迅速な意思決定と実行を図っている。

定年年齢は、教員を70歳から65歳へ、職員を65歳から63歳へ引き下げ、併せて退職金制度も職位ポイント制に転換、勤続年数だけの支給基準から役職在職年数等大学への貢献度をポイント化して加算する方式とした。給与制度も年功型から、教職とも年齢給・職位給・職責給の3本立てとし、職員は、職責給考課、賞与考課を行う人事考課制度を導入、年3回の考課を実施している。

管理職比率が非常に高かった職員には管理者職位定年制を敷き、部長60歳、課長55歳、課長代理50歳とし、あわせて早期退職制度も導入した。司書の専門家集団がかえって図書館全体のサービス向上の阻害要因となっていた図書館業務は、(株)紀伊國屋書店への全面業務委託を決断し、図書館機能の向上と専任職員の政策業務の強化を目指した。

教員組織は、設置基準改訂の機会をとらえ、現行の全ての職位とその資格を新たな基準で見直し、格付けをし直し辞令を再交付することで、基準に合わない実態を是正し、処遇についても新制度に対応して変更を行った。内部質保証委員会が設けられ、個々の教員が教育研究業務について自己評価、報告書を公表すると共に、単位取得率、留年率、退学率、標準年限での卒業率、就職率、進学率などから教育内容・方法の適切性を検証する。この繰り返しで体質改善の効果を狙う。

事務組織も、これまで5つの部で運営されてきたが横の連携がスムーズにいかず、齟齬が生じるようになり、2011年、経営管理本部、学生支援本部

の2本部制に移行、その下にそれぞれ6～7課を置いた。各部に置かれていた中間管理職的な部長代理を廃止し、現場と管理者の距離を大幅に縮めることで、素早い学生サービスによる学生本位主義の実現、迅速かつ的確、一元的な経営管理体制の実現を目指した。

　この背景には、厳しい環境の中で、10年、20年先を見据え、教育・人事・組織・運営の構造改革に、今こそ着手すべきという経営・教学トップの判断、とりわけ現場経営を担う職員理事の強い危機意識があった。人事・組織の構造を変える仕事は苦労が多く、軋轢や抵抗を伴う。だからこそ我々の世代で変えねばならない、今後の発展の基盤を作るための憎まれ役は、我々が引き受けねばならないという強い思いがあった。ただ、改革をいきなり教員から着手するのは難しく、危機意識を共有できる職員から厳しい改革に着手し、実行モデルを作ることで全学に広めていった。

　長期的視野の下、改革を先延ばしせず、今、構造改革に挑むことの重要性を示している。

● 実効性あるＦＤで教育を充実：千葉工業大学
授業改善点検書、教育シンポジウムを通じて恒常的改善を推進

　私立工業大学としては最も古い70年の歴史を持つ千葉工業大学。しかし、取り組む研究は最先端で、惑星探査研究センター、未来ロボット技術研究センター、未来ロボティクス学科を持つなどロボット研究・教育のパイオニアである。

　師弟同行、自学自律を建学の理念とするだけに、昔から教員と学生の距離が近く、ものづくりの創造性、自主性を育てる面倒見の良い教育が行われてきた。

　そのひとつは1年～4年までのクラス担任制で、3・4年次には就職指導も行う。さらに、メンター制度として10人程度の学生をひとりの教員が担当する制度もあり、きめ細かな相談・助言・指導を行う体制をとっている。万一留年になった場合などは、さらに教養教育担当教員がメンターとなり個

別援助を行う手厚い体制をとっている。

　リメディアル教育、入学前教育、導入教育、初年次教育、習熟度別教育は徹底しており、学習支援センターには専属教員が常駐して基礎学力を補う学習支援を個別対応で行う。IT を活用した学習支援システムでも日本 e ラーニング大賞 (総理大臣賞) などを受賞するなど教育手法の改善にも熱心だ。学生の自主的なもの作りを応援する「CIT ものづくり」の取組があり、教職員を含んだチームを作ってチャレンジ、大学からは上限 20 万円の支援がある。その拠点が津田沼キャンパスにある工作センター、芝園キャンパスにある学生自由工作室だ。

　こうした教育が行われる背景には優れた教育改善システム、FD の取組がある。授業満足度調査を各学期、全授業対象に行いその結果を集計したものを示して自身の状況を把握する。調査結果は FD 推進委員会が整理・分析、その結果を CD にて全教員に配布する。これを基に教員は「授業改善点検書」を毎学期ごとに作成する。この点検書で、授業の内容・方法についての工夫、満足度調査を踏まえた授業の自己評価、今後の授業改善計画を立案する。学生の理解度を深める工夫、理解度の低い学生をフォローする工夫、授業改善の知恵を集める。これを FD 報告書、授業改善点検報告書にまとめて発刊、会議等で解説し、成功、失敗の事例を共有する。

　さらに全教員には 5 年に 1 回、学部教育シンポジウムで教育改善の発表を義務付けている。平成 21 年度からすでに 3 回実施、延べ 130 人を超える報告は全て報告集に収録されているが、教育改善のノウハウが詰まった貴重なものとなっている。また教育業績表彰も行って優れた取り組みを評価している。

　他方、自己点検活動にも積極的に取り組み、目標管理、達成状況を公表、点検評価結果を改善・運営に反映させる取り組みを重視する。評価委員会の学内での位置付けを高めるため自己評価規程を改訂、評価委員長から自己点検状況を教学関連委員会に報告、改善を促す。自己評価活動と FD 活動を連結させ教学改善の PDCA サイクル構築を目指す。1992 年からほぼ 4 年単位で自己点検評価を行い、現在 2011 年度の評価が進行中だ。達成状況をホームページで公開、全学、全部署で教育・研究・運営改善活動が進み、教職員

の参加意識も向上した。

　職員も目標管理を軸とした勤務評価制度を行う。昇格基準を職員職能制度に明示、透明性強化、目標の共有化、やる気の向上、人材育成を目指す。目標達成度評価を大学ビジョンに結び付けるため、事務局全体目標に基づき、各部、各課目標から個人目標までブレークダウン、個人目標がどの程度達成できたかを評価する。理想的職員像をコンピテンシーフレームとして設定した。

　常勤監事を置き監事会を開催、学内監査室（理事長直轄）を設置し専任職員3人を配置、会計監査のみならず業務監査を重視する。R＆I（格付投資情報センター）の毎年の格付け、JABEE（日本技術者教育認定機構）などあらゆる面で評価を重視している。

　一時は工学離れから大幅な志願者減に直面したが、最近は毎年20％前後の増加が続いている。これも実態を踏まえた実効性あるFD活動を構築、全学的な評価や監査を重視し、自らを見直し改善に繋げる仕組み作りで恒常的に教育の充実を図っている成果といえる。

● 目標を鮮明に3大学の改革推進：大阪工業大学、摂南大学、広島国際大学
　統一的な意思決定とその推進を担う事務局

　学校法人常翔学園は、大阪工業大学、摂南大学、広島国際大学と次々に設置、急成長を遂げてきた。3大学合わせて教員約1000人、職員も約400人いる。1法人3大学経営という日本でも数少ない体制の中で、いかにして改革意欲を持続させ、統一した運営を確保し、活性化を維持しているのか。

　かつては、私立大学にありがちな理事会、理事長のリーダーシップが強かった経緯はある。しかし、人材養成目的が異なる3つの大学は、トップダウンだけで動かせる組織・規模ではない。各大学の自律的運営を尊重しつつ、法人が掲げる理念の浸透と実践的目標については厳しく追求することで、この法人ならではの自立と統合の運営システムが作り上げられてきたと言える。

　学園のビジョンや3大学の基本方針は、理事会の下に設置された「経営会

議」で実質審議・決定される。これは理事長が主宰し、常勤理事(学長理事3人、教員系理事3人、職員出身理事4人)に、総務部長、広報室長、経営企画室長が加わる。経営・教学・事務を動かすトップが集まったバランスの取れた構成となっている。年16回の開催で法人の中期計画や事業方針はここから発信される。

　一方、各大学には学部毎に教授会が置かれているが、大学の最高意思決定機関は、その上に位置する「部長会議」「学部長会議」(大学によって名称が異なる。以下、部長会議)が機能している。学長を議長に各学部長を中心に構成され、学長室長、入試部長、就職部長らの事務職員も参画する。直接の教育・学生事項は学部決定だが、カリキュラムや教育方針をはじめ全学的案件の最終決定権は、この少人数で構成される部長会議が持っている。

　教員人事も、部長会議の下にある教員選考委員会が書類審査、面接試験を行う。採用や昇進の候補者は学部の業績審査などを経て提案されているので、学部の意思と大きくぶれることはない。

　1法人3大学経営という体制にあって、シンプルな経営・大学の意思決定・執行システムを支える事務体制として、法人本部に経営企画室、各大学に学長室企画課が置かれている。経営企画室は、法人全体のミッションを実現するための学園経営の中期目標・計画を担い、学長室企画課は、大学ごとの中期計画・事業計画の立案・推進を担う。法人・大学の決定機関である経営会議や部長会議において、特に政策や事業の審議決定にあたっては、その議案や資料を準備・調整し、優先順位や選択肢を提起するのはこの両部門であり、法人と大学の政策が一貫したものとなるような業務上の調整が強力に行われる仕組みが作られている。

　この仕組みを背景に、目標達成に向けたマネジメントが進められている。

　法人の理事長指針に基づいて、学長方針が年度ごとに作られ、法人・大学方針全体を一覧できる形で学内に提示される。各大学の方針、その構成、項目設定、重点の置き方、目標達成に向けた実現の方法、迫り方は、それぞれの大学の自主性にほとんど任されている。各大学を競わせ、切磋琢磨することでより高い成果を上げ、また個性化を進めようという意図が見て取れる。しかし、核になる学園(法人)目標の達成については極めて厳格だ。学園目標

として高い就職率と資格取得の二つを掲げる。これを教育の端的な成果、責任として重視し、達成の数値・年次を具体的に設定。これに学園の学生・生徒数規模を2万5千人とする目標を併せ、共通の評価基準としている。この数値目標の設定や達成度評価を極めて重視し、就職率などは毎年の大学案内で学科毎に具体的な数値を公表してきた。

こうした評価を重視する姿勢は随所に表れている。例えば、認証評価を受診した後も、毎年、自己点検評価を継続しており、また法人本部(経営企画室)では、独自に学生アンケート調査を、新入学時、3年進級時、卒業時と2年毎に実施して学生満足度を詳しくチェックしている。また、常設組織として監事室、内部監査室を設置し、コンプライアンスの保持と併せ、中期目標の実施状況も視野に置いた業務監査を行うなど、実効性ある監査体制の整備を進めている。

常翔学園は、3大学の自律や個性を尊重しながら、一方で学園の要となる目標は明確に示し、法人・大学の企画部門を駆使した一体性を発揮する仕組みを通じて、学園全体の活性化を推進している。

● 総合政策で志願者V字回復：甲南女子大学
　　学部新設、教育充実、教職員育成強化の一体改革

2000年代初頭から志願者が減り始め、一時は大幅な定員割れ。しかし全学を挙げた改革の努力で、ボトムの2005年の志願者2760人から2011年には1万人を超えた。

驚異的なV字回復の背景には、路線を鮮明にし、大学の教学改革と組織・運営・人事改革の総合作戦で効果を上げる成功への基本原理がある。急速な高校生離れで2005年からはついに定員割れ、財政も悪化、消費収支差額比率もマイナスとなり、人件費比率も6割、創立以来最大の危機に陥った。定員未充足が大きかった学科廃止や不人気学科の定員削減を行うが、負のスパイラルにはまり志願者減が止まらない。

そこで、これまでの文学部、人間科学部を中軸とする教養型の学科構成を

大きく転換、実社会で即戦力となる人材育成、職業教育に特化した学科、学部を新増設した。保育士を養成する総合子ども学科、マスコミ等を目指すメディア表現学科、さらに翌年には看護師、理学療法士を育成する看護リハビリテーション学部を相次いで作った。このイメージチェンジに高校生が反応、志願者減が止まった。

しかし、優れているのはここからの取組である。学部新設だけではいずれ限界が来る。既設学部の本格改革をやらねばならない、そして、トップや一部で進める改革はやがて息切れすると、全員参加型の改善運動に広げる取り組みを進めた点である。教育現場の第一線にいる教職員自らが行うボトムアップ型の改革が、実際の教育力向上には不可欠だと位置付け、ニーズに基づくカリキュラム改革や学生サービス向上のための現場総ぐるみの改善活動を始めた。

その推進組織「大学活性化7つのプロジェクト」は、①教育理念、②ブランディング、③入口(学募戦略)、④出口(就職・キャリア教育)、⑤教室の中(カリキュラム)、⑥教室の外の社会貢献活動、⑦学生サポート・学生満足向上で構成。これに多数の教職員が参加する全学運動とすることで、危機の中でもなお伝統に寄りかかろうとする人たちの意識改革も狙った。併せて創設以来の教育理念も再確認、建学の理念の時代を超えた正統性、一貫性を明確にした。変化しようとするときほど原点に返る。この学園は何のために存在するか、どのような学生を育てるか、ミッションに立ち返ることで教職員は改革の方向に改めて確信を持った。

2008年の認証評価の受審がこうした取り組みの追い風となった。部門ごとに現状を明らかにし改善を行う取り組みが、このプロジェクト活動に重なった。11の評価基準が7つのプロジェクトテーマと連動し、これが最終的に13項目からなる学長の中期ビジョンにまとめられ、それらを具体化したものが2009年から始まる中期計画へと結実していく。

当初は不慣れな計画作りで部署によっては完成度の低いものだったが、学科レベルまで、全部門で中期計画改善事業を展開することで次第に高位平準化、PDCAサイクルによる持続的活動が現場に定着していった。それに連動するように志願者が増加することでますます勢いが付いた。タイミング良く

2010年が創立90周年。ブランド戦略本部を立ち上げ、ＵＩ導入、広報・宣伝、記念事業の3つのタスクフォースを立ち上げ、遅れていた広報・学募の本格強化を図った。

これら全体改革の指揮を執ったのが理事長主宰、学内理事を中心とした理事小委員会。学部の新設・改組、教学改革を学長提案をベースに果断に決断していく。

この理事小委員会の政策判断に至る前に、学内での意見集約の場として学長主宰の部局長会議が機能している。副学長、学部長に常務理事、事務主要幹部も加わる経営・教学・事務一体組織として率直な議論がされてきた。これを支える企画広報課や総務課の政策立案、調整力の高さも特筆されなければならない。並行して管理職の役割と責任を明確にする研修の本格強化、担当者の意欲的取組みを基礎にした業務改善プレゼンテーションの実施、目標管理を中軸とする職員人事制度の開発と導入など、組織運営活性化のトータルプランを作り、実践に移した。

こうした急速なマネジメントの改善強化の背景には、理事長であるパナソニック副会長の松下正幸氏や企業出身者の力も大きい。しかし、生え抜きの教職員のやる気と力なしには、やはり実現できなかった。的確な政策と組織活性化の基本手法が大学の厳しい現実にマッチし、教職員の心に火を付け大きな成果に結び付いた事例と言える。

２．７大学の事例から学ぶべきもの

2.1　都市移転か地域密着か

都市移転にかけるか、地域密着で生きるか、どちらも大きな決断がいる。鹿児島純心女子大学と志學館大学は、それぞれ対照的な生き方を選んだ。**鹿児島純心女子大学**は、一部の授業を鹿児島市内で行っていたものをすべて引き揚げ薩摩川内市にある本校に統合し、地域密着で生きる決意をした。一方、志學館大学は、鹿児島市内にあった高校が志願者減から廃校を余儀なくされるという厳しい事態の中で、この校地を活用し短大を移転、その跡地に霧島市から大学を移転するという大胆な決断を行った。

鹿児島純心女子大学は、あえて厳しい道を選んだ危機意識が全学に浸透、5年連続GPを獲得するなど地方大学としては屈指の特色ある教育を展開、就職率もほぼ完ぺきに近い98.1％の数字を保持し、特色ある教育の成果を目に見える形で示すことで、定員をほぼ確保するところまで来た。

　志學館大学は、移転が決まると同時に志願者が急増したが、もともと鹿児島市内移転で起死回生を図ろうと計画していた訳ではない。志願者がボトムの時代にあっても、中期構想を柱にその達成度を項目別にABCDで評価するなど内部充実に力を注ぎ、移転後もこの姿勢を変えていない。移転人気は長続きせず、やがて本当の教育の力が試されると考えているからだ。鹿児島純心女子大もその点は同じで、生真面目なくらい中教審答申等が提起する課題に正面から向き合い、地域で生きる危機意識をバネに特色ある教育作りに励んできた。志學館の連続移転にしても財政悪化の中での過大な投資には決断がいる。両大学とも大きなリスクを抱えながらの決断である。

　どこに立地するかは大学発展の大きな条件のひとつではあるが、結局その大学の命運を決するのは教職員の、その大学を良くしていこうという本気の思い、危機意識の浸透、課題に真摯に向き合い改善を持続的に進める努力、これが分かれ目となる。この2つの大学の事例はこのことを明瞭に示している。

2.2　厳しい構造改革に挑む

　麻布大学や神奈川工科大学も中期計画を策定し、また本格的な教育改革にも着手しているが、その際注目すべきは、同時にこれまで手がつけられなかった本格的な管理運営、組織改革に着手したという点だ。**麻布大学**では学長選任制度を変え、選挙を3人の候補者選出までとし、あとは理事会が面接・決定する形で実質任命権を強化、学部長や教学役職者も選挙をやめ選考会議で選任のうえ学長、理事長が任命する仕組みとした。教員所属も学部から全学一本の「教育学術院」とし、教育改革の意思決定権限も役職者、代表者による「大学教育機構」に変え、ここに理事や職員も加え実質的な改革推進組織、トップのリーダーシップが貫徹できる全学主導型へ体制強化を図った。

　神奈川工科大学も、担当理事制への移行、職員理事の増員、学長や理事

就任する際は全員退職し原則復帰なしで、学内政治に左右されない退路を断つ厳しい原則を自らに課した。定年年齢の引き下げや退職金・給与制度の改革、管理職定年制、職員中間管理職の廃止等々の積年の課題にも踏み込んだ。また、両大学とも教育方針や学生の授業評価等に基づき、一人ひとりの教員が改善策や自己評価書を提出、その内容を報告書やＨＰで公表するなど、改革が末端まで浸透するための厳しい取組みを行っている。

　これまでのどちらかというと総意に基づく民主的運営の重視は良い面がある半面、勢い調整型となり、安定期には対応できても厳しい改革には不向きだという認識が背景にはある。しかし、人事制度や組織構造、これまでの前例や慣行、既得権を変えるという仕事は苦労が多く、軋轢や抵抗もあり、改革の矢面に立つ人の決意が求められる。しかし、厳しくなる兆候が現れ、危機意識も芽生えてきた今こそこれらの課題を先送りせずにやらねば、大学はいつまでたっても変わらない、という強い思いがあった。そのための憎まれ役を自身が引き受けるという幹部の決断、これなしには本格的な構造改革は一歩も進まないことをこの事例は示している。

　千葉工業大学の教育改革の取り組みも、個々の教員の授業改革に踏み込む点で優れている。学期ごとに行われる学生満足度調査を点数化、点数分布を行い各教員の学内順位を示す。その結果を全てＣＤ化して全教員に配布、これを基に全教員が授業の反省と今後の工夫、改善策を記した授業改善点検報告書を作成、これを全体の報告書にまとめて発刊することで、失敗・成功事例を共有する。さらに全教員に持ち回りで教育シンポジウムでの教育改善の発表を義務付けるなど、改善を促すシステムを作っている。

2.3　巧みな改革推進体制

　大阪工業大学、摂南大学、広島国際大学の３大学を経営する常翔学園の運営システムも工夫されている。日本でも数少ない３大学運営は、ひとりのトップの力だけで動かすことは不可能だ。この法人の全体目標は就職、資格など直接目に見える成果を求め、極めてシンプルかつ実践的だ。しかしその実現方策、やり方についてはほとんど各大学に任せている。各大学には中期計画があるが、そのテーマや重点の置き方、年次設定などはバラバラである。む

しろ法人目標を達成するために各大学を競わせ、切磋琢磨しているようにも見える。

　しかし巧みなのは、参加型の自由な活動、活発な議論を奨励する半面、最終意思決定システムは、法人、大学の中枢の意思が貫徹する仕組みを保持している点である。法人の実質政策は経営会議で決定される。理事長主宰、3人の学長、3人の教員理事、4人の職員理事、企画部門などの少人数、シンプルな構成である。各大学は学部教授会はあるが、最終決定は部長会（大学によっては学部長会）で、こちらも学長、学部長、事務幹部で構成され、単一の意思決定を迅速に行いうるシステムとなっている。方針の具体的内容は現場のアイディアや知恵を生かすが、法人・大学共に企画組織が機能し、経営企画室（法人）と学長室企画課（大学）が、法人全体の目標実現に向け大きな方向性を担保できるように政策を実質的にリードしている。

　甲南女子大学が驚異的なV字回復を成し遂げた背景には、パナソニック出身、松下幸之助の孫に当たる理事長や、同社出身の事務幹部の巧みなマネジメントがあることは確かだが、教職員の力の急成長も見逃すことができない。大学創設の理念を一方で高く掲げながら、片や学部・学科構成は、それまでの教養型から資格・就職対応型に大きく転換、現実路線を採った。しかも優れているのは、既設学部の教員や職員を変え力をつけなければ本物の改革は成功しないとした点である。

　志願者低落の危機をうまく活力に変え、認証評価や創立記念事業も活用し、たくさんのプロジェクトを作り、多くの教職員を実際の改善運動に巻き込み、体験を通して方針を浸透させ、改革の担い手に育てた。学部再編効果もあって、一所懸命やれば、改善を積み上げていけば、志願者も増えてくるという実体験を作り出し、上昇スパイラルに乗せることによって1万人志願者を実現した。たくさんの教訓が詰まった取り組みだと言える。

　　　初出：「事例に学ぶ、大学マネジメントの優れた取り組み」『私学経営』連載3、2013年2月号

『教育学術新聞』掲載一覧
　・「地域密着で個性的教育を作る・鹿児島純心女子大学—GP5年連続獲得など特色

- ある教育づくりを推進」（平成24年7月25日）
- 「移転、教学充実で志願者急増・志學館大学―大きな事業展開を支えた中期経営計画、教育改革基本方針」（平成24年8月1日）
- 「一歩先を見据え、総合改革に着手・麻布大学―中期計画、ガバナンス改革、教育改善、事務改革をトータルに推進」（平成24年9月5日）
- 「厳しい構造改革に挑む・神奈川工科大学―長期的視野に立ち、教育・人事・組織改革を着実に実行」（平成24年10月3日）
- 「実効性あるFDで教育を充実・千葉工業大学―授業改善点検書、教育シンポジウムを通じて恒常的改善を推進」（平成24年5月9日）
- 「目標を鮮明に3大学の改革推進・大阪工業大学、摂南大学、広島国際大学―統一的な意思決定とその推進を担う事務局」（平成24年6月6日）
- 「総合政策で志願者V字回復・甲南女子大学―学部新設、教育充実、教職員育成強化の一体改革」（平成24年5月23日）

＊各大学の記載内容は、全て掲載時点のものである。

第4章

学生を伸ばす熱意ある実践的な教育、ニーズに応える学部作りが大学の評価を作る

26. 西日本一へ、志高く改革に挑む：**くらしき作陽大学**――改革・改善の具体策、評価指標を定め着実に実践
27. 地域人材育成を核に定員充足：**美作大学**――熱意ある教育が作りだす全国トップレベルの教育成果
28. 連続的な学部新設で基盤強化：**淑徳大学**――中期経営計画と目標による評価システム構築で改革推進
29. 学園一体運営で誠実に教育創り：**関西福祉科学大学**――目標・計画を意識的に浸透、当事者意識と情熱で改革推進
30. 「教育共同体」を担う改革推進体制：**高千穂大学**――30年の歴史を持つ中期計画を軸に教育を充実
31. 堅実な経営が優れた教育を創る：**十文字学園女子大学**――一貫した姿勢と基本を大切にする安定運営の成果
32. 伝統ある社会人教育と学生教育の結合：**産業能率大学**――企業とのコラボレーション教育で実践力ある人材を育成

　7大学の事例から学ぶべきもの
　　一人ひとりの学生に届く教育／福祉を核に目標と到達度評価で前進／伝統を生かしつつ大胆な改革

1.7 大学の改革事例

くらしき作陽大学と美作大学は同じ津山市にあったが、片や倉敷に移転し、改革の手法も全く対照的だが根底に流れる教育への真剣な向き合い方は共通する。関西福祉科学大学と淑徳大学も同じく福祉を核とする点では共通するが、大学発展の路線には大きな違いがある。しかし、力のある福祉人材を育成する教育を実現させる上での厳しい評価・実行システムは多くの点で共通する。これらの大学の違いと共通点に注目してご覧頂きたい。高千穂大学、十文字学園女子大学は、古い伝統校だが、近年大胆な改革を断行している。産業能率大学も伝統を生かし先端改革に挑む。伝統を今に保持し発展させるためにこそ改革が必要で、この変えないところと変えねばならないところに着目してお読みいただければ有難い。

● 西日本一へ、志高く改革に挑む：くらしき作陽大学
　改革・改善の具体策、評価指標を定め着実に実践

演奏会などステージに立てるチャンス年間100回、管理栄養士・国家試験合格率96・8％、教員等採用試験対策開講プログラム4年間で150時間以上、…大学案内のトップ数ページを使って紹介するこれらの特色は、教育の成果であると共に、この大学が具体的目標を掲げて改革に挑んでいる姿勢をよく表している。作陽学園大学、作陽音楽大学、1997年、食文化学部設置と共にくらしき作陽大学に名称変更、4年前には子ども教育学部を作り時代のニーズに応える改革を進めてきた。

特に体制を整え全教職員を結集して改革に努力し始めたのは2000年に入ってから。全教職員会議を立ち上げ、4月に理事長の年度方針の提起、9月に中間的な遂行状況を報告、1月には結果報告・総括を行う目標管理制度だ。これには特別の事情のない限り全教職員が参加する。同時に設置した理事長直轄の改革会議が全学改革を主導する。この下部組織としてＩＲや教育

改革、FD、SD を担う高等教育研究センターや自己評価委員会を置き、データや実態を分析、改革構想づくりとその進行管理を行う。

　2007 年からは改革会議が中心となり、全学を挙げて「西日本一の学園づくり」を目標とする 5 か年の中期計画を策定した。プロジェクトを大きく 3 つ、学生支援活動、教育支援活動、経営支援活動に分け、その下に教職員の提案・企画による小プロジェクトを設置、全員がどこかのプロジェクトに入ることとした。現状を分析・把握、問題点や課題を全員で見つけ出し改善策を練ることで、危機意識の共有、改革マインドの浸透を狙った。小プロジェクトは教育支援 12、経営支援 14、学生支援 9 の計 35 に及ぶ大改善運動となった。

　プロジェクトのテーマを見ると、教育では、初年次教育の徹底、専門教育の充実、学習成果の把握・評価、教員の教育力向上、教育研究センターの再編成、研究活動の活性化、地域教育・研究の促進、学科・定員の再検討と再編など、経営では人事評価制度の検証と見直し、教育・研究・学生支援能力の開発、経営・運営能力の向上、外部資金の獲得、予算編成方針の再検討、人件費抑制、業務見直しと経費削減の徹底、資産の効率的運用、施設・設備の整備、安全対策・危機管理、組織風土の活性化、学生では学生サポート体制の強化、就職支援の強化、資格取得・受験支援の強化、同窓会との連携、後援会との連携、県人会の立ち上げ、広報戦略の再構築など全分野に及ぶ。

　下からの積み上げを重視したため重点が不鮮明、総花的、数の多さから管理不十分で活動レベルに差が出るなどの弱点もあったが、現状認識を共有し、教職員の意識を変え、持続的に改善を進める風土を作り上げた。その取り組みの中から冒頭の管理栄養士などの成果も生まれた。

　また、教育の質向上を数値目標化して取り組む先駆的な手法も編み出された。例えば、開講科目の平均点を前年度比 5％向上させるとか、試験の正答率を 80％以上にするとか、A 評価を何％にするとか…である。こうした取組みを通じて、教員一人ひとりが教育の充実・改善に向き合う。さらに、あらゆる分野での取組みを個人の教育目標や業務目標と連結させて実践力を上げる教員評価、職員評価にも取り組む。

　音楽学部は定員を満たせない状況が続くが、学部別収支を公表し現状を正確に共有、定員削減を行い、就職実績向上策を練り、教育改善の実行状況を

きちんと点検・評価する。この評価基準は事業計画で完全にオープンにし、重点目標を設定、その評価のための判定基準、判定指標を事業計画の中に記載し実効性ある改革推進に取り組んでいる。

2011年には、長年、広島大学高等教育研究開発センター長を務めた有本章氏を学長に迎え、教養教育、専門教育、キャリア教育の三本柱で総合的な学士課程教育の改革に着手した。特に質保証の視点を重視し、①教育・研究・学習の統合、②シラバスの改善と予習・復習、③単位制、GPA、CAP、ナンバリングの見直し、④オフィスアワー導入、⑤厳格な評価、⑥自己点検評価と質保証の深化などを掲げ改善に取り組む。

事務局は2年前、経営企画部と教育企画部の2部に再編、政策企画の重視と迅速な意思決定・遂行を目指す。改革中心組織である改革会議も運営会議も幹部連絡会も全て経営・教学・事務で構成され一体改革を推進する。

理事長、経営本部長のリーダーシップの下、西日本一の特色ある教育を作り出す高い志を持って、改革の具体策、評価指標を定め、確実な成果を作り出している。

● 地域人材育成を核に定員充足：美作大学
熱意ある教育が作りだす全国トップレベルの教育成果

美作大学を訪れた日、登校してくる学生たちは皆ゆかた姿。聞くと学生が自主的に決めたゆかた登校日とのこと。前夜は学生企画による七夕祭りを開催、年間を通じて大学祭だけでなく、ハロウィンやイルミネーション点灯式等、学生の力だけで実行する自主活動が極めて盛んだ。この活動的な素地のある学生を育て上げ、地方にありながら面倒見の良い熱心な教育で全国トップレベルの教育成果を作り出す。

社会福祉士合格率は、2009年、10年の2年連続全国2位、2011年には多少順位を下げたが中四国ではトップ、管理栄養士も97.4％で中四国一の成績だ。『サンデー毎日』(2011年9月11日号)の特集「進路指導教員が勧める大学はここだ」では、「小規模だが評価できる大学」16位、「面倒見が良い大学」30

位、「偏差値や地理的、経済的制約が無い場合生徒に進めたい大学」29位と、地方大学では抜群の評価を得た。

　その背後には並大抵ではない教職員の努力がある。例えば社会福祉士国家資格の受験対策では、試験対策講座を少人数グループで編成、合宿も行い教員は指導の傍ら食事も作る。初詣は全員で合格祈願、教員からはお節やお餅の差し入れがあり、直前には総決起大会も開いて徹底的に学生を励まし、きめ細かい学習指導を行う。

　もともと学生は目標が鮮明、資格を取って地元に貢献しようという意欲の強い層が集まる。そして教員の熱心さも半端ではない。大学は地域の篤志家が集まり設立、在校生も卒業生も住民も大学も一体化し、共同体として暮らす津山の環境の中で培われてきたのが、地域から預かった大切な子どもを手抜きしないで育てること。小集団で学生の名前と顔は全教員が熟知していることも親身な教育を生む大きな要因だ。献身的な教育姿勢は強い伝統となり、先輩教員から新人へ受け継がれむしろ強化されてきた。むろん危機意識は浸透している。他と同じことをしていたのでは、この立地では学生が集まらないことも分かっている。それが熱心さに拍車をかける。

　こうした教育を支える組織も動いてはいる。国試対策関係者協議会、教員採用対策協議会、授業運営情報交換会では、ゼミの持ち方や担任の指導に関ってきめ細かな情報交換や議論を行う。しかし組織で決めるから動いているわけではない。まず熱心な取り組みがあり、それを発展させるために組織があると言った方が良さそうだ。

　広報・学生募集分野も優れた取組みが多い。知名度を上げるためにTVコマーシャルで学科・大学名を歌にして流す。優れているのは10年以上同じ曲を形を変えて流していること。今や幼稚園児までもが口ずさみ、大学名は自然に浸透する。

　高校巡回は500校を年3回まわる。お土産は大学名入りの煎餅で一個一個に名前が入っている。これも10年近く続け、大学名を印象付ける。しかし前述の『サンデー毎日』に見る進路指導教員に評価が高いのはこうした活動にあるのではない。那覇西高校の先生が言うように、「美作の説明は他大学と全く違う」「在校生、卒業生の把握の質の高さ」は群を抜いており、面倒見

の良さが実質を伴っていることにある。

　人口減少もあり地元だけでは定員が集められない。徹底した募集活動と共に就職実績を上げる取組みを展開し、栄養教諭では沖縄県内全採用数13名のうち5名を占有するなど目に見える成果を作り出して広報する。沖縄出身学生はコンスタントに100〜150人(全学生の1割強を占める)に達する。

　就職率は大学全体でも97.1％と全国トップクラスで、「美作の奇跡」と自認するが、不況に強い職種であることに加え卒業生の評価が高く、また親身な指導で本当の実力をつけ果敢に高い資格や就職にチャレンジし続けた活動の積み重ねの成果である。地方は経済的に苦しい学生が多く、授業料を大幅に減免する進学支援特待制度をつくり、1割の学生を採用する。

　こうした取り組みの進め方について書かれた方針はあるにはある。しかし方針があるから動くわけでもない。役職についた者が各持ち場、持ち場の仕事に熱心に取り組む。したがって、大学全体を動かす経営会議を筆頭に会議はいつも激論、本音でぶつかり徹底討論の上一致する。これも教育熱心さゆえで、後を引くことはない。理事長の前向きでおおらかな調整力も皆の力を一つに束ねる。

　「みまさかまさか」は広報で良く使うフレーズだ。この「まさか」の奇跡を熱心な教育で現実化させ巧みに広報することで、地方にありながら優れた評判、評価を作り出し、定員割れから、ここ2年、全学科定員充足という大きな成果を作り出している。

● **連続的な学部新設で基盤強化：淑徳大学**
　中期経営計画と目標による評価システム構築で改革推進

　淑徳大学はここ数年急ピッチで学部の改組・新設を進める。3年で4つの学部・学科を立ち上げるなどそのスピードの速さは際立っている。2007年に看護学部を新設、ここから連続して08年通信教育部、10年コミュニティ政策学部、11年教育福祉学科、12年栄養学科(学部名称を看護栄養へ)、同年経営学部(経営学科・観光経営学科)を立ち上げ、13年には教育学部開設を予定、

これ以降も学部新設を構想する。ただ定員規模は新設の看護以外は大きな増員はなく現行規模での再編である。

　改革の背景には、志願者の減少傾向、福祉への風当たりの強さもあるが、時代のニーズに合った学部への進化、福祉を核とした幅広い需要に応え変化していかねば社会の期待に応えられないという強い思いがある。

　淑徳大学には、30年以上前から中期計画があり、現在の中期経営計画になったのも1996年と古い。しかし大学の成長期には役割や効果がはっきりしなかった計画に基づく運営も、厳しい環境の中で転機が訪れる。

　それは2003年、長谷川匡俊理事長が全教職員に配った「淑徳大学の改革の方向性と近未来へのいくつかの課題」と題する提起書である。これまでの右肩上がりの成長の中での危機意識の希薄さ、学部あって大学なしの状況、腰を据えた本格改革の欠如を指摘し、改めて学園の経営ビジョンの明確化、教員中心から学生中心への根本的転換を訴えた。30頁に及ぶこの提起は、改革の必要性、教育、学生支援、募集、財政の構造改革を求める本格的なもの。その後の中期経営計画はこの実現にシフトすることで全学改革の柱となり、ここで述べられている第3の学部構想も急速に現実化していく。

　現在の中期経営計画は、毎年見直し修正され年度末の理事会で決定の上、毎回4か年計画として提示される。定員未充足部門や目標未達成の指摘から始まる厳しい内容で、重点目標として例えば学生生徒数確保目標、教職員の人員計画・人件費計画、財務計画、施設・設備計画等が提示される。これを基に学園設置の大学、短大、3高校、3中学、小学校、2幼稚園、日本語学校、特別養護老人ホーム等6つの付属施設全体の運営方針、教育方針、改善方針が、現状説明（取組状況）、点検評価及び問題点、今後取組む課題等も含めまとめられており130頁に及ぶ。設置校が多いだけに、あらゆる活動の基本軸を常にはっきりさせる。

　では学部改組・新設を含む数年にわたる改革のグランドデザインはどこが描くのか。中核はやはり理事会の下に7名の学内理事で構成される常務会であり、時々に「大学の将来計画委員会」等のチームを置き、提言や答申を取りまとめ、改革の大きな流れを作り出す。それを実務上担うのが法人の高等教育改革室であり、学長直轄の大学改革室である。事務組織ながら学園中枢

の将来計画作りに重要な役割を果たす。看護学部などの新分野は法人主導でできる。しかし既存学部の改組、新設は学内議論が重要で、学長、副学長、学部長、大学事務局長、キャンパス事務局長などで構成される大学協議会でよく練った上で各学部の議論に付す。この協議会も職員幹部が多く正式構成員で参画する。思い切った改組提案に対して学部ではいろいろな意見が出るが、学長、副学長のどちらかが学部教授会にはほぼ毎回出席し丁寧な説明を繰り返す。

　学部新設と並行して教育の充実、特色化にも取り組む。コミュニティ政策学部のサービスラーニングを組み込んだ教育システムは先進的だ。専門のセンターをつくって運営する。「自立学習シート」で学生自身に目標を記載させ、振り返りシートで反省しながら成長を促す仕組みも優れている。

　計画を推進するには目標が教職員個々の教育や仕事に結び付くことが必要だ。教員については、自己管理目標制度を導入、教育研究活動の計画および報告により、教育、研究、社会貢献の目標、達成状況、改善を自己管理するシステムの構築を目指す。職員の人事考課制度は1994年から始まる。大学における人事考課制度の草分けであり、多くの大学の考課制度のお手本となった。しかし制度は進化し、変化しなければならない。現在の「職員開発（SD）・目標設定運用ガイドブック」にまとめられた目標管理・評価システムは、大きな改変を経た3期目のものだ。

　目標に基づく評価には自己点検・評価を推進する認証評価統括室があり、また中期経営計画課題の達成状況について業務監査、部門別監査を行い、PDCA・質保証システムを根付かせる新設の内部監査室の体制がある。

　強い信念で福祉への逆風に立ち向かう連続した改革に挑戦し、社会的期待に応える学部・学科構成を短期間で形にし、教育内容を大きく改編・充実することでミッションの実現に迫っている。

● 学園一体運営で誠実に教育創り：関西福祉科学大学
　目標・計画を意識的に浸透、当事者意識と情熱で改革推進

建学の精神「感恩」。ありがとう―感動・感謝から人の幸せを願う行動へ。この教育を、当事者意識、情熱を持って、誠実に、愚直に、そして構成員の総力を結集して実現すること。江端理事長のこの熱いメッセージは、この学園のビジョン・中長期計画の基本精神に貫かれている。「教育に情熱のない教職員に教えられる学生は不幸である」「目が輝き、夢が語り合える学園」「確かな教育力と情熱を持った教職員魂の高揚」。これらの言葉が示す通り、気合のこもった教育への熱情こそがこの学園を動かしている原動力だ。

中長期計画は最初から整っていたわけではない。創立から70年の歴史を持つが、大学設立は15年前、当初は運営を軌道に乗せるため四苦八苦だった。2008年ようやく第1期中長期計画を策定したが、実現性のないものもあったり、そもそもバックボーンとなる学園の理念が不鮮明だった。第2期の中長期計画の策定過程の中で理事長の思いを言葉にし、ミッションに整理することで一本筋の通ったものとなった。

中長期計画の柱は5つ、①豊かな心の育成、②学園教育事業の質向上と規模拡大、③地域貢献、社会に必要とされ愛される学園、④教育環境の充実、⑤学園総合力向上と社会に誇れる学園ブランド力の確立。この柱ごとに具体的項目が設定され、大学、短大、高校、幼稚園、法人本部別に課題・方針が策定されている。

優れているのは、第1に建学の精神から使命、ビジョン、計画が一貫した流れで、一覧できること、第2は原案策定に当たっては一般教職員からの提案も全て一旦は「素材案」に加え、そこから原案を練っていくという強い参加型方式として当事者意識の形成を図ったこと、第3に計画ごとに責任者・担当部局と難易度を明記し、戦術（アクションプラン）を詳しく書き込み、それを9月と1月の2回、達成状況を記載、自己判定と所属長の判定を行う到達度チェックシステムを作り上げたこと、第4に基本理念（大学の使命、教育理念、教育目的・目標）を浸透させるため、昨年1年は執行部会や大学評議会、職員朝礼で会議の都度全員が声に出して唱和、理事長・学長からも所信表明等の形で、直接、大学・学校ごとの説明を行うなど徹底を図ったこと。さらに第5には具体的な教育活動や業務に結び付けるため、数年前からスタートした教員、職員双方の教育評価、人事考課制度にこの目標を連結させ、達成

目標の中に意識的に入れ込み処遇に反映する評価を行うことで、計画の実効性を高めようとしている。

　ミッションを実現するための教育改善システムの確立にも努力する。学生による授業評価アンケートは年2回、非常勤まで含む全科目を義務化、授業評価と学生自身の自己評価の両面から調査、授業理解にも踏み込む。学生満足度調査も毎年実施、調査・分析のため授業評価委員会、満足度調査委員会を設置する。FD委員会も設置、授業参観を実施し参加者から意見を募り、公開者は自己反省、授業改善の材料にし、参観者は授業のあるべき姿を考える。これらは全学教育の管理を担う教育開発支援センターの一元的管理の下に行われ、入学前教育、初年次教育、キャリア教育も所管する。センター長が兼務する教務委員会がシラバスチェックも実施する。教育の魅力は、理事長・学長を先頭に若手教職員で「Fukka（関西福祉科学大学）の素晴らしさWG」を編成、強み、特色の掘り起こし、感銘・感動の言葉でキャッチコピーの作成を試みる。

　教員採用は理事長承諾の下で選考開始、採用候補者に事前に理事長が面接してから教授会に諮る、学長、大学主要役職者も理事会で直接選任するなど、仕組みとしては強い理事会権限を保持している。一方、運営は細心の注意を払い、構成員の意見を尊重する参加方式をとる。それを支える運営体制が経営・教学・事務トップで構成される経営教学協議会であり、議事ごとに全学の諸会議のどこで審議決定すべきか丁寧に調整、円滑運営の要になるのが執行部会である。法人も常勤理事で構成する運営理事会が中核となり、設置する5つの学校の幹部で構成する所属長会が同一キャンパスにある利点を生かし丁寧な議論で一体運営を作り出す。構成員の思いや意見を踏まえ方針の軌道修正を柔軟に行い、構成員の総意を生かした運営に努力することでいわゆるトップダウン的要素を払拭し自覚を促す。学園全体の一貫した政策の立案・推進は、法人事務組織である経営企画室や大学事務局の総務部企画チームが支える。

　トップの情熱を政策と組織の両面から支える運営システムを確実に作り上げることで「学園ファミリー」型の一体運営、構成員の主体的行動を喚起することに成功している。

●「教育共同体」を担う改革推進体制：高千穂大学
30年の歴史を持つ中期計画を軸に教育を充実

「家族主義的教育共同体」。高千穂大学が掲げるこのミッションそのままに、少人数でキメ細かな教育が実践されている。授業の7割が40人以下、1年〜4年まで連続するゼミは12〜13人で、担当教員がアドバイザーとして年2回全員を面接する。100を超えるゼミが1週間、朝から晩まで成果発表する「ゼミ発表会」は他大学からも見学者が来る。答案やレポートにコメントを付して返却する教員も多く、成績不振の学生には父母も交えて懇談、就職に当たっては3年生全員と2回の面接を行う。1学年550人〜600人という規模を強みに変え、しかも教育の充実と学生成長を図るシステムにも工夫がある。

その中の「高千穂マスタープラン」も優れものだ。学生手帳に①学習の視点②キャリアの視点③学生行事の視点から身につけるべき知識や技能の目標モデルが、ゼミ、講義、資格、就活など具体的な形で項目ごとに設定されている。それを基に学生が「目標管理シート」に、履修計画、資格取得対策、クラブ活動の目標を練り上げる。4年間の学習計画書であり、目標を持った学生生活を意識づける効果を持つ。

高千穂教育質保証運営委員会の取り組みも努力の賜物だ。バラバラだった講義科目の到達目標を見直し、履修コース・専攻ごとに専門知識とスキルの習得について10項目程度の学習到達目標を設定した。抽象的な目標では役に立たないため達成度合いを例示、達成度を評価する判断基準を具体的に示すことで、学生が学習の目安や到達を掴めるようにしている。

教育を担う教員採用選考方式も徹底している。これまで教授会任せ、研究業績中心だった選考を改め、2004年度より経営と教学が一緒になって最良の候補を選ぶ。連合教授会において決定された科目の公募条件は理事会で決め、研究業績上の審査を通過した複数（2〜3人）の候補者に対し、理事長、学長、教員代表、事務局代表が模擬授業を参観し評価、面接を行った上で最

終候補者1名を決定する。この採用方式で、教員の教育熱心さは大きく前進した。

　これらの取り組みは、個々バラバラに行われているわけではない。この大学には、現在第6期（2010年から2014年）となる中期計画があり、第1次計画は約30年前、1980年に遡る。中期計画マネジメントの日本で最初の大学の一つであることは間違いない。中興の祖と言われる小池理事長が自らの企業マネジメントの経験を生かして取り入れた。

　計画の柱は、教育研究の質向上、学生支援体制の強化、学習環境の整備、業務運営の改善、財務改善などを柱にしており、単なる経営計画ではない。むしろ教育の充実にシフトし、建学の理念の周知・徹底から始まり、学生の質向上施策、入試から就職に至る支援体制強化、学科・コースの充実方策、退学者減少対策、施設改築計画、教員人事計画、事務局ネットワークの再構築など多岐にわたる。そして、この実現には「本学園に奉職する全ての関係者が、自らに付与された職務を真摯に遂行する」以外にはないと強く呼び掛ける。

　しかも優れているのは、それを具体化した年度の事業計画でも、学士力向上や教育力向上、初年次教育の充実、退学者対策やそのためのアドバイザー活動の強化などを繰り返し具体的に求めていること。これは予算編成方針にまで貫かれ、財政投資計画の中に、学生支援への投資、FD活動や学士力具現化への予算措置、資格課程合格者増対策費、経済的理由で退学を申し出た学生への奨学金の拡充などきめ細かい予算措置が盛られている。これらの方針は全て理事長名で出され、トップの思いのこもったメッセージとなっている。

　理事長、学長の下には、これらの計画を立案し、強力に推進する中核部隊である理事長室、学長室が置かれている。改革は全学一体、全体最適の視点で行われなければならないという判断から学部中心のシステムを転換、連合教授会を最高意思決定機関にし、そこへの提案権は全学機関である教務委員会、学生委員会等専門委員会とし、各計画に盛られた課題・目標が全学統一で遂行できる体制とした。この全ての委員会には職員が参加し提案・発言ができる。これも、教員、職員は職種が違うだけで対等だという理事長の思い

が反映したものだ。

30年の歴史を持つ中期計画を軸に、特色ある「教育共同体」を作り上げてきた背景には、この改善を推進するシステムと教職員の努力が息づいている。

● **堅実な経営が優れた教育を創る：十文字学園女子大学**
　　―一貫した姿勢と基本を大切にする安定運営の成果

「ひとりの学生をどこまで大切に育てることができるでしょうか。十文字学園女子大学はそのことに真剣に取り組んできました。」大学案内の冒頭の言葉通り、実直に学生の育成に向き合ってきた。「教育を受けたいと思う女性が一人でも多く学べる私立学校をつくりたい。」大正期の創立当初より社会に役立つ職業人の育成を目指す。大学設立から15年と新しいが学園創立90年、日本の女性教育の草分けとして、「良質な教育・研究を維持していくことが大学発展の基本」（自己評価報告書）という姿勢を一貫させている。

これまではどちらかというと伝統重視の安定志向だったが、環境激変の中、学生を大切にする教育は現状維持だけではできない。2011年、2学部のひとつ社会情報学部を廃止し、人間生活学部1学部7学科体制にする大きな改革に踏み切った。大学界全体は学部増、専門細分化の方向にあるが、大括りがもたらす学生のメリット、学部の境を無くし学生が縦横に学べる学習環境、柔軟な履修システムを目指す。高校生のニーズも踏まえ、また創立の理念に従い学部全体を資格取得というコンセプトに統合することで志願者も増え、また職業人材育成へ目的を明確にしたことで教職員の意識統合も図った。大きな改革は未体験という中、会議室に「教育体制改革推進本部」の看板を掲げ、教職員全員に学長が直接説明する全学公聴会を何回も開いて徹底議論、意思一致することで家族的、牧歌的風土を徐々に変え、学生本位の改革という考え方を浸透させていった。

しかし、学部は一本にしたが7学科バラバラのタコつぼ型の教育はすぐには変わらない。現在、第二次教育体制改革会議を立ち上げ改善を進める。横断的教育の強化を目指し、総合科目・十文字学を立ち上げ、初年次ゼミ、入

門ゼミ、総合ゼミ、読書入門などきめ細かい指導を充実させると共に、冠講座では資生堂やキングレコード、野村證券、毎日新聞、埼玉新聞など学生に関心の高い著名企業の協力を得て実社会と密着した教育を行う。リメディアル（学力保証）教育はセンターをつくって支援、伝統的な90％を超える高い就職率を維持させるためキャリア教育にも力を入れる。授業公開や授業参観などのFD活動も重視する。こうした教育改善活動で教員の意識も変わってきた。

　これらの取り組みが持続する背景には、改革を推進する安定した運営体制がある。2006年頃から将来構想委員会、企画運営会議等と名前を変え、現在は企画委員会が中長期の見通しを持った改革方針の骨格を練り、事務機構の企画課が支える。それを学長の下に置かれた運営会議で議論すると共に経営と教学でつくる協議会で意思疎通を図り、全体教授会で審議する。職員も各種会議には正規メンバーとして加わり提案・発言できる。会議の議事録はすべてネット上で内部公開されており、自由に閲覧でき情報はオープンだ。短大時代から法人側と大学側の意思疎通を重視し、法人本部は発祥の地・豊島区北大塚にあるが、理事長は毎週、大学のある新座に出向いて公式、非公式の意見交換を行う。基本を大切に、コミュニケーション重視の円滑な運営が根付いている。

　しかし、単なる円満、無難な運営を行っているわけではない。学生本位の教育を進めるためには個々の教職員の努力目標も明確にし、その達成度評価を厳正に行う。教員は教育（授業とそれ以外の就職、学生相談等）、学務、研究、学外の社会貢献のそれぞれ4つの領域ごとに評価項目、目標とその内容を記載、年度末に評価する。職員も態度・能力評価シート、業績評価シート（いつまでに、何を、どの水準までやるか）、目標以外の業務の取り組み状況（中心目標以外の業務の内容、その取り組みと結果）の3つのシートにチャレンジしている取り組みを記載し評価する。このために専属の人事課評価室が置かれ、自己点検評価、教員評価、職員評価を所掌、専門的に管理・運営する。職員は、重要テーマごとにWGをつくり、積極的に提案をまとめ発信するようになった。現在、教育情報発信WG、業務改善WG、人材育成WGが活動している。全員で知恵を出しまとめ上げる一体感、調査・分析、全員によるプレゼンな

どを通して職員の提案力量の強化も狙う。これまでにない取り組みだ。

十文字一夫理事長、横須賀薫学長の下、「世の中に立ちてかひ(甲斐)ある」(建学の理念)女性育成に一貫して堅実、誠実に取り組むことで、優れた成果を生み出している。

● 伝統ある社会人教育と学生教育の結合：産業能率大学
　企業とのコラボレーション教育で実践力ある人材を育成

「ムリ、ムダ、ムラをなくす」。誰でも知っている合理化の基本を提唱したのが能率の父と呼ばれる上野陽一。産業能率大学は、大正9年(1920年)、日本初のマネジメント・コンサルティングを行った日本産業能率研究所を創立の母体とする。

大学教育も、こうしたマネジメントの現場、企業が近くにいることを徹底的に生かし、他の大学がまねのできない強みを作り出している。インターンシップという言葉が無かった時代から企業実習を必修とし、会社を教材とする独特の教育を作り出してきた。

今でも企業とのコラボレーションは授業の中核をなす。例えば、異業種企業とのコラボレーションで新たな商品を開発しプレゼンテーションを行う授業には、JTBと宝島社、JTBとFUJIFILMなどの組み合わせで、現職の事業開発部長などが授業に参加する。イベントを企画・運営し、レポートし実際にメディアに記事を掲載する授業では、日刊スポーツ新聞社営業開発部次長が授業をプロデュース、最前線で活躍する記者やカメラマンが授業に参加し、記事が『日刊スポーツ新聞』に掲載される。

これらの授業推進の核となるのがSANNOアクティブ・ラーニング。「聞くだけの授業から参加する授業へ」を合言葉に、問題発見・解決型授業、PBLを活用する。キーワードは学習定着率。講義を聴くだけでは5％しか得られない学習定着率が、グループ討論50％、自ら体験する75％、他の人に教えることで90％と高まる。この効果を意識した授業改善が不断に取組まれる。

こうした教育方法は就職活動にも生かされる。ゼミ単位でのグループワークで、業界マップ作りに取り組み、ネット調査、文献調査など業界研究を深めたり、他大学とのビジネスコンテストに参加したりする。ゼミ教員との年2回の面談、キャリア支援センター職員も担当制（チューター制）をとっており双方からの個別相談体制が整っている。人事担当者の産能大評価は高く、当然、高い就職実績をつくる。

　そもそも企業出身の教員が62.3％、併設の総合研究所出身の教員も2割おり、大学と研究所が相互に授業や講座を持つ教育交流も盛んだ。大学の教員数は約70人、職員は80人で職員の人事異動も大学―研究所間で行われ、マネジメントの現場と大学教育現場が共有されることで、社会人教育事業と学生教育事業を併せ持つ強みが発揮される。

　マネジメントの基本原理は大学運営にも生かされている。長期経営ビジョンが理事会から示され、それを踏まえ毎年、学長が大学活動方針を全教員に提示する。教学役職者並びに全教員は、年間の活動目標を設定し、年2回学長や学部長と面談を行う。ただ、これは方針の一方的提示や実施状況の点検を目的とするわけではない。教育活動や大学業務を振り返り情報共有や意見交換を重視するもので、これを契機に自ら考え工夫・改善していくことを狙いとする。

　職員の人事考課制度も同様で、上からの査定ではなく、中長期的な視点で目標を設定し、その達成に向けて何をしたか、自発的・自律的・主体的に考えることを重視する。年2回の面談における目標設定も本人からの提案を重視、評価も自己査定を大切にしフィードバックを行う。担当者が自らテーマを設定しチームを作って改善に当たる「プロジェクトリーダー制度」などもある。

　こうした教職員のマネジメントには、産能大が推進してきた目標管理制度（MBO）の本質、目標の実現へ主体的に考え自律的に行動する、の実現が底流にある。

　上野陽一が創設したマネジメント・コンサルタントの伝統、社会人教育で培ったビジネスの現場に精通している強みを生かし、企業現場とのコラボレーション教育を通してビジネスプロフェッショナルを育成することで、強

い個性的な教育を作り出している。

2．7大学の事例から学ぶべきもの

2.1 一人ひとりの学生に届く教育

　くらしき作陽大学と美作大学は共に、岡山の地方都市、津山市にあった。片や津山で地域人材養成に徹し、片や倉敷市に移転する選択をした。美作大学は創立時の家政学部を発展改組してきたが生活科学部単科の大学を保ち、一方、くらしき作陽大学は音楽学部に加え食文化学部、子ども教育学部の3学部に拡大してきた。両大学とも、困難な地方にあって徹底して教育に向き合ってきた点で共通しているが、その生き方は対照的でもある。

　くらしき作陽大学は教職員の規模もあり、目標や計画、組織的な取組みを重視し、意図的に教職員を行動に巻き込む運営を重視した。「西日本一の学園づくり」という大きな目標をあえて掲げ、実現への5か年計画を提起し、35に及ぶプロジェクトを作り、そこに全員が参加することで意識を変え、自覚的な行動を作り上げることを目指した。教学改革も、学部別収支を公表し重点目標を設定、その達成評価のための判定基準も公表し、オープンに実効性ある改革推進を行うなど組織的な仕掛けを重視する。

　一方、**美作大学**は組織や計画はあまり重要視せず、個人の行動、一人ひとりの取り組み、この積み上げを重視する。大学と地域が一体となる小都市・津山の環境の中で学生を大切に育てる教員の熱心さは強い伝統となり、都市部の大学では考えられない熱意で徹底的に学生を励まし、きめ細かく指導する。それが高い就職率となり、高校訪問の学生把握の抜群の質の高さとなり、評価向上へとつながってきた。くらしき作陽大学もその点ではやり方は違うが、教育の質向上を数値目標化し、正答率や平均点を上げるなど、単なる掛け声ではなく、実際の個々の授業改革にまで落とし込んだ目標を掲げ、教育改善の実効性を担保しようとしている。この、一人ひとりの学生に届く教育の展開こそが両大学の共通点である。

　また両校のもう一つの共通点は、組織運営の仕方に違いはあるが全員参加を目指し、行動に多数の教職員を巻き込むことを重視している点である。そ

してその背景には、地方私大の直面する現実の厳しさを反映した強烈な危機意識の浸透、課題認識の一致、目指す目標の共有がある。くらしき作陽大学は、音楽学部の定員確保に苦心しており、美作大学も津山市だけでは定員を満たすのは困難な状況にある。厳しい地方・中小規模大学が現実に立ち向かうためには、全員参加による教学充実、学生の成長に向き合うしかないことを両校の実践は示している。

2.2 福祉を核に目標と到達度評価で前進

淑徳大学、関西福祉科学大学は福祉を核としている点では共通するが、こちらも、その生き方はずいぶん異なる。**淑徳大学**は、近年、積極的に近接領域の学部増を行い総合化を進める。総合福祉学部を核としながらも、コミュニティ政策、看護栄養、国際コミュニケーション、経営、そして教育学部新設と学部の領域を拡大している。一方、関西福祉科学大学は、社会福祉、健康福祉、保健医療の3学部と福祉専門教育に特化している。しかし、厳しい医療・福祉現場での働き手、医療・福祉専門職を中心とした人材育成を行うために、手を抜かない徹底した教育体制を敷き、厳しい目標提示と評価システムを確立している点では共通している。

関西福祉科学大学では、ミッションを「確かな教育力と情熱を持った教職員魂の高揚」などと具体的な言葉で語り、大学の使命や目標を会議の都度全員で唱和するなど徹底させている。教育改善では、授業評価委員会、学生満足度調査委員会が機能し、教員相互の授業参観とその後の改善討議、シラバスチェックなどを行っている。中期計画では責任者・担当部局を明記、年2回達成状況を自己評価、上司の判定を受けるなど方針一つひとつを曖昧にせず実行する強力な体制を敷いている。

同様に淑徳大学でも、目標の明示、特に達成、未達成の明確な提起を行い、連続する大学拡充・改組方針を学部に浸透させるため、学長、副学長のいずれかが必ず教授会に出席するなど直接的な提起を重んじている。計画を教員個々人の教育や仕事に結び付けるため、教育研究の計画報告システムとして自己管理目標制度を作り、職員も人事考課制度を行う。認証評価統括室や内部監査室など手厚い評価・監査システムも機能している。特に職員の人事考

課制度は1990年代からの歴史を持つこの制度の草分けでもある。その点では関西福祉科学大学も教員、職員ともに中期計画目標と個人目標を連結させた教育評価、人事考課を数年前から立ち上げている。両者に共通するこの達成状況を厳しく見る目標管理制度が、教育充実や運営改善を実現する上で大きな役割を果たしている。

　それと、もう一つ共通する点がある、それは理事会、理事長が最終決定権を明確に保持している点である。学長や大学の主要役職者を理事会で選任する、教員採用に当たっても理事長面接など採否に直接権限を発揮する関西福祉科学大学、淑徳大学もほぼ同じで、両大学とも理事長・学長兼務体制でトップの強いリーダーシップ、直轄権限が発揮できる体制となっている。一方、構成員の声に耳を傾け、きちんとした提案があれば政策に反映するなどボトムアップも重視する運営を貫く。この両立、併存の中で円滑な運営を行い、かつ持続的な改革を進めている点でも共通項がある。

2.3　伝統を生かしつつ大胆な改革

　高千穂大学も十文字学園女子大学も学生を大切にする精神、強い伝統を保持している大学だが、ここにきて大きな構造的改革に踏み切った。産業能率大学もやはりマネジメントの草分けとして強い伝統を持ちつつ、それを生かした今日的改革に取り組む。伝統を守ることと大胆な改革、この一見矛盾するマネジメントの中に、前進の秘訣がある。

　高千穂大学は伝統的な少人数のキメ細かい教育を売りにする。1週間かけた100を超すゼミの発表会は定評がある。しかし、こうした教育は学部中心主義を強め全学改革を難しくする。大きな教育改革は全学一体でなければ難しく、その推進体制として連合教授会を最高意思決定機関とし、学長のイニシアティブで最終決定する。教員採用も教学と経営が一体となり、理事長、学長が模擬授業を参観して判断、最善の候補を選ぶ仕組みとし、学部中心主義を大きく転換してきた。高千穂教育質保証運営委員会のコースごとの学習到達度を設定し達成度評価を行う仕組みも、全学一体でなければ効果が出ない取り組みである。

　十文字学園女子大学も、大正期より女性教育の草分けとして良質な教育の

提供を伝統としてきた。しかし、これは一方で学科バラバラのタコつぼ型教育を強め、家族的、牧歌的な風土が改革を避ける空気になっていた。2011年、2学部を1学部7学科に統合し、学生が縦横に学べるシステムにするとともに学科の壁を破り横断的な教育の強化を狙った。さらに学生本位の教育を強化するために、個々の教職員の努力目標を明確にし、その達成度を評価するシステムを稼働させ、人事課評価室も立ち上げた。両大学とも、これまでの運営慣行を打ち破る改革に着手している。

日本産業能率研究所を設立母体とする**産業能率大学**も、伝統的に培ってきた企業との太いパイプを、今日の最先端の授業改革「SANNO アクティブ・ラーニング」に生かし、「学習定着率の向上」を合言葉に、聞くだけの授業からグループ討論、体験、人に教えるなどで効果を上げている。特に各業種の最先端の企業人が参加する企業とのコラボレーションによる授業は、他大学の追随を許さない伝統の強みを生かした取組みだ。

学生を大切にする伝統、真の力を付ける教育は「変えない」だけでは成り立たない。一歩先を見据え、これまでの慣例に寄りかかろうとする人たちを説得し、従来型の運営を大胆に見直し、伝統的制度も必要なところは思い切って変革すること、この改革のシステムと運営を実現させる戦いの中でこそ、真のミッションの達成、伝統の今日的保持ができることを示している。

初出:「事例に学ぶ、大学マネジメントの優れた取り組み」『私学経営』連載4、2013年7月号

『教育学術新聞』掲載一覧
・西日本一へ、志高く改革に挑む・くらしき作陽大学―改革・改善の具体策、評価指標を定め着実に実践（平成24年11月14日）
・地域人材育成を核に定員充足・美作大学―熱意ある教育が作りだす全国トップレベルの教育成果（平成24年11月21日）
・連続的な学部新設で基盤強化・淑徳大学―中期経営計画と目標による評価システム構築で改革推進（平成24年11月7日）
・学園一体運営で誠実に教育創り・関西福祉科学大学―目標・計画を意識的に浸透、当事者意識と情熱で改革推進（平成24年10月17日）
・「教育共同体」創る改革への努力・高千穂大学―30年の歴史を持つ中期計画を軸に教育を充実（平成24年10月10日）

・堅実な経営が優れた教育を創る・十文字学園女子大学――一貫した姿勢と基本を大切にする安定運営の成果（平成24年12月5日）
・伝統ある社会人教育と学生教育の結合・産業能率大学―企業とのコラボレーション教育で実践力ある人材を育成（平成24年10月24日）

＊各大学の記載内容は、全て掲載時点のものである。

第5章

全授業公開、任期制の先駆的かつ厳しい評価、綿密な中期計画と改革実行力が改革推進を支える

33. 徹底した授業公開と授業研究で質向上：**大同大学**——実効性ある改革をつくる厳しい提起と徹底した議論
34. 中期構想、任期制、評価で活性化：**福岡歯科大学**——緊張感ある教育・研究・業務で目標実現へ前進
35. 優れた中期計画で確実な成果：**静岡理工科大学**——計画と評価の積み重ねで経営・教学改革を推進
36. 急速な学部新設で大学力強化：**東海学園大学**——新設大学づくりの志と危機意識をバネに急成長
37. 就職力向上をキーに全学改革推進：**駿河台大学**——就職率向上・志願者増・中退率改善の好循環を目指して
38. 国際・情報の地元ニーズに徹底対応：**新潟国際情報大学**——堅実な教学で安定的評価、問題にも正面から立ち向かう
39. 三大学を統合、10学部へ発展：**常葉大学**——全学一体の改革推進で、県下最大の総合大学創り

7大学の事例から学ぶもの
全授業公開、全教員任期制の先駆的改革／緻密な中期計画か改革実行力か／就職力の強化に真剣に向き合う

1.7 大学の改革事例

　大同大学は、徹底した授業公開と授業研究で教育改善を進め、福岡歯科大学は全教員任期制と全教職員評価制度で中期目標の実現を目指す。まだ日本でも数少ないこの緊張感あるシステムとその立ち上げの苦労をご覧いただきたい。

　静岡理工科大学と東海学園大学は、共に急速な改革を進展させ志願者増や評価向上を実現しているが、その進め方は、片や緻密な中期計画の策定・運用により、片やあまり計画化せず大きな改革に挑んでいる。この違いと共通点を見ていただきたい。

　駿河台大学と新潟国際情報大学は、社会人基礎力を全授業に広め、また徹底した英語や情報の活用力を育成するなど就職力をキーにした教育改革・教育充実を進めている。

　さらに3大学を統合し、静岡県内随一の大学づくりを目指す常葉大学。それぞれの取り組みにおける努力や工夫に注目してお読みいただければ有難い。

● **徹底した授業公開と授業研究で質向上：大同大学**
　実効性ある改革をつくる厳しい提起と徹底した議論

　大同大学の教育改革は、1995年、「教育重視型大学への自覚的転換」の教授会決議に端を発する。翌96年には学生授業評価スタート、全授業の評価結果を印刷公表する当時としては画期的なものだった。しかしその後改革は中断、1999年に就任した澤岡現学長が、改めて教育重視型大学への自覚的転換決議に恥じぬ教育の実現を強く求めた。これに応えた答申「教育体制の改革について」を、その後の教育改革を一貫してリードしていく曽我教授が主査となり取りまとめた。そこには、教育の危機的事態に立ち向かうことなく改革を先延ばしにしてきたことへの痛切な反省、基礎学力の急速な低下、授業について行けない学生の急増、偏差値評価による劣等意識、目的意識の

希薄化の進行などの現状への深い憂慮と学生育成にかける強い思いが語られている。

　この答申で、国内でもまれな厳しい制度、1セメスター20単位のキャップ制導入、科目精選、学部4年間の標準教育プログラムをつくり全ての授業科目に5〜8の学習到達目標を設定、卒業時の学力保証、形骸化した単位制度の実質化も狙った。制度改革は2000年にはほぼ固まった。しかし、立派な教育課程があっても最後は個々の教育実践にかかっている。そこで、大同工業大学授業憲章2001「教育重視大学としての使命を果たすために、全授業の公開を原則とし、持続的に……研究授業と授業研究会を実施する」を提起した。しかしこれには著しい抵抗感があり、激しい議論が巻き起こる。最大の問題は授業密室意識、授業者王国意識であり、守旧的意識を払拭し授業は公共財であることを覚醒させることが不可欠だった。1年近くに及ぶ教授会議論の末、2001年憲章採択、その推進のためのFD組織として授業開発センターを立ち上げた。全国に先駆けて全授業を公開、研究授業を開催、その日の夕方授業研究会を実施、各学期9回、年18回、専任教員から順番に始め非常勤へ、完全ローテーションとした。特別なイベントとしてではなく規則的運営による日常化で抵抗感を薄くした。

　運営方法も非常に工夫されている。研究授業に先立ち授業指導案やシラバス、過去の授業評価や学習到達度評価結果、成績データなどは全て参観者に配付される。参観者は参観後、定められた授業方法の観点8項目、授業内容の観点4項目に従って評価点、改善点を記載、受講学生にも授業評価を記述式で調査、この両方の集計を夕方の授業研究会に間に合わせる。授業研究会は司会者2人、授業の方法論的観点と授業内容の観点に分けられ、前者は授業開発センターのセンター長又は副センター長、後者は専門が近い教員に依頼する。議論は授業の問題点の指摘、単に批評するだけではなく、あくまで良い授業を共に創っていくための建設的意見を出し合う場だという強い合意を形成してきた。研究授業の見学は理事や事務職員も可。開始から10年で開催は190回を数え、参観延べ人数は2000人を超えた（1回約11人ほど）。研究会の専用室も出来、専任スタッフ2名が配置された。効果は抜群で、授業評価アンケートのプラス評価は年々2〜3％確実に上昇、特に実施前に評価

が低かったグループのプラス評価の上昇率は16％～20％と極めて高い。それでも評価が低い場合は学長名で「授業改善依頼」が行われる。授業開発助成制度も導入され、テーマにより100万円、30万円の授業改善支援を行う。

こうした研究授業／授業研究会の生々しい内容はライブ配信（現在中止）されると共に、年4回『授業批評』誌で全て公開、一部学外にも配付している。「批評」という誌名には、慣れ合い褒め合いを戒め授業改善を進める強い思いが込められている。その後2003年には学習支援センターの設置、現在は初年次教育の改善に力を入れている。

この教育改革を一貫して推進してきたのは、学長をトップとする教育改革実行委員会と学長諮問に基づく特別委員会である。ここが中軸となり教授会と繰り返し、時には激しい議論を行いながら時間をかけて合意をとり、妥協せずに改革を積み上げてきた。大同大学はどちらかというと学部レベルの意見が尊重される運営だ。こうした中で改革を貫いたのは学長の強い信念、それを支える副学長等のスタッフの憎まれ役を引き受ける責任感と専門的力量の高さ、常勤理事3人も「学長付き」として教学に参加、事務トップも全学教授会の正規構成メンバーで職員は委員会に正規参画、この経営、教学、事務の一体改革推進体制にある。

日本における先駆的な制度の構築には、教育の根幹は授業改革だという強い信念で教員集団の厳しい自己評価を行い、問題点を徹底した議論で乗り越え、実効性ある制度を根付かせてきた地道な努力の積み重ねがある。

● 中期構想、任期制、評価で活性化：福岡歯科大学
　緊張感ある教育・研究・業務で目標実現へ前進

福岡歯科大学の中期計画は、2000年8月「福岡歯科学園の新世紀に向けての将来構想」に始まる。教員組織の改組／教育改善／研究活性化／病院拡充／複数学部化検討／医療短大の充実／キャンパス構想／学園財政の健全化の8項目の重点課題を掲げ、総合的改革に着手した。次の計画は、「福岡歯科学園の中期構想」（2004年）と名称を変え重点14項目を設定、8つの柱に加

え、口腔医学の確立／第 3 者評価の推進／国際交流促進／施設更新／地域貢献、そして後に述べる大きな制度改革、教職員の考課制度の確立と処遇改善（任期制・年俸制導入）を提起、実行に移すこととなる。

　現在は、2011 年 3 月理事会決定の第 2 次中期構想（2012 年～ 17 年までの 6 年間）が稼働中で、これは、①教育に関する目標、②研究に関する目標、③学生支援に関する目標、④社会との連携・貢献に関する目標、⑤組織運営に関する目標の大きな五本柱に整理され、中項目として 20、細目として 49 の方針が走っている。それらは事業計画にも貫かれ、中期目標の柱に従って事業計画が分類・策定され、事業報告書では中期計画の方針に沿って総括が行われる。

　計画原案は達成度や自己評価を踏まえ直接理事長が提起するが、下案は学長や各機関の責任者を務める理事などと議論しながら事務局長が取りまとめ、常任役員会、学園連絡協議会の議を経て決定される。基本政策の重点は理事会主導、トップダウンだが、その実行計画、とりわけ教育研究に関する具体的な改善方針は、中期構想に沿って関連する委員会等で企画・立案されるなど学部や部局が現場の実態を踏まえて策定・遂行するシステムとなっている。理事長が年頭のあいさつで、毎年、計画の重点目標を 10 項目に絞って分かりやすい形で提示、全教職員への浸透を図っている。そしてこの到達度評価、検証は理事長発令の自己点検評価委員会が行い、ほぼ 2 年ごとに報告書「福岡歯科大学の現状と課題」にまとめて発刊、課題として挙げられた事項の改善実績も改善報告書として刊行している。

　この中期計画の実践に大きな役割を果たしているのが、任期制と人事考課だ。教員の任期に関する規定は、「教員の任期中における教育、研究、診療、管理・運営及び社会活動等の領域における人事考課の結果を任期に反映させることにより、教員としての意識を高め、能力を最大限に育成して学園の活性化を実現する」と位置付ける。

　教授、准教授、講師の全員が 5 年の任期で再任は可、助教と助手は 3 年任期で 1 回限り再任可である。再任するか否かの基準は人事考課制度における評価結果で決まる。評価得点で A ～ E まで分類されているうちの D ランク（50 点未満）が任期中 2 回以上、または E ランク（30 点未満）が 1 回あった場合は原則再任不可、D ランク 1 回の場合は再任可否が審議となる厳しい内容で

ある。

　提起から制度発足までには3年の歳月を要し、全教員一人ひとりから同意書を取り付けた。昨年は任期満了者、計16名が再審査を請求、教員評価委員会が再任審議を行い、申請者全員の再任を決定したが、過去には再任されなかった例もある。

　教職員の人事考課制度は、各人が設定した業務目標の達成度をまず自己評価、その上で上司評価が1次考課、2次考課で行われる。目標シートは、中期構想の重点項目に対し各人が何ができるかを問う内容となっており、年度目標と中期目標を関連させている。教育、研究、診療、管理運営、社会活動それぞれ項目ごとに評価点を付け、総合得点に換算し評価ランクが付けられる。結果は、年度末手当、昇給・昇格に反映されると共に、再任の根拠資料となる。考課対象者は教員だけでなく事務職員、付属病院や介護施設の職員も含まれる。結果は本人に一次考課者からフィードバックされ、能力育成、研究・教育、業務の活性化を図ると共に、中期構想の目標達成に向けて全教職員の力を結集するシステムとして機能している。

　この2つの制度により、教員の目的達成や協力意識は格段に向上したと自己評価され、これが授業改善システムや研究活性化施策と結び付いて、医師国家試験の合格率の平均以上の維持や安定した学募、財政に結び付いていると言える。

　自らに任期制と厳しい評価を課すことで、緊張感を持った教育・研究・業務をつくり出し、目標の前進と活性化を進めている全国的にも数少ない事例である。

● **優れた中期計画で確実な成果：静岡理工科大学**
　計画と評価の積み重ねで経営・教学改革を推進

　静岡理工科大学の中期計画は、良く工夫されている。計画本体は冊子形式だが、概要版はそのポイントを1枚に端的にまとめ、その裏には5年間で取り組む年次ごと分野ごとの改革課題と進行計画を記載、一目瞭然だ。

まず将来ビジョン、理念・使命・教育方針が明示され、現状と課題（外部・内部環境、強みと弱み）が簡潔に書かれ、その上で個別戦略（教育・研究・社会貢献・高大一貫教育・管理運営・SD）、学部・学科再編計画の柱が示される。定性的な目標だけでなく具体的に5年後の数値目標（入学生数・在籍学生数・帰属収支差額比率）、投資計画として教職員数計画、施設・設備充実計画、帰属収支差額比率改善計画の数値や表が載る。第2次中期計画では、そこに第1次計画の到達度評価、数値目標には志願倍率、入学生の偏差値、就職率や進学率も加えられた。A3 1枚の紙にグラフや図をカラーで入れ込み、現状・課題・目標・実行計画が端的に、分かり易く一覧でき、全教職員が共有できる。

　またこの推進・評価システムも優れている。中期計画は年度計画に具体化され、全体の重点目標と事務局の課別の重点目標を定め、さらにテーマ別（教育・研究・地域・学生・就職・広報・管理運営等）または学部・学科別の方針に分けられ、推進責任者名明記の上「計画遂行必須事項」を記載する。これによって誰が、何を、いつまでに、どのようにやるかが明確になる。そして、その目標・施策ごとに「何を実施したか」「その結果はどうであったか」「課題は何であるか」「そのため来年は何をやるか」という形で、PDCAを現場レベルまで実質化し改善を積み上げていく仕組みだ。この実行計画の策定や具体化、評価には全部局、学科、課室が主体的に関与する。大学評議会に中間報告、最終報告され、最後に「現状と課題」（総括）にまとめられる。認証評価はこの中期計画の総括を評価機構の形式に則って整理する形で行い、中期計画総括と認証評価を一体化している。教育の評価は教育評価委員会が中心になって行い、教育方針の効果を毎年アンケート等で検証する。この取り組みを通じて中期計画は教職員一人ひとりに浸透し、教育や業務に結合、評価と改善の実践的なマネジメントをつくり出す。

　第1次中期計画は、総合情報学部の新設や理工学部に航空工学コース等ニーズに対応した学科充実、スカラシップや高大連携、FMやTVのCMなど積極的に広報を行ったこともあり、4年間で効果は明瞭に表れた。計画がスタートした2007年が志願者のボトムで、定員360人に対して入学者267人、これが2011年には423人となり、3年間続いた定員割れ状態を脱却、負のスパイラルを回避し、消費収支差額比率もプラス9.7％に大幅改善、経営安定

化を軌道に乗せた。中期計画に基づくマネジメントの開始には、企業出身の現理事長の優れた経営手腕、国立大学で中期計画づくりを主導した現学長のリーダーシップ、そして事務局幹部の企画力が大きい。

　第1次計画では、教育改革も大きく前進した。何でも積極的にチャレンジする「やらまいか教育」、理論ではなく体験で学ぶアクティブラーニング「モノから入る教育」、カリキュラムの全面改定、習熟度別授業、ポートフォリオなども導入した。

　第2次計画は、いよいよその教育の内実をつくること、個々人の授業改革、教育内容と手法の抜本的充実が問われる。雇用情勢の悪化の中で、これまで100％近くを保持してきた就職率が80％台へ急激に悪化した。就職に強い大学の評価の低落となれば生命線を断たれるに等しく、改革の成果を消し去るほど重いと認識、社会人基礎力養成教育の徹底強化、優れた学生をさらに伸ばすアドバンスト教育を進める。一部教員の異論や非協力的態度には学長自ら厳しい批判を行い、入学した学生を必ず成長させる教育の実現に決意を持って臨んでいる。

　改革行動に教職員を巻き込む上では、中期計画テーマへの主体的な挑戦を励ます人事評価制度の存在も大きい。チャレンジシートへの職務目標の記載から始まる職員評価の5つの着眼点の第一は挑戦（職務内容の飛躍、目立った進歩）であり、管理者集団は、中期計画推進上の問題点、成功・失敗事例を徹底議論する「問題・課題解決のための意見交換会」を開催する。教員評価の柱にも、教育・学生指導、研究、大学運営、社会貢献と並んで「大学の重点施策に関する項目」を掲げ、中期計画に特に教育の面から何が貢献できるかを問いかけ、評価している。

　優れた中期計画を掲げ、多くの教職員による計画の具体化と評価の真摯な取り組みによって、改革を着実に推し進め成果を上げている貴重な実践事例である。

● 急速な学部新設で大学力強化：東海学園大学
　新設大学づくりの志と危機意識をバネに急成長

大学設立の基礎となる東海高校は、愛知県の私立進学校として全国トップクラスの医学部進学実績を持ち、元首相海部俊樹氏をはじめ多くの著名人を輩出してきた。東海学園大学はこの名門校の延長線ではなく、当時の経営陣が女子教育に強い意欲を持ち、東海女子高校（現東海学園高校）、続けて短期大学を設置、大学はその流れでつくられた。

　1995年、経営学部単科で発足したが、2000年以降急速に学部新増設を続け、10年足らずで一気に5学部、ニーズの高い分野で総合的な学部構成を持つ大学に急成長した。2000年に人文学部、2004年に人間健康学部、2011年に健康栄養学部に改組、2012年には教育学部とスポーツ健康科学部を同時に立ち上げた。2004年に募集停止された短期大学とは約10年間併存し、この間、徐々に短大の学科を4大・学部に改組してきた。「5学部構想が当初からあった訳ではなく、必要に迫られて短大を改組してきただけ」と語るが、それにしてもこの連続的な改組新設の司令塔はどこか？企画・推進の実行部隊はどこなのか？さらに話を伺った。

　歴史は浅く、規模も小規模、二極化の狭間にあるという自覚は当初からあった。創立から1～2年は東海学園ブランドもありかなりの学生を集めたが、その後急激に志願者が減少、これが伝統の無い新設大学の危機意識の共有となり、2000年からの連続学部増の背景となる。学長の下に総合企画会議（現在は大学運営会議）が置かれ、戦略策定機能を持って将来構想の立案に当たると共に、法人と教学の連携、学部間・キャンパス間の調整の役割も果たした。教学役職者と事務局長、次長、部長など職員で構成され、総合企画室（以前は学長事務室）がその実務を担い、実効性のあるプランづくりとその遂行で改革推進に大きな役割を果たした。その中心に職員幹部がいる。

　急速に学部増を行ってきた関係で大学組織が未整備として、学部代表が参加する最終意思決定機関として大学評議会を再整備し、学長補佐4人制（入試広報、教務、学生生活、就職支援）も導入、迅速な意思決定の推進と全学運営の強化を進めている。しかし、この組織整備もどちらかというと学部増の後で、組織があったから改革推進ができた訳でもない。

　将来構想はあり、学園の進むべき方向は示されている。しかし、これもミッション的色合いで抽象度が高く、事業計画、事業報告書はあるが、具体的な

方針を書き込んでいる部分は少ない。このあたりは今後の改善課題としているが、一方で、先行き不透明な中で、あまり細かい点まで文章で書くことは視野を狭くし、柔軟な対応をできにくくさせる欠点があるとも見ている。方針が無くても改革ができていれば良い、「体育会系の仕事のやり方で、瞬発力重視」を自認する。幹部が臨機応変に変化する現状に対処する、徹底した議論で最善と思われる道を選択する、この積み上げが今日をつくってきたという自負もある。

理事長は元佛教教育学園理事長も務めた浄土宗の重鎮で非常勤、学長も県外居住で日常的な大学管理が難しい。理事長代行を置き、大学は副学長が日常業務を責任を持って果たす。その下にいる幹部は我々がやらねば大学が動かないという自律心が強い。4人の常任理事を置き、それを支える事務局の4人のキーマン、事務局次長・三好事務部長、名古屋事務部長、総合企画室長、法人事務部長がいる。理事長代行の指揮の下、実行方針の下案はまずこの4人で練られ、学内理事会で議論し、大学運営会議で審議され直ちに実行に移される。4人は自律的に今何をやらねばならないかを考え、あまり細かい事前の調整はしない。ダイレクトに提案し率直な議論で決めていくやり方で、予定調和的ではない分、斬新な計画も生まれる。それをひとつの方向にまとめ上げる理事長代行の巧みな指導力も光っている。専任職員52人も、短大時代からの伝統で指示待ちの姿勢も業務の縦割りもなく、自ら発信する風土で風通しが良い。改革・新設は当たり前、やらねば後がないという雰囲気が浸透している。

それぞれが危機意識をバネに新設大学を確固とした基盤につくり上げるという前向きな姿勢、高い志を持って直面する課題に全力で立ち向かい、切り拓き、成果を上げてきた。この学園を動かし、急成長を遂げてきた原動力は、組織やシステムの前にこうした人の力があると言える。

● 就職力向上をキーに全学改革推進：駿河台大学
　就職率向上—志願者増—中退率改善の好循環を目指して

学校法人駿河台大学は、1918年、東京高等受験講習会を母体とし設立された大学予備校の草分けとして90余年の歴史を持つ駿河台学園がルーツ。大学を設置したのは1987年、法学部単科から学部増設を続け、特に2009年には「5000人キャンパス構想」に基づき、ニーズの多様化に対応したメディア情報、心理、現代文化の3学部を改組・新設、5学部体制に発展する。

しかし、18歳人口の漸減や景気低迷の影響を徐々に受け、志願者・入学者の減少が加速するとともに、経済的要因からか中退者が増加し、就職率も低下傾向を辿るなど負のスパイラル、悪循環に陥る傾向が出始めた。予定した収入を確保できない事態となり、初めて年度途中で予算の減額補正を行うとともに、期末手当の削減、経費削減などの手を打った。山崎善久理事長は、この事態をむしろ改革の好機ととらえ、経営戦略会議を立ち上げ、経営戦略室を設置するとともに大学の学務部にも企画課を置き改革推進体制を強化した。そして、改めて駿大全体のグランドデザインの策定に入るとともに本格的な教育改革に着手した。

特に重視したのは就職率の向上、これを学生募集の改善に繋げ、また学生の就職力を強化する教育改革の取組みの中で、中退率も改善することによって上昇スパイラルをつくり出す作戦だ。

この実行を担う川村正幸学長は、まず"駿大社会人基礎力"(1) 基礎的な力(2) 考える力(3) 行動に移す力(4) 協働する力(5) 総合的な力の5本柱を設定、その中身を16の力に具体化した。すなわち(1) ①読解力、②文章力、③情報収集力、(2) ④論理的・多面的思考力、⑤情報処理能力、⑥理解力、⑦創造的発想力、(3) ⑧主体性、⑨行動力・実行力、(4) ⑩常識力、⑪プレゼンテーション能力、⑫コミュニケーション能力、⑬協調性、(5) ⑭課題発見能力、⑮計画力、⑯問題解決能力である。そして「すべての授業科目をキャリア教育に」のスローガンを掲げカリキュラム改革を実施、全教員が自らの授業の中で、どのような"駿大社会人基礎力"を提供するか明示し、就職力向上を意識した教育を行うことで、学部教育全体で駿大社会人基礎力を育成し、全ての科目をキャリア教育としても機能させることを狙う。

さらにキャリアセンターを立ち上げ、それまで学部ごとに行われていたキャリア教育をセンターに統合、1年次から3年次までの積み上げ式のキャ

リア教育として体系化するとともに企業等への就職支援を一本化した。さらにキャリア教育専属の専任教員を配置し、事務体制もキャリア教育課と就職支援課の2課体制に強化した。

また、1年次から4年次までのゼミナールは20人以下とし、少人数・必修を生かし1年次から段階を追って、駿大社会人基礎力に示された16の力を順次育成する。これに、10年ほどの歴史を持つアウトキャンパス・スタディ、商店街の活性化に取り組む「まちづくり実践」や「駿大の森」での体験活動、インターンシップなどを組み合わせ、就職力のバックグラウンドとして、実践力を高める総合的教育システムづくりを進める。その効果検証システムとして全学教務委員会が授業アンケートを実施、その点検結果に基づき全教員から授業改善計画書の提出を求める。優れた取組みは授業改善計画事例集を発行し、また、必要な教員に改善を求めるシステムを充実、活用する。

事務体制も大幅に整備した。前述の企画部門の強化と併せ、それまで教員が担っていた教務部長、学生部長、就職部長等を職員から任命、組織的・効率的な運営を推進するとともに、教学各委員会に職員を正規メンバーで加える規定改定を行い、職員参加、教職員協働体制を抜本的に強化した。これも今回の全学教育改革の推進に大きな力を発揮すると思われる。

職員の人事考課は開学以来、年2回、期末手当支給査定として行われている。自己申告として業務面談表を策定、業務実績評価、次期業務目標の流れで、フィードバックに配慮することで職員の力量向上に結び付けている。

また、部長会を新設、理事長が直接統括し、事務幹部と率直な議論や情報交換を行うことで、法人・大学の実質運営を支える機関として、スピード感ある改革の推進に寄与している。

厳しい状況を改革のチャンスととらえ、鮮明な目標・就職力向上を掲げ、この一点に全ての力を集中することで、全学挙げた総合的な教学改革を推進する優れた取組みだと言える。

● 国際・情報の地元ニーズに徹底対応：新潟国際情報大学
　堅実な教学で安定的評価、問題にも正面から立ち向かう

新潟国際情報大学は、来年（2014年）創立20周年を迎える。情報文化学部単科、国際化、情報化の中で地域に役立つ即戦力の人材を育てる大学として地元では評価が高く、一度も定員割れの経験がない。設置経費は新潟県と新潟市で65億円、周辺自治体、経済界、個人の寄付合計90億円で創設され、現平山征夫学長も元新潟県知事だ。地元評価が高いのはこうした創設時からの支援も大きいが、少人数の実践型教育、語学教育や留学、情報教育にも定評がある。

　特に、2年後期のカリキュラムに組み込まれた派遣留学制度は学生を大きく成長させる。露中韓米へ5か月間留学し、留学先で単位が取れ4年間で卒業できるプログラムだ。語学力だけでなく、親元を離れ異文化の中での自立した生活で学生は見違えるようになって帰ってくる。留学生全員に奨学金、アメリカ30万円、その他の国20万円が支給される。英語教育にも力を入れており、外国籍の専任教員、インストラクター、留学支援ネイティブの教員を多数配置、「留学を奨励する語学教育重視体制」として評価機関からも高く評価されている。

　また、20年前から新潟地域で先進的なコンピューター教育に取り組む草分けで、現在でも県内において唯一、大学で情報教育を行っている。パソコン1人1台、学内のどこからでもアクセス可能な体制を早くから構築、優れた情報設備とネットワーク環境、教員と8人の情報センター職員で厚いサポート体制を敷いている。情報システムが実際に企業でどう使われているか、銀行や商工会議所などでの1週間の学外実習（情報技術の育成教育）は、地元企業の評判も良い。

　学業優秀者（20人程度）、課外活動優秀者には表彰と30万円、10万円の奨学金、資格取得奨励の奨学金（30人程度）には上級5万円、その他2万円を支給する。留学奨学金も含め学生支援経費を十分確保し、学生活性化に効果を上げていると評価される。JABEEの認定プログラムにより、技術士補の資格を毎年20人以上の学生が取得する。地元企業と密着したキャリア形成プログラムにより、就職実績もここ6年間、80％後半から90％前半を保持している。退学率も平均以下でキメ細かい教育の成果と言える。

　現在、定員1000人に対し、1.2倍を超える在学者がいるが、今年（2013年）

の志願者は入試制度等の大幅な変更がないにもかかわらず25％程度減少した。直ちに平山学長は「志願者急減を受けて皆様へのお願い」(2012年2月13日)を教職員各位宛に発表、「前期一般入試において志願者が急減、1994年開学以来順調に志願者を確保してきたが、今回は3割近くも下回るかつてない大幅減で非常事態と認識、悪条件はいろいろあるがそれでは説明できず、原因分析の上で的確な対策をとること、学部・学科の見直し、20周年記念事業、大学改革の取り組みを急ぐこと、そして開学以来初の緊急事態に一致団結してこの難局を乗り越える」ことを強く訴えた。

特に情報システム学科の減少幅が大きい。根本的には大学の教育理念、教育研究活動、学生支援活動が高校生や社会にマッチしているか、この徹底的な検証と改善が求められるとしている。大学教育の本質、魅力とは何かという原点に立ち返って志願者確保の施策を検討し、教育の質、学生指導レベルの向上を提起する。小手先の対策に終わらせない優れた方針だ。

学部・学科の見直しも2012年中には方向性を決めるべく素早く手を打つ。すでに昨年来、大学の将来計画は極めて重要として「新潟国際情報大学の当面の課題と中期戦略構想」策定方針を教授会に報告、検討組織を立ち上げ、具体化に着手していた。学部・学科等見直し検討委員会は、学科を学部昇格させる方向で2チームに分け、教育分野からコース設定、定員規模、カリキュラム等全面的な改革内容の検討に入っている。幸い財政は極めて健全だ。2学部体制で当面定員100名増を目指している。

国際、情報の地域ニーズに徹底して応え、着実な教学充実によって地域の安定した評価を勝ち得てきたことが、厳しい状況に直面しても本質改革の道を見失わず、改革の王道を歩む基盤を形づくっている。

● 3大学を統合、10学部へ発展：常葉大学
　全学一体の改革推進で、県下最大の総合大学創り

2013年4月、常葉学園大学、浜松大学、富士常葉大学は統合し、10学部1短大部を持つ県下最大規模の総合大学に生まれ変わった。これまでの3キャ

ンパスに加え、静岡駅に近い水落地区に静岡県内初の法学部、看護学科と理学療法学科を持つ健康科学部を新設、重複する学部を統合・再編し新たな陣容でスタートする。その構成は、静岡に教育、外国語、造形、法、健康科学、浜松に経営、健康プロデュース、保健医療、富士に経営、社会環境、保育である。常葉学園はもともと大学・短大に加え、3つの中学・高校、1小学校、2幼稚園、専門学校や病院を持つ県内有数の総合学園で、専任教員数600人、専任職員数約300人、学生・生徒等約1万人を数える。

　大学統合の構想は以前からあった。学園誌などで前理事長の将来構想として1大学3キャンパス化の方向性が提示されていた。ここにきて急にそれが現実味を帯び、実行に移された背景には、年々厳しさを増す入学動向の中、3大学が志願者を奪い合うのではなく、1大学として総合化することで受験生の選択肢を広げ志願者のすそ野を拡大すると共に、互いの強みを共有し魅力を倍増することで評価を高め、競争環境の中で盤石の基盤をつくり上げることにある。

　2010年、大学統合・再編計画委員会と水落整備計画検討委員会が理事長、学長を中心に立ち上げられ基本計画を策定、翌11年2月には大学統合・学部新設準備機関と同事務局が設置され、直ちに文科省への設置申請に着手、12年には認可を得るという大変なスピードである。大学統合と2学部設置はどちらも膨大な申請業務を伴うが、新生常葉大学として社会に打って出るには同時開設しかないという理事長の強い決断があった。

　統合の強みは、教育内容、教育システムとして具体化されなければならない。新生常葉大学の教育理念「知と徳を兼ね備えた豊かな人間性を持つ社会人の育成」を行う教育の中核に位置するのが全学共通科目、「人間力セミナー」である。これを現在の3大学の専任教員全員が担当、演習形式で1冊の本を手掛かりに読み、書き、コミュニケーションの基礎力を養成するもの。これまで専門教育しか担当してこなかった教員からは戸惑いの声もあったが、専門の枠を超えて教育目標の実現、学生基礎力養成教育に向き合うことで教員自身の教育力の向上と全学一体化を狙ったものである。

　入試・広報部門も3大学一本の入学センターに統合、これまでバラバラに行われていた入試を統一日程にすることで全学部併願が可能となり、受験生

も大きなメリットとなる。今年から統一してオープンキャンパスを開催、統合への期待から過去最高の 4000 名近くの高校生が訪れた。就職分野は全学キャリアセンターに統合、専門のキャリアカウンセラーも常駐し、求人情報の一本化などで、求人件数 1 万 3000 件、教員合格 170 人、公務員 527 人、就職率 82.6％の 2011 年実績のさらなる向上を目指す。

　こうした全学一体の改革推進を担うシステムとして、3 キャンパスに運営責任を負う副学長と事務責任者・事務局次長を配置、全体を学長が統括すると共に、学部教授会の上に全学の教学基本方針を審議・決定する部長会を置く。それら全体を常務理事会が束ねる仕組みだ。これを担う統一事務体制の構築を大学統合・学部新設事務局が推進しており、また申請・認可業務から全学改革の遂行に総合企画室が機関車の役割を果たしている。

　複数キャンパスでの教育や業務を統合的に発展させる上で、この法人独自の教員・職員評価制度も役割を果たしている。常葉学園に所属する全ての職員、大学教員、中高教員、事務職員、幼稚園教員までの統合的な「職員勤務評定実施要綱」が定められている。大学教員の評価基準は、A 教育実践、B 学術研究及び社会的活動、C 学務、D 勤務実績に分けられており、特に授業の評価やゼミ指導、就職指導や課外支援、研究では論文と共に学会発表や社会的活動なども重視し、教育力を付け全学的に良質な教育の提供を目指している。事務職員については評価に連動した研修システムも整備されており、職員の管理者への昇格もこうした評価を基にレポートや面接審査で力のある者を抜擢している。新任の教職員に対しては、学園内の研修センターにおいて宿泊型の初任者研修を行っている。

　静岡県内の主要都市に展開する教育機関をまとめ上げる全学一体の改革推進体制の整備・強化に取り組み、県下最大の魅力ある私立総合大学・学園創りに挑戦している。

2.7 大学の事例から学ぶべきもの

2.1　全授業公開、全教員任期制の先駆的制度

第5章　全授業公開、任期制の先駆的かつ厳しい評価、綿密な中期計画と改革実行力が改革推進を支える　103

　大同大学と福岡歯科大学は、ともに日本ではまだ数少ない先駆的なシステムを持っている。片や徹底した授業公開、授業研究であり、片や全教員の評価・任期制である。しかし、この制度は簡単にできた訳ではない。大同大学は1年をかけた徹底した議論を経てようやく決定にこぎつけ、福岡歯科大学では、提起から制度が実際に始動するまでに3年の歳月を要した。それでもなおこれらの厳しい制度を実行した背景には、トップや幹部の強い信念、ゆるぎない確信、そして現状と将来についての危機意識を持った先見性と厳しい自己評価、自己規律がある。

　大同大学は、学生実態をつぶさに分析する中で、目的意識の希薄化や劣等意識の進行、授業について来られない学生の急増を目の当たりにした。さまざまな教育改善も試みたが、どんなに立派な教育システムがあっても、最後は個々の教育実践、授業改革にかかっている。授業の中身を良くしないことには教育は絶対に変わらないというところに行きついた。しかし、この当たり前のことを実行に移すまでには議論百出、一つ一つを丁寧に乗り越えることが、授業は個人の持ち物ではないという意識改革の過程であった。そして、全教員の授業公開と授業研究を毎週実行するという強力な授業改善システムを作り上げる。授業研究会の運営もよく練られ、客観的データを整え、かつ評価の受け手への配慮も行き届いている。『授業批評』誌による改善内容の公開と共有のシステムも優れている。そして、その効果は、授業満足度の抜群の向上という結果に明瞭に表れている。

　福岡歯科大学は以前から中期計画を明確に掲げ改革に取り組んできた。時々にその達成度について評価、総括を行ってきたが個々人にまでの目標の浸透は十分ではなく、教育や研究、事務局業務の現場での改善には課題もあった。

　そこで、設置校すべての教職員を対象に評価基準は異なるが、単一の評価制度をつくり、特に中期計画で掲げた重点課題と連動する目標設定とその評価を行った。特に、教育を担う中核である教員には緊張感をもって不断の教育の質向上に取り組んでもらうため、評価をベースにした全教員任期制を導入した。任期制自体は制度として普及し始めているが、その対象は新採用教員からが多く、現在籍教員全員の任期制移行は不利益変更などを盾に実行は

かなり難しいのが現実だ。これを九州大学総長も務めた田中理事長の強い統率力と、幹部集団の現状への危機意識や不退転の決意、3年をかけた丁寧かつ粘り強い議論を経て合意に至った。身分にかかわることだけに、最後は全員から同意書にサインを取り付けてスタートした。

いずれも現状を厳しい目線で自己評価し、横並び意識では成し得ない先駆的なシステムの構築に挑戦、成果を上げた貴重な取り組みといえる。

2.2　緻密な中期計画か改革実行力か

静岡理工科大学と東海学園大学は、近年、学部の設置や連続する改革で評価の向上が注目される大学だが、その推進方法は対照的である。

静岡理工科大学の中期計画は精密かつ確固としたもので、その必要性、根拠も一目瞭然、説得力がある。また、その実行計画、組織への浸透、到達度評価システムも完成度が高い。教員には企業出身者が多く、システムで動くことに馴染んでいる工学系ということもある。トップも企業経営者出身で百戦錬磨の理事長、国立大学で法人化の際、中期計画づくりを主導した学長のリーダーシップも大きい。さらに、現状を直視し総合的な施策で改革を前進させ志願者増に結び付けたいという事務局幹部の強い思い、改革提案力の育成にこだわってきた職員力の高さもある。しかし、何より3年間、定員を大きく割り込んだことによる全構成員の強い危機意識の浸透が推進力になっている。

改革の実効性を保証するのは、単に立派な方針・計画があるだけでなく、PDCAが本気で実行されるかにかかっている。教員でも職員でも部局でも、だれが、どこが、いつまでに、何をやるか、ここをとことんはっきりさせ、多数を巻き込んで実行し到達度を評価する、これを愚直に繰り返すしかない。この繰り返しの中で改革の水準、構成員の力量も上がってくる。静岡理工科大学では、この実効性ある改革サイクルをつくり出すことで志願者を回復させ、財政再建を実現してきた。

一方、**東海学園大学**もわずか10年足らずで5学部をつくり、特に近年、ニーズに対応した学部づくりのスピードには目を見張るものがある。しかし、この大学には緩やかなミッション、ビジョンはあるものの中長期計画など細部

の計画があるわけではない。だが、もともと新設・新規参入で創立当初苦労したことから危機意識は浸透しており、動かなければ沈むと改革意欲も高く、直面する課題にも敏感だ。あらかじめ方針が定まっていない分、自ら提案しなければ道が開けず、事前調整なしの幹部同士の切磋琢磨、喧々諤々の議論で、その時点での最適と思われる路線を選択してきた。幹部が率先して動き、部下も口では文句を言いつつ積極的に行動をとることで、無理と思われる計画や期限を乗り越え、学部改組・新設を次々にやり遂げてきた改革実行力がある。「体育会系のノリ」というが、幹部のやる気を引き出すトップマネジメント、部下への信頼感や下からの提案を積極的に引き出し尊重し任せる姿勢、それについていく一般職員の風土、部下の動かし方の巧みさが光っている。

　方針と計画で動かしていくか、トップや幹部のリーダーシップや組織力で動かすか、改革推進の手法ややり方は異なって良いし、異なるのが当然とも言える。改革意識がないところでは方針なしには何も始まらないが、要は改革が進んでいるか、成果が出せているかどうかということだ。そして共通するのは、改革推進のバックボーンとなる構成員の危機意識の高さ、あらかじめ計画化されているかどうかはともかく、最終的には正しい改革方針の選択と決断、その共有と実行力にあることは確かだ。

2.3 就職力の強化に真剣に向き合う

　駿河台大学も新潟国際情報大学も、就職をキーに改革を進め、大学の社会的評価をつくり出している。**駿河台大学**は志願者減、中退率上昇、就職率下降の負のスパイラルを断ち切る環として、就職率向上を最大の目標、キーワードとし、この明快なテーマを実現するための教育改革、特に社会人基礎力の育成を旗印に全授業科目の改革に取り組む。この一点に焦点を絞り込むことで、全教員が自らの授業ではどのような社会人基礎力を養成するのかを考え、明確にすることで授業の質を変え、学生に実際の力を付けさせる授業内容への転換を図っている。キャリア教育は、特殊な一部の科目ではなく、本来、大学全体の力で実現すべきものであり、大学教育の目標そのものであることをこの改革は示している。

　新潟国際情報大学は地方にありながら1度も定員割れを経験していない。

もともと地域密着型大学で、定員割れしない最大の強みは就職力にあることを身をもって自覚している。その力の根源は、他大学にはない実践力を付ける教育プログラムにある。5か月に及ぶ派遣留学による語学力向上、1週間に及ぶ実際の企業のコンピューター現場を体験させる実践的な情報技術力の習得である。そして、昨年の志願者減少対策で最も重視したのも、教育内容が社会的要請にマッチしているか、この徹底的な検証であった。地方にあって、地域密着型で力をつける大学としては松本大学や静岡産業大学が有名だが、いずれも地元企業の寄付講座やアウトキャンパス・スタディ、教育サポーター制度などで地域に合った就業力の育成を最重視する。

　大学改革のテーマは確かにいろいろある。しかし、大学入学の最大の目的が、また保護者の願いが、1人前の社会人としてきちんと就職することにある以上、これに真剣に向き合うことが大学の使命であり評価の根源にあることは疑う余地がない。両大学はその基本を堅持し、それを起点に大学づくりを進めている。

　最後に**常葉学園**の3大学統合、これも大事業である。しかし、さらに大きくかつ困難な事業は、統合後の教育の一体化、事務組織の統合、組織の連携・協力関係の確立である。所在地も離れ、独自の発展を遂げてきた3大学は、それぞれに強い特色、個性を持っている。それを生かし、伸ばすことが統合・常葉大学の新たな強みになる。この一体化と個性化のバランスをいかにつくるか、そのためには、どのような組織運営や教育システムが適合するか、これからも模索は続くと思われる。同一法人で3大学を設置する常翔学園は、それぞれの大学の自由で独創的な方針、計画を尊重するとともに、法人全体では就職指標など極めて単純かつごまかしのきかない目標設定で厳しく評価、統括する。活発な議論を組織するとともに、意思決定は規模に比べて極めてシンプルかつ少人数で行うシステムをつくっている。規模の大きな組織の統合運営には独特の困難さと工夫が必要である。

　　　初出：「事例に学ぶ、大学マネジメントの優れた取り組み」『私学経営』連載5、2013年11月号

『教育学術新聞』掲載一覧
- 「徹底した授業公開と授業研究で質向上・大同大学―実効性ある改革をつくる厳しい提起と徹底した議論」（平成25年1月9日）
- 「中期構想、任期制、評価で活性化・福岡歯科大学―緊張感ある教育・研究・業務で目標実現へ前進」（平成25年2月13日）
- 「優れた中期計画で確実な成果・静岡理工科大学―計画と評価の積み重ねで経営・教学改革を推進」（平成25年3月6日）
- 「急速な学部新設で大学力強化・東海学園大学―新設大学づくりの志と危機意識をバネに急成長」（平成24年11月28日）
- 「就職力向上をキーに全学改革推進・駿河台大学―就職率向上・志願者増・中退率改善の好循環を目指して」（平成24年12月19日）
- 「国際・情報の地元ニーズに徹底対応・新潟国際情報大学―堅実な教学で安定的評価、問題にも正面から立ち向かう」（平成25年1月16日）
- 「3大学を統合、10学部へ発展・常葉大学―全学一体の改革推進で、県下最大の総合大学創り」（平成25年2月20日）

＊各大学の記載内容は、全て掲載時点のものである。

第6章

ピアサポート、一貫した学生本位の教育や学部再編、その推進のためのプロジェクトが本物を作る

40. 『北陸一の教育大学』目指して：**金沢星稜大学**──学生による学生支援を軸に自立的な力を育成する
41. 「エンロールメントマネジメントの組織、実践で前進：**東京家政大学**──学生の自立、生きる力作り、人生に真摯に向き合う
42. ＰＪ（プロジェクト）、ＷＧ（ワーキンググループ）を軸に全学改革推進：**北海道医療大学**──教職一体、自律運営、現場からの提案で
43. 「アクションプラン60」軸に着実な改革：**福井工業大学**──徹底した少人数教育で北陸トップの就職率を維持
44. 伝統の革新と継承の同時遂行で前進：**日本体育大学**──危機意識、明快な理事長方針、強いリーダーシップで改革推進
45. 5学部を統合、1学群で特色化：**札幌大学**──徹底した議論、説得力ある提案で全学合意し推進
46. 教育工学を駆使した先進的教育：**北海道情報大学**──自律的ＦＤ推進モデル、ｅラーニング活用で教育充実

7大学の事例から学ぶべきもの
　　改革の中心軸に徹底してこだわる／プロジェクトを活用し下からの改革を仕掛ける／伝統と革新、歴史的に作り上げた強みとその打破

1.7 大学の改革事例

こだわりを持った改革が最終的には強みに転化する。金沢星稜大学の徹底したピアサポートも、東京家政大学の組織的なエンロールメントマネジメント（以下「EM」）も、それに愚直に徹することで強い特色となり、結果として志願者の大幅増を実現した。このこだわりに注目していただきたい。北海道医療大学の20のプロジェクト（以下「PJ」）やワーキンググループ（以下「WG」）、福井工業大学の30を超えるPJは、下からの改革を支える重要な仕掛けである。教職員を如何に巻き込み、その知恵や力を結集できるか、改革の成否はここにかかっているといっても過言ではない。日本体育大学、札幌大学、北海道情報大学は、それぞれ個性的かつ大胆な改革を進める。これらに共通する点の一つに伝統の強みを生かすと共に、その伝統を如何に打破し新機軸を打ち出すか、この伝統と革新のバランス、先駆的改革の中身とそれ故の実行の困難さに着目してお読みいただきたい。

> ●「北陸一の教育大学」目指して：金沢星稜大学
>   学生による学生支援を軸に自立的な力を育成する

いま、金沢星稜大学の改革の成果は端的に志願者増に現れている。2004年ボトムが556人、2007年人間科学部を設置した頃から839人と上向き始め、2009年から1,000人を突破、2012年は1,690人となった。10年前と比べると志願者2.4倍、入学者1.5倍、オープンキャンパス参加者は141人から1,169人と8.3倍にもなった。

ではなぜこうした急成長を遂げ、小規模の地方文系大学が全国的に評価されるのか？それは教学システムの構築と出口への傾注を重点とする3本柱、①基礎ゼミナールとビジネス基礎演習のダブルゼミ、②徹底した自主活動支援の星稜ジャンププロジェクト、③CDP（キャリア・ディベロップメント・プログラム）を軸とした就職力育成だと自己評価する。この中には、「学生による

学生支援」を軸とする星稜独自の巧みな学生成長の仕掛けが含まれている。

　第1は、日本でもまだ少ないダブルゼミ。週2回、同一クラスメンバーで二つのゼミを必修で学ぶ。一つは徹底した基礎学力の養成、もう一つはビジネス能力検定3級を全員合格させる。これまで成功体験の少なかった学生たちに、やればできるという自信を付けると共に、就職準備力量向上、居場所作り、仲間作りに大きな効果を表した。

　第2は、「星稜ジャンププロジェクト」と銘打つピアサポート。プロジェクトはオープンキャンパスの企画・運営、大学広報活動、就職支援活動等。他大学と異なるのは年8〜9回のオープンキャンパスの方針・計画の立案、実行、評価のPDCAを意図的に体験させ、また、新入生向け『キャンパスガイド』の編集や就職が決まった4年生に3年生がインタビューし冊子にまとめるなど、全てを学生に任せ自立的力をつけようとしている点。その他にも大学活性化、学生支援、国際交流、地域活性化等のテーマで企画をプレゼンし、採択されれば活動費は大学から出る「ジャンプチャレンジ企画」。4月、学生と教職員で1年間の目標を設定、年度末には達成の振り返りを行う「ジャンプアクション」。学生の自主活動や学習行動に必要な知識・能力を高め核となる学生を育成する講座「ジャンプワークショップ」など学生の自立成長のための多様な企画を準備する。事務室が学生ホールになったと言われるように、学生が大学に滞留する仕掛けづくりを徹底する。

　第3は、総合的で多彩な就職支援。進路支援センターが中心となり、就職ガイダンスは3年次後期からはほぼ毎週開催、200社以上の学内合同企業説明会、全学生との個別面談、3年次には就職合宿も行う。1〜3年次生対象の合宿クルーズで北海道、上海に航海し船上研修する「ほしたび」。独自の就職支援サイト「ほしなび」。内定学生が下級生を支援する指導アドバイザー制度、3年生編集の内定学生活動集発刊など、ここでもピアサポートが威力を発揮する。

　さらに、エクステンションセンターでは格安の授業料で多くの資格講座を開催、CDPとして公務員、税理士、小学校教諭等の難関試験の合格をサポートする。就活オリジナルネクタイ・リボン、履歴書用写真撮影会、メーキャップ講座など星稜オリジナルの就活ノウハウの詰まった支援ツールを編み出し

てきた。この結果、就職率は全国平均を15％〜20％上回る99.2％。卒業生比でも81.5％（2011年）、上場・店頭公開企業内定率を6年で0.9％から39％へ急上昇させた。

2004年から改革を主導したのは、同年から学部長に就任した坂野現学長、同じく事務局長に就任した寺井元常務理事、そして危機意識を共有し未経験な「自己流改革」に挑戦し続けてきた教職員の力がある。かつては、授業終了前にカウンターを閉め終業するなど古い体質の事務局から、いかにして教育改革を先導する事務局に生まれ変わったか。そのきっかけは、職員による学生向け日刊ミニ情報誌「星稜TODAY」の発刊にある。「駄目だ駄目だと言っていないで何か日本一になることをやろうではないか」と繰り返し訴える中で始まったこの取り組みが職員を変え、学内情報に強くなり、文章力が向上、学生そして教育への関心と関与が深まり、提案力を強めていった。そのあたりのいきさつは『私学経営』(2012年10月号)に詳しいが、前述の企画の多くは職員、課長などからの提案や実践をベースに始まっている。

面倒見を良くするだけでは自立心が損なわれ、指示待ちになる。基礎教育、自主的に動く機会、学生同士の支援を巧みに組み合わせ、真の自立的な力を育成、就職に結実させ評価を高めることで「北陸一の教育大学」創りを進めている。

● エンロールメントマネジメントの組織・実践で前進：東京家政大学
学生の自立、生きる力作り、人生に真摯に向き合う

東京家政大学の志願者は、過去6年間伸び続けている。2007年度8,747人だったものが2010年度に1万人を突破、2012年度は1万1,373人に達する。ここ10年で最高、今後、さらに増加の勢いである。人文学部は6年前の3倍となり、今や女子大トップグループに入る。

何故こうした評価の向上が実現したか。2008年、それまで狭山にあった文学部を家政学部がある板橋キャンパスに統合、アクセスが大幅に改善した。合わせて文学部を人文学部に改組、学科も環境教育学科、英語コミュニケー

ション学科、児童教育学科、心理カウンセリング学科、教育福祉学科など相次いで改組・新設した。また本格的な共通教育の実施を目指し、木元幸一学長を中心に「人間教育科目（A群）」を立ち上げ、暮らしや人間、自立などをテーマに、学生自らが学習し発表しディスカッションし、答えを見つけ出す力を付ける。さらに、第2次教育体制整備として狭山キャンパスに看護学部、子ども臨床教育学部の2014年度開設を目指す。これらが評価向上に大きく作用していることは間違いない。

　しかし、その根底にある真の強みは、EM（エンロールメントマネジメント）の原理を実際の大学組織、業務として本格的に導入し、入口から出口までの一貫した学生育成支援を行う10年余にわたる先駆的な取り組みがある。EMの重要性が叫ばれて久しい。三つのポリシーは作ったが実際には入試部局・教務部局・就職部局の横の連携が弱く、ひとりの学生を一貫して育成する仕組みになっていない点は、2012年の中教審答申「新たな未来を築くための大学教育の質的転換に向けて」でも指摘された通りである。進路支援センターは、その弱点を乗り越えるため2001年に入試部局と就職部局を組織統合し、入口から出口さらに卒業後まで文字通り学生の生涯を一貫して支援することを目指している。

　入試・広報6名、就職10名の専任を含む31名の進路アドバイザーを置き、5,000名規模の大学としては手厚い体制だ。東京家政大学の学生支援（EM）は高3の入学前教育から始まる。フレッシュマンセミナー、初年次教育を経て、正課外科目として社会人基礎力養成講座、社会観・就業観・就業スタンス形成講座、就職セミナー、そして卒業後の職場定着支援、卒業生の学び直し支援と終わるところがない。高校時代から面倒を見た学生を職業人としての自立意識を育みながら学び成長させ、就職に繋げさらに卒業後の人生の充実を支援する。

　就職率は、大学91.4％、短大97.7％、国家試験合格率も管理栄養士99.2％、社会福祉士65.2％、精神保健福祉士84.6％の成果を上げる。しかし目指すところは就職率ではない。豊かな人生を歩めるか、就職支援でなく生き方サポート、人生を支えるという熱い思い、この学生への深い愛情が本物の支援を作り出す。

大学案内パンフ『大学で何を学び卒業後どう生きるか』、入試ガイド『合格応援ブック』は合計 700 頁もある異色なもの、500 人を超える卒業生、在校生が登場する。卒業生の働く姿とやりがい、先輩からの受験アドバイス、合格体験が全て写真入りで掲載される。本物の体験、真実の声こそが広報の要であり、また大学との結びつきの強さの証でもある。

改革の始まりは、この中心を担ってきた岩井氏（現常務理事）が入試課に赴任した 22 年前に遡る。志願者急増期にも拘わらず横ばい状態で偏差値は下がり、同ランクだった大学に大きく水をあけられた。このままでは早晩危機的事態になると、アンケートや高校訪問で徹底的に情報を集め問題点を分析、事あるごとに理事会や教授会、理事長、学長や幹部に訴え続けた。その中で出会ったのが上述の本『米国大学の経営戦略』であり、EM の理論であった。そしてこれを学内で苦労を重ね具体化していく。岩井氏を軸とした職員集団の努力と清水現理事長をはじめとする大学幹部の先を見る眼が優れていた。

家政という言葉は古いイメージだが、逆に個性的教育を徹底することで家政大ブランドを揺るぎないものとした。改革はボトムアップ重視で、意見を聞き、時間をかけて合意を取るやり方だ。実行するのは現場、そのためには徹底した議論が不可欠でその過程が納得と団結を作り出す。しかしその進む方向は揺るぎなく、頑なに愚直に学生に向き合い続ける。132 年の歴史と建学の理念、それを今に蘇らせた教職員の真摯な姿勢が作りだした優れた到達点である。

● PJ（プロジェクト）、WG（ワーキンググループ）を軸に全学改革推進：北海道医療大学
教職一体、自律運営、現場からの提案で目標へ前進

北海道医療大学の全学改革を推し進める要は、「2020 行動計画」である。文字通り 2020 年までに実現すべき学園経営のグランドデザインを提示している。その柱は四つのキーワード、①医療系ブランド人材育成、②キャンパス再構築、③経営基盤の強化、④活動分野のグローバル化に示される。そして、その下に推進のためのプロジェクト（以下「PJ」）とワーキンググループ（以

下「WG」)を置き、教職で構成された20近いチームが、目標実現に向けて自律的に動いている。

例えば、教育力向上PJのもとには国試対策WGが合格率向上策を練り、教育力向上WGでは全学教育の推進やFD活動の実質化を進め、就職・キャリア支援等WGは就職支援策の強化や地域社会貢献策を練るという具合だ。学部再編・新分野設置等推進PJは、2013年4月新たに開設したリハビリテーション科学部の設置計画の推進をはじめ、学部の改組・再編計画を検討する。

経営管理PJでは、給与制度の見直し、人件費縮減策の検討、部局別ポイント制人事管理を推進する。数年前、一部の学部の志願者減少という事態を受け緊急アクションとして作られた学生確保PJは、入学金全額、学納金の半額を免除する「夢つなぎ入試」の実施をはじめ入試制度やオープンキャンパスの充実等を提案、新学部の開設とも相まって、今年の志願者は前年の1.5倍を実現した。

このPJ、WGの取組みが優れているのは、各テーマについて改善策を提言するだけでなく、基本方針に盛られた内容であれば、学内諸機関に報告の必要はあるが、PJで直接決定しすぐ実行に移せる権限と責任を持っている点である。

PJは、2020行動計画全体の実現に責任を持つ常任理事会の下に置かれている。教員職員約半数ずつで構成され、責任者は副学長や学部長、学科長、センター長など教員が務めるが、主管事務局や関連する事務職員幹部が現場からダイレクトに問題や改善策を提案し、PJを動かすことができ得る仕組みとなっている。教授会など行政的な組織を中心に改革を進めるのではなく、課題ごとに現実問題に精通している教職員に改革の主導権を持たせ、事務職員の企画提案力を生かすことで現実に即した実効性ある改革推進体制を構築し、この大学の発展を作り出してきた。

この進捗状況管理も徹底している。PJ、WGの自律的活動を重視する一方、PJの一つひとつの方針の柱ごとに、検討・実施状況が半年単位で一覧表にまとめられ、常任理事会に報告されるとともに学内に公開される。多くの教職員の主体的取組みを尊重し励ましつつも、厳しく進行をチェックすることでPDCAサイクルを機能させ、最終的に理事会に集約することで経営・教

学に及ぶ2020行動計画の課題の全体推進を図っている。

　しかし、こうした活動は一朝一夕にできた訳ではない。1990年から始まった21委員会(21世紀を目指す大学構想検討)による「魅力ある大学創りのための230の提言」に始まり、それが1999年からの2008行動計画となり、2004年からは新たな課題を盛り込んだ新5カ年行動計画に発展し今日に繋がっている。PJを軸とした改革行動は、こうした20年に及ぶ改革推進の中で試され、実績を積み上げ、全学改革の主導機関として成長し定着してきた。羅列型ではない明確な改革行動計画を提示し、綿密な実施行動表を組み、責任体制を明確にして到達状況を半期ごとに検証する優れたマネジメントシステムである。

　中核となる学内理事は、教員からの理事3名、事務職員出身理事2名で、理事会が責任を持って提示した目標・計画の実現を直轄して進めることができ、かつ教職一体、多くの構成員を改革に巻き込み、現場の力を引き出すことができる運営である。

　PJ活動は、新学部の設置だけでなく、道内私大一の10を超えるGP獲得、国試対策強化による合格率アップ、大学教育開発センターの設置や合宿型ワークショップFDはいずれも道内私大では初、社会貢献分野の取り組みは、日経グローカルで医歯系全国一位を獲得するなど多くの成果を生み出してきた。経営改革分野でも、部局別ポイント制人件費管理システムの導入や人件費削減、財政の安定化に強力に機能している。事務職員は10年前から、目標管理型の評価制度を導入している。教員は5年前から教育、研究、社会貢献など、各分野の水準の向上を目的とした「教員評価」を行っており、改革行動を全教職員に広めようとしている。教職一体、多数を結集した自律運営は、現場からの提案に依拠し掲げた目標の実現に迫る着目すべき改革推進システムと言える。

● 「アクションプラン60」軸に着実な改革：福井工業大学
　徹底した少人数教育で北陸トップの就職率を維持

学校法人金井学園・福井工業大学は「アクションプラン 60」の 4 年目の仕上げの時期を迎え、建築生活環境学科の新設、教育の本格的な充実、高い就職率の維持・向上、財政安定化を軸とした厳しい経営改革に挑んでいる。「アクションプラン 60」（中期経営計画）は、選ばれる学校を目指す教育力の向上、中高大の連携、社会貢献活動や産学共同研究の推進、教職員の人材養成等 8 つの重点項目を柱に据える。金井理事長の強いリーダーシップの下、経営企画部が調査・企画・原案作成し、理事会で決定して全学提示するトップダウン型だ。しかし、その具体化は各設置校に基本的に任される。大学の場合は、学長が「経営目標の達成のための大学改革―平成 24 年度の計画」などとして、教学充実と経営目標の具体化を提示する。

この進捗状況は常任理事会に報告され、成果の評価・承認、指摘事項があれば次年度計画へ反映される PDCA サイクルを実行している。「アクションプラン 60」中間報告書に記載された内容は、テーマ、項目、担当部署別に極めて具体的で、項目ごとに、現状・問題点・改善事項・収集資料を記載する形式で、方針一つひとつを曖昧にせず、確実に実行に結び付ける仕組みとなっている。

具体的な改善行動を作り出す上では、職員の多数を結集する横断的な学園プロジェクトも大きな役割を果たす。4 年間で延べ 33 のプロジェクトが活動、チームで調査、議論、提案、有効なものを実践に移す活動を通して政策の浸透、参加意識が大きく高まった。

学長が提起する大学の中期目標・計画では、アクションプランに対応し 8 つの柱を掲げる。特に「全てを学生のために―選ばれる大学づくり」の実現に向け、初年次教育の充実、授業改善、成績上位クラスの教育充実、学習到達度の把握、FD 活動の日常化等を掲げる。

特に、キメ細かい教育による学生育成を重視、前述の特色ある教育を必修で行う。1 年次は大学生としての心構え、3 年次は社会に出る心構えを育成する。授業内容報告書の提出を全担当教員に求め、優れた取り組みを冊子として発行し共有することで教育力向上の役割を果たす。2 年次必修科目の創成科学は数名の学生を全教員が担当する。英語、数学、物理などは習熟度別クラス編成で、またグローカル教育と称し、話す力と併せ、地元企業が求め

る長期出張、海外赴任に耐えられる逞しい人材の育成を行う。

97.3％、私立理工系大学で北陸2位、全国5位の就職率(2012年3月)は、こうした学生一人ひとりに家庭教師のように密着し力をつけさせる教育の成果でもあるが、キャリアセンターの行う支援の内容・質も就職の成否につながっている。面接練習、履歴書添削、徹底したカウンセリング、キャリアセンターに足を運ぶことを習慣化させ、担当教員とセンター職員が情報共有し最後まで学生を支援し続ける。このような取り組みと、地域社会が求める現場で前向きに働ける元気のよい技術者というニーズと養成人材がマッチし、入学者は着実に上昇、全学科定員確保も射程に入った。

収入増が見込めない中でも財政の安定化を実現すべく、経営・財政の思い切った改革にも着手している。①経費削減目標3億円を掲げ、教育の質を上げるためにも開講コマ数の大幅削減、②これまで10人以下のクラスサイズが3～4割を占めていたものを10人程度に平準化、③人件費削減のため設置基準よりかなり多かった教員人員を思い切って減員、④諸手当削減、⑤センターや委員会の整理統合や事務局への移管などの経営改革を進めている。

アクションプラン60や中期目標・計画の旗印を年度ごとにしっかり掲げ、多くの教職員を実践に巻き込み、学生をしっかりした社会人として送り出すことで、厳しい地方の競争環境の中で着実な前進を実現している。

● 伝統の革新と継承の同時遂行で前進：日本体育大学
危機意識、明快な理事長方針、強いリーダーシップで改革推進

日本体育大学は、2013年箱根駅伝で30年ぶりに総合優勝を果たした。伝統の応援歌、勝利の雄叫び「エッサッサ」が箱根の山に響き渡った。この応援歌が完成したのは大学設立より古い大正15年(1926年)。明治に始まり120年続く体育教育の草分けの象徴のひとつである。日体大は今、この伝統の保持・継承と伝統からの脱却、革新と飛躍、この両面を兼ね備えた新たな発展の路線へと歩み出した。

松浪理事長が提唱し、理事会・法人は今村常務理事を中心に、各設置校長・

大学は谷釜了正学長を中心に推し進めるのが、①ワンファミリー化、②国際化、③選手強化の三本柱の理事会基本方針だ。箱根駅伝総合優勝はこの選手強化政策の成果でもある。また、平成25年度の志願者は新設学部を除いても4,800人、前年比20％増、オリンピック招致運動の影響もあるというが、改革路線は明確に結果を出している。

　伝統を変えていく。それは創立以来頑なに守ってきた体育学部1学部の単科大学を転換、短期大学を募集停止するとともに、平成25年4月、児童スポーツ教育学部を新設したことに現れる。乳幼児から小学校卒業までの児童を対象に、発達段階に応じたスポーツ指導者の育成を目指す。さらに保健医療学部設置の検討準備を行っている。体育学部が核であることは疑う余地はないが、その教育の幅を広げ、周辺にある多様なニーズに対応できなければ、歴史的に創り上げた日本の体育教育の拠点を維持することはあり得ない、という強い危機意識がある。

　その背景には、早稲田、明治、法政、立命館など名だたる大学の急速なスポーツ系学部の新設がある。これが、日本で最も長い歴史と伝統を持つ日体大の学生確保にも看過できない影響を与え、基盤を揺るがし、今や全国型から首都圏の大学へ変容しつつあると自己分析する。全国から優秀な学生を確保することは強い日体大の生命線であり、改革元年を掲げ、学部新増設による新生日体大、新たな日体大ブランドの構築を目指す。

　法人名称も創立以来の伝統ある学校法人日本体育会から日本体育大学に変えた。この2年の改革で創り上げてきた日体大ブランドを発展させ、そこで勝負したいという後戻りできない強い決意の表れである。

　ワンファミリー化も、これまでの伝統的な運営システムの変革を進める試みだ。同一法人内には、4つの高校、2つの中学など10の学校を持ち、それぞれが独立採算で、特色を持って自律的に発展してきた。その良さを生かし、設置校の特色を尊重しつつ、法人としての統一性の本格的強化を目指す。日体ファミリーの社会的存在感を高めることが強みをさらに発展させ、日体ブランドを強化することに繋がる。その推進のため設置校支援課を新設、施設の共同利用、購買物の一括・共同購入、シンボルマークの統合、法人誌『日体ファミリー』の発刊、推薦制度の拡充、各種交流の活発化など一から取り

組む。

　伝統は強い特色を育むとともに、設置校の独立運営や教員数 160 人を超す大きな体育学部教授会などは改革の足かせにもなり得る。伝統の革新には多数の設置校や教職員、同窓生をまとめる強いリーダーシップ、説得力が必要だ。松浪理事長は、2013 年 1 月 1 日付の『日体広報』巻頭言で、「本気で当法人の発展に取り組む。伝統を継承しつつ、新鮮な学園創りを行う。このままでは日体大は失速する。危機感を持って生き残り戦争に勝利する。特筆すべき戦略には企画力が勝負。新生日体の意識を共有し、改革元年の精神で日体ブランドを構築しなければならない」と訴える。

　法人としての明確な方針を示し、大学が掲げる改革構想、設置校が掲げる将来構想などを法人の戦略に沿って支援・推進するとともに、さらにマスコミへのタイムリーな発信にもトップが意識的に動き評価向上に結び付ける。改革の推進には、理事長のいう企画力・提案力が不可欠だ。教職員研修や意識改革、FD・SD に力を入れ、全学提案制度や全教員に授業評価の改善報告の義務付けを行う。

　強い伝統を持つところほど、その見直し、改革には特別な努力がいる。日体大は今、伝統の継承と伝統からの転換、革新を同時遂行することで、新たな躍進に向けて前進を開始している。

● 5 学部を統合、1 学群で特色化：札幌大学
　　徹底した議論、説得力ある提案で全学合意し推進

　5 学部を統合し 1 学群 13 専攻に再編した札幌大学の改革が注目を集めている。

　その狙いの第 1 は、学力や学ぶ意欲が必ずしも高くない学生に低学年からいきなり専門教育を教えることは無理があり、かえって修学意欲の減退から中退者、留年・休学者の増加につながっていた事態がある。リメディアル教育や基礎・基盤教育など全学的教育は、専門教育にこだわりが強い学部体制のもとではどうしても不十分となり、学生実態とのミスマッチが進んでいた。

高校生に特色を鮮明に打ち出し志願者増につなげようとしても、旧来型の学部名称の中では特色ある教育がかえって隠れてしまう。むしろ、大括りな学群の中で専攻を軸に打ち出した方が教育の中身がより鮮明に伝えられ、特色も打ち出せる。

学部細分化は必置科目の制約が大きく、特色の前にまず学部に最低限必要な基本科目を揃えなければならない。ところが、財政の制約もあり設置基準を上回る教員数を確保することは至難の技で、特色ある科目の配置は極めて困難であった。そうなると、平均的な学部が並ぶことになり、高校生から見て魅力ある学部創りはますます困難になる。

改革がスタートしたそもそもの要因が数年前からの定員割れにあり、とりわけ2011年度入試は「激震」と言われ、定員の30％を割り込む厳しいものであった。学部細分化は設置基準上の必要教員数を増大させる。1学群だとより少ない基準で済み、それ以外は自由な配置が可能で特色ある教員編成ができるようになる。

第2の大きな狙いは、教学マネジメントの改革である。5学部の教授会による運営は全学一致の決定が難しく、また学部の独自性の強化は、教育上の全学的連携や一体運営を弱める方向に働き、学生や高校生のニーズに対応した柔軟な教育の改編も困難にした。学群移行に併せ、意思決定の迅速化、学長の責任と権限を確立すべく、学群長、学系長を構成員とする少人数の学群会議を唯一の決定機関とする改革を行った。一方、評議機関として教育組織である専攻に対応する学類会議と研究組織である学系会議を置き、丁寧な意見集約を図りつつ決定は責任を持って行う仕組みに改めた。

専門委員会も廃止し、副学長、副学長補が全学に係る主要業務を分担すると共に、その下に専攻プロデューサーを置き、これまで専門委員会が果たしてきた学内行政全てに関する企画や業務遂行を担う新たな仕組みを作り上げた。これにより学長が学群会議を直轄し、学群長、学系長を掌握すると共に、全学教学運営も副学長、専攻プロデューサーのラインで動かすことでリーダーシップが強力に発揮できるシステムとした。

中長期計画がまだ普及していない1984年から第1次基本計画をスタート、政策に基づく改革の伝統で教学充実を進めてきた半面、それが学部の拡大路

線に繋がり、環境が激変してもなおこれを転換できずにいた。オーナーがおらず学内各層の意見を尊重する運営や、学部割拠がリーダー不在の調整型運営をもたらし、身を切る改革ができず定員割れの大きな原因となったという反省もこの改革の背景にある。

しかし、学部全廃の大改革は当然ながら教員の中に大きな抵抗や反対意見を生んだ。改革の推進組織である理事会の下に置かれた政策室は、経営診断結果、財政見通しなどの情報を徹底して周知するとともに、反対の学部からは対案の提出を認め、理事会案とその現実性や効果について基本計画委員会の場で徹底して議論、検証することで妥当性を明らかにしていった。また、基本方針は決めるが具体的な教育課程などの成案は教学の意向を尊重することで、学部長の協力もあり、最終的には学部の了解を得た。理事長、学長一体の強い決断、政策室の説得力のある原案やデータ提示、繰り返した粘り強い議論、そして現実の定員割れの危機意識の共有が大改革を決断させた。

今年（2013年）の入試で志願者が急増するには至っていない。学群の意義や専攻の特色をさらに浸透させる必要がある。何よりも整った改革推進の条件を生かして、教職員自身が教育の充実、学生の成長や満足度の向上で結果を出し評価向上に繋げていかなければならない。まだスタートラインとも言えるが、危機に直面する多くの地方私大改革の重要な選択肢になりうる要素を多く含んだ意欲的な挑戦である。

● 教育工学を駆使した先進的教育：北海道情報大学
自律的ＦＤ推進モデル、ｅラーニング活用で教育充実

北海道情報大学のICTによる自律的FD推進モデルは他に例を見ないシステムである。専門学校時代からのeラーニングの草分けで、得意とする教育工学の伝統が生きている。

図1のシステム概念図の通り、教育にPDCAサイクルを取り入れ、ファカルティポートフォリオに蓄積された情報を基にFDの到達状況を診断、アドバイスを自動表示し、継続的な教育改善を支援する。

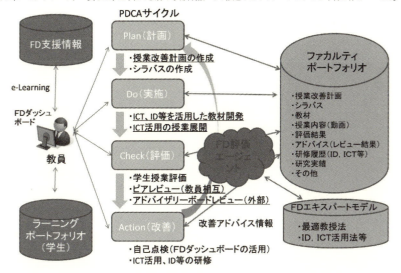

図1　北海道情報大学のＩＣＴによる自律的ＦＤ推進モデルの概念図

　まず授業計画、シラバスの作成に始まり（プラン）、ICT、ID（インストラクショナルデザイン）を活用した教材開発や授業展開、授業日誌の作成（ドゥ）、学生評価、ピアレビュー、アドバイザリーボードレビュー（チェック）を経て、FDダッシュボードでの自己点検、そして研修の受講（アクション）に至る。ファカルティポートフォリオには、授業改善計画、シラバス、教材、26教室同時自動録画による授業映像、学生授業評価結果、レビュー結果や過去のアドバイス、研修履歴など全ての情報が蓄積されている。このデータから、FDエキスパートモデル（あるべき姿）を指針に、実態とのギャップを分析、FD評価エージェントが各教員のFD成熟度を自動的に5段階で判定する。そして、次の授業改善に何を取り組むべきかアドバイスが提示され、これら全てがFDダッシュボードから閲覧できる。当面全員がレベル2到達を目標にするが、活用不十分な教員も2割ほどおりそのフォローも課題となっている。

　こうした取組みは、2008年のFD義務化から本格的に開始、FD委員会の下に10のWGが活動、多くの教員を改善行動に巻き込むと共に、全教員のピアレビュー（相互評価）を実施、2人1組で相互に授業を参観、良かった点、参考にしたい点、改善すべき点を記述、全教員が閲覧できる。また科目ごと

に学生の授業評価に対する所感、評価結果の原因分析、録画授業も参考に授業改善計画を作成しポータルサイトで公表する。FDには学生も委員として参加、2011年の学生満足度調査でも、授業に大変満足、満足の合計が72％と非常に高い。

　この満足度向上には、GPを獲得した学習者適応型eラーニングシステムも大きな力となっている。学生の理解度に応じた3コースの学習、トライ＆エラーを繰り返しながらの学び、システム開発の疑似体験など学習者の興味・関心に応じた学習システムが効果を発揮する。5年スパンの中期計画を掲げ、目標を達成するための計画、年度計画にブレイクダウン、教育の内容や方法、教育環境、学生支援などの総合改革に取り組み、これも満足度向上に結び付く。

　この背景には、この大学がeDCグループという株式会社エスシーシー、宇宙技術開発株式会社、北海道情報技術研究所、全国10か所に展開する情報教育の専門学校を擁する「産・学・研」の複合ネットワークの中にあり、通信衛星を使ってリアルタイムで質問・回答が可能な双方向型授業システムを全国に先駆けて始めたことがある。専門学校の学生は、同時に大学の通信課程に入学できるダブルスクール制も採用している。

　2013年度より医療情報学部を新設、宇宙情報、観光情報、健康情報、ケイタイアプリケーションなどの特色ある新コースも立ち上げ、3学部25コースであらゆる情報教育のニーズに応え、今や総定員をかなり上回る在籍学生を確保する。

　教育工学を駆使した先駆的な教育システムで、多彩で特色ある情報教育を展開、高い評価を作り出している。

2.7 大学の事例から学ぶべきもの

2.1　改革の中心軸に徹底してこだわる

　金沢青陵大学の改革は、基礎学力育成とビジネス検定に挑戦する週2回の「ダブルゼミ」、学生の多彩な自主活動、自律成長を支援する「星陵ジャンププロジェクト」、船上合宿就職研修「ほしたび」などユニークな就職支援に特徴づけられる。そして、これらが現実に学生の飛躍的な成長と満足度向上に

つながり、就職率を押し上げ、志願者を 2 倍 3 倍に増やす原動力となってきた。その根底にあるのはピアサポート、学生は自ら考え行動し、学生同士の教え合い学び合いの中でこそ力を付けていくという実践から掴んだ確信である。

　ピアサポートは、立命館大学をはじめ古くから行われてきた。しかし、例えば学生にオープンキャンパスの企画・立案、実施、その実績評価まで、事業全体の PDCA を、職員が付きながらではあるが任せているところは少ない。就職支援も、内定者のインタビューからその体験談の取りまとめまで全て学生がやり、また、就職が決まった上級生が下級生を徹底して指導する。学生をお客様にしない、自ら考え動き体験する、この徹底ぶりのレベルが違う。

　東京家政大学の EM も、それ自体は以前から強調され、多くの大学が EM を口にはする。しかし、実際に入試広報部局と就職部局を合体させている所は少ない。学生が高校生だった時から卒業後まで一貫して面倒を見る体制を組織的に作り上げている。4 年間を、さらに会社に入ってからも一人ひとりの学生の成長・支援を、一つのセクション、一人の責任者で一貫して行うことで学生満足度、就職率、そして卒業生の満足度まで飛躍的に向上させた。そして、その支援の精神の根底には「就職率を上げるためにやっているわけではない、学生が幸せな人生を歩んでもらうのが大学としての最終的な仕事であり任務だ」という強い信念がある。これこそが EM の本質であり、ここにこそ、この大学の本当の強さがある。

　改革の手法、教育の質向上の方策はいろいろある。しかし、その本質的意義に確信を持ち、揺らぐことなくどこまで徹底して取り組むことができるか、この 2 大学の経験は、そのことが最終的な成果につながる道であることを示している。

2.2　プロジェクトを活用し、下からの改革を仕掛ける

　北海道医療大学も福井工業大学も、ともに全学改革を推し進める指針として「2020 行動計画」「アクションプラン 60」など、独自の改革方針を持っている。しかも、それを具体化し推進するのは、既成の組織を使った単なるトップダウンや、縦割りの部局ごとに課題を割り振り遂行するやり方ではない点も共通する。

北海道医療大学では「2020 行動計画」に基づく 4 つのキーワードに沿って 20 の PJ や WG が走っている。**福井工業大学**も「アクションプラン 60」に従い、4 年間で 30 を超える PJ が動いている。しかも、改革の具体化や推進に当たって PJ に大きな役割を持たせている点が重要だ。ある意味、理事会や教授会をはじめとする既存の組織は、大きな方針は出すが、実際の改革実施計画の検討、策定やその推進については PJ に、かなり実質権限を与えている。

PJ の利点は、既存の縦割り組織と違って、改革の重点にダイレクトにシフトできることにある。テーマを掲げて PJ を作ること、それ自体が改革推進宣言でもある。そして PJ には、改革テーマに関連するあらゆる分野の人が集まる。いろんな情報が集約され、とりわけ現場実態が反映されることで、抽象的な方針が実現可能な施策に変わる。多くは教職対等で構成されることで、教員主導の既存組織とは異なる率直な議論、一体感と協力関係を作ることができる。方針がまとまれば個人提案とは違ったパワーを持ち、それが実施に移されれば大学を動かせる実感を持つことができ、確信と自信につながる。PJ でいろんな意見をぶつけ合い、自分の頭で分析し、提案することで、日常の仕事では得られない開発力を体験的に身に付けることができ、構成員の成長を促す仕掛けとしても機能する。

特に、北海道医療大学のように、改革推進には、PJ が長年の実績から学内機関の信任を得てその実行を任されるポジションを獲得すると、その成果は目に見えて大きくなる。つまり、名前は同じ PJ でも、単に改革案を取りまとめ上部組織に提案するだけでは力にならないということだ。この点では、PJ をどのように大学マネジメント全体の中に位置づけるかが問われている。こうした現場に立脚した仕組みを有効に使いこなすことで、多くの教職員を動かし、下からの実効性ある改革の強力な推進装置として機能させることができる。

2.3　伝統と革新、歴史的に作り上げた強みとその打破

日本体育大学は、その名が示す通り、100 年以上続く体育一筋の伝統校だ。しかし、近年、名だたる私大がスポーツ系学部を新設、その結果、全国型から首都圏大学に変容、その地位が揺らいでいる。これに対応するため、従来

のトップアスリートを育成する伝統は保持しつつ、スポーツをめぐる多様なニーズに応えるため、児童スポーツ学部、保健医療学部などを新設した。体育学部単科の長い伝統を転換し、新たな日体大ブランドの創出を進める。

　もう一つの伝統を破る改革が「ワンファミリー化」。法人内には4つの高校をはじめ10の学校を持つがそれぞれ独立性が強く、大学も伝統の体育学部は極めて自律性が高い。これらは強みでもあるが、法人一体の迅速な改革や強固な連携・協力には不向きだ。歴史的に作り上げてきた強みを生かしつつ、思い切った改善策を断行せねば、時代に取り残される。伝統校ゆえの改革への抵抗は当然あるが、これをいかに乗り越え刷新が図れるか、歴史的資産が強い分、困難も伴う。トップや幹部集団の改革への強い決意、合意を作り出す力量が問われる。

　同じことは**札幌大学**にも言える。ここも5学部を有し、規模に比して多くの学部で多角的な専門教育を展開、成長期にはたくさんの入学生を集めてきた実績と伝統を持つ。しかし競争環境の激変の中、都市型大学と同じような学部構成では全く太刀打ちできなくなり、しかも細分化された学部では必置科目を配置するのが精いっぱいで特色を打ち出すことができなかった。そこで、これまで努力して拡充してきた5学部を全廃し、1学群に再編した。合わせて独自色が強かった5つの教授会も廃止し、伝統的な学部中心の意思決定システムを、学長の下、全学一体改革システムに抜本的に改めた。当然大きな抵抗もあったが、危機的な事態の進行を共有し、徹底的な議論で乗り越えてきた。トップや幹部の不退転の決断が、これまでの大学像を一変させる大改革を実現させたと言える。

　北海道情報大学は、逆に伝統の強みをさらに革新し、先鋭化させてきた。eラーニング教育の草分け、ICT教育の先進校、教育工学分野を切り開いてきた伝統校、この強みを創立以来、徹底して延ばしてきた。一度作り上げた先進システムも技術の進歩に合わせ廃棄し、抜本的に作り変える。通信衛星を使うなどその設備投資も半端ではない。

　図1（123頁掲載）で示したICTによる自律的FD推進モデルもその典型である。教育にかかわるあらゆる情報を集約し、各教員のFD成熟度を自動的に判定、改善課題やそのやり方をひとり一人の教員に合わせて具体的に示し、

また推進状況を個人ごとにチェックする日本でも例のない ICT システムである。

　歴史的に形成されてきた強みや伝統に満足せず、常にその革新に努力し続ける、この挑戦こそが、さらに伝統の強みに磨きをかける。伝統の強化とその打破、この繰り返しの中でこそ真の強みを保持できると言える。

　　　初出：「事例に学ぶ、大学マネジメントの優れた取り組み」『私学経営』連載 6、2014 年 7 月号

『教育学術新聞』掲載一覧
- 「『北陸一の教育大学』目指して・金沢星稜大学─学生による学生支援を軸に自立的な力を育成する」(平成 25 年 5 月 22 日)
- 「エンロールメントマネジメントの組織・実践で前進・東京家政大学─学生の自立、生きる力作り、人生に真摯に向き合う」(平成 25 年 3 月 20 日)
- 「PJ(プロジェクト)WG(ワーキンググループ)を軸に全学改革推進・北海道医療大学─教職一体、自律運営、現場からの提案で目標へ前進」(平成 25 年 6 月 5 日)
- 「『アクションプラン 60』軸に着実な改革・福井工業大学─徹底した少人数教育で北陸トップの就職率を維持」(平成 25 年 2 月 27 日)
- 「伝統の革新と継承の同時遂行で前進・日本体育大学─危機意識、明快な理事長方針、強いリーダーシップで改革推進」(平成 25 年 7 月 10 日)
- 「5 学部を統合、1 学群で特色化・札幌大学─徹底した議論、説得力ある提案で全学合意し推進」(平成 25 年 6 月 12 日)
- 「教育工学を駆使した先進的教育・北海道情報大学─自律的 FD 推進モデル、e ラーニング活用で教育充実」(平成 25 年 6 月 19 日)

＊各大学の記載内容は、全て掲載時点のものである。

第7章

EMなど最先端の手法による教育改善、教学方針の明示と達成評価で個性ある教育を創造

47. ＩＲと結合したＥＭで学生支援を進化：**京都光華大学**——徹底した学生実態分析で満足度向上、学部改革を推進
48. 時代の最先端行く学部構成：**東京工科大学**——教職員の改革マインドを育成し、オンリーワン・ベストケアを推進
49. 『造形』発祥の伝統の堅持・充実で発展：**東京造形大学**——単科貫き、全学一体で斬新な改革、健全財政を作る
50. 堅実な改革・拡充で安定した評価：**佛教大学**——学部新設、教育改善、組織・機構改革に持続的に取り組む
51. 大学名変更・共学化・一学部へ大転換：**至学館大学**——本格的な職員参画、中期計画による目標の共有で前進
52. 目標・評価サイクルの徹底した継続で前進：**金城大学**——連続した学部の新設・改組で安定した評価を作る
53. 教育の本質への深い洞察に基く独創的改革：**四国学院大学**——メジャー制度、演劇教育、ピア・リーダーなどで特色化を推進
54. 『大学改革ビジョン2011』で前進：**四国大学**——全項目に行動計画、達成指標を明示し総合的な改革を推進

　　8大学の事例から学ぶもの
　　　時代を先取りした最先端の改革に挑む／試練を乗り越え安定感のある着実な経営／独創的な改革で特色を鮮明化、存在感示す

1.8 大学の改革事例

　京都光華女子大学の進んだエンロールメントマネジメント、東京工科大学の最先端の学部作り、この優れた内容とともに、それを先導するシステムにも着目頂きたい。それぞれに伝統を持つ東京造形大学と佛教大学の取り組みは、安定経営を作り出すには着実な改革の積み重ねが不可欠であることを示している。一挙に大学名・学部構成を変え男女共学化した至学館大学、専門職業に対応する実学型学部新設に大きく舵を切った金城学院大学、こうした先駆的な改革を推進するためには、運営システムもまた全国に例が少ない先駆的内容が求められることを示す。最後に、四国という厳しい立地の中で、独創性のある改革を模索する四国学院大学と四国大学。それぞれやり方は違うが、困難に志高く挑戦する意気込みを紹介したい。

> ● ＩＲと結合したＥＭで学生支援を進化：京都光華女子大学
> 　徹底した学生実態分析で、満足度向上、学部改革を推進

　2007年から始まった京都光華エンロールメントは、年々進化している。その特性はまず総合性である。高校生への進路相談、入学前教育に始まり入学後の履修指導や初年次教育、教育支援、生活支援、就学困難者支援、そしてキャリア支援、卒業後は転職、子育て支援と続く。

　このシステムの優れている点は、大学の単なる１部門の取り組みではなく、学長直轄のEM・IR推進会議（EM・IR部）が教学執行機関である大学運営会議と一体となり方針を全学提起、学生サポートセンター、高大連携室、キャリアセンター、国際交流センターはもとより、全学の専門委員会や学科まで動かし、各部門の責任者で構成するEM・IR推進連絡会で進捗状況を掌握する全学推進、一元管理体制を作り上げている点だ。

　それらは独自のサブシステムに支えられている。例えば、特別な支援を必要とする学生へのトラッキングサポート。欠席状況等から要支援学生を判断、

心理、福祉の専門教員に保健室、学生相談室の専門職員で構成する常設支援チームが、クラスアドバイザーとともにサポートチームを作り迅速に問題解決、支援に当たる。

ピア・ひろばでは学生がピアイベントを企画、交流の活性化、共同学習を進める。

光華ライフアルバムは、学生の学習意識、意欲、関心、大学適応度、性格特性、学習・生活サイクル、キャリア形成などの項目を5段階で調査する。学生自身は平均と比較し学生生活を見直す材料に、また1年～4年の成長度合いを測ることで自身の成長を実感できる。大学はそれを関係部署にフィードバック、出席率と成績の相関など統計的分析を加え支援に活用する。

さらに優れているのは、EM・IR部の呼称の通り、データ、学生実態に基づきEM政策を企画・推進している点にある。EMを効果的に進めるためには、学生個々の詳細な状況把握、継続的で総合的な情報と分析がいる。学生ポータルサイト・光華nabiは満足度調査、授業評価、出席状況、学力テストの得点、成績、面談記録、経済状況、基礎学力診断、就職希望調査、就職適性診断、卒業時満足度調査など学生の全データが集約されている。光華ライフアルバムのデータもクロスさせ、またベネッセなどが行う他大学も含む調査で自大学をベンチマークする。こうした体系的アセスメントを通じて、待つのではなく能動的に手を差し伸べる支援を構築する。

しかもこのIRは、カリキュラムや授業内容・方法の改革、教育力向上策やFD、退学防止策、さらには学生募集・広報戦略や学部再編のデータにまで活用される。いわば全学改革の発信源だ。

同大学は、2008年から連続的に学部改組、新設に取り組んできた。これまでの教養系の学部構成で志願者の減少や定員割れが進行してきた背景がある。文学部を廃止し現在は人文、キャリア形成、健康科学の3学部構成。今後、人気のある健康科学部を軸に領域拡大していく方向だ。この改組とEMの努力で志願者は徐々に回復、中退者も減少しつつある。

この改革のバックボーンには、創立70周年(2005年)にKRS70(光華リバイバルスキーム)で提起した、①特色ある教育、②学生満足度向上、③改革推進組織構築、④健全経営の4本柱や、80周年に向けた「光華ビジョン2020」の

施策があり、その実現の要としてEMが位置付けられ成長してきた。

　EMには教職員の力が不可欠である。担当教員は学生の授業評価を基に、授業改善策、学生の要望への対応策にまとめ、リフレクションペーパーとして光華naviで公開、持続的な授業改善に取り組む。学生も自分の意見に基づく改善の実感が得られ、学びを促す効果を持つ。教員評価制度も資質向上につながるよう大幅な改善を行った。

　職員もきめ細かい面談を軸とする評価制度があるが、特に若手職員がチームでテーマを決め先進大学を調査、改革案をまとめプレゼンする研修を重視する。体験的学習と理事長、学長の前での発表で自信と企画力を高める。

　大学運営は学部教授会が中心だったが、全学一体改革が求められるにつれ大学運営会議を軸にした機動的な運営に変えてきた。理事長も出席する実質上の経営・教学一体改革の組織である。しかし、トップ機構の権限強化だけでなく一般教職員も巻き込みボトムアップを重視する。EMの遂行には政策・方針の共有、浸透が最も大切だからだ。

　IRをEMと本格的、組織的に結合させ、実効性ある学生支援、学部改革を進めている。

● 時代の最先端行く学部構成：東京工科大学
　教職員の改革マインドを育成し、オンリーワン・ベストケアを推進

　東京工科大学は1986年開学。当初は工学部のみだったが、1999年メディア学部を新設、2003年には工学部を改組しバイオニクス学部、コンピュータサイエンス学部の2学部を立ち上げた。2008年バイオニクス学部を応用生物学部に変更、2010年には蒲田キャンパスにデザイン学部と医療保健学部を設置した。自己評価報告書では「矢継ぎ早に21世紀型の新しい学部を設置、多くの受験生を集め偏差値が向上、改革を成功裏に推進した」とする。時代の要請に対応する学部改革により、先端技術に精通した人材の育成を目指す。

　連続した改革推進の原動力としてまず挙げられるのは三つの理念の実行、

①実社会に役立つ教育、②先端研究による教育、③理想的な環境整備。軽部学長はこれを実学主義教育と定義、国際性、批判的思考、創造性の育成を強調する。実社会で役立つ学問で実践力ある人材を養成し抜群の就職率で社会に送り出す。驚くほど充実した校舎、優れたデザインのキャンパス、バイオナノテクセンターなど世界最先端の設備が整い、企業等も利用している。

理念を確実に実践すべく、行動規範"Only One, Best Care"（全ての学生が満足する万全のサービスを提供する）を掲げ、その実践を多彩に展開する。

2012年より「教養学環」と呼ぶ東京工科大学教養スタンダード、学士力教育を学部横断で展開、独立した教授会をもつ組織を作り基礎教育全体を統括する。それを支える学修支援センターも基礎からハイレベルな知識、プログラミングまで教員常駐で支援する。5学部全てでICTスキル教育を基礎から専門まで徹底的に行い、ノートPCサポートセンターが一人ひとりをサポートする。

ベストケアの面では、アドバイザー制度が強力に機能し、担当教員が学習と進路の両面から支援する。教員の約半数が企業の出身で、即戦力となる先端的教育と共に人間形成教育にも効果を発揮する。経歴豊富、人脈多彩で企業に精通、就職に大きな力を発揮する。就職は教員の責任という考えが徹底、研究室ごとに内定率を公表、低いところは担当教員が学部長面談などで対策を練る。

事務局にはキャリアサポートセンターがあり、就業力診断カルテに基づく客観的評価を基礎に就職トレーニングプログラムを実施、毎年300〜400社を学内に招待するなど充実したサポートで、リーマンショック以降も内定率90％以上の実績を誇る。

授業評価も厳しい。学部長を含む5人前後の委員が授業点検シートに基づき授業を見学・採点、点数化して公表し、講評会で意見交換する。また、教授法の研究会や教育力強化委員会などを通じて授業改善に恒常的に取り組む。授業点検は三つの基準、①教員の教授法、②授業内容・構成、③学生への姿勢を基に4段階で判定、点数化する。

改革全体の推進には92歳、カリスマ性の強い片柳　鴻理事長と千葉　茂副理事長が強い指導力を発揮し、理事長会議を軸に指揮を執るが、こと大学

改革については軽部学長に全面的に任せている。

　当初の大学改革は1992年設置の自己点検評価委員会から始まった。点検評価の徹底のため2000年大学改革委員会を設置、工学部の発展改組、2学部設置の企画推進に重要な役割を果たした。この委員会は、新学部の基本理念、中長期ビジョン、カリキュラム、教員配置・採用、さらには改革後の教育方針、教育方法など中身の改善・充実にも寄与した。それが、志願者減少を受け2006年、理事長、学長直轄で設置された企画推進本部に引き継がれ、今日の、学長の下に置かれた学長室や企画推進会議となり、連続した改革推進のエンジンとなっている。

　学長提示のマクロビジョンに従い、全教職員の深い理解のもとで連続改革を実行、現在も改革路線を踏襲し、『改革なくして大学の発展なし』の強い教職員マインドを作り上げた。全教職員の一体的推進の背景には、教職員全員参加の全学教職員会を毎月開き、学長や幹部から毎回、基本理念やミッション、改革方針を説明、周知・浸透させる取り組みがある。教授会でも正規の会議と並行し、アゴラと呼ばれる自由な意見を述べ合う会合を毎月行い共通認識の形成を図っている。

　事務局も経営方針、大学改革方針を受け、年度の目標を各課で定め、重点方針を法人本部に提出、目標達成に向けて組織的な取組みを行っている。教職員が積極的に提案する気質が、この大学の改革を支えている。

● 「造形」発祥の伝統の堅持・充実で発展：東京造形大学
　単科貫き、全学一体で斬新な改革、健全財政を作る

　東京造形大学は、「造形」を大学名に冠した最初の大学である。デザインや美術を言葉と並ぶ人間の根源的な表現行為とし「造形」と呼ぶ。そこには創立者桑沢洋子のいう「デザインは個の問題ではなく衆の問題、社会の問題」、より良い社会を作るための造形という強いミッションが反映している。一人のためのデザインからより多くの人が使える生活デザインへ、芸術が社会の仕組みや日常の営みにどのように関連付けられているか探求しながらの教育

という伝統が息づいている。社会との連結を重視する学部共通科目、造形基礎科目やサステナビリティ（持続可能性）教育の重視につながり、他のデザイン系大学と違う強い個性を作り出す。

　1954年、デザイン界では著名な桑沢デザイン研究所ができ、言わば大学はここを母体としている。大学学生数1,800名に対し研究所は1,000名を数え、デザイン専門学校としては大手だ。しかし、両校はそれぞれ強い個性を持って運営されており、同一法人のもとで協力しつつ、他方では切磋琢磨する競合関係を保ち、それぞれ独自の発展路線を歩む。

　1966年大学創設後、1969年に定員300名、2004年に定員380名へわずかに増員しただけで、現在まで造形単科大学、デザイン8専攻、美術2専攻の基本形はほとんど変えていない。ここに大学の造形発祥の伝統を保持し、かつそれを充実させることで強いブランドを維持してきた強みがある。

　その強みをより強力に発信すべく、近年は学園広報室や学園企画室を設置、戦略的広報活動に力を入れ学生募集戦略検討合同プロジェクトを桑沢デザイン研究所と共同で作り、募集戦略の点検・改善策の立案と推進を行う。大学・専門学校一体で学園広報誌を新規発刊、大学案内コンペの実施、情報発信力、プレスリリースの強化、発信情報の質保証などに精力的に取り組み、安定した学生募集を作り出す。

　芸術系では厳しいと言われる就職も、デザイン学科では進学24.1％、製造業23.3％、サービス20％、情報通信12.5％（2012年度）などと健闘している。しかし、就職希望者（就職登録者）の比率や採用決定率の現状には満足せず、対策講座の強化、学内会社説明会、先輩による内定報告会、模擬面接、企業実習・デザイン実習を40社で行うなど系統的な就職支援に力を入れる。

　同じ八王子市内で交通至便な現在の校地に移転した1990年代の初め、ちょうどバブル崩壊と重なった。売却しようとした校地は大幅に値下がり、新キャンパス建設費用は2倍近くに膨れ上がり極端な財政危機に陥った。この時以来、財政再建が理事会の中心テーマとなり今日まで続く。徹底した経費削減、人員の圧縮、組織の簡素化、事務の合理化に取り組んだ。しかし、教職員を辞めさせるとかボーナスカットはせず、人を大切に教職員の協力とやる気に依拠して再建を進めてきた。今や消費支出比率88.7％、帰属収支差額

比率21.6％の超健全財政である。特に計画性のある予算編成を重視、費目間の付け替えを厳しく制限するなど予算会議を軸に理事長が先頭に立って取り組む。

こうした全学協力の背景には、大学の民主的で学内総意を大切にする運営システムも効果を発揮している。創業者以降はオーナーはなく、理事選任も学内外の委員で構成する選考委員会で、学長も教職員選挙で選出される。理事・教員・職員が和気あいあい活発に活動できる運営環境にある。

事務局改革も連続的に行い、部課室編成からグループ長（部長）・チーム長（課長）制へ、さらに今年（2013年）からは事務局長の下に直接六つのセクション、アドミッション、学生支援、教務運営、工房運営、研究支援、施設管財を置く極めてシンプルな編成とした。局長・セクション長・課員の3層しかない先駆的なフラットな組織で、縦割り打破を目指す。その取り組むべき方針は、セクションごとに「方針・目的」「具体的な業務・取組み内容」にまとめられ、年度末に「成果・効果」として総括、これら全体を「事業計画書」として発刊、業務指針とする。また、学生支援セクションでは、新入学からの学生生活に始まり卒業後の進路まで一貫したエンロールメントマネジメントを取り入れ、4年間学生支援を系統的に行う点で注目すべきだ。

強い伝統を保持しつつ、その実践は斬新な取り組みで経営・教学の充実を進めている。

● 堅実な改革・拡充で安定した評価：佛教大学
　学部新設、教育改善、組織・機構改革に持続的に取り組む

佛教大学は長い伝統を持つ。江戸時代、浄土宗の僧侶養成機関に起源をもち、佛教専門学校設立から100年が経つ。1949年、仏教学部仏教学科、定員80名の単科大学からスタート、その後、文学部、社会学部、教育学部と着実に増設を重ねた。2004年に社会福祉学部、2006年に保健医療技術学部、2010年には歴史学部を設置するなど2000年に入ってからの増設テンポは早く、現在7学部を持ち、通信教育課程を含め学生数2万人を超す総合大学に

成長した。強い校風を保持し、あまり流行にとらわれない本格的な学部構成で安定した佛大ブランドを構築、厳しい競争の中でも志願者を確実に増やしている。

また、2002年には学校法人華頂学園、2009年には学校法人東山学園と法人合併、法人規模を拡大した。同一宗門による総合学園づくりの側面とともに、小規模経営が持つ問題点を合併で乗り越えていく狙いがある。

教育改革にもまた着実に取り組む。2007年、GPを獲得した「縁コミュニティ」離脱者ゼロ計画は大きな効果を発揮し、中退率は2.1％～2.2％で推移する。学修支援室による徹底した個別支援、インターネット上のコミュニケーション、セーフティネットの構築やコミュニティの形成、特に低単位取得学生の把握と対策を重視する。

2001年には教学改革推進本部を設置、全国でも珍しい教授法開発室を置き、授業改善に着手した。2004年にはカリキュラムの抜本改革に取り組み、①導入教育、キャリア教育の重視、②動機付けと学生のやる気を引き出す仕組みの創出、③演習・フィールドワークなど少人数、参加型教育の強化、④カリキュラム、卒業単位の大綱化、⑤テーマ別学習プログラムなど学部の垣根を低くする教育課程の構築などに取り組んできた。2011年からはキャップ制の導入、キャリア科目を全学共通の正課科目とした。学生ポータルサイト・サンサーラWebも2011年に導入。学生情報の一元化、情報を必要とする学生だけに伝達できるシステムで、電子申請機能、就職情報・支援機能、履修登録機能などを持つ。

60年の歴史を持つ通信教育課程は日本の通信教育の草分けであり、一時は3万7,000人まで拡大、現在は通信教育を取り巻く環境の激変から入学者は減少したが、社会人教育・佛教大学の名を全国に知らしめ、大学経営、財政強化の牽引力の役割を果たした。

2012年からは、学長直属の諮問機関で2年間の検討を経て教育機構、事務機構、並びに委員会制度の抜本改革が行われた。多数の委員会を入学、学生支援、教育推進、研究推進、生涯学習の五機構体制に再編・統合し、それに合わせ事務部体制も整備・強化した。例えば、学生支援機構は学部、教学部、キャリア支援部を統合、入学から卒業までの学習、学生生活、キャリ

ア形成、資格取得を総合的に支援するエンロールメントマネジメントを目指す。

こうした全学運営重視の機構改革の背景には、これまでの大学運営体制がある。学部教授会は最高意思決定機関で、大学全体の重要事項を審議する大学評議会はあるが、教授会が大学評議会の議決に理由を付して異議を申し立てた場合は、再審議可能というシステムがあるなど、学部自治を軸とした運営を行ってきた。学部と全学を繋ぐのは専門委員会で、ここが全学調整機能を果たし、教学と事務一体運営の中心であった。しかし、委員会数が増え運営が複雑化し、迅速な意思決定が難しくなったことから今回の5機構への改革となる。

また、学長には浄土宗教師資格が必要で、建学の精神を体するとともに、トップリーダーとしての高度なマネジメント力が求められる。今回の改革で学長のリーダーシップの強化、権限の見直し、補佐体制やスタッフ機能の強化にも取り組む。また、伝統的に教学と事務は独立した運営で教授会の議事録も教員が作成する。この改革で教員機構長と職員部長を組織的につなぎ、より一層の教職協働による改革の前進を図る。

佛教大学は、開学100周年を契機に「佛大Vision2022」を初めて作成した。ただ、その実現のための中長期計画、アクションプランはこれからだ。理想の実現へ、計画的な取り組みや財政計画との接合を目指す。強い伝統、変わらぬ理想のもと堅実な改革を積み上げ、安定した評価を保持し続けている。

● 大学名変更・共学化・一学部へ大転換：至学館大学
本格的な職員参画、中期計画による目標の共有で前進

至学館大学は、2010年、中京女子大学から至学館大学に名称を改めた。男女共学に転換、また、2学部を1学部に抜本的に再編する大きな決断をした。これが成果を上げ実を結びつつある。

もともと中京女子大学は体育学部からスタート、母体となる中京高等女学校には大正時代から家事体操専攻科があり、戦前のヘルシンキオリンピック

に出場、そして今、アテネで3人のメダリストを輩出するなど高い知名度を持つ。

　体育学部と家政学部を中心として次第に領域を拡大、1995年には健康科学部と人文学部に発展する。この中にある健康スポーツ科学科が伝統の流れを受け継ぐ。一方この時、人文学部の中にアジア文化学科を設置。時代を先取りした学科だったが女子高生に浸透せず学生募集に苦戦する。学科設立後から定員を大幅に下回り、大学全体の定員充足率を押し下げ、財政悪化を招くこととなった。これを一気に打ち破ったのが、冒頭の大学名・共学・学部改組のトリプル改革である。

　実はこれに先んずること5年、学園創立100周年の年、附属高校が至学館高等学校と名称変更、男女共学に踏み切り成果を上げた。すでに流れはできていたともいえるが、スポーツで築きあげた知名度、中女イズムという強いミッション、女子教育の長年の伝統、これらを踏まえた上で2009年3月の理事会においてこの決断が行われた。改組・名称変更後の学生募集は順調に推移、定員充足率は111％（大学全体）まで上昇した。

　こうした大きな決断と抜本的な改革はいかにして実現したか。

　第1に挙げられるのは、谷岡理事長・学長の、理念を大切にしながらもしがらみを断ち切る果断なリーダーシップにあることは確かだ。

　第2には、強い教職一体運営である。2005年度からは全国的にも数少ない経営管理局（事務局）の局長、次長、課長までの教授会構成員化（人事教授会は、局長のみ）を行った。現在では、学内に25ある各種委員会、専門部会も全て職員が加わる、しかも進んでいるのは課長のみならず課から選出した職員も加わる点。教職連携で現場実態に基づく改革が推進できる組織体制である。

　基本政策を作る経営・教学一体の大学・短大運営協議会にも経営管理局職員が加わり、三者で合議するシステムだ。職員は、あらゆる会議に構成員として出席し議決権を行使、教員と対等に意見交換、意思決定に参画することで強い決断を支えてきた。

　第3には、改革の方向や計画を明示・共有しながら進めている点だ。2005年には岡田経営管理局長が自ら執筆した経営管理局中期目標・中期計画を提起、それを基に至学館大学の中期目標・中期計画の骨子が定められ、事業計

画もこれに連動する。入試・広報／教育／研究／地域連携／学生支援／施設設備／管理運営および教学組織整備／財政基盤の確立／産学連携・知財戦略の推進／教育後援会・同窓会との連携の10の戦略ドメインごとに目標を掲げ、重点計画を立案・推進することで大学改革を進めてきた。

第4には、教員の教育改革、授業改善である。全教員は全授業科目の相互公開と参観が可能であり、参観後に意見交換や所感文を提出する。学生満足度の高い教員を授業形態別に選任して、授業方法・技術の改善を目的としたFD勉強会も取り組んでいる。学期中での授業改善は「中間アンケート」を実施、学期末には全教員が「授業改善アンケート」を必ず実施する。各設問の得点表、平均点との比較、レーダーチャート、授業満足度との対比など一目で分かる授業評価結果を作り、これへの教員コメントをまとめ発刊、学生に公開する。

第5に、先駆的な事務局改革である。2004年に学園事務局組織を改編、法人本部と大学事務局を統合して経営管理局に改め、法人・大学運営への一元的支援を強化した。課制を全廃し運営を図ってきたが、その後、分掌業務が多岐にわたり業務停滞が発生するようになったため、2006年から課制を復活させた。現在は、学生サポートセンターとして総合的な学生サービス機能を充実させながら、職員一人ひとりが業務目標を設定して能力開発に取り組んでいる。

先進的な職員の運営参加を担保する政策提言能力や課題解決能力の育成を徹底して追求する。あるべき職員像を鮮明に提示し、SD職場全体研修、階層別・目的別専門研修、自己啓発研修を実施する。業務目標管理制度、人事考課制度も充実させ、経営管理局職員の使命、行動規範の明示に始まり考課制度と研修制度を結び付け、職場風土作りや意識改革にも継続的に取り組む。評価も職位別に求められる能力を定め、チャレンジを促し職員力の強化を進める。

果断な決断と教職一体による取り組みが、この大学の前進を支えている。

> ● 目標・評価サイクルの徹底した継続で前進：金城学院大学
>   連続した学部の新設で安定した評価を作る

　金城学院大学は、創立以来、文学部や家政学部など伝統的な人間教育・教養教育が中心であった。2000 年を前後する時期から急速に、女性に適した専門職業分野に対応する実学教育、薬学部等の資格対応型学部への転換を進めた。この先見性ある改革が今日の安定した評価をつくり出す。

　120 周年となる 2009 年度からは、金城学院中期計画（2009 年〜 2014 年）を制定、金城学院大学の将来構想（2009 年〜 2014 年）と併せ、教育の充実、経営の改善に計画的に取り組む。6 か年計画の 4 年目にあたる 2012 年には中期計画の中間報告書も出し、到達状況を確認しながら、学院の中期計画と大学の将来構想と一体で目標達成を目指す。

　そして、大学の改革推進にはもう一つの強力なバックボーンがある。それは「伝統とはたえざる改革の連続でなくてはならない」という強い信念である。徹底した目標と評価を重視した運営を行う。

　その一つが学科ごとの教育効果の数値目標制度である。学科は自らの教育目標にあった数値目標とその実現計画、対策を自己評価委員会に提出する。目標は学科が目指す分野への就職率とか資格取得学生数及び何％、国家試験合格者数及び何％、TOEIC 何点以上何％などが多いが、学科の特徴にあった目標設定を工夫する。しかし目標はあくまでも数値にこだわる。それは数値でなければ評価が難しく、また数値化することで実践性が高まると見るからだ。PDCA は進化と成果向上に必須と位置付けている。

　4 月（一部の学科は 6 月）の自己評価委員会で前年の数値目標に対する達成度を評価、全国平均との比較、未達成の理由等を明らかにし、当該年度の目標を発表、目標達成に向けた学科としての具体的方策、そのための大学への要望を提示する。これによって学科目標の達成責任を明確にするとともに、自己評価委員会が客観性を担保し、評価と改善をつなぐ結節機能を果たす。

　目標と評価は学科だけではない。もう一つ、すべての役職者に対する活動

目標、活動報告のシステムがある。学長を筆頭に、学部長、各部門長、委員会の責任者は、年度ごとに1枚の用紙に活動目標とそれを達成するための具体的な計画を書く。そして活動報告では、目標の項目ごとに1年間の取り組みと到達状況を総括、第三者の評価コメントを記載する。幹部自らが率先垂範評価されることで、評価風土を確実に定着化させてきた。

同学院の自己点検評価の歴史は古い。1994年〜2002年まで毎年自己評価報告書を刊行、目標設定と検証の地盤がある。短期・1年サイクルの学内各部署、役職者の活動評価、中期・3〜4年サイクルの学長任期4年、部長任期2年に対応しての自己評価、長期・7年サイクルでの認証評価というシステムを確立、これを自己点検評価の三つのサイクルと呼ぶ。体系的・継続的な評価システムである。

改革を推進するシステムも工夫されている。評価を重視する一方、構成員の意向を大切にし、積極的な意見は取り入れる。総合戦略協議会が置かれ、大学・教学改革の基本方針を議論する。恒常的委員の他に教職員は誰でも参加でき、多い時は100人を超える。大学の基本構想などは、まずここで議論され大筋の合意を経て教授会や理事会に諮られる。実際に、学部改革構想の提案がここでの議論で大幅に修正されたこともあり、こうした運営が構成員の信頼や協力につながっている。

一方、改革の提案は学長室が担っており、評価事務局を兼務していることから、実態を踏まえつつトップのリーダーシップも貫くことができる。学長室では改革のテーマごとに作業部会を作り、職員も参加することで教職一体での改革を実行する。また理事長のもとに理事長室会が機能し、採用計画や施設計画など財政に絡む案件は全てここで報告協議され、経営との実質的合議で連携した改革を図る。

事務局には課がない。2002年、縦割り業務を打破すべく課を廃止、部編成とした。総務、財務、学生支援、教育研究支援の四部構成だ。このうち学生支援部は学生の入学から卒業、就職まで包括的に支える最大の事務組織で、エンロールメントマネジメントの立場から学生支援を行う。こうした仕組みも教学充実を支える。

目標を掲げ評価を行い改善する、この着実な積み上げの上に、優れた教育

実績を作り出している。

> ● 教育の本質への深い洞察に基く独創的改革：四国学院大学
> メジャー制度、演劇教育、ピア・リーダーなどで特色化を推進

「D＆D^1＝知のポストモダン共同体」へ。四国学院大学が掲げる中期戦略は、地方・小規模大学の存在意義、教育への深い洞察と本質的改革の方向を鋭く提示している。

一見難解なタイトルと中身を私流に読み解くと「研究者中心の大学運営、エリート教育の伝統から脱却し、21世紀型の教養教育の本格的な構築、他大学の模倣でなく新たな教育価値の創造に全構成員を挙げて取り組む」となる。地方・小規模大学では、常識にとらわれない独創的な教育作りこそが大学存立の条件であり発展方向であることを鮮明に示す。

単なる横並び型の大学改革では、圧倒的な規模を占める学歴市場に知らぬ間に取り込まれる。学歴・学校歴社会の中で、都市型・大規模大学と同じ土俵で競争しようとすれば初めから勝負がついている。地方大学に残された選択肢は、特色ある教育創造、ニッチ市場の開拓、誰も、どこでもやっていない斬新な企画を作り上げる以外にない。

しかし、受験生や社会が当座求めるのは、旧来型の大学像、昔ながらの選択肢であり、独創的な教育を浸透させるための広報は、こうしたニーズにも対応しながら、しかしニーズに迎合せず、ニーズを作り出す困難な2面作戦が求められる。

生き残り、サバイバルは最優先だが、それはこれまでの教育の付け足しでは実現できず、確固とした理念での本質改革が不可欠だ。その点では急がば回れである。

この推進のため教職員による17のプロジェクトチームを立ち上げた。ここ香川・善通寺から意気高く創造的事業の発信を目指す。

この方針に基づき創立60周年、2009年に建学憲章を抜本改正、2010年には学部横断の本格的なメジャー制度を立ち上げた。根幹にはキリスト教主義

に基づく創設時からの伝統、リベラルアーツ教育がある。学部専門分化の再統合による教育刷新を学院の歴史の決定的な分岐点と位置付ける。広い視野を持つ人間育成、そのための少人数、教養教育重視、自主学習スタイルの3本柱を掲げる。文学部、社会福祉学部、社会学部の垣根を壊し、19のメジャーとする。1年次は全員が共通の教養教育を学び、2年次からメジャーを専攻する。特定のメジャーを一途に学ぶことも、途中で変更することも、二つ以上のメジャーを組み合わせて学ぶことも自由にできる。この運営を担うのが、学部とは独立した「総合教育研究センター教授会」である。

　そして、クラスター・アドバイザーとピア・リーダーがこの学習スタイルを支える。学生を20人程度のクラスターに分け、そこに教員アドバイザーとともに、所定の養成課程（単位認定）を修了し学長に任命された上級生2～3人が徹底的にサポートする。

　同大学は演劇教育を重視する。これも生き残りの宣伝手段ではなく、また俳優養成が中心目的ではなく、人間力育成に有効と判断したからだ。今の学生が苦手とする自己表現、身体表現、コミュニケーションを、セリフを通してその人になりきることで体感的に育成しようというもの。1年次の全員必修科目ドラマエデュケーションなどにも取り入れられ、例えば、福祉関係を目指す人は高齢者の役を演ずることでその人の気持ちを理解する。平田オリザ客員教授・学長特別補佐をはじめ一流の演劇人が講師に名を連ねる。

　こうした改革の背景には2007年から始まる入学生の大幅な減少がある。しかし小手先の改革ではだめ、ただ率を上げる就職対策では限界があり、本物の力を付ける教育のみが生き残りの根源だという強い認識がある。

　このため、私立学校法の改正を機にトップ機構の権限を強化、これまでの学部中心の運営を大きく転換した。部長会と大学協議会を全学意思決定機関とし、全員参加の全学教学連絡会で議論・浸透させる。全学カリキュラム審議会や学募戦略会議が全学的な改革方針を提起するとともに、17のプロジェクトで多くの教職員を改革行動に巻き込む。職員も、CEO、COO[2]、事務統括部長をトップに指揮を一本化、部長制を廃止してフラットな組織で改革推進を支える。

　地方の厳しい環境に立ち向かい、教育への深い洞察による独創的改革こそ

が地方私大発展の唯一の道であること、その困難さと展望を明らかにし、挑戦を続けている。

注
1 Think Different, Act Different の略称。「あなたがたの考えは間違っている。その考えを変えよ。」と訳す。
2 事務局長、同次長に相当。

● 「大学改革ビジョン 2011」で前進：四国大学
　全項目に行動計画、達成指標を明示し総合的な改革を推進

　四国大学は今、「大学改革ビジョン 2011」(2011〜15年度)を高く掲げ総合改革を推進している。

　四国女子大学から、1992年、男女共学に転換して、大学名も変えた。その後順調に推移したが、2007年頃から志願者が大きく減少し始めた。2009年看護学部を設置すると共に本格的、総合的な中長期計画を策定した。

　改革の柱は五つ、①学生確保、②教育内容・方法の改善、③学修支援、学生生活支援、④キャリア教育・就職支援、⑤地域社会貢献と国際交流の推進である。2012年までは学生募集に重点を絞り、後半は魅力ある大学作りに力を注ぐ計画だ。

　①の学生確保には、まず②の教育内容の充実が不可欠と四国大学スタンダードを定め、新たな全学共通教育を編成した。それを基に新教育体系「教育プログラム2014」を策定、高校へもアピールする。

　③の学修支援にも徹底して力を入れる。学生サポートセンターでは奨学金から履修相談、教育実習、資格・進路相談までワンストップで支援する。学修支援センターは、学習相談、集団学習、学生ラウンジの機能を合わせ持ち、参考書と漫画本の両方を置くなどリラックスした学習環境を提供する。ひとりで静かに勉強したい学生には、別にスタディルームが用意されている。

　④の就職支援では、昨年の就職率は過去最高の93.2％を達成したが、その基礎となる就職希望率89.2％の向上にも取り組む。キャリアセンターを軸に

就業力育成、キャリア相談、卒業生に気軽に相談できるジョブカフェ、100社を超える学内企業セミナー、バスをチャーターしての就活トライツアーで支援する。

それらの成果を①の学生確保に結集する。改革の成果を広め浸透させる作戦を大学広報戦略会議で練り、学生募集推進会議が実行する。芸術分野の特別入試や体験型 AO などの入試制度改革、高校訪問の手引き作成や若手職員の募集活動への参加、HP 改善、学内奨学金の充実などを進める。今年の大学入学者は昨年を上回り、短大は 36％も伸びた。ビジョンに基づく総力をあげた取組みの成果が徐々に表れている。

改革には資金がいる。財政は、数年前と比べれば人件費比率は 15％ほど上がり、消費収支差額比率は逆に 15％ほど悪化した。経費削減は避けがたい。全予算の 5％マイナスシーリング、購入物品は店頭価格と比較、年間保守契約の見直し等細かく削減を追求する。非常勤講師時間数も 29.5％削減、授業科目も精選し 10 〜 20％削減を目指す。昨年度に比べ、少人数受講科目の隔年開講や類似科目の統合により 12.5％の削減を実現した。委員会の統合により会議の 2 割削減などにも取り組む。

ビジョンの策定にあたっては全学教職員会議を何回も開き、理事長から直接説明、浸透を図った。策定後も大学改革学内フォーラムを年 2 回開催、全学あげた改革推進の勢いを持続させる。

ビジョン全体は大学改革推進本部が統括するが、大学改革評価作業部会の点検、評価体制も徹底している。大学改革評価ガイドラインに基づき、中間評価と最終評価を行い評価報告書を取りまとめる。

ビジョンは項目ごとに行動計画が作られ、年次ごとに課題と方針、責任部署が明示される。さらに年度の計画・方針には達成状況確認のための点検事項と評価指標が設定される。この書式に沿って部署、項目ごとに自己評価され、根拠データを添付して作業部会に報告、4 段階評価と評価作業部会コメントが付けられる。評価が低ければヒアリングの対象となり、原因究明と改善方策が検討される。最近では、計画通りの進行が 7 割を超える。

組織としての目標達成行動と合わせて、掲げる課題を教職員個人の行動に結び付けるため、教員の業績評価、職員の人事評価制度の導入を進める。教

員は、教育、研究、社会貢献、学生募集、大学の組織運営、そして職員は、目標達成評価、行動評価、能力評価の柱で評価・育成する。

　これらを推進する学内理事を中心に構成する経営会議は、多い時は朝夕開くなど活発で、大学の最高意思決定機関で学長が議長を務める評議会には、理事長も加わりかつ職員幹部も正式メンバーだ。経営・教学一体、教職協働が根付いている。事務組織も、アドミッションセンター、学生サポートセンター、キャリアセンターと総務・企画部の4つ、3Pの目的別にシンプルな構成で、総合企画課がビジョン全体の推進と事務管理を担う。

　佐藤理事長、松重学長のリーダーシップの下、国立大学法人の中期計画推進のベテラン、川本副学長が計画作りから実行評価までを主導する。総合的な改革を戦略経営の基本原理に従ってPDCAを実体化させ、全学を動かして改革に成功した優れた事例といえる。

2.8 大学の事例から学ぶべきもの

2.1　時代を先取りした最先端の改革に挑む

　京都光華女子大学も東京工科大学も、ともに、改革の内容は異なるが、時代の求める課題を先取りした最先端の教育、大学作りに挑む点で共通する。

　京都光華女子大学のエンロールメントマネジメント (EM) は、何故進んでいると言えるのか。

　第1は、それが全学を動かしているという点。学長が大学全体を動かす仕組みの中核にEMを置き、全学の各センターや各委員会はその下でEMの観点から動く。これにより入学生の募集、入学前教育に始まり、就職、転職支援まで、一貫した、全学一丸の本格的で最先端のEM体制を構築する。

　第2には、その司令塔をEM・IR会議 (部) と呼称しているように、IRをEMと結合させている点にある。学生自身の意識や関心、特徴などを調査・分析する光華アルバムや、成績、授業評価、出席状況、面談記録、就職希望……など、あらゆる学生情報をデータベースとして集約する光華naviなど全データをEM、学生の育成に集中・活用する。

　その結果、学生に問題が起きるのを待つのではなく、支援が必要な学生を

いち早くデータから見つけ出しサポートチームを作り迅速に対応することで、問題を未然に防ぎ予防効果を上げている。このIR情報は、退学防止のみならず、FDやカリキュラム改革、さらには教員個々の授業改善や教員評価にも生かされている。IRをここまで徹底して活用することで、EMを、最先端の大学教育改善システムとして機能させる新たな挑戦である。

東京工科大学も同様に、オンリーワンを目指す最先端学部を次々作り上げてきた。工学部単科からスタート、メディア学部、コンピュータサイエンス学部、バイオニクス学部（のちの応用生物学部）と矢継ぎ早に設置、バイオナノテクセンターは世界最先端の設備を完備する。

教育内容も、独創的な「教養学環」と呼ぶ東京工科大学教養スタンダードを学部横断で作り、独立した教授会を置き、全学教養教育を推進する。キャリア支援も徹底しており、基礎力育成のための学習支援センターやノートPCサポートセンターが教職員常駐で徹底的に個別指導する。キャリアサポートセンターも、就業力診断カルテに基づく就職トレーニングプログラムなどで90％以上の就職率をキープしている。

また、こうした改革を進めるシステムにおいても、この2大学はいくつかの共通点がある。まずは、改革を進める実行責任者が明確、かつはっきりしたビジョンを持っている点である。京都光華女子では山本副学長、東京工科では軽部学長である。長期に渡って、一貫して大学改革に実権をもって強いリーダーシップを発揮してきた。

次に、改革方針が鮮明であること。京都光華女子大学の「光華ビジョン2020」、東京工科大学では片柳理事長や学長が提示する「中長期ビジョン」である。しかし、方針はあるだけでは力にならない。京都光華女子のEM・IR推進会議、東京工科の毎月、全員参加の全学教職員会やアゴラと呼ばれる自由討議の場など、方針を議論・浸透させる組織と運営の存在が不可欠だ。しかも、学部中心を脱却し全学運営にシフトする。学長室や企画推進会議、EM・IR部など、データを分析、問題点や課題を明らかにし、トップのビジョンを実現する改革・拡充策を提起し続ける中核機関、改革方針の発信源を持っているなど多くの点で共通する。

先駆的改革は、調整や総和の中からは生まれない。強いビジョンと常識に

とらわれないチャレンジ精神、目標を貫く責任と権限、構成員への方針の徹底とビジョンの共有、これら全体のベストミックスによって初めて、こうした改革は成り立つことを、この2大学の事例は示している。

2.2　試練を乗り越え安定感のある着実な経営

東京造形大学は、「造形」を大学名に冠した最初の大学として、デザイン系では長い歴史を持つ。一方、佛教大学は、江戸時代にルーツを持つ伝統校である。両大学とも今日、安定運営で評価も高い。しかし、過去には厳しい試練や激動を体験し今日を築いていることでも共通する。

　東京造形大学は、1990年代のキャンパス移転がバブル崩壊と重なり、売却費用の大幅な値下がりと建設費用の2倍化で極端な財政危機に陥った。教職員を大切にしつつ徹底した経費削減で超健全財政を実現してきた。この時代に確立した計画性のある予算編成は今日まで続いている。造形単科を守り、定員もわずかしか増やさず、強いブランドを維持してきた。デザイン系としては高い就職率を保持、事務局も部課室制を廃止、セクション長と課員しかいないフラット組織にするなど思い切った改革も積み重ねてきた。

　佛教大学もオーソドックスな学部構成で堅実な運営を行うが、2000年代に入ってから華頂学園、東山学園と相次いで法人合併を行うなど大きな変動を経験した。60年の歴史を持つ通信教育の草分けで、一時は4万人近い学生を集めるなど多彩な教育方法を取り入れ成果を収めてきた。GPで注目を集めた中退率を減らす「縁コミュニティ」離脱者ゼロ計画、全国でも少ない教授法開発室を置き授業改革に取り組むなど斬新な改革も積み重ねてきた。また、組織改革の面でも、学長直轄で2年かけて大幅な再編を実施、例えば多数の専門委員会を5つの機構に整理・統合、全学改革の推進体制を強化するとともに、学生部・教学部・キャリア支援部を学生支援機構に統合、エンロールメントマネジメントの推進体制を確立するなど先進的改革を行う。

　一見保守的に見える安定運営型の2大学も、運営実態をつぶさに見ると、こうした実効性ある改革に着実に取り組んでいることが分かる。伝統的な民主的運営を大切にし、ボトムアップを重視しながらも、よく議論を重ね、良い提案は取り入れ、トップ自らが現場に足を運んで、また適切に権限委譲し、

少しずつ良いものに改善していくという伝統的風土がある。派手ではないが真面目に改革に取り組み、やるべきことをやる。この積み上げの中にこそ、堅実さ、安定経営を作り出す本質的な要素があると言える。

2.3 先を読んだ先見性のある改革を断行

至学館大学は、中京女子大学から名称変更、男女共学に転換、2学部を1学部に再編する思い切った改革を断行した。金城学院大学も、文学、家政など伝統的な学部構成から国際情報、人間科学、薬学など実学、資格対応学部への大きな転換を行った。

こうした抜本改革は何故実現したのか？ 至学館大学では、まず谷岡理事長の果断なリーダーシップが挙げられる。さらに教職一体運営、全国でも珍しい教授会等に職員幹部が正規構成員として参画、職員側からも積極的に提案するなど教職幹部が強い改革を支える。改革の方向を中期目標・計画で明示、教員の授業改革や事務局改革に徹底して取り組む。

片や**金城学院大学**では、学科ごとに数値目標を掲げ、到達度評価をする制度を持つ。教育効果を数値で検証していく意欲的かつ厳しい取り組みで、これにより教育改善の実践性を大きく高めた。さらに、全役職者の活動目標提示―活動報告（評価コメント）など全国でも例を見ない徹底した目標と評価の仕組みを持つ。縦割り打破に向け、課を全廃するなど徹底した改革も行う。

先見性ある改革は、結局、それを生み出すにふさわしい先駆的なシステムなしには実現しない。しかしこれは何か難しいこと、高度なことをやるということではない。ある意味、当たり前のこと、評価とか職員参画とかを本気でやれるか、理屈でなく実践できるか、ここにかかっていると言える。

2.4 独創的改革で特色を鮮明化、存在感示す

地方で存立するには特色ある改革が不可欠だ、これは誰しもが言うことである。しかし、これを本気で突き詰め、一貫して実行することなしには、都市型大学に真似のできないオリジナリティのある改革は難しい。四国という最も困難な地域に立地する2大学はこのことを体感しており、その改革の目指すものは深く、本質に迫る。

四国学院大学は言う。「地方大学に残された選択肢は特色ある教育創造、どこでもやっていない斬新な企画を作る以外にない。生き残り、サバイバルは最優先だが、それは教育の付け足しではできず、本質改革が不可欠」だ。リベラルアーツ教育を学部横断の19のメジャーで実現すべく、現行制度の枠組みギリギリで、共通教養教育の理想を追う。クラスターアドバイザーとピアリーダー、徹底した個人支援なしには、全入時代の学生の成長は望めない。小手先の改革では駄目だ。本物の力を作り出す教育のみが生き残りの根源。しかし、それは何によって実現できるのか、模索と挑戦は続く。

　四国大学も、大学名変更、男女共学化、看護学部を設置。「大学改革ビジョン2011」を掲げ、四国大学スタンダード、新たな全学共通教育、新教育体系「教育プログラム2014」を定め、特色ある教育作りに挑む。参考書と漫画本の両方を置く学修支援センター、実態を踏まえつつ本気で学生を育成しようとする工夫の表れだ。経費削減も一般論や小手先ではない。多くの大学がやろうとしてできない授業科目の10〜20％削減、委員会統合による会議の2割削減など本物の改革に挑む。点検評価も形だけではない。達成状況は根拠データを示し、評価が低ければ幹部がヒアリングする。経営会議は必要に応じて朝・夕でも開く。

　地方で独創的改革は不可欠だが、それを実際に作り出そうとすると、血の滲むような努力が求められる。都市型大学では実行困難なマネジメントをやりきることによってしか、地方大学では、改革も、評価向上も実現できない。マネジメント改革の新たな地平は、地方から始まるのかもしれない。

　　　初出：「事例に学ぶ、大学マネジメントの優れた取り組み」『私学経営』連載8、2015年5月号

『教育学術新聞』掲載一覧
・「IRと結合したEMで学生支援を進化・京都光華女子大学―徹底した学生実態分析で満足度向上、学部改革を推進」（平成25年8月21日）
・「時代の最先端行く学部構成・東京工科大学―教職員の改革マインドを育成し、オンリーワン・ベストケアを推進」（平成25年8月7日）
・「『造形』発祥の伝統の堅持・充実で発展・東京造形大学―単科貫き、全学一体で斬新な改革、健全財政を作る」（平成25年7月24日）

- 「堅実な改革・拡充で安定した評価・佛教大学―学部新設、教育改善、組織・機構改革に持続的に取り組む」(平成 25 年 8 月 28 日)
- 「大学名変更・共学化・一学部へ大転換・至学館大学―本格的な職員参画、中期計画による目標の共有で前進」(平成 25 年 10 月 9 日)
- 「目標・評価サイクルの徹底した継続で前進・金城学院大学―連続した学部の新設で安定した評価を作る」(平成 25 年 10 月 2 日)
- 「教育の本質への深い洞察に基く独創的改革・四国学院大学―メジャー制度、演劇教育、ピア・リーダーなどで特色化を推進」(平成 25 年 10 月 23 日)
- 「『大学改革ビジョン 2011』で前進・四国大学―全項目に行動計画、達成指標を明示し総合的な改革を推進」(平成 25 年 11 月 6 日)

＊各大学の記載内容は、全て掲載時点のものである。

第8章

全国に通用する強い特色作りにこだわり、それを徹底し、推進するマネジメントを作り出す

55. 日本初、全て英語で授業のリベラル・アーツ大学、外国人教員比率は80％超：**宮崎国際大学**──アメリカ型運営で責任、評価を明確に教育充実
56. 移転経て定員確保、地域ニーズ応える学部新設・改組も：**南九州大学**──直接統括と対話で改革を断行
57. 社会人基礎力育成教育を徹底：**愛知学泉大学**──教職員の総力を結集し、学生育成のモデル大学の構築を目指す
58. 伝統を生かし、堅実な運営：**奈良大学**──経営・教学、教員・職員一体となった取組みで特色強化
59. 工学部改組から看護学部設置へ：**足利工業大学**──風力発電等特色ある教育で地域、世界と結びつく
60. 道徳教育（モラロジー）を学内の隅々に浸透：**麗澤大学**──建学理念の徹底、組織運営改革、職員参加で改革推進
61. 文理融合の総合大へ、地域連携は学内で一本化：**中部大学**──経営・教学一体、教職員の力を生かし確実に実行する運営で発展
62. 鍼灸師育成からリハビリテーション・看護へ：**森ノ宮医療大学**──専門学校の強みを生かしたトップと教職員の一体運営

8大学の事例から学ぶもの
　全国に通用する強い特色作りにこだわる／競争力を支えるマネジメントの強みを生かす

1.8 大学の改革事例

　都市圏を離れたところに位置する地方小規模大学は、自らの特色に磨きをかけ、その分野で、全国屈指の実績を作り上げることなしには、存立を保持できない。国際教養大学のモデルともなった宮崎国際大学は、全ての授業を英語で行うなど徹底しており、南九州大学は園芸・造園分野の数少ない高等教育機関として、農業高校教諭を多数輩出している。社会人基礎力教育にいち早く取り組み、この分野で全国の先進をいく愛知学泉大学、奈良の立地を徹底して生かし、日本初の文化財学科や世界遺産コースを置く奈良大学、自然エネルギー教育で強い特色を打ち出す足利工業大学など、いずれも他の追随を許さぬ特色を持ち、さらに磨きをかける。

　大都市近郊にあっても、競争はますます強まっている。「語学の麗澤」の強みを維持・発展するための改革推進体制を構築する麗澤大学、工学単科から7学部を擁する総合大学に発展した中部大学のトップダウンとボトムアップの統合力の発揮、専門学校時代からの強み、現場に密着したリーダーシップで資格・就職で強い実績を作り上げた森ノ宮医療大学。これらの特色とそれを作り上げたマネジメントに注目してご覧いただきたい。

●　**日本初、全て英語で授業のリベラル・アーツ大学、外国人教員比率は80％超：宮崎国際大学　アメリカ型運営で責任、評価を明確に教育充実**

　宮崎国際大学は、英語を通じた国際人の育成を掲げ、全ての授業を英語で行い「英語で学び英語で考える」。卒業論文も英語だ。外国人教員が8割と日本一で、国際教養大学47％、立命館アジア太平洋大学46％の倍近い。半数が博士号を持つ。学内会議も基本英語で、職員の多くも英語を使いこなす。基本文書は日英2ヶ国語で表記。取材当日も、同時通訳でのインタビューとなった。

　新入生は「誰でも最初の1ヶ月は分からない」を経験。なぜ、それほど英

第8章 全国に通用する強い特色作りにこだわり、それを徹底し、推進するマネジメントを作り出す

語が得意でない生徒の英語力を飛躍させることができるのか。TOEICスコアの平均で入学時346点だったのが、卒業時には651点に上昇する（2012年『大学案内』）。そこには、認証評価機関から「教育方法の独創性は特筆すべき」と評価された優れた教育システムがある。

その第1は、チームティーチング。ひとつの科目を2人の教員、教科を教える教員と英語を教える教員で授業。英語教員は通訳ではなく、英語を英語で教える。

第2は、徹底した少人数対話型の授業。授業は20人程度で、専任教員は設置基準を大きく上回る。

第3は、徹底した主体的学習の重視。20年前から、日本には無かったアクティブ・ラーニング形式のディスカッション、プレゼンテーション主体の参加型授業を行う。クリティカル・シンキングを重視し、グループ学習（協働学習）で、読み、書き、考え、討議する。自分で使いこなすことで自然に英語が身に付く。

第4は、長期の海外研修。2年次後期に16週の海外研修に参加、英語、自由研究、地域研究の3領域の学習を行う。そして最後、全員が卒業論文を英文で執筆する。

自在な英会話には通常3000時間の英語学習が必要と言われる。英語での授業が1年1650時間、4年で4950時間、それに4か月以上の海外研修が加わる。英語を使わざるを得ない環境に学生を追い込むことで、飛躍的な英語力のアップを実現する。

大学のルーツは英語や国際ではない。母体の学校法人宮崎学園は、宮崎女子商業、裁縫女学校からスタート。中・高・短大は、いわば普通の学校だ。出発点は、大学創立の20年前、日本では全く考えられなかった全授業を英語で行うリベラル・アーツ教育を理想の教育と考えた宮崎学園創立者の息子、大坪理事長の熱い想いだ。ピッツァー大学の副学長などからも強い影響を受け、アメリカ型教育システムを日本に本格導入する。創立時からアクティブ・ラーニングや英語力評価にTOEFLを使うなど、当時としては全く新しい教育方法を採用した。

これまで1学部1学科の伝統を固く守ってきたが、2014年4月から教育学

部児童教育学科を新設した。短大初等教育課程の4大化を図るとともに、国際人養成の高い理想と地元ニーズに応える人材養成の両立で志願者の安定確保を目指す。これまで定員を完全に確保することはできなかった。全国から学生を集めうる強い特色を持つ大学にもかかわらず、立地や目立つ宣伝をしてこなかったことから、県内進学者が6〜7割を占め、県内人口の減少もあって厳しい対応を迫られてきた。入学者増を目指し、県外への高校訪問、3年生の担任にもアポを取り頻繁に面会、プレスリリースやソーシャルメディアを使った広報にも力を入れる。

　教員の教育熱心さは際立っている。外国人教員が多いため教員雇用もアメリカ型で、基本的に2年の有期雇用が大半だ。2年に1度、再任評価を行う。ティーチングや学術・校務活動の自己評価を行い、教員審査委員会が、学部長が毎学期確認している学生の授業評価も加味、教員評価資料として審査の上、再任推薦の可否を決定し、学部長にその結果を報告する。それらを受けた学部長は自らの推薦状を作成し、学長に提出。学長は書面を参考にして最終決定を行い、理事長に再任審査の結果を報告し、承認を得る。こうした厳しい評価で、教育力と熱心さにさらに磨きがかかる。

　大学運営もアメリカ型だ。教授会や委員会で審議は行うが、決定は学長、経営案件は理事長で、トップや幹部の責任と権限が明確だ。日常的には、学長が議長を務める部課長以上の管理職員（含学部長）で構成される「運営委員会」及び学部長が議長を務める、常設の委員長3名、幹部職員5名の計9名で構成される「大学評議会」で行われる。学部長は教員の採用、評価、教員管理に大きな力を発揮する。

　宮崎の地で、創立以来の徹底した英語によるリベラル・アーツ教育の伝統を変えず、強い特色を保持し続けている。

● 移転経て定員確保、地域ニーズに応える学部新設・改組も：南九州大学
　直接統括と対話で改革を断行

　地方にあり厳しい環境の中でいかに現状を脱却し、大学評価を飛躍的に高

めるか。大学発展の方向を導き出し、形にし、実行していくことは、多くの大学にとって正解のない戦いである。ましてや南九州大学のように、オーナー系ではなく、学長は選挙で選ばれ、伝統的に教授会を基礎とするボトムアップ型の運営を行ってきたところで、現状を一変させる抜本的な改革には困難が伴う。

　2000年前後から志願者が減り始め、全ての学部で学生確保が難しくなり、事態打開へ全学あげて改革に取り組んできた。この間の改組・改革を、事業計画(2013年度)では「本学園のあらゆる人的資源・物的資源・財政資源を投入しての時代の流れに対応する生き残りをかけた戦い」と位置づける。

　2000年には宮崎市内に新校地を購入、短大を移転し、管理栄養士を育成する健康栄養学部を新設した。さらに2011年、創立の地、高鍋町から都城市への移転を断行、園芸学部と環境造園学部の2学部を環境園芸学部1学部に統合し定員削減、さらに新学部、小学校や幼稚園教員を養成する人間発達学部・こども教育学科を設置した。宮崎キャンパスは交通の便が良く、都城キャンパスは市からの大学設置のための資金援助があり、17万都市で大学は空白、唯一の大学として地域の支援が受けられる。

　創立以来の理念「人間と自然の共生」「食・緑・人」の教育は、1地域を超えて持続的社会の形成という全国、さらに地球規模での貢献を目指す。今も環境園芸学部は8割の学生が県外出身で、開学45年、1万人の卒業生のうち300人を超える農業高校教諭を輩出、園芸・造園分野の高等教育機関として強い特色を保持している。ここに、この大学が持つ根源的な力がある。

　この、園芸・造園を中心とした創立以来の伝統学部の一層の差別化と地元人材育成、地域ニーズに応える地域密着型学部の二つの性格の異なった学部の組み合わせを作り上げた。この効果で2009年には1064人までに落ち込んだ学生数が2013年には1300人を超え、次年度には定員を確保できるところまで回復した。これと並行して数億円の赤字を計上していた財政も大幅改善の見通しである。

　こうした改革はどのようにして実現されたのか。学長は選挙で選任され、学長が理事長に選任されることが慣例だ。オーナーはおらず、教職員の意思が反映する管理運営システムである。教授会は教学の最高意思決定機関と位

置付けられ、大学の方針に重要な役割を果たす。

　ボトムアップ型で、一般的には抜本改革が進めにくい組織運営である。それでも重要な方針の決定・執行には理事長・学長のリーダーシップが発揮されている。もちろん危機進行は現実で、それは構成員には程度の差こそあれ浸透している。ここに、如何に正しい改革方針を提起し、説得し、動かすことができるか。

　長谷川理事長・学長は就任と同時に経営企画戦略室を立ち上げ、総務企画部長が室長を兼務、改革方針の一義的な検討、素案策定体制を作った。改革委員会は学長、副学長、学部長、教学役職、事務局長、事務部長が委員となり、教育・研究、組織・機構、管理・運営、施設・設備などあらゆる面の改革改善、推進を行う。教職員間のコミュニケーション、意見調整、意識の共有化を図っている。理事長・学長兼務を生かし、法人・大学のほとんどの組織は法人役員と大学管理者が兼務しており、経営・教学・事務一体、教職協同による組織運営体制が構築されている。

　3学部体制だが学部教授会を作らず大学教授会として一本で運営、ここを直接理事長・学長が統括、議案の提案から質問への対応、説得にあたる。それ以外の教学・経営会議の多くも理事長・学長が主宰、また各種委員会等に可能な限り出席し直接対話する。意見を良く聞くボトムアップの伝統を壊すことなく、しかし、経営企画戦略室や常務会、改革委員会で決めた方針を基本的に貫き、その議論・説得過程を通じて全学合意を作り出し、改革意識を浸透させてきた。

　これが風通しは良いが痛みの伴う改革には不向きな組織体制の弱点を克服し、キャンパスの新設、全面移転、学部増設と抜本的改組など強い改革路線を実行に移し、志願者増、定員確保を実現してきた。こうした努力の積み重ねの結果として、強いリーダーシップを作り出している。

● 社会人基礎力育成教育を徹底：愛知学泉大学
　　教職員の総力を結集し、学生育成のモデル大学の構築を目指す

第8章　全国に通用する強い特色作りにこだわり、それを徹底し、推進するマネジメントを作り出す

　愛知学泉大学は社会人基礎力教育を徹底して重視、それを柱に全学教育システムを構築している。チームで働く力・チームワーク、考え抜く力・シンキング、前に踏み出す力・アクションを具体化した12の能力要素をシラバスで全科目に明記、通常科目でまずこれを意識的に教育する。卒業必修単位履修で12の能力要素全てを確実に習得し卒業できるマトリックスを作成した。これに徹底したPBLを行うことで知識活用力（リテラシー能力）を育成する。2006年、（株）ココストアと、当時文系では珍しい産学連携協定を結んでPBL教育を本格的に開始、これが2007年、経産省・大学教育モデル事業「社会人基礎力育成評価事業」に採択された。以後3年連続採択。ここから本格的な社会人基礎力教育が始まる。

　学校の成績の良さと社会で活躍できる能力は一致しない。知識を活用して何かができたと実感させる教育、学ぶ意欲を喚起し学ぶ喜びに結びつける教育が必要だ。従来型の学校教育は教科型学力。しかし、いま求められるのは変化に対応する能力、変化を生み出す能力。特にコミュニケーション能力や対人能力が必要不可欠だ。知・徳・体プラス行、これで教育にイノベーションを興さねばならない。

　そのためにはテスト型ではない到達度評価、学習成果（アウトカム）評価が不可欠だ。プログレスシート（じぶん振り返りシート）を開発し、事前・中間・事後の3回の面談による振り返り、自己評価と外部評価の組み合わせで自分を客観視、学びの目標、知識活用の達成度を確認し自信を持たせる。プレゼンテーション会、自己振り返り会など発表の機会も作る。またこの具体的な行動事実、プロセスを採用企業側に学生の学びと成長の記録として知らせることができる。学生の学習履歴、成長度合いを発信することは金沢工業大学の付加価値教育にも通ずる大学教育力の証明である。このための愛知学泉大学社会人基礎力評価基準も大変優れている。経年変化で学生に何ができるようになったか具体的に記載、学習成果、到達度が評価できる。米国・アルバーノ大学に視察団を派遣し、さらなる改善・充実を進める。

　教員にとっても大きな教育のイノベーションで、この教育実践に向け徹底的にFDを行う。これら全体を社会人基礎力育成室が日常的に推進、こうした取り組みが高い就職率や国家試験合格率に表れる。家政学部の未就職はわ

ずか5人。経営学部は98.3％、コミュニティ政策学部も95.4％（2012年）、管理栄養士国家試験も高い合格率を保持する。社会人基礎力の共通言語化に向けた先鞭をつけ、社会人基礎力育成・評価の体系的な独自の大学教育プログラム「無限の可能性」の構築に挑む。

　この背景には、経営学部、コミュニティ政策学部の定員未充足問題がある。この2学部を廃止し、2011年、現代マネジメント学部を新設する抜本改革を行った。こうした改革は、寺部曉理事長の強いリーダーシップで行われてきた。しかしトップダウンだけではない。ミッションでもある「無限の可能性」は構成員の力を引き出すマネジメントでもある。その一つが学園報告討論会。全学の教職員が一堂に会し、学園の現状と将来展望を報告、互いの教育実践を共有、理事長の基調講演の後、教職員の実践報告、分科会に分かれての討議で学園の目指す方向性を共有する。

　学部、学科、専攻、分掌ごとの事業報告、事業計画書の取り組みも優れている。毎年度の目標に対する到達度を自己点検、組織全体だけでなく各部署、各分掌で目標達成度を点検、まとめ集（報告書）として発刊する。これを理事会・評議員会、教授会や委員会に報告、評価や意見を聞き、フィードバックし運営改善に生かす。具体的であるが故、多くの指摘や意見があり改善・向上につながる。また各教員が授業改善報告書を提出、教育目的の達成状況の点検・評価を行う。授業アンケートも学期中間期に2回実施、各教員は授業改善プランをリフレクションペーパーに記載、冊子にして図書館等で公表する。

　定員割れから財務状況の悪化が続いたが、財政健全化5か年計画を策定し、収入と支出、教職員数、人件費比率や消費収支差額比率の具体的な目標値を％や額など数値で明示し改善を進める。

　2012年、創立100周年で職員憲章を制定、ミッションを共有し、社会人基礎力のモデル大学として先駆的な取り組みで評価向上を目指している。

● 伝統を生かし、堅実な運営：奈良大学
　　経営・教学、教員・職員一体となった取組みで特色強化

1300年の歴史が息づく奈良、奈良大学はこの風土、伝統文化を生かし、本物を見て、触れて学ぶ体験型の教育を重視する。「奈良が教室」「奈良が図書館」を合言葉に、全学科を通してフィールドワーク中心のカリキュラムを採用、日帰り研修や野外調査、海外の遺跡修復や国内の発掘調査にも参加する。

1979年、日本初の文化財学科を設置、全ての都道府県出身者が在籍する全国型の学科だ。世界遺産コースもわが国唯一で、このコースを全学部・学科に設置することで学部の枠を超えた共通の学びを作り出す。教養教育が専門教育と並行して1年次から4年次まで置かれ、学部・学科を飛び越えた履修や所属学部に関係なく履修できる全学自由科目が幅広く置かれている。教養部教授会が一般教育のほか、語学、情報、初年次からキャリア・資格教育まで共通教育を一貫してサポートする。

特色の面倒見の良い教育は、クラス担任制やTA制度を徹底活用、教務・学生課が一体となった学生支援センターもあらゆる面から学生をサポート、キャリアセンター職員は学科担当制で、徹底した個人面談を中心にきめ細かい就職支援を行う。

教育改善にも努力し、年2回、学生の授業改善アンケート結果に基づき、各教員に自己評価・改善報告書を提出させ冊子にまとめる。これを学生に公表、またアンケート集計結果報告会を開くなど授業評価のフィードバックシステムを作ることで授業改善を促す。FDで授業公開を実施し、終了後、意見交換会も行う。職員も学生窓口を持つすべての課室で窓口アンケートを実施、「相談や質問に行きやすいか」「言葉使いや態度は適切か」などを聞き、評価に基づき改善に努めることで学生満足度は飛躍的に向上した。自己啓発研修補助制度を置き、積極的な職員のさらなる力量向上を支援する。

こうした運営を作る上で、法人・大学の一体運営の要、理事長が主宰する戦略的企画会議が重要な役割を果たす。ここでは将来計画や大学運営の重要事項を協議、経営・教学の管理者が一堂に会することで連携を強固なものにしてきた。教学部門の意見が理事会に伝わり、また法人運営の方向性が提示され、闊達かつ率直な意見交換が行われる。

大学の最終意思決定機関は全学教授会で、ここには全教員と事務管理職も

参加する。全体の教育研究に関わる方針の審議を行う全学企画委員会や全学教務委員会が機能し、教員人事委員会でも全学的な教員編成や人員計画を検討する。学部や専門分野に偏らない教学運営や人事編成で、大学一体の政策の立案・遂行を実現する。機構改革委員会では委員会の統合や事務組織の見直し、学生目線での事務室配置まで、スムーズな組織運営を目指した改革を進めた。

2005年には21世紀長期計画基本構想委員会が設置され、長期的視野での教育目標、学部・学科の特色化、人材育成計画や財政計画などを策定した。答申「21世紀長期計画基本構想案」では、世界遺産学科、看護学科、心理学科、観光学科などが提起され、それぞれの利点や問題点を徹底議論、その中から現実性のあるものを着実に形にし、奈良に立地する特性を生かした学部構成に進化させてきた。さらに今後、戦略的企画会議を軸に、新学部・学科の必要性の検討、社会調査学科の強化策、学生の学習支援、学長選考規程の見直し等の直面する重要課題に取り組む。

これらの推進を財政面から支えるのが第1期・中期財政計画(2009年〜13年度)である。常にこの財政計画をベースに諸事業を行うことで、堅実な経営を実現させてきた。すでに第2期計画(2014年〜19年度)の策定が進んでいる。

こうした一連の改革推進の背景には、定員割れはないが、志願者が減少傾向にあるという厳しい環境がある。1998年、キャンパスを現在地に全面移転、社会学部を増設。2004年には臨定を解消し入学定員を710人から600人に減員、収容定員も440人減り大幅な収入減となった。これに対応し、2005年には通信教育部を新設し規模拡大を図るとともに、予算の10％削減を断行した。前年踏襲型予算を排し、厳格な事業計画に基づく予算を編成、目的の不明確な支出をカット、費用対効果の高い事業に積極的に配分するなど、安定経営を保持する施策を次々に実行してきた。そして2016年、90周年に飛躍を期す。

奈良立地の強みを徹底的に生かし、「努力は天才である」という創立者の言葉を堅持し、理事長、学長の方針を浸透させつつ現場との接合を重視、全員参加型の運営で堅実な改革を進めている。

● **工学部改組から看護学部設置へ：足利工業大学**
　風力発電等特色ある教育で地域、世界と結びつく

　足利工業大学は、2011年より工学部教育を抜本的に改組、創生工学科1学科としその下に5学系を置いた。新学系は特色ある工学分野を大胆に取り込んだ。その下にさらに、最先端のロボット生産システムコースやCAD・CAMデザインコースなどを含む11のコースを置く。

　一つの専門分野に秀でた能力だけでなく、別々の領域をつなげ、新しい商品やサービスを開発できるマルチエンジニアの育成を目指す。狭かった工学の対象領域を大きく拡大し、新たな学系・コース名で特色ある教育を打ち出す。1学科内なので学系・コースを変わる自由度は大きく拡大した。

　とりわけ日本で初めて、自然環境にかかわる工学に特化した自然エネルギー・環境学系は風力発電の研究者でもある牛山学長が主導する改革の目玉だ。学内には、風力と太陽光に木質バイオマスガスを組み合わせたトリプル・ハイブリッド発電の大型実験施設がある。また「風と光の広場」やミニミニ博物館には、様々な形をした約30基の風力発電装置や太陽熱を使う調理器具、ソーラークッカーがあり、小・中学校の総合学習からケニアの無電化地域の電化まで、地域でも国際舞台でも注目される。

　2014年には看護学部設置を目指す。もともと短大にあった3年制の看護学科の発展だが、工学部に併設することで大学イメージを一新し、大学名の変更も検討中だ。

　こうした新たな展開を、一人ひとりを大切に育てる伝統の少人数教育が支える。入学準備学習プログラムから始まり、フレッシュマンゼミは1教員に5～8名という超少人数で実験や実習を通じて工学への興味を高める。履修登録時には、これが履修計画をアドバイスする個別履修プログラム制度として機能する。学生との面談を通して、授業理解度・疑問やニーズを直接把握し妥当な学習体系を作る上で極めて有効だ。

　さらに教員、学生同士の親睦を深める1泊2日のフレッシュマンキャンプ、

2年生では日帰りで工場等の見学を行うソフォモアキャンプが行われる。学系ごとに担任制をとっておりこれは4年間続く。1年次の基礎科目は習熟度別クラス編成になっており、モバイル出席システムで、欠席が2回重なるとクラス担任の教員が指導・援助、学生カルテを使って学生指導の充実に取り組み、学習支援室、数学、物理、英語の学習相談室では授業中には聞けない基礎的な疑問に専属教員や上級生が親身に対応する。

　就職率は82％。私大で2位になったこともあり地元就職には強い。卒業研究の指導教員と人事採用担当者と直接面談する就職情報交換会を、毎年、足利と東京で開いたり、栃木、埼玉の経営者協議会と連携するなど創立以来の企業との強い結びつきを生かす。学内企業セミナーは2日間で300社が参加し5割の学生がここで内定する。研究室ごとの就職内定状況も公表し就職支援を強化する。

　それでも地方に立地する大学の運営は厳しい。短大は定員をほぼ確保するところまできたが、大学は400人の定員に対し入学者が300人前後の状況が続いている。特色ある工学教育を広報するとともに、特待生入試や経済支援入試を拡充、工業高校や専門学校との連携も深め編入生の増加も図る。

　特に力を入れているのが教育連携センターの活動だ。高校との連携を継続的に強化するため栃木、群馬県内の25高校と連携協定を結び様々な交流活動を進めている。また高校からの依頼による大学見学、模擬授業、ものつくり教室への講師派遣・課題研究の指導、教員研修やPTAの講演会への講師派遣、各種コンテストの開催等を推進している。授業宅配便と名付け、高校に出向いて行う再生エネルギー発電やソーラークッカー等の授業は大変好評だ。地域や高校の信頼を高めるこれらの取り組みは、即効性はないが漢方薬と位置付け、広報業務と連携して入学者確保を図る。

　こうした取り組みを推進するのが、経営教学の協議機関である通称「法大会議」であり、学長の下では「委員長会議」「学系主任教授会」が改革方針を練る。財政的には赤字が続く厳しい構造だが、手厚い教員体制や教学条件の充実には手を抜かない、連続する改革と丁寧な教育による個性・特色を発信し、地域評価の向上に取り組んでいる。

> ● 道徳教育（モラロジー）を学内の隅々に浸透：麗澤大学
> 建学理念の徹底、組織運営改革、職員参加で改革推進

　麗澤大学は建学の理念を徹底して教育に具体化する。創立以来、知徳一体を掲げ、品性・人格教育と実学・専門技能教育の二つの柱を掲げる。専門知識の教授だけでは真に社会に役立つ人材は育てられず、学歴・財産・地位だけでは幸せになれないという強い信念がある。モラロジーは創立者の造語だが、優れているのは、この理念を実際の政策の中核に掲げ、研修等で徹底して教職員に浸透させ、教育の内容や業務遂行に具体化し、その推進を図る運営システムを作り上げている点だ。

　道徳科学教育センターが中心となり、この理念をカリキュラムに具体化、1年次全員必修の道徳科学A、Bを学部共通科目として開講、15のクラスの担当者を集めた道徳科学教育会議を毎月開催し、授業内容の交流・充実に取り組む。専用の教科書『大学生のための道徳教科書―君はどう生きるか』『同（実践編）』は2〜300ページある本格的なもの。実例が豊富で理解しやすく、最近は高校生向けの教科書も作成した。

　自校教育「麗澤スタディーズ」で建学の理念を学ぶ。ここでは上級生の自校史スタッフが大学の歴史をかみ砕いて解説する。キャリア教育科目「麗澤スピリットとキャリア」では、就職に当たりまずは胸を張って麗澤生だといえる確信・自信を身に付けさせる。伝統的に学生寮教育を重視するのも特徴だ。

　経済学部にも企業倫理研究センターを置き、CSRや企業倫理、情報倫理の教育・研究を重視、新設科目「現代社会と道徳科学」は、学長を始め多くの教員が道徳の意義を多面的な視点から教える。

　新任教員研修は1泊2日の泊り込みで、建学の理念の理解を深め教育の充実を議論、理事長講話も年3回、毎月の教職員の全体朝礼では誓いの言葉を全員で唱和するなど徹底している。

　ここまで理念の実質化にこだわるのは、これが麗澤教育の核となる特色をなすとともに、創立理念の浸透で、目標実現に向かって教職員全員で一致し

て取り組む伝統的なマネジメントがある。2010年には大学開学50周年、学園創立75周年を迎え、中山学長のもとさらなる教育の特色化を進めている。

　少人数教育を支える教員は設置基準の1.5倍おり、1年次から続く担任制度、「語学の麗澤」と呼ばれる通りの徹底的に語学力を磨くシステムでTOEIC点数の大幅な伸びを図る。2か国語の同時習得を目指し、第2外国語の言語の母国に留学し第1外国語も併せて学ぶクロス留学も評価が高い。23の国から全学生の1割を大きく超える360人の留学生が在籍、海外留学する学生の比率は全国トップ10に入る。経済学部でも国際ビジネスを強味とし、英語で経営を学ぶ。

　また、麗澤大学は学生同士のピアサポートを重視する。オリエンテーションキャンプは上級生リーダーと共同して企画・運営、キャリアセンターの在学生アドバイザー、オープンキャンパスでの広報スタッフ、自校教育スタッフ等、あらゆる場面で上級生が下級生を支援することで互いの成長と自立性を培う。

　2006年の管理運営組織の再編で法人管理部門と大学事務組織を統合、13部を6部にするなど大くくり化、その後、課を廃止しグループ制とした。縦割りの改善、学生サービスの強化、教学組織との連携、広い分野に精通することで全学視点で判断できる職員の育成や意識改革を進める。

　2007年には理事会体制も改編し、26人いた理事を半減、教学と事務のバランスの取れた構成にした。大学の意思決定機関である協議会、大学院委員会の構成メンバーには事務局長、学事部長等が入り、また各専門委員会にも職員が構成員として参画する。教員と共に職員が責任を持つ体制に移行、教学、事務、法人間の連携を強化した。日本高等教育評価機構と大学基準協会の評価を連続して受け、評価を踏まえた将来構想、中期計画を策定、今年はその実行計画づくりに取り組んでいる。

　職員は大学院入学支援制度などで専門力量の育成を重視、1989年から導入された人事考課制度は、2005年より成果主義的な要素を取り入れ業務目標の達成を重視、考課配分率の引き上げなどを進める。

　建学の理念を実際の教育や業務に徹底し、それを担う組織運営改革や職員参画により教職一体で目標実現に取り組んでいる。

● 文理融合の総合大へ、地域連携は学内で一本化：中部大学
経営・教学一体、教職員の力を生かし確実に実行する運営で発展

　2013年度、文部科学省のCOC事業に採択された「春日井市における世代間交流による地域活性化・学生共育事業」は、7学部29学科に成長した中部大学が、学部・専門の枠を超えて共通する力を育成する中核教育システムである。学長主導で、COC担当理事兼副学長を置き取組全体を統括、7名の職員を配置した地域連携教育センターが強力に活動を進める。

　全学共通教育は、地域連携教育にとどまらない。学部とは別に全学共通教育部を設置し、初年次教育、キャリア教育、スキル教育、外国語教育、教養教育等を実施、どの専門を学んでも、共通する社会人としての基礎力を持った学生の育成を目指す。

　1984年、それまで工学部単科だった中部工業大学から校名を変更すると同時に、経営情報学部と国際関係学部を設置した。それから2000年代にかけて、人文学部、応用生物学部、生命健康科学部、現代教育学部と数年おきに新学部を誕生させ、急速に文理融合の7学部を有する中部圏屈指の総合大学に成長してきた。

　こうした連続的な拡充・発展を担ったものは何か。この学園の法人・大学一体体制は強固だ。法人と大学の主要幹部がそろう運営協議会、ここから中部大学の進むべき道が発信される。常勤理事2名を置くが、大学の副学長で財務担当が法人の財務担当理事を兼務、大学の人事を担当する副学長が法人の人事担当理事になっている。理事長は大学総長を兼務し、学長、副学長が理事を務め、学監や学長補佐が渉外や入試、高大連携等の経営・教学一体の特命事項を担当、相互乗り入れの複合的な幹部配置で統一運営を作り出す。大学協議会は学部の上に立つ大学の最高意思決定機関だが、学長、学部長、教学役職者のほか法人本部長、大学事務局長も構成員として決定に参画する。その点では教職一体体制でもある。

　大規模組織なのに迅速な意思決定が可能な背景には、学内理事や主要教学

役職、事務幹部で構成される理事長室会議や学長室会議を置き、この少人数での徹底した議論で理事長、学長方針を踏まえた実行方針案が練られる点にある。

しかし、こうした方針策定は幹部だけで行われているわけではない。テーマに応じ時限的組織が作られ、しかもその答申は速やかにトップ機関に提案・決定され実行されることで、この大学の改革は推し進められてきた。例えばディプロマ戦略室は、副学部長を中心に特に就職実績向上にシフト、100％卒業、100％就職などを掲げ学科別工程表を策定、強力に推進した。就職率は95.1％、上場企業で資本金3億円以上、従業員300人以上の企業及び公務員への比率が53.2％と中部圏トップクラスの実績を作り出す。アドミッション戦略室は年度ごとの広報計画の立案、学科単位での計画の具体化を、学生支援戦略室は学生の自発性・自律性、学生の成長を支援する戦略の構築に取り組む。

教職員の成長も重視する。大学教育研究センターでは教育総合評価・表彰制度を実施、学生の授業評価、教育研究活動、学内行政への貢献などをポイント化、教員の自己評価を加えた総合評価を取りまとめ表彰、評価することで教育改善に継続的に取り組む。研究費も特別研究費を設定、研究計画をA＝外部資金を獲得できるレベルから、C＝学内固有の課題研究まで3ランクで審査し競争的に資金配分する。職員も人事考課を実施、自己申告と目標管理制度を一体化させ、キャリア開発シートで自己実現と職務能力の向上を目指す。

特に2007年からの事務部門の業務改善、学園の財政確立を目指す構造改革プロジェクトは優れている。毎年テーマを決め、第1ステップは学園を取り巻く環境と課題の共有化から始まった。収入増・収入確保策、管理運営の改善、支出抑制策等のテーマからスタート、次第に問題の構造解析、経営基盤確立、中期計画の研究、人件費・人材活用策、学生サービス、教務組織の強化、組織再編、施設管理、財政強化などに広がっていった。参加人数も20人～50人、ワーキンググループも多い時は9グループが活動した。継続的に現状を分析、他大学を調査し、課室の壁を超えて情報を共有し、知恵を出し合うことで意識改革、力量向上に大きな役割を果たした。

構成員の力を引き出し、これを徹底して生かしながら方針を策定、一旦決定したことは強力なリーダーシップと推進体制で実行し、急速な発展と中部圏での高い評価を作り出してきた。大学開学50周年夢構想事業でさらなる飛躍を目指す。

● 鍼灸師育成からリハビリテーション・看護へ：森ノ宮医療大学
　専門学校の強みを生かしたトップと教職員の一体運営

　専門学校から発展してきた若い大学である。一貫して臨床力を高める教育を重視、これまで4500名の臨床家を育て、それを基礎に2007年、大学を設置した。理学療法、看護へと分野を広げながらも専門職育成・資格取得に特化した個性ある教育を展開する。2010年には1982年に開設された附属のクリニックと鍼灸院をリニューアルし、伝統医学である東洋医学と現代医学である西洋医学、両方の医学思考や知識を身につけた人材の輩出を目指す。

　人間力育成の教養教育も重視、カリキュラムは3段階の構造からなり、基礎に幅広い一般教育を置き、次に科学的・論理的な思考を涵養する科目群を配置、その上に各学科にふさわしい基礎的な医学知識を身につけた医療人の育成を目指す。就職を希望する全学生が就職を実現、就職率100％は大きな特色だ。授業アンケートを基に教員はリフレクションペーパーを提出、学生に公表する。公開授業週間を設定し、教員相互評価、職員も参観に加わる。学習支援センターも本格稼働し、エンロールメントマネジメントにも力を入れる。

　2013年の志願者は前年から倍増、定員充足率は106.3％、定員割れの大学もある昨今にあって安定した募集を作り出す。退学率は2.4％と少なく、これもきめ細かい教育の成果だ。

　大学運営システムは確立期にあるが、基本に忠実で小規模専門学校からの伝統が息づいている。理事長は若いがリーダーシップがきちんと確立し、理事会主導で動く。教授会は理事長も規程上の構成員で、法人本部長、事務局長も構成員として加わる。その他にも理事長は、あらゆる経営会議や大学の

学科会議まで傍聴も含めできるだけ参加する。直接現場の意見を聞き、率直に議論することで実効性のあるリーダーシップの発揮を目指す。このトップと教職員の距離が近い伝統的な運営が、経営方針や意思決定が身近で行われる実感を作り出し、重要な施策にも全員が他人事でなく参加意識を持って取り組む風土となる。トップダウンとボトムアップが同時に機能している。

　重要事項の事前審議は管理運営会議で行い教授会にかかる。この構成は理事長をトップに教学役職全員、事務局長以下事務幹部も加わる全学一体組織だ。ボトムアップで提案された事項も、ここを経て教授会、理事会に提案・承認される。経営の実務は法人本部長（専務理事）が主導、法人本部、大学、専門学校事務局、出版部等を統括している。各部局や委員会には職員も構成員として参加、教員組織と事務組織の連携が進んでいる。小規模を生かし理事長・幹部が業務全般を直接掌握、戦略的意思決定ができる体制と現場からのアイディアを生かす円滑な運営を両立させる。

　人材育成を最優先課題として重視、大学ではまだ数少ない組織的な幹部育成システムを実行する。ML森ノ宮塾と名付けられたこの組織は、次世代を担う人材の発掘・育成を目的に自薦、他薦で24名が参加、講師は学園幹部とコンサルが担当する。学園の理念と歴史、高等教育の状況や課題、学園のSWOT分析、グループ討議などで昨年度は計7回行われた。学園の経営トップ層の育成はNB森ノ宮塾。環境変化を如何に経営に生かすか、理念・ビジョンの検証・再構築、行動指針とその徹底策を、中期経営計画の手法を学びつつ本音で討議、実際にその骨子の策定を行う。対象者は40代中心で、ここから森ノ宮医療学園中期経営計画基本戦略書作成プロジェクトが誕生した。

　年度ごとの事業計画と事業報告書を一対のものとして重視、理事長、役員が各部門長をヒアリング、新規計画の立案、計画進行状況のチェックや総括を行うなどPDCA実質化の努力が行われている。予算書も理事長自らヒアリングを行い作成、理事長直轄の内部監査室を設置、厳正な執行管理を目指している。

　企画部門も重視、法人本部に経営管理室、大学にも経営企画室を設置する。第一次中期経営計画（2014年〜2018年度）の策定作業も進行中で、ミッションの実現へ行動計画の具体化、進化を目指す。

トップと現場の活発な議論と徹底したコミュニケーション、迅速な意思決定と行動など専門学校時代から育んだ運営システムが学園に活気ある風土を作りあげている。

2.8 大学の事例から学ぶべきもの

2.1 全国に通用する強い特色作りにこだわる

まずは、典型的な地方都市、宮崎に立地する2つの大学を紹介した。

宮崎国際大学は、強い特色を持っている。外国人比率はこの分野で著名な国際教養大学やAPUの約2倍、8割を占める。徹底した少人数によるチームティーチングを行う。全授業が英語で、授業は教科を教える教員と英語を教える教員の2人で担当、それほど英語が得意でない新入生が、最後は卒論を英語で書くまでに成長する。ここには、長期の海外研修も含む徹底した英語漬け生活、自ら参加し、話して学ぶ創立以来のアクティブ・ラーニング、そして優れた能力を持つ教員集団がある。理事長の、日本初の英語によるリベラルアーツ教育の理想を形にし、揺るぎなく、一貫して個性的な教育を推進してきた。運営はアメリカ型で、理事長、学長、学部長の責任と権限は明確、少人数で構成される運営委員会や大学評議会で不断の教育充実を推進する。

同じく、宮崎にある**南九州大学**。園芸、造園分野の高等教育機関として、強い特色を保持、環境園芸学部は8割が県外出身だ。厳しい志願状況から、4年前、大学創立時からのキャンパスを閉じ、交通至便な宮崎キャンパスを購入、さらに都城に誘致を受け、造園系の2学部を1学部に統合するとともに、地域ニーズの高い管理栄養士養成学部とこども教育系学部を相次いで新設した。もともとオーナーはおらず、学長は選挙で選ばれて理事長を兼務、教授会自治が強い、最も改革に不向きな運営システムだ。なぜ、これほど果断な改革ができたのか。その背景には、現実に進行する危機認識の共有を背景に、学長の粘り強い説得、自身が設置した経営企画室による丹念な調査と現実感ある政策立案、全役職者が一堂に会する改革委員会での徹底した議論、学部教授会を作らず、大学教授会一本での運営がある。学長の直接統括、直接対話による意思決定が、調整型運営に陥りやすい弱点を乗り越え、必要な改革

を最後は全学合意、推進してきた。

愛知県にあっても、岡崎と豊田にキャンパスを置く**愛知学泉大学**も地方に立地する。早くから就業力、社会人基礎力に着目し、強みを発揮できるのはここだと定め、当時文系では数少ない産学共同協定を締結した。そして、経済産業省のモデル事業に採択され、この分野では草分けの地位を確保した。従来の教科型学力から、コミュニケーション能力や対人能力など人間力教育に大きく舵を切った。しかし、人間力はテストで力が図れない。そこで、「じぶん振り返りシート」や事前・中間・事後の3回面接、プレゼンテーション会での発表や、それらの到達を評価する「愛知学泉大学社会人基礎力評価基準」を編み出した。こうした全学を挙げた特色づくり、手間をかける教育づくりには、理事長の強いリーダーシップと合わせて、やはり、圧倒的多数の教職員の参画が不可欠だ。全教職員参加の討論会や分科会での議論と一致、学科、専攻、部署ごと、分掌ごとの目標・計画作りと達成度の確認、全教員の授業改善報告書の提出など徹底した全員参加を作り出す取り組みの成果でもある。

奈良大学は徹底して奈良の強みを生かす。奈良を教室とし、徹底してフィールドワークを重視するとともに、日本で唯一の文化財学科や世界遺産コースも、奈良でなければできない強みだ。理事長主宰の戦略的企画会議では、経営・教学の管理者が一堂に会し、重要事項や将来計画を議論する。改革に当たっては、利点と問題点の双方を徹底して調査、その中から身の丈に合うものを着実に形にするというやり方で、奈良の特性を生かした教育の強みに特化してきた。いたずらに規模拡大せず、堅実な財政運営で、地に足の着いた経営の実践が成果に結びついている。

地方にあっては、単なる工学では都市志向を押しとどめられない。**足利工業大学**では、工学細分化をやめ、創生工学科一つに絞り込んだ。工学の様々な知識・技術をつなぎ合わせ、生活に役立つ、実践的な開発ができる技術者の育成に特化した。そして、その中核に自然エネルギーを置き、これからの脱原発時代に対応できる、先駆的な人材作りを目指す。

教育連携センターが取り組む、高校に出向いて行う再生エネルギー発電やソーラークッカーの授業は大人気だ。風力発電研究者である学長のリーダー

シップの下、危機意識を共有し、多くの教職員を巻き込んで、特色ある工学教育作りを目指す。厳しい財政状況の中でも、教学充実に手を抜かない経営の判断も、この強みを支える。

　以上の大学に共通するのは、強い特色に集中する一貫した政策、揺るぎない信念だ。これが、厳しい地方小規模大学の未来を切り開く。

2.2　競争力を支えるマネジメントの強みを生かす

　都市近郊でも、厳しい競争は変わらない。「語学の麗澤」を売りにする**麗澤大学**は、徹底した少人数語学教育、クラス担任やピアサポート、クロス留学や留学生の多さを生かした教育などで強みを維持する。もう一つ徹底しているのは、ミッション＝道徳科学の徹底浸透である。1年必修の「道徳の科学」AB、経済学部の「現代社会と道徳科学」、キャリア教育では「麗澤スピリットとキャリア」を学ぶ。品性、人格なしに地位や財産を得ても幸せにはなれない。この強い信念の教育への浸透が強い特色を作り出す。これは大学運営にも貫かれ、強いミッション、目標の実現へ、教員と職員が対等の立場で一致協力、理事会構成も教職のバランスを取る。課を廃止、グループ制でフラット化を追求、総意を結集する運営を実行する。理念を教育からマネジメントまで貫き、本物の教育作りを追求している。

　工学部単科から、応用生物、生命健康など特色ある学部を次々に増設、7学部を擁する中部圏屈指の総合大学を作り上げた**中部大学**。こうした発展を実現した原動力は、法人・大学の完全一体運営と構成員の知恵と力を改革に結集するテーマごとの検討・推進組織の徹底活用だ。法人の財務担当理事が大学の財務担当副学長、同じく人事担当理事が大学の教員人事担当の副学長を兼務、法人・大学・事務の主要幹部で構成する運営協議会があらゆる改革方針の発信元となるなど、極めて実効性の高い経営・教学一体体制を構築する。一枚岩の幹部集団が強いトップを支えるが、それにプラス、下からの提案を組織的に生かすシステムを持つ。改革テーマごとに作られる数多くの戦略室や事務局の構造改革プロジェクトは、縦割りを乗り越え、改革テーマを現場参加で調査・分析し、知恵を集め改革プランを練り、それを理事長室会議、学長室会議等を経由してトップの政策に反映させる。こうしたマネジメ

ント全体が、構成員の力に依拠した強いリーダーシップを作り上げる。

　最後は、専門学校時代からの強みをさらに伸ばし、厳しい福祉分野で一貫して定員を充足、就職率100％、中退率2％台を実現する**森ノ宮医療大学**だ。理事長の強いリーダーシップがあらゆる現場に浸透、直接、教職員を動かす。強烈なトップダウンかというとそうではない。いや、むしろ逆かもしれない。理事長は教授会の構成員でもあり、大学の学科会議まで顔を出す。しかし、理事長がいても率直な議論が行われ、理事長も現場の実態を重視しながら、いかに問題を解決するか、一緒に考え、一緒に改善策をまとめ上げる。意思決定が身近で行われる体験が、多くの教職員に、他人事でない参加意識を植え付ける。専門学校時代からの伝統的な現場密着の運営方法が大学になっても脈々と続いており、それが数々の成果を生み出してきた。

　競争力を保持し続けるには、継続的な改革が不可欠だ。それぞれの大学の実態に見合ったマネジメントの強みを生かし、意識的に強化することが、改革の持続、大学の本質的な力を作り上げる。

初出：「事例に学ぶ、大学マネジメントの優れた取り組み」『私学経営』連載8、2015年5月号

『教育学術新聞』掲載一覧
- 「日本初、全て英語で授業のリベラル・アーツ大学、外国人教員比率は80％超・宮崎国際大学―アメリカ型運営で責任、評価を明確に教育充実」（平成26年4月16日）
- 「移転経て定員確保、地域ニーズに応える学部新設・改組も・南九州大学―直接統括と対話で改革を断行」（平成26年4月23日）
- 「社会人基礎力育成教育を徹底・愛知学泉大学―教職員の総力を結集し、学生育成のモデル大学の構築を目指す」（平成26年3月19日）
- 「伝統を生かし、堅実な運営・奈良大学―経営・教学、教員・職員一体となった取組みで特色強化」（平成25年12月18日）
- 「工学部改組から看護学部設置へ・足利工業大学―風力発電等特色ある教育で地域、世界と結びつく」（平成25年11月27日）
- 「道徳教育（モラロジー）を学内の隅々に浸透・麗澤大学―建学理念の徹底、組織運営改革、職員参加で改革推進」（平成25年12月4日）
- 「文理融合の総合大へ、地域連携は学内で一本化・中部大学―経営・教学一体、教職員の力を生かし確実に実行する運営で発展」（平成26年4月9日）

・「鍼灸師育成からリハビリテーション・看護へ・森ノ宮医療大学―専門学校の強みを生かしたトップと教職員の一体運営」（平成 26 年 2 月 26 日）

＊各大学の記載内容は、全て掲載時点のものである。

第9章

鮮明な目標（中期計画）、徹底した少人数の丁寧な教育、高い就職実績が発展を作り出す

63. 経営改善計画に基づき着実に成果：**長崎国際大学**──戦略的な広報で受験生集める、外部評価を重視し達成指標で厳しく自己評価
64. 徹底した外国語教育を推進：**長崎外国語大学**──カリキュラムマップなどで緻密に教育設計、危機をバネに計画を浸透、志願者の大幅改善を実現
65. 中期計画軸に改革：**岐阜経済大学**──学長機構の強化等体制整備、企業人育成課程を置き、実力ある人材育成
66. 徹底面談等で就職１００％：**中部学院大学**──急速な学部増で飛躍的発展、国試対策、現場主義教育を推進
67. グローカルに学生を育成：**青森中央学院大学**──留学生と共に地域活性化、定員を満たせない学部があっても、超安定財政を実現
68. 徹底した少人数、オーダーメイド教育：**弘前学院大学**──手厚い学生支援体制を構築、理事長が経営・教学の会議に出席、陣頭指揮で前進
69. 徹底した少人数教育で満足度向上：**びわこ学院大学**──職員参画の小回りの利く経営、学習の記録、カルテ・自己分析で成長を可視化

７大学の事例から学ぶもの
　　７大学の対比表

1．7大学の改革

　今回は、日本を縦断する長崎県、岐阜県、青森県、滋賀県の7つの大学を取り上げた。場所は大きく離れており、取り組んでいる課題や改革内容も違い、それぞれに個性がある。しかし、7大学を改めて俯瞰して見てみると、調査時点では、各大学の独自の改革努力に着目していて気付かなかった改革推進の基本骨格に、多くの共通点が見えてきた。

　現在でも、まだ定員割れから抜け出せていない大学もあり、決して全てがうまくいっている訳ではないが、厳しさを一歩一歩乗り越え、前進を作り出している。その力の根源は何か、どんな努力をしているのか、そこにある地方大学共通の改革原理は何か、取り組みの具体的内容を基に、最後に対比表に整理してみた。奮闘する地方大学の改革を、是非ご覧いただきたい。

● **経営改善計画に基づき着実に成果：長崎国際大学**
　戦略的な広報で受験生集める
　外部評価を重視し達成指標で厳しく自己評価

　長崎国際大学は、2000年に長崎県と佐世保市、地元財界の公私協力方式で誕生した新しい大学だ。しかし、学校法人は1945年に九州文化学院としてスタートしてから約70年の歴史がある。大学名は国際だが、人間社会（国際観光、社会福祉）、健康管理、薬学の3学部を擁する、人間に関わる総合的学部構成で地元の期待に応える。

　創立頃より特に顕著になった大都市集中傾向の中で、入学定員確保が厳しくなった。ボトムは2010年、定員の65％まで落ち込んだが、2014年の入学者は、健康管理学部と薬学部はほぼ定員を満たし、収容定員でも9割程度まで回復、財務の黒字化を達成し、経営指標も改善させた。

　如何にしてこうした改革が実現したか。その力の根源は何処にあるか。

　大学創設以来、帰属収支は赤字、これに定員割れ、高校移転による多額の債務も加わり財務を圧迫した。2007年には中期財政計画を策定、経営改善

を図るが成果が十分上がらない。そこに同年、認証評価があり、財務面や理事会運営について改善指摘、2011年には文科省・学校法人運営調査委員が調査に訪れ、第三者による評価の重要性を認識、これらの指摘に基づき経営改善計画を策定した。これを徹底して全学に浸透、全教職員説明会の開催、理事長が教授会に出向き、また学科会議でも説明、以降、この改善計画があらゆる活動の中心軸となる。

　まずは学募活動の強化。入試センターと募集企画センターを統合し、入試・募集センターとして一元的運営を行うと共に、募集状況を毎月の経営・教学・事務トップの集まる運営会議で報告、全学での情報共有化を徹底した。経済的困窮者に対しての奨学金制度を拡充、学費減免と特待生も充実した。募集地域として熊本、大分、鹿児島、沖縄(93人が在籍)を重視、ニュースリリースやホームページを徹底的に充実した。さらには、教員が合格者全員に自筆の手紙を出すこととし、1人当たり5～6人を分担するなど受験生一人ひとりを大切にする広報に徹した。

　就職にも力を入れた。キャリアセンター利用者も延べ3,000人を超え、就職率は94％を確保する。

　教育も、個々の学生の実力をつける教育を重視、ポートフォリオやリフレクションカードを活用、出席情報のみならず、授業の理解度、質問事項、事前・事後の学修状況、さらに、授業の方法・進め方、配布プリント、質問への回答、確認事項等を記載、授業改善に生かす。SAを52人置き、ピアサポートも重視、ハウステンボスへの長期インターンシップなど体験型学習を徹底する。

　優れているのは、自己点検評価報告書《教員個人による諸活動について》で、各教員が掲げた三つの教育目標に対し自己評価し公開する仕組みである。学生による授業アンケートで満足度が低い場合は学部長が指導・助言、教員相互の授業公開も実施、すでに薬学部は全員が終了した。職員の方も先行して人事考課制度を導入、毎朝の職員朝礼で方針や情報を周知する。FDも2012年度は13回実施するなど活発で、SDも含め、理事長・学長が直接講話する機会が多く、トップが改革の先頭に立つ。

　理事長・学長や幹部が、経営改善計画を本気で実行すべく、計画に基づく

経営規律を全学に徹底した。常に、全ての改革の基軸を、この計画の達成を基準とし、また、その精神を全教職員、全組織に徹底し浸透させている。そして、こうした計画の具体化と推進に経営企画室が大きな役割を果たす。

経営改善計画と事業計画、予算編成の有機的関係を作り上げ、計画の実践に現実性を担保した。この大学を動かしてきたのは、経営の再生にはこれしかないというトップの確信と、その認識を共有した教職員の力、推進体制の構築によるところが大きい。

この大学は、もともとトップダウン型ではない。しかし、危機に直面し、認識を一致させ、経営改善計画を自らの計画として教学、経営、財政、学募、就職のあらゆる場面に貫き、その到達目標で自らを厳しく評価することで、確実な改善を成し遂げてきた。この大本に、経営・教学・事務一体の運営会議がある。この、派手ではないが真摯な取り組みの中にこそ、成果を作り出してきた根源的な力がある。

● 徹底した外国語教育を推進：長崎外国語大学
カリキュラムマップなどで緻密に教育設計
危機をバネに計画を浸透、志願者の大幅改善を実現

1947年、原爆で廃墟と化した長崎で、いち早く長崎外国語学校としてスタート、長い外国語教育の歴史を持つが、大学は2001年の創立だ。外国語学部単科だが、例えば国際ビジネス、航空・観光、通訳・翻訳、英語専門職など将来の仕事に直結する9つのプログラムを持つ。創立以来、徹底した国際化、外国語教育で特色を鮮明にしてきた。

学習効果を生み出す授業を作るため、5つの観点からカリキュラムを分類したカリキュラムマップ、科目ごとの教える中身の配置図・コース・ディスクリプション、科目ナンバリングの検討など最新の手法を導入してきた。

CORE & ACE プログラムは、5段階の英語力レベルでクラス分け、基礎力から応用力へ段階的に上位プログラムに移行できる仕組みだ。学生提案型、教員提案型のプロジェクト授業も置き、半期ごとに振り返り・報告会を組むことで人間力、実践力を育成する。学習成果をできる限り可視化し、ポート

フォリオで、できるようになった成果を明示、成長を実感できるようにした。

カンバセーションパートナー制度は、留学生と日本人が小グループを作り双方の語学力を高めるシステム、アドバイザー制度では1教員10人程度の学生を担当、濃密な指導を行う。

留学を非常に重視し、年間で学年の3割を超える学生が留学、4年間トータルで7割を超え、日本のトップクラスだ。留学先で学費がかからない交換留学制度も充実させた。留学生受け入れにも熱心で全学生の3人に1人は留学生。キャンパスそのものが世界、海外を体験できる環境を作り出す。

国際学生寮・アンペロスは大学隣地に318室を持ち、日本人・外国人学生が共同で生活する。アメリカ、ドイツ、中国、ネパール等様々な国の学生が入居し自治運営、生活の中で海外体験、外国文化、語学力を自然に身につける重要な教育機関として機能する。

就職も重視し、内定率は94.8％。インターンシップを正課科目化、空港研修を中部セントレア空港などで行う。社長の鞄持ち3日間体験では、市内企業の社長、支店長や学長に密着し、トップの行動を実地に学ぶ。

開学当初は注目されたが徐々に志願者が減少、2005年からは入学・収容定員共に一倍を切る状況となる。2008年には定員充足率68.9％まで落ち込んだが、2012年には94.6％に大幅改善された。この間に何があったか。

志願者ボトムの2008年、文科省が調査に訪れ、その指導で経営改善五か年計画を立案、その前年には大学基準協会の認証評価で財務悪化から保留の判定を受け改善計画を策定した。中心は、学生確保、財政改善。理事長主導で、経営状況を全教職員に徹底すべく、法人運営の現況と方針を直接説明する機会を何回もつくり、改善計画を共有、全学一体の推進体制を整える。

法人・大学をつなぐ運営協議会を連携の中核機関として設置、全役職者と事務課室長全員で重要議題を討議・実行する。経営会議（法人運営）、学長室会議（教学運営）が時機を逸することなく改革に対処する体制を整備、学長が学部・全学を直接陣頭指揮する。

2005年以降、それまで教員のみで構成されていた委員会に職員が構成員として参加、職員の意識改革も進んだ。専任職員会議を毎月全員参加で開き情報を共有、方針を浸透させる。

2012年は経営改善計画の最終年度。こうした努力で、計画値には及ばなかったが、155人の入学生増加を実現（定員充足率95.9%）、計画値743人に対700人で、財政面でも僅かではあるが90万の黒字を達成し日本私立学校振興・共済事業団からも評価された。危機認識を全学で共有、外部評価も生かした総合的改革をトップからボトムまで一致して取り組んだ成果といえる。

2013年からは、「長崎外大ビジョン21」(2013 − 2020)として自ら立案した新たな中期計画に取り組んでいる。教育研究ビジョンと大学経営ビジョンを統合、大学の持続的発展を保証する仕組みの構築もめざし、4つの基軸と21の戦略からなる本格的なものだ。優れているのは、これまでの経験から、全てのテーマごとに実現のプロジェクトを置き、評価指標とターゲット（数値目標）を設定、実践に迫ろうとしている点だ。危機を力に変え、継続的な改革に取り組んでいる。

● **中期計画軸に改革：岐阜経済大学**
　学長機構の強化等体制整備
　企業人育成課程を置き、実力ある人材育成

岐阜経済大学の50周年ビジョンは、2007年の40周年時に全教職員の決意表明として五つの大学宣言を行い、不断の自己改革を誓ったことに始まる。初のビジョンで、これに基づき2009年、第一期中期計画、「アクションプラン2009 − 2012」を策定、教育改革・大学改革に着手した。

分かり易く実践的な経済学・経営学を重視、地域連携推進センターを軸に地域や企業とコラボしたサービスラーニングに力を入れる。ゼミを重視、研究成果を発表する学内ゼミナール大会は、優秀賞のトロフィーを争って盛り上がる一大イベントだ。学修行動調査で、1日の学習時間や読書習慣も把握し実態を掴んで教育改善、2012年からは授業参観、意見交換会も実施する。輩出した経営者の大学の規模に対する比率では県内1位、企業人育成課程を置き、第一線で活躍できる実力を持った人材を養成する。

キャリア教育には特に力を入れる。優れているのは、就職意識の強い学生の就職特訓講座を年20回以上開講、早期に内々定を勝ち取り就職活動全体

を牽引、内定率を 10％押し上げた。就職率は 96％、対卒業生比でも 84.5％、全国初の取り組みとなったジョブカードを活用したキャリアコンサルティングやジョブサポーター制度で支援する。就職活動に踏み出せない学生には定期的に電話、つまずいた時点で早期に手を差し伸べ就職率を底上げする。卒業生アンケートでのキャリア支援課への評価は高く、満足 53％、まずまず満足 29％。企業アンケートも 517 社に送付、回答があった 160 社の総採用数は 1,180 人、うち離職者 269 人 (22.8％)、全国平均に比して低い。

　喫緊の課題である学生募集も重視、担当副学長を置き、スポーツ推薦入試や体育系指導者によるスカウティング、沖縄県での学募にも力を入れ毎年 30 人前後の入学生を確保する。過去にイメージキャラクター・ギフレンジャーで HP アクセス 13 万件、資料請求数 3 倍化を実現したこともある。しかし、基本は汗をかく広報戦略を重視する。

　第一期計画の総括は、2013 年 3 月理事会に報告、冊子にまとめ全教職員に配布するとともに、引き続く後期計画として第二期中期計画 (2013 年 4 月～2018 年 3 月) を策定した。学長は中期計画の責任者として毎年度目標達成状況を検証、遅延部局には理由の説明も求める。学長をサポートするのは学長室機能も担う企画広報課、理事長室とも兼務し、政策の取りまとめ、経営との調整、特命事項を担う。中期計画の進捗管理、認証評価・自己評価、事業報告、三者の一体管理で着実な前進を目指す。

　こうした総合的改革の成果は徐々に実を結び、2006 年設置のスポーツ経営学科の人気もあり全学では定員充足に近い 96.5％まで確保、厳しかった福祉関係の学科も 2012 年公共経済学科への改組により回復しつつある。これにあわせ財政状況も徐々に改善、学生確保のため入学者の 6 割を超えた学費減免者も見直しを行うなど 5 か年で収支の均衡を目指す。

　管理運営体制の改革にも取り組む。もともと伝統的にはボトムアップ重視、大学自治を尊重する学風で、これは、ともすれば慎重審議や意思決定の遅れをもたらす。学長がリーダーシップを発揮できるように、投票はあくまで意向投票とし、学長の最終選考は大学協議会から常任理事会の下で学外理事も含む選考委員会へ移行させた。また、理事兼務の副学長を 2 人配置し学長補佐体制も強化した。

教学の最高意思決定機関は大学協議会で週1回開催、学長、副学長、学部長、教学主要役職、事務局長の少人数で構成される。全学案件は二つの学部教授会の合同会議を学長直轄で開く。重要議題は常任理事会運営委員会と大学協議会の合同会議を開くなど、経営・教学も実質的な一体運営を行う。

公設民営の設立経緯から地元企業、県や市の有力者が多く理事に就任、公立大学法人に向けた環境整備をすすめる。しかし日常経営は、代表権を持つ常勤副理事長や学長(理事)、事務局長(理事)が中心となり、教職一体、職員参加で行われている。2010年より目標管理制度を導入、職員の力を引き出す事務局長の全職員面談、副理事長、事務局長による課長面談なども毎年行う。中期計画の目指す目標に全学あげて真摯に取り組み、着実な成果をあげている。

● **徹底面談等で就職100％：中部学院大学**
　急速な学部増で飛躍的発展
　国試対策、現場主義教育を推進

1997年、岐阜県初の福祉系4年制大学として関市に誕生した中部学院大学は、後発新設校を意識し、その後、急速に3学部を増設、福祉を核にした小規模総合大学として基盤を固めてきた。創立当初の人間福祉学部に加え、2007年、各務原キャンパスに子ども学部、同年、関キャンパスにリハビリテーション学部、2008年には各務原に経営学部、2014年にはリハビリテーション学部に看護学科を増設、看護リハビリテーション学部に改組した。極めて短期間に総合大学へ飛躍的に発展してきた背景には、関市の立地からくる学生確保の厳しい現実に立ち向かい、教学充実とニーズに合った学部新設へのたゆまぬ挑戦がある。

人間福祉学部は、ダブルライセンス、社会福祉士に加え精神保健福祉士、介護福祉士、中・高教員免許が取得できるカリキュラムを組み、2012年の週刊東洋経済「本当に強い大学」で文系就職2位、同年、国試合格率、社会福祉士30.8％、理学療法士94.3％と全国平均を大きく上回る。経営学部も、従来型インターンシップを超えた長期職場実習プログラムで徹底した現場主

義教育を行う。経営学部とシティカレッジ・会計プロフェッショナルコースの学生が、2012年の簿記インカレ全国大学対抗簿記大会で団体、個人戦でいくつかの級で優勝した。東大や一橋大など、そうそうたる参加大学の中での成果で、優勝した学生3人は岐阜県文化・スポーツ功績賞も受章した。

7～10人の少人数クラス・ゼミで、クラス担任と学年担任制のダブル担任制を敷き、クラス担任からこぼれた学生は学年担任が拾うことで、1人の落ちこぼれも許さない手厚い体制を敷く。これに加え、パソコンスキルを教える情報活用論の授業担当者が活用論担任として、一人ひとりのパソコン操作をサポートする。

文科省の大学教育・学生支援推進事業に採択され、「進路決定率100％、進路満足度100％の巣立ち支援体制の確立」をテーマに活動、アンケート調査による満足度は、雇用側＝2007年77％→2010年86.7％、学生側＝2007年72.2％→2010年85.0％に上昇、3年以内早期退職率も21.6％（全国平均31.1％）と少ない。その推進のために、独自の学習PPMプログラムを導入、これにより基礎・教養・専門・キャリアの各教育を結び付け、学習意欲と能力開発を促す指導プログラムを開発した。また、学生支援ファイルのシステムも開発、学生基本情報、成績・出欠・ケア履歴・就職登録を一元化、迅速な対応と支援を強化した。

就職は、2012年、開学以来初めて、全学部、短大も含め100％を達成、社会福祉学科は10年連続、短大の幼児教育学科は11年、100％が続く。これも学生1人に対し年間平均15回の個別面談をするなど、徹底したマンツーマン指導の成果だ。

学募対策も強化、性格や資格・志向が異なる学部の学募方法を工夫、1高校6回を目標に訪問し、高校訪問担当の入試アドバイザーを配置する。子ども、経営、看護リハは定員を充足するが、人間福祉はやや定員割れ、教育実績をアピールし全学あげた努力が続く。通信教育部も700人を超える学生が学ぶ。

大学運営は、小規模単科大学時代からの転換期と位置付けるが、2012年度より学長・副学長会議を新設、大学、短大両学長、副学長のリーダーシップ強化を図り、教養教育の見直し、キャリア教育の充実、学院創立100周年アクションプラン、通信教育の将来構想など大きな方向性を提起する。学部

教授会は無く、教授会は4学部合同で行い、学長直轄で全学改革を推進する。大学評議会は大学・短大一体の意思決定機関として機能する。大きな改革プランは、理事長、学長の発想に基づき、企画戦略室（2011年設置）が調査、素案とりまとめ、理事長、学長、事務局長等の打ち合わせを通じて形にしたうえで、理事会や教授会に諮る柔軟性と機動性のある運営を行う。

中期構想等はないが現実感ある経営で、自治体からの誘致等のチャンスを逃さず機敏に決断することで確実な経営拡充と基盤強化を実現してきた。その結果、連続的な大改革とキャンパス・学部増設を断行、地方の厳しい環境に耐えうる大学づくりに成功している。

● グローカルに学生を育成：青森中央学院大学
留学生と共に地域活性化
定員を満たせない学部があっても、超安定財政を実現

戦後、手に職を付けて生活の自立を図ろうと珠算簿記学院と裁縫学院を設立した伝統。これは現在も、法律知識を持って経営の意思決定ができる全国唯一の学部、経営法学部と看護学部（平成26年度設置）に息づいている。

教育の特色は、地域貢献、国際化、少人数教育の3本柱。とりわけ地域と連携した実践力を育成する教育を徹底する。その柱は「地域・企業との連携による課題解決・参加型プログラム」。地元企業とコラボし、学生たちの力で新商品を開発する。授業は体系的に組まれ、1年次は様々な業界の社会人と座談会、2年次は学生が青森県産品をプロデュース、3年次では企業が抱える課題や問題に学生目線で解決策を提案するプログラムに発展する。

優れているのは、こうした地域連携に留学生も巻き込み、地元の国際化にも貢献している点。留学生は、現在、7つの国と地域から124人、ベトナム、タイ、中国、韓国、マレーシア、台湾、セネガルなどである。その留学生が語学サポートセンターに自分の特技なども含め登録、地元の要望に基づき派遣される制度は、小中高生の総合学習が人気で、地域の文化交流に大きな役割を果たす。留学生の活躍や学生の地域・企業との連携は、「地域企業とコラボ、学生ら新商品開発」（『朝日新聞』）など連日のように紙面を賑わし、大学評価の

向上にもつながる。別々に見える地域貢献と国際化は一体となって強い特色となり、また、それ自体がサービスラーニング、実践教育として機能する。

　開学以来の徹底した少人数教育、1ゼミ10名程度の密度の濃い授業で顔の見える教育を行う。学習支援センターでは、学生相談記録、学生出席情報などを学習支援、生活支援に生かす。

　FDにも積極的に取り組み、FDネットワーク"つばさ"に参加、授業アンケートでの学生コメントに対する教員の回答を公開、各学期1回、授業方法検討会を実施、授業の状況、成績・評価、教育方法の報告、交流、改善議論を行う。

　就職率95.9％。朝日新書『就職力で見抜く！沈む大学・伸びる大学』（木村誠著）で、就職率が商・経営系で第1位と紹介された。入り易くて就職に強い大学と評価される。先述の地域・企業連携教育を含むキャリアプランニングを正課の人間探究科目群の柱として開講、就職を勝ち抜く実践力を養う。就職成功は学力や能力だけではなく、どれだけ事前準備したかで決まる。今日の環境では当然転職、再就職もある。率を上げるだけではなく、卒業後の就業生活まで含めたキャリア形成を目指している点が優れている。

　本州最北端、青森は志願者を安定的に確保していくには厳しい環境である。看護学部は順調だが経営法学部は定員を完全には満たせていない。短大は食物栄養、幼児保育とも順調だ。一方、財務状況は過去5年、消費支出比率80％台、人件費比率40％台、帰属収支差額比率10％台をキープ。看護学部設置で資産の取り崩しはあったものの経営判定A1の超健全財政を保つ。これはどのように実現しているのか。

　まずは支出の中心である人件費のコントロール。教員人事の決定権限を新設された人事委員会に移管、教授会は業績審査のみ行う方式に転換した。給与カットはせず、予算編成と執行を、財務指標を基に厳しくチェック、事業計画を見据えた人事計画・施設整備計画を進める。法人本部企画部を立ち上げ、中長期計画策定に向けての調査・分析も行う。

　その推進の中核は大学経営会議及び部局長会議で、理事長、学長、事務局長ほか役職者で構成、大学運営の基本事項、教授会付議事項、自己点検評価など法人・大学全体の改革推進をリードする。事務局は課長・リーダー会議を毎月開催、部門間の連携、問題意識の共有を図り、他大学の改革事例も調

査、職員全員による事務局研修会も行う。職員が経営・教学のあらゆる場面で中心的役割を担っており、改革推進のエンジンとなっている。教職員の資質向上を最重要課題と位置付けて FD・SD に取り組む姿勢は、この学園の力の根源を表している。

「改善は下から、改革は上から」の言葉通り、法人・大学、教・職一体の着実な改革と特色化の努力の成果がこの法人の成長を作り出している。

● 徹底した少人数、オーダーメイド教育：弘前学院大学
手厚い学生支援体制を構築
理事長が経営・教学の会議に出席、陣頭指揮で前進

「学院創立 125 周年、息づく歴史、オーダーメイドの学び」。駅や学内に貼られているポスターは、この大学の歴史と教育を端的に表す。1886 年、青森県初の女子普通教育学校としてスタート、徹底した少人数による手作りの教育を進めてきた。大学は 1971 年、文学部単科でスタートしたが、2000 年前後から資格対応型学部構成に大きく舵を切り、社会福祉学部 (1999 年)、看護学部 (2005 年) を相次いで増設、男女共学化を行った。しかし、18 歳人口の急減や大都市集中で、2008 年頃には収容定員の 7 割台まで落ち込んだ。丁度、大学基準協会の認証評価と重なり、定員確保や財政問題で保留、同時期に文科省の調査も受け経営改善を指導される。

危機意識を背景に、全学を挙げた努力の中で、その後急速に回復、看護学部は定員確保、文学部、社会福祉学部も定員に近づきつつある。2013 年には認証評価もクリア、学生確保と財政改善の努力が認められた。厳しい環境の中での、こうした前進にはどのような取組みがあったのか。

まず第一に挙げられるのが、学生満足度の向上と学生育成に的を絞った教育の充実である。1 年〜 4 年までのゼミは教員 1 人に対し学生は数人、多くても 10 人まではいかない徹底した少人数教育である。担任制度、チューター制度で良い意味での「手とり足とり」の指導を行い、学力、意欲に差がある学生を徹底的にサポートする。学生が 2 週連続で休むと要注意情報を共有、3 週続くと本人面談、必要に応じ保護者と協議、カウンセリング・支援体制

第9章　鮮明な目標（中期計画）、徹底した少人数の丁寧な教育、高い就職実績が発展を作り出す　189

を組む。マンツーマン指導とあわせ、必修を少なくし学生に合ったカリキュラムを組むことで、目標とするオーダーメイド教育を推進する。

　学ぶ意欲や目的意識、帰属意識の醸成を重視、毎週木曜日午前、全学生、全教職員で礼拝を行い、その後、「ヒロガク教養講話」を開講する。理事長、学長、学部長のほか地元企業の社長、医師、芸術家、歴史家、福祉・医療分野で活躍する人など多彩な講師陣が、最先端の課題を解説し学生の心に火をつける。

　就職率は 90％後半と高い数字で推移、社会福祉学部や看護学部は 100％を続けており、青森県内の大学ではトップクラスである。社会人基礎力支援科目や企業等実習（インターンシップ）を単位化、実践力を高める。学生募集活動も抜本的に強化、新戦略会議を立ち上げ、中核幹部が集まり外部コンサルタントも入れて、これまでの募集活動を徹底的に見直した。大学案内、募集要項を刷新、HP やオープンキャンパスを抜本的に充実、学生スタッフを募り、学生を前面に出す広報に転換した。これらの推進には理事長、学長が中心的役割を果たす。理事長は大学協議会、学長運営会議、さらには 3 つの学部教授会、2 つの大学院研究科委員会にも出席する。大学協議会の構成は、理事長、学長、宗教主任、各研究科長、各学部長及び各学部から教授 3 名、それに事務長があたる。学長運営会議の構成は学院長、学長、宗教主任、各研究科長、各学部長、事務長である。理事には学長のほか学部長、職員も加わる。それら全てに理事長が関与することで、法人・大学の迅速な意思決定が可能となる。学長は理事会で選任、学部長は学長が決定するシステムもこうしたリーダーシップの発揮を支える。学部教授会には事務長、各課長が、大学の各委員会には職員が参画することで教職一体の取り組みを行う。

　厳しい環境の中で、財政改善も計画的に遂行する。法人財政の健全化に向け弘前学院財政改善第一次 3 か年計画（2007 年〜 2009 年）、その追加計画、第二次 3 か年計画（2009 年〜 2012 年）を立案推進、給与、賞与、諸手当を当法人の支払い能力に応じて独自に削減、遊休資産を売却するなど身を切る改革を断行する。新学部や改革推進に投資は不可欠で、それに伴う借入金や累積超過支出縮小の課題もある。人件費圧縮と経費節減、そして何よりも学生確保の取り組みを生命線として重視する。この法人の事業報告書には全教職員の

氏名が載っている。この、人を大切にする風土をベースに、理事長が全体改革の陣頭指揮を執り、教学から財政まで現場実態に即した改革を積み上げることで、着実な前進を推し進めている。

> ● 徹底した少人数教育で満足度向上：びわこ学院大学
> 　職員参画の小回りの利く経営
> 　学習の記録、カルテ・自己分析で成長を可視化

　大学は2009年の開学だが、学校法人滋賀学園の歴史は80年余。裁縫研究所からスタートし、これが短大の生活文化に引き継がれ、全国初の人間福祉、そして大学の教育福祉学部へと発展してきた。子ども学科は2期生を輩出、就職率100％を達成した。しかも就職希望率96.2％、教育、保育、福祉等の学科の目指す専門職に就いた卒業生の割合76.5％と優れた実績である。
　2014年、併設する高校にスポーツコースがあることからスポーツ教育学科を増設した。
　大学・短大合わせても教員30名、職員18名、学科増設前までは収容定員340人という小規模で、大学案内でも「一人ひとりの夢に寄り添って—ここにしかない少人数教育」をアピール、1クラス平均10名、クラス・ゼミ担任制で行き届いた教育を行う。
　その特徴を整理すると、第一は、少人数からくるアットホームな環境、分からないことはすぐ聞ける、親身に話を聞いてくれる、教員との距離が近いなどから学生満足度が高く、退学率の低さは県内ナンバーワンで、『読売新聞』2013年7月9日「大学の実力」でも紹介される。また、「カレッジマネジメント188号（リクルート発行）」において、感性的価値を表すイメージ項目"のんびり"の部門で全国14位に上げられている。地域の環境から、学生たちが感じている良い意味での雰囲気のある大学でもある。
　第二は、就職実績を生み出すきめ細かな進路指導。ここでも基本は少人数の強みを生かした個別指導で、じっくり時間をかけて相談に乗る。エントリーシートや履歴書を丁寧に添削し、教職員相手の模擬面接を何度も繰り返す。ゼミ担任とも緊密に連携し、学生が来るのを待つのではなく大学の方か

ら常に学生と連絡を取り、試験や就職活動のスケジュール管理までサポートする。全学生の名前を憶えているので、顔を出さない学生は廊下で待ち構える。大規模大学では真似のできない親身な指導が抜群の就職実績を生み出す。一方、地元事業所の社長や幹部職員にも協力を得て、実践さながらの面接の予行演習なども積極的に取り入れ、功を奏している。

　第三は、学修の記録。カルテでは、目標は何か、そのために何をしたか、取得予定の資格、それに必要な単位と成績等をリスト化する。自己分析では、大学独自のオリジナルな質問に答えることで、長所や短所、改善点を見つけ数値化、定期面談で担任に相談する。自己分析を折れ線グラフやレーダーチャートで可視化することで、自分の強みや課題、努力が必要なところ、進化が一目瞭然で、担任も現状を踏まえたアドバイスが可能となる。自分を客観視でき、成長度合いも、次は何をすべきかも分かると学生から高く評価されている。

　第四に、体験型学習で実践力をつける教育を重視、附属こども園、自然体験指導力養成研修、教育ボランティアなどで学生を積極的に教室の外に出す。それをテーマに少人数・対話・討論型授業を徹底する。

　第五は、教員相互の授業参観を中軸とした活発なFD活動。全教員が参観に供する授業を提出し、時間割を組み、相互に授業を参観、これを素材に授業方法改善についての演習形式の研究会を行う。

　こうした努力の成果もあり、2010年以降志願者は徐々に増え、2012年定員充足を果たした。しかし2013年は、スポーツ教育学科の新設認可の遅れから募集期間が不十分で、定員を完全には確保できなかったが、2014年は出足が順調で定員確保はほぼ確実な見通しだ。これに従って財政改善も着実に前進、数値目標を掲げた取り組みで、安定財政へと進んでいる。

　これらを推進するのが、森美和子理事長を先頭とした教職員の取組である。この大学の改革推進の基本方針の出発点は、理事長、事務局長（学園長兼務）、学長のトップ三者で構成される三役連絡会議である。ここであらゆる経営・教学の基本方針が練られ、それを教学の役職者や事務局の課長クラスまで含んだ企画運営委員会に諮り、ここでよく検討・審議・調整し、現実案に仕上げた上で教授会や理事会に諮って意思決定する仕組みだ。理事長と学長が直

接統括し、リーダーシップを発揮するとともに、職員幹部も素案段階から検討に参画することで教職協働を進め、かつ方針に実効性を持たせている。機関決定の前に実質的な政策の共有を図ることで、全学を挙げた迅速な取り組みを可能としている。

地方に立地する小規模大学は、今後も厳しい環境に立ち向かわなければならないが、特色を鮮明に、就職実績をはじめ学生の成長の実際の成果を作り出す教育こそが、未来の展望を切り開くことは間違いない。

2．7大学の事例から学ぶもの

日本の端から端、長崎県、岐阜県、青森県、滋賀県に立地する7つの大学はそれぞれ厳しい環境に置かれ、大学によっては3〜4割の定員割れを経験し、それを回復させてきた。具体的中身は対比表でご確認いただきたいが、その共通する特徴は、対症療法ではなく、教育の本格的、本質的な改革で勝負してきたということだ。

教育の中身を変え、その成果を就職結果で明示し、本物の特色を作り、その上で広報に工夫を凝らしているという点である。そして、その遂行のために、明確な方針を策定、それを浸透させ、責任体制を整えている。このマネジメントや教育成果は、大都市の進んだ大学でも真似ができないレベルのものが多い。

その具体的な共通点は、対比表の1〜9の項目に示されている。特色を鮮明にした教育作り、そして学生を徹底的に面倒見る（と言っても甘やかすのではなく鍛える）丁寧な教育・学生支援、小規模ならではのきめ細かい、圧倒的な少人数教育、低い中退率。そうした教育を遂行し、担う教員の厳しい自己改革、教育の質向上の取り組み、その結果としての全国トップレベルの就職率。しかも、就職志望率も、学んだ学部の専門職に就く比率も高く、本物だ。就職は学力のみではなく準備が勝負という、徹底した個人支援の積み上げが生きている。こうした成果、真の学生満足度が大学評価となり、広報の工夫、ニーズに合った学部・学科の新設・改組と相まって定員割れを徐々に改善に向かわせる力となってきた。

厳しい環境を乗り切るには、厳しいマネジメントが求められる。多くの大学が、中長期計画や経営改善計画を作り、目標とその実現計画を鮮明にし、それを多くの教職員に浸透させる努力をし、改革行動に巻き込んでいる。そして、この立てた方針をあいまいにせず、妥協せず、一貫して推進している。しかしそれは、単なるトップダウンではない。迅速な意思決定システムの構築やトップ、幹部集団の責任体制強化のための組織改革を断行しているが、他方、構成員参加のプロジェクトや企画部門からの提案、ボトムアップや職員参画も重視している。そして、こうした政策に基づく改革全体の組織的推進が、財政改善につながっているということだ。

こうした努力の結晶は、定員割れに直面している多くの地方大学の改革の方向を指し示す貴重な内容を含んでいる。今や、改革は地方から始まっている、優れた改革は地方にこそあると言っても過言ではない。この対比表から、多くの改革のヒントをつかんでいただければ幸いである。

《7大学対比表》

		長崎国際大学	長崎外国語大学
1	概況、特色	長崎県と佐世保の公私協力で誕生。人間社会、健康管理、薬学の3学部。	外国語学部単科。欧米留学比は全国トップクラス。年間で学生の3割、4年トータルで7割が留学。
2	中長期計画 経営改善計画 遂行システム	認証評価で再評価。文科省指導もあり、経営改善計画を策定。全学教職員会で理事長が説明、これが全学の活動の中心軸となり全教職員に徹底。	2007年認証評価で保留。翌年の運営調査で経営改善計画を策定。2013年からは長崎外大ビジョン21に発展。理事長主導で方針徹底。全学一体の推進体制。
3	学部・学科 改組、新増設	2002年創立で、02年健康管理、06年薬学と連続で学部設置。	単科大学だが、航空、観光、通訳・翻訳、英語専門職など仕事に連結する9つのプログラムを持つ。
4	教育の特色 丁寧な教育 教育改善 学生支援	ポートフォリオやリフレクションカードを活用し、理解度や学習状況を確認しつつ丁寧な教育を行う。SA52人。ピアサポートも活発。	学習効果を上げるカリキュラムマップやナンバリングなど最新手法を導入。英語力に応じて5段階のクラス分けで段階的に力を付ける。学生寮や小グループで留学生と生活する中で語学力を強化。
5	教育改善 質向上、FD	3つの教育目標を全教員が自己点検評価し公表、不十分な所は学部長が個別指導。授業相互公開。FDは年13回。理事長、学長が直接講話。	授業報告会、ポートフォリオなどで学習成果を可視化、1教員10人程度の学生を担当し、濃密な指導を行う。
6	就職実績 支援システム	就職率94%。キャリアセンター利用者延べ3,000人。ハウステンボスへの長期インターンシップなど体験型学習を重視し実践力を強化。	内定率94%。インターンシップを正課科目化。空港研修や社長の鞄持ち3日間体験などで実地に学び力を付ける。

7	学募の現状 広報活動改善	創立より定員確保が困難。ボトムは2010年で65%。その後収容定員で9割にまで回復。募集状況を毎月トップ会議に報告、迅速な対策。合格者全員に自筆の手紙。	2005年から定員割れ、08年には68.9%まで落ち込んだが、12年には94.6%に大幅改善。全学一体の取り組みが効果。
8	経営体制 大学管理運営 マネジメント	経営改善計画を本気で全学に浸透、目標遵守の経営規律を徹底。あらゆる取り組みをこの計画の達成を基準に展開・評価する。経営企画室が的確な方針提示と進行管理を実施。	計画を何回もトップから直接説明し、改善計画を共有、法人・大学の運営協議会を中核に経営会議と学長室が迅速に活動。ビジョン21の全テーマにプロジェクトを置き、数値目標を掲げる。
9	財政の現状 財務改革	創立以来の赤字、定員割れと高校移転による債務増を徐々に改善。定員充足に合わせて黒字化を達成。	2007年認証評価で財政悪化を指摘されたが、2012年には90万の黒字を達成。私学事業団からも評価された。

		岐阜経済大学	中部学院大学
1	概況、特色	大垣市を中心とする公設民営大学。経済、経営2学部。地域に根ざした教育。	関、各務原の2キャンパスに4学部。福祉を核とした小規模総合大学。
2	中長期計画 経営改善計画 遂行システム	第1期計画の総括を冊子にして配布。第2期中期計画を策定、学長が年度達成状況を検証、遅延部局をヒヤリング。	中期計画は無いが、現実感ある経営で、チャンスを逃さず機敏に決断、経営の拡充と基盤強化を実現。
3	学部・学科 改組、新増設	2006年スポーツ経営学科新設。福祉関係学科を2012年公共経済学科に改組し、いずれも成功。	2007年子ども学部、リハ学部、2008年経済学部設置。2014年看護リハ学部に改組。
4	教育の特色 丁寧な教育 教育改善 学生支援	優秀賞争奪の学内ゼミナール大会には多くのゼミが参加し、盛り上がる。地域・企業コラボのサービスラーニング。企業人育成課程を設置。	福祉系はダブルライセンス。簿記インカレで優勝。7〜10人の少人数クラス・ゼミ。ゼミ・クラス担任、学年担任のダブル担任制で1人残さず支援。
5	教育改善 質向上、FD	学習行動調査で学生の学習時間も把握。就職満足度調査、採用企業アンケートの結果を改善に生かす。	FDは4学部一体で、全学ワークショップ形式で行う。テーマによっては職員も参加、学部横断で取り組む。
6	就職実績 支援システム	就職率96%、対卒業生比でも84.5%。就職特訓講座・年20回以上。ジョブカード活用のキャリアコンサルティングで個別支援。	2012年、全学部、就職100%達成。学生1人に年15回の個人面談。学生支援ファイルシステムを徹底活用し個別支援。
7	学募の現状 広報活動改善	定員割れを96.5%まで改善。学募担当副学長を設置、スポーツ推薦やスカウティング。沖縄での学募にも力。汗をかく広報戦略。	子ども、経営、看護リハは定員充足。福祉系はやや定員割れ。1高校6回訪問を目標に、地元重視。
8	経営体制 大学管理運営 マネジメント	学長選挙を意向投票に変更、選考委員会で選任。最高意思決定は大学協議会とし学長統率を強化。副学長2人配置。企画広報課、理事長室が支える。代表権持つ常勤副理事長が統括。	教授会は4学部合同で学長直轄。学長・副学長会議を軸にリーダーシップ。大学評議会が意思決定機関。企画戦略会議が計画の中心で、企画調整室が改革実務を担う。
9	財政の現状 財務改革	入学者増に伴い、財政状況は徐々に改善。5か年で収支均衡を目指す。	連続的な学部増、キャンパス増へ投資、そして安定財政へ。

第9章　鮮明な目標（中期計画）、徹底した少人数の丁寧な教育、高い就職実績が発展を作り出す　　195

		青森中央学院大学	弘前学院大学
1	概況、特色	特色は地域連携、国際化、少人数教育。全国唯一の経営法学部。	文学部単科の女子大として開学。1999年男女共学に。現在3学部。オーダーメイド教育を掲げる。
2	中長期計画 経営改善計画 遂行システム	事業計画を軸に、人事計画、施設計画を進める。財務指標を基に予算編成と執行を厳しくチェック。法人本部企画部が中期計画の調査・立案。	財政改善第1次3か年計画（2007年～）第2次計画（09年～）を立案・推進、人件費圧縮と経費削減、学生確保推進。
3	学部・学科 改組、新増設	2014年に看護学部増設。	1971年開学。99年社会福祉学部、2005年看護学部設置。
4	教育の特色 丁寧な教育 教育改善 学生支援	地域と連携した実践力育成教育。留学生の特技を生かし地域に派遣。国際化が地域貢献と一体となり強い特色を発揮。 1ゼミ10名の少人数教育。	1年～4年までのゼミは教員1人に学生数人の徹底した少人数。担任制度、チューター制度で授業を休むとすぐ支援。必修が少なくオーダーメイド。全学生・教職員が礼拝、その後教養講座を学ぶ。
5	教育改善 質向上、FD	授業アンケートの学生コメントへの教員の回答を公開。学期ごとに授業方法検討会を実施、授業改善を進める。	FDとして月1度全教員が集まり、多様な学生に合った多様な学び方、丁寧な教育システムを作り出す。
6	就職実績 支援システム	就職率95.9％、商経系第1位と著書で紹介。就職は学力ではなく、どれだけ準備したかで決まるという確信。就職実践力の育成。	就職率は90％台後半、福祉や看護は100％。県内トップクラス。社会人基礎力育成や企業実習を単位化、実践力を高める。
7	学募の現状 広報活動改善	看護は順調、経営法学はやや定員割れ。看護新設で全体としては安定してきた。	2008年に定員の7割に落ち込むが急速に回復。新戦略会議を新設、コンサル入れ募集活動を徹底的に見直す。学生スタッフを前面に広報。
8	経営体制 大学管理運営 マネジメント	トップ集団で構成する大学経営会議や部局長会議を中核に運営、教員人事の決定権を教授会から法人所管の人事委員会に移管、教授会は業績審査のみとした。	理事長、学長一体、理事長は学部教授会まで参加。法人・大学幹部による大学協議会と学長統括の学長運営会議を軸に迅速な意思決定。教授会はじめ大学のあらゆる組織に職員が参画、重要な役割を担う。
9	財政の現状 財務改革	過去5年、消費支出比80％台、人件費40％台、帰属収支差額比10％台をキープ。経営判定A1の超健全財政。	財政改善計画に基づき、支払能力に応じた処遇システムや遊休資産の売却など身を切る改革を進める。

		びわこ学院大学
1	概況、特色	専門学校、高校、短大に続き、2009年、教育福祉学部単科の大学を設置。
2	中長期計画 経営改善計画 遂行システム	大学の改革推進の基本方針はトップ3役連絡会議で迅速に検討・策定される。
3	学部・学科 改組、新増設	短大の人間福祉学科は日本初。 教育福祉学部に2014年スポーツ学科を新設し成功。
4	教育の特色 丁寧な教育 教育改善 学生支援	1クラス平均10名。クラス・ゼミ担任制、少人数のアットホームな教育。 退学率の低さは県内No.1。カルテに学生のあらゆるデータを記載し、定期的に面談。体験型学習で実践力。
5	教育改善 質向上、FD	教員相互の授業参観を中軸としたFDを素材に、演習形式で授業方法改善の研究会を実施。
6	就職実績 支援システム	就職率100％、就職希望率96.2％、目指す専門職に76.5％が就いた。 履歴書添削、徹底した模擬面接、学生個人のスケジュール管理までサポート。
7	学募の現状 広報活動改善	2010年以降志願者は増え12年には定員充足を達成。教育充実や新学科設置で安定的な学募へ。
8	経営体制 大学管理運営 マネジメント	理事長、事務局長(学園長)、学長トップ3者で構成する3役会議で基本方針を練り、事務局の課長クラスが加わる企画運営委員会に諮ってから教授会や理事会で決定する。理事長、学長の直接の統括と職員幹部の素案段階からの参画。
9	財政の現状 財務改革	定員確保に伴い、財政改善も着実に前進。 数値目標も掲げ、安定財政へ進んでいる。

初出：「事例に学ぶ、大学マネジメントの優れた取り組み」『私学経営』連載9、2015年12月号

『教育学術新聞』連載、掲載一覧
・「経営改善計画に基づき着実に成果・長崎国際大学―戦略的な広報で受験生集める、外部評価を重視し達成指標で厳しく自己評価」(平成26年8月20日)
・「徹底した外国語教育を推進・長崎外国語大学―カリキュラムマップなどで緻密に教育設計、危機をバネに計画を浸透、志願者の大幅改善を実現」(平成26年9月3日)
・「中期計画軸に改革・岐阜経済大学―学長機構の強化等体制整備、企業人育成課程を置き、実力ある人材育成」(平成26年6月18日)
・「徹底面談等で就職100％・中部学院大学―急速な学部増で飛躍的発展、国試対策、現場主義教育を推進」(平成26年7月2日)
・「グローカルに学生を育成・青森中央学院大学―留学生と共に地域活性化、定員を満たせない学部があっても、超安定財政を実現」(平成26年9月17日)
・「徹底した少人数、オーダーメイド教育・弘前学院大学―手厚い学生支援体制を

構築、理事長が経営・教学の会議に出席、陣頭指揮で前進」（平成26年9月24日）
・「徹底した少人数教育で満足度向上・びわこ学院大学―職員参画の小回りの利く経営、学習の記録、カルテ・自己分析で成長を可視化」（平成26年10月22日）

＊各大学の記載内容は、全て掲載時点のものである。

第10章

強いリーダーシップ、正しい政策方針の浸透、強力な補佐体制、力ある教職員の育成が前進を作り出す

70. 大学、短大、専門学校……グループでアジアの服飾教育をリード：**文化学園大学**──トップの強いリーダーシップと教職員参加型運営で改善
71. 改革断行で財政健全化、破たん寸前大学の再生モデル：**平安女学院大学**──衆議独裁、皆で議論して、トップが決断し、断固やり抜く
72. アクティブラーニングを独自に可視化・数値化：**徳山大学**──企画戦略室がオリジナル改革を提案、理事長、学長一体で推進
73. 全国に先駆けたＡＯ入試やポートフォリオ、複数キャンパスをプロジェクトで横串：**広島文化学園大学**──中期経営計画に基づく徹底した組織・個人評価で前進
74. 徹底したキャリア支援体制、同一法人の福山大学と密な連携：**福山平成大学**──評議会、全学教授会で学長がリーダーシップを発揮
75. 医療人底力教育が始動、チーム医療に必要な知識・技術習得：**鈴鹿医療科学大学**──粘り強い説得で改革実現、教育に職員も参加
76. 音楽のリベラルアーツ大学へ、進路支援も充実、図書館は世界トップレベル：**国立音楽大学**──ボトムアップと丁寧な議論で、常に全学一体の運営を実現」

7大学の事例から学ぶもの
    7大学のマネジメント対比表

1．7大学の改革

　今回は、文化学園大学、平安女学院大学、徳山大学、広島文化学園大学、福山平成大学、鈴鹿医療科学大学、国立音楽大学の7つの大学を取り上げる。それぞれが全国に通用する強い特色を持った大学だが、そうした個性的な改革はいかにして実現され、かつ維持されているか、この運営システムや組織に着目した。とりわけ、リーダーシップの在り方、発揮の仕方、それを支える補佐体制、先駆的で正しい政策を打ち立てる仕組み、その教職員への浸透の在り様、それを業務に連結させ確実に実行していく仕掛けなどに注目してご覧いただきたい。強い特色を保持するためには強いマネジメントが求められる。しかし、それはトップダウンを強めれば良いわけではない。構成員を目標の実現に向かって如何にやる気にし、動かし、統制していくか、その、それぞれの大学の個性ある運営の在り様、そこに流れる共通の原理を掴んでいただければ幸いである。

> ● 大学、短大、専門学校…グループでアジアの服飾教育をリード：
> 　文化学園大学　トップの強いリーダーシップと教職員参加型運営で改善

　文化学園大学は、世界屈指のファッション専門学校である文化服装学院の伝統を基礎に、日本の服飾教育の中心的な担い手として発展してきた。服装、造形、現代文化の3学部を持つ。

　2011年、文化女子大学から校名変更、12年には男女共学をスタートさせ、15年に小平にあった現代文化学部を新宿新都心キャンパスへ統合した。おりしも学園は2013年に創立90周年、翌14年大学創立50周年を迎え、これらを期した5年連続の一大改革だ。

　国際的には女子のみのファッション教育は少なく、企業からも男子学生を求める声があり、もともと共学化の底流はあった。しかし、形を変えるだけでは駄目だ。新時代を先見する学科内容、カリキュラム構築が不可欠だと、

3つの再構築会議を作った。第1は新たな教育方針に基づく学科構成、時代の変化に対応する教育プログラムの刷新、シラバス作り、新コースの開設、第2は学園全体の広報、各校の入試対策、就職対策の抜本的強化、第3は収益事業の再構築である。これらを基に短期・中期・長期の計画を策定し、この将来計画の実現を図る財務計画を策定、推進する。

　こうした一連の改革の取り組みの中から、全学改革の推進体制が整備され「学園総合企画室」が新設された。その下にある委員会で恒常的な改善プランを練り、理事長、各学校の長、各本部長などトップで構成される学園運営会議に諮られ実行に移される。大学は委員会活動を重視、学長を議長とする学部長会議が調整し、「大学運営会議・将来構想委員会」を中心に円滑に運営する方式だ。トップを務める大沼理事長は学長を兼ね、日本私立大学協会の会長も務める私学界の重鎮であり、学園の進路を指し示し必要な決断を行うが、具体的運営は学内に任せ、ボトムアップ・参加型の運営を重視する。

　校名変更、共学化は広報にも大きな影響を与える。ファッション系大学は少数で、もともと志願者は全国から集まるため高校訪問に重きを置かなかった。しかし、これを機に教員も含めた訪問を実施、常に新校名と共学化、そして新教育体制をアピールする。アジアのファッション教育の拠点でもあることから留学生募集にも力を入れ、現在約360人の留学生が学んでいる。

　ファッションデザイン系学部の教育はもともと座学ではなく、実習・体験型授業で実践的に力を付ける。ファッションショーの開催を目標に、学生たちがチームでデザイン、縫製、モデルの選定等を企画・実行、休み返上で集中的に取り組む。こうした成果の上に卒論、または卒業作品を作成する。多くの学生が芸術家を目指すわけではないので、生活に根差した服飾・造形、そのための教育方法に工夫を凝らす。

　こうした成果が就職に実を結び、就職率は80％台を維持。しかも、アパレル業界や建築・インテリアなど学科の目指す専門職への就職率が高い。資格も、例えば造形学部の合格率は一級建築士12.7％（全国平均9.9％）、インテリアコーディネイター46.7％（全国平均31％）などである。歴史的に培ってきた関連企業、インターンシップ企業との企業懇談会や採用企業との就職懇談会、また126社に上る学内合同企業説明会も実施、求人情報配信システムを

活用、キャリアアドバイザーと連携して強固な学生支援体制を作る。

　もともとファッションデザイン教育は、外から見た憧れと実際の業務に開きがあり、手を抜くと中退率の増加につながる。60年代から現在までクラス担任、副担任を置き、担任間の情報交換を活性化、問題にスピーディに対処する体制を堅持してきた。長期欠席者の理由や背景を分析、対応策を検討する、こうしたきめ細かな支援が学生の高い満足度を作り出す。

　文化学園教育グループには、大学の他に90年の歴史を持つ文化服装学院、日本で唯一の専門職大学院である文化ファッション大学院大学、国費留学生が多く学ぶ文化外国語専門学校を始め、中学、高校から幼稚園までを擁する。さらに、「装苑」「ミセス」などのファッション誌を発行する文化出版局等、28億の収入規模の収益事業組織を持つ。また大学の同窓会組織「柴友会」や文化学園の「連鎖校」等の特色ある組織がある。これらグループ全体の活動の総合力が日本のファッション界をリードし続ける力の源泉となっている。

● 改革断行で財政健全化　破たん寸前大学の再生モデル：平安女学院大学
衆議独裁、皆で論議して、トップが決断し、断固やり抜く

　平安女学院は創立から140年近く、日本で初めて制服にセーラー服を採用するなど歴史は古い。しかし、大学は2000年から。国際観光学部、子ども学部の2学部を置く。マナー、スキル、ホスピタリティの3つの資質を身に付けた「貴品女性」の育成に向け、小さな女子大の強みを最大限に生かす"コンパクト・グッドネス大学"のブランド構築を目指す。顔の見える教育を重視、クラス担任制を敷き、上級生がチューターとなり後輩の個別相談にのったり、学生個々の状況把握のための学生評価シートを作成、活用する。

　特に就職に力を入れ、全ての学科の就職率が2年連続100％。就職講座は講義形式ではなくディスカッションやワークスタイルを取り入れた実践的なものだ。個別相談では、学生個々の背景を理解して相談業務ができるよう教職員がチームを組み、キャリアサポートセンターだけでなく、クラス担任、教務、実習担当教員や実習指導室などが連携・協力し、学生に合った支援を

行う。語学力を付ける1年間の留学プログラムも重視、卒業すれば返還免除の120万円の奨学金を支給する。

だが、大学設置直後は苦難の連続だった。毎年5億以上の赤字、隠れた数十億円の借金を抱え経営危機に直面する。収入に比して高過ぎる人件費、高額退職金、理事会が機能せず、組合要求に妥協し京都一の高額給与の法人になっており、2002年、人件費比率は81.4%まで上がった。

2003年に経営コンサルタントの山岡氏が理事長・学院長に就任、まず理事の人数を20人から10人へ、最終的には5人にまで削減し、意思決定の迅速化と責任体制を確立。専任教員も段階的に77人から47人に減じ、非常勤は175人いたものを31人まで減らした。

給与も30%カット、定期昇給や賞与、諸手当も廃止した。組合交渉は数か月にわたって難航、最後の団交も決裂し廃校を宣言し、組合側もようやく合意した。苦渋の決断だったが、誰かが憎まれ役を引き受けないと沈没してしまうとの強い思いだった。翌2003年以降、一気に黒字化、昨年は人件費比率54.5%、帰属収支差額比率＋2.6%になり、財政のV字回復を果たした。

守山キャンパスからの撤退、高槻キャンパスへの統合も決断した。

2005年からは学長、学部長は選挙制度を廃止、理事長・学長の任命制に。経営責任を持つ理事会に人事決定権がないのがおかしいと、教授会が持っていた教員採用等の人事権を理事会に移した。学術的審査は教授会にしてもらう。1998年11月26日大阪高裁の判決「大学の人事に関する大学の自治は、寄付行為の定めるところにより業務決定機関である理事会に委ねられているのであって教授会にはその権限がなく、また学問の自由は各教員に保障されているとはいえ、そのことを根拠に、当然に、教員の解雇については教授会の解任決定が必要かつ有効要件であって、この決定が理事長の前記任免権限を羈束すると結論づけることは到底できない」も追い風になった。

2004年からは功績評価に基づく年俸制を導入、職務記述書に基づき、最終、理事長が評価、決定する。理事長の補佐体制強化のため理事長・学長室（現在の学院統括室）も強化した。2007年から事務局のフラット化を実施、部長職はマネージャー、課長はチームリーダー、専門職管理者はスーパーバイザーとし、縦割りの弊害打破、幅広く職務を担当することで業務全般に精通させ、

教職対等の関係も強化した。

　学部教授会は2学部合同の全学部教授会として行い学長が直接統括するが、学科会議も重視し丁寧な議論を行う。外からはワンマン経営と言われるが、衆議独裁、ボトムアップとトップダウンの併用、みんなで議論、提案も批判もOK、ベストの案を最後は理事長が決め、決めたことには全員が従い、迅速に実行することを心掛けている。企業再生を多く手掛けてきた理事長の豊富な経験を基に、今日的テーマであるガバナンス改革の数々の手法を先取りし、倒産の危機を乗り越えた、破たん寸前大学再生の1つのモデルと言える。

　それでも、なかなか定員充足には至らない。大規模な広告・宣伝をしなかったことに加え、学部構成が連続的に変わって定着せず、合格水準を下げなかったことも影響している。大幅な定員割れが続いていたが2012年からは反転、回復傾向となってきた。就職率100％など丁寧な教育の成果が徐々に浸透してきている。

　2012年から始めたプラス15プロジェクトは、学科ごとに15人ずつ入学者を増やすという取り組みで、教員・職員上げての地道な努力も成果につながっている。財政・経営再建から教育・大学改革へ大きく前進、今後の成果が期待される。

● ＡＬ（アクティブラーニング）を独自に可視化・数値化：徳山大学
企画戦略室がオリジナル改革を提案、理事長、学長一体で推進

　徳山大学の特色は、人間力を養うEQ（Emotional Quotient＝こころの知能指数）教育プログラムである。教育理念は、知・徳・体一体の教育。この徳、人間力、社会人基礎力を伸ばすことなしには知識、IQ（Intelligence Quotient）だけでは社会に出て有能な働き手になることはできないとの認識から、キャリア教育の中核にこのEQ教育を位置づける。

　EQトレーニングⅠは入学式直後から始まり、自己紹介と傾聴スキル、自己主張スキルのトレーニングに取り組む。2年次は、チームビルディング、リーダーシップを学習、3年次はケーススタディやロールプレイを通じて他

者と共同して成果を上げていくマネジメント能力を身に付ける。この達成度は独自に開発した「EQ診断」、「EQ質問紙」に基づき、学生が行う「自己評価」とEQアドバイザーによる「他者評価」を、プログラムの開始前と終了後の2回行うことでEQ力の伸長度を図る。

この教育を有効に生かすシステムとして、キャリア形成支援学生カルテCASK（CAreer Student Karte）が稼働している。EQトレーニングの結果や自分のキャリア設計、学生自身の気づきやレポート、アドバイザーのコメント、資格取得履歴などを記録する。e—キャンパスポートフォリオ機能を利用すれば、これまでのレポートやコメントの内容がテーマごとに箇条書きで表示され、それを整理・加筆すれば、エントリーシートや履歴書を完成させることができる。

Wアドバイザー制は、教職員が1組となって数人の学生の生活や履修、就職支援を行う。ここで、この情報を共有・活用し、より適切に支援することで、中退率は確実に減り、就職率も93.8％の成果を上げる。

さらに昨年は文科省APのアクティブラーニング部門に応募、97校中9校と、狭き門を突破し採択された。

地域課題の発見と解決をテーマとするアクティブラーニングを1年次の教養ゼミから、2年次の地域ゼミ、3・4年次の専門ゼミで一貫して取り組む。中心市街地や地域の祭りの活性化など地域に出て調査・データ分析を行い、学習とディベートを経て地域への提言をまとめ、発表会でプレゼンテーションする。

ユニークなのはこの評価方法で、「質問や意見を述べる機会が多く、満足度の高い講義か」や、ディスカッション、ディベート、プレゼンの機会があるかなどを、学生の満足評価と担当教員の実施度合いを5段階で自己評価し、それをレーダーチャートに表すことで、学習効果を可視化、そのズレや課題を明らかにするものだ。

こうした優れた改革は、学長をトップに学部長や学長補佐、幹部職員で構成される企画戦略室が情報やアイデアを集め、苦労してオリジナルのものに作り上げる。この調査能力や企画力は群を抜いている。

法人・大学の運営は、理事長が統括し学長以下の教学幹部が参加する運営

協議会で全体戦略を練り、その下で学長統括で学部長も加わる部課長会議が方針の実行に責任を負う体制だ。企画戦略室の方針をベースに理事長、学長のリーダーシップで改革全体を推進できるシステムである。

　しかし、こうした先駆的な改革にもかかわらず学生募集はなかなか上向かない。ここ数年、入学者は年によってばらつきはあるがほぼ横ばい、留学生の減少も響いている。それに連動し財政も困難が多い。文部科学省の支援も受け、中期経営計画、財政体質改善5か年計画を立案、定年を70歳から65歳へ引き下げ、教職員の抑制や賃金の見直しを行ってきたが赤字の解消には至っていない。2013年終期の中期計画もこのままの形で継続せず、2014年度は抜本的見直しを行っている。

　優れた特色あるシステムをいかに発信し、評価向上に繋げるか、また、このシステムで実際に学生を成長させ就職等の実績に結実できるか、何よりもそのことを通して地元からの安定的な評価を獲得できるか、これからが正念場といえる。

　全国屈指の教育システムは大学界では評価が高い。これをいかに実際の成果に結実できるかに大学の未来がかかっている。

● 全国に先駆けたＡＯ入試やポートフォリオ　複数キャンパスをプロジェクトで横串：広島文化学園大学　中期経営計画に基づく徹底した組織・個人評価で前進

　広島文化学園大学は、経営方針「対話による教育、対話による経営」を掲げ、その理念をあらゆる場面に浸透、具現化を図る。

　2000年頃から、ユニバーサルアクセス大学への転換、教員の都合で組み立てられた教員中心の教育から学習者中心の大学への転換を先駆的に進めてきた。

　その中核が広島文化学園AO一貫教育。1998年、慶應義塾大学湘南藤沢キャンパスと同時期、全国に先駆けてAO入試を開始、高校の校長経験者などを専任のAOオフィサーに任命、これまでの成績による数量的評価から時系列的評価に転換、入学後も対話による教育の具現化を目指し、入学・進級・進

学・就職の一貫教育を追求する。

　その推進の3本柱は前述の相談型アドミッション入試セミナー＆チューター制度による学生支援HBG（広島文化学園）夢カルテだ。

　セミナー制度による学生支援は、4年間の教育の中核にセミナー制度を位置づけ、少人数で、一人ひとりの目的、能力に合わせた個別指導で、教育・学習のみならず生活・進路・就職まで徹底した学習者本位の支援を行う。

　HBG夢カルテによる学生支援には学生ポートフォリオ、WEBシラバス、学生支援システムなどが組み込まれている。ポートフォリオという言葉がなかった30年前から手書きで学生カードを作成していたものの発展形で、歴史は古い。その中にHBG夢カルテがあり、学生がなりたい夢、目標を明記、その達成方法を具体化し実践、その成長過程をチューターが評価・激励し、これを繰り返すことで学生の成長を促す。

　そのほかにも留学生に配慮した秋季入学制度を2002年から、またパートタイム学生、社会人の受け入れのための長期履修制度も2002年から、いずれも全国に先駆けて導入した。

　こうした改革をさらに進めるため、2007年、学園の長期ビジョン・中期経営計画を多くの教職員の参加で策定した。2011年には「守りから攻めへの転換」を合言葉に、学部・学科の統廃合を含む大幅な改革を行うための中期経営計画Ⅱを策定、全教職員に配布し周知・徹底、具体的な数値目標を掲げると共に、その徹底した達成度評価を行う。

　中期経営計画に基づき事業計画を策定、この到達度合を自己点検・評価し毎年度、報告書を発刊する。優れているのは、組織としての自己点検・評価に加えて、個人の目標も掲げ、その到達度合も自己評価している点だ。目標と評価の教員用の書式は、教育、研究、委員会、その他の4項目で、目標とそれに対応する評価を記載する形になっている。自己点検・評価の歴史も古く、1992年からだ。

　こうした持続的な改善を図るための意思決定システムも整備が進んでいる。理事長諮問機関である三役会議は、理事長・学園長・学長で構成され、副学長や事務局長も参加、あらゆる戦略を練り基本方針を提起する。それを学部長や事務部長など教職員幹部が参加する代議員会に諮り改革の具体的内容

を協議、その後に教授会等に図る流れだ。

　こうした企画の素案は法人本部で取りまとめるが、基本理念を具体化する機能をさらに高度化すべく2013年度より経営企画局を設置、タイムリーにプロジェクトを編成するなど諸施策の企画・立案・課題解決を図る円滑でスピード感ある体制を整備した。

　学長補佐体制も強化し、3学部を統括すると共に教学、就職、地域連携、国際等を担当する3副学長を配置、法人・大学・短大の3事務局長、局長補佐とともに経営企画委員会を組織、より現場に即した実効性のある改革案の策定を行う。ボトムアップを重視した対話による経営を心がける。こうした努力で看護学部はもとより学芸学部や社会情報学部でも、一部の学科を除き定員確保を実現してきた。

　何でも一番にやるという進取の精神で全国に先駆けた改革を行う。しかも、徹底した学生本位を追求する真摯な姿勢。本気でPDCAを実践する。中期経営計画を個人にまで落とす政策遂行システムの構築、地方における改革推進マネジメントの優れた取り組みだ。

● 徹底したキャリア支援体制　同一法人の福山大学と密な連携：福山平成大学　評議会、全学教授会で学長がリーダーシップを発揮

　福山平成大学は、学校法人福山大学が設置する2つ目の大学である。福山大学とは学部系列は違うが募集で競合する場面もあり、そこは競争しつつ協同する。同一法人なので大学間の人事異動もあり、会議や研修、行事も一緒に行うなど一体運営をすすめている。

　強みは何といっても就職。就職内定率99.6％。未決定者は1名のみで、肝心の就職希望率も90％を超える。『週刊東洋経済』(2013年11月2日)学部別ランキングで全国2位、中国・四国地区第1位を誇る。ここ10年ほど低い年でも95％、ほぼ98％以上をキープしてきた。入学時から職業意識を持たせるため就職希望をWEB入力させ、徹底した個人面談、コミュニケーショントレーニング、キャリアカウンセラーやジョブサポーターが支援、就職情

報はメール配信、保証人懇談会で父母も巻き込んだ就職活動を展開する。

福山地区の中小企業の社長を講師に迎える「企業者論」は地元の就職につながる。福祉施設や幼稚園・保育所のボランティアの体験学習を積極的に推進し、これがまた就職に結びつく。

さらに入学から卒業までクラス担任制で、担任と副担任の2人を配置、履修、学修、生活、就職まで一人ひとりを徹底して面倒を見る。連続3日欠席すると学務課からクラス担当教員に連絡が入る。特に3年次はクラス担任と就職課が情報共有、両者が協力し合って系統的な就職指導を行う。

これを支援するシステムとしてGPにも採択された「学生総合支援システム」がある。WEB入力による履修登録、シラバス作成システム、学業成績入力、教職履修カルテ、就職支援の機能を持っている。その後、看護実践能力評価システムを開発、福山大学と共同でインターネット機能や休講情報機能を付加するなど改善が進んでいる。このシステムは学習ポートフォリオとしても機能、データに基づいたきめ細かい指導を実現する。中でも指導教員シートは、学生が毎年習得した能力・スキルを自己評価、それをクラス担任が評価、不足する能力を、一人ひとりに合った形で指導、支援するものだ。

資格取得支援も重視、看護の国家試験対策講座を始め、教員希望者には「小学校OBによる教職特論」「体育教員OBによる教職特論」「本学教員による教師塾」などを開設、IT・会計関係の資格対策として少人数のチャレンジゼミも実施している。

FDも活発で、学長主催の自己評価委員会とFD委員会は一体で活動、授業評価の分析を授業改善につなげる。特に「私の授業発表会」は優れた取り組みである。優れた授業の内容、工夫、学生の反応などを発表、その内容はFDニュースレターに掲載され浸透・共有される。

地域連携活動も活発で、看護学部では、地域住民対象の健康管理講座や現職看護師の研修講座を開くなど、地域に密着した活動を行っている。

こうした努力の結果、経営学部、福祉健康学部の一部でやや定員に満たないが、全学では定員充足に近づいている。

この全学的取り組みを推進するため、学長の下に全学運営体制を敷いている。大学全体に関わる重要問題は評議会が意思決定機関となっており、学長

が議長の全学教授会を毎月1回開き全学で意思決定、学部教授会は限定された課題を扱う。共通教育委員会は、学部横断で教養教育を推進する。

それら全体を動かすのが部局長会及び学部長等連絡会議で、学長、2人の副学長、学部長、事務局長で構成され、大学のあらゆる企画・立案を行い、また実行管理する。学長のリーダーシップが自然に発揮できるシステムになっており、それを国立大学事務局長の経験を持つ吉岡事務局長が支える。

2大学を経営する理事長は、学長も加わる理事会や法人本部と2大学の幹部全てが集まる月1回の合同学部長等連絡会で密接な情報交換、理事会方針の伝達、大学運営の基本方針の審議・確認を行っている。

福山という地方都市にあって、同一法人が、学部増ではなく敢えて別大学を設置し、その特色と成果を競い合い、また巧みに一体行動をとることで、結果として地元学生を確保することに成功している。

● "医療人底力教育" が始動　チーム医療に必要な知識・技術修得：鈴鹿医療科学大学　粘り強い説得で改革実現、教育に職員も参加

鈴鹿医療科学大学は、日本で最初のチーム医療を支えるコ・メディカル養成大学として1991年に誕生した。白子キャンパスに薬学部と看護学部、千代崎キャンパスに保健衛生学部と医用工学部を置く。

医療人底力教育と名付けられたこの教育は、2014年から開始した。この教育を成り立たせる上で重要な役割を担うのがチームリーダーとチューターだ。彼らがいて、初めて医療人に必要な技能や態度、接遇やディベート力などを身に付けることができる。チューターには教員と共に多くの職員が参加している。教育そのものに職員が組織的に関与する数少ない事例だ。もちろん基礎的な研修を受けるが、具体的なことは担当する教職員が合宿などを通しチームで相談して決める。約50名の教職員の連携による医療人底力実践（基礎）教育、一大アクティブラーニングのスタートである。

この運営・管理は底力教育推進センターが担う。教養部教授会のような役割だが、共通基礎能力の育成を目指す以上、科目を教員に割り当てたら後は

お任せでは済まない。授業方法や内容まで細かく関与、支援する。

　この改革は、いわば学部から教養教育を分離するようなもので、4学部がすんなり合意したわけではない。そもそも学部・学科の設置時期や歴史、資格や目指す職種、その養成課程など、全く違う学科の集合体である。むしろ、学科ごとに専門教育として固まった体系を保持しており、連携よりは独立、縦割りの教育を構築してきた。しかし、チーム医療が大きな時代の流れとなり、医療従事者養成の専門大学としてこの強化が不可欠の課題となり、そのことは2008年の認証評価、自己評価を通じて鮮明な課題として浮かび上がってきた。

　しかし、この抜本改革が実行に移されるまでには、3年の歳月を要した。当時教務部長だった鎮西副学長や、現在底力教育推進センター長の藤原教授を中心に具体案をまとめ、教務委員会を通して丁寧な往復議論を繰り返し、時間をかけて合意を図った。教育を実効性あるものにするためには納得と合意、主体的参画なくしては不可能だとの思いが強かった。

　この改革に歩み出すにあたっては、2010年に理事長から出された指針も大きな力になっている。「開学から20年が経ち、次の20年を展望する魅力ある教育、手直しでなく学生本位、全学視点での改革を教職員が一枚岩となって実現してほしい」というものだった。

　医療・福祉の専門大学として10以上の国家資格取得の課程を持ち、試験完全対応カリキュラムで資格取得を徹底サポート、全国平均を上回る合格率を維持してきた。就職率もこの間95％〜96％の高い水準だ。

　定員充足率は、収容定員総数を上回る在籍学生を確保しているが、学部・学科によっては定員未充足もあり年度によって波がある。さらに強い特色、満足度の高い教育を作り出すことなしに、資格・就職だけでは今後の発展は望めないという危機意識もあり、医療人底力教育はその象徴的改革として全学あげて推進されてきた。

　さらに連続的な全学改革のための体制整備も進む。学長の全学的なリーダーシップを強化するため副学長3名（教務・教育改革、大学院・研究、学生・社会貢献）を置き、また学長の諮問機関としてIR推進室を設置した。IR推進室は、学長主導による本格稼働で、学生の学習時間、教育成果の分析、退学

防止の方策検討を進める。学長が直轄する教学の最高決議機関の大学協議会を活用、理事会と教学の協議の場である運営協議会で連携行動を強化する。

　画期的な教育改革を粘り強い説得で実現し、学内の力の結集を図ることを通して、教職員の改革への底力を作り上げてきたと言える。

● 音楽のリベラルアーツ大学へ　進路支援も充実、図書館は世界トップレベル：国立音楽大学
ボトムアップと丁寧な議論で、常に全学一体の運営を実現

　1926年創立の国立音楽大学は、歴史があり学生数はトップクラス、音大の雄としての確固とした地位を確立し、音楽界に多くの人材を輩出してきた。伝統の継承とともに、勇気をもって教育内容の改善・充実に努めてきた歴史を持つ。

　2004年からは改革の第一ステージとして学科改組、先駆的なコース制を採用した。どこの学科・専修の所属でも、自分の専門分野を深め、かつ他領域も学べる抜本的なカリキュラム改革を行った。2014年からは第二ステージへ。3学科を2学科に再編し、カリキュラム改革も行った。ポイントは3つ、教養教育の充実／グローバル人材育成／キャリア形成の重視を上げる。

　高い専門教育が避けられない音楽教育だからこそ、共通の学び、基礎科目、全学科共通科目を重視する。入学した1年生はまず1週間、基礎ゼミからスタートする。全専任教員が分担し一グループ(学生30名以内)に教員7〜8人、レクチャーコンサートや音楽の魅力の体験的な「お話」、仲間とのコミュニケーションなどで学生・教員共に満足度が高い。

　2学科を10専修・専攻に分け、さらに26コースを置く。それを、専門を徹底して極める専門強化型、専門以外の学修ができるダブルキャリア型、高度な演奏家養成の選抜型に分け、それぞれに合った学びを作り出す。

　教育効果を高める環境を徹底重視、これほど素晴らしい施設はないと専門家から評価される。力を入れるアンサンブル教育を行うレッスン室108室、12のアンサンブル室、オーケストラスタジオ、オペラスタジオ、合唱スタジオを有する新1号館(2011年竣工)や大・小ホールなどの施設をそろえる。

第10章　強いリーダーシップ、正しい政策方針の浸透、強力な補佐体制、力ある教職員の育成が前進を作り出す　213

　こうした持続的な改善はどうやって進められたか。この大学は元々5人の音楽家らによって創設されオーナーはいない。理事会主導でも、トップダウンでも、教授会が特別な権限を持っている訳でもなく、派閥や強い抵抗勢力もない。オーケストラのように各パートがそれぞれで動き、指揮者の下うまく調和し良いハーモニーを作り出しているように見える。

　トップの選任も、教員、職員それぞれの選出母体から選挙で評議員を選び、その中から理事を選び、理事長を互選する。正規の理事会も飛びぬけて多く、隔週で年20回開催、同じく隔週で学内理事会を開き、丁寧な議論、合意を重視した運営を行う。学長も選挙だが、教授会で候補者3人を選び、推薦委員会で1人に絞り信任投票を行う。理事長、学長の打ち合せは頻繁に行われ、幹部が集まる部室長会議であらゆる案件を丁寧に議論する。事務局も事務局長がいない。部室長会議で、みんなで議論しみんなで決め、全員で実行する。2007年から中期計画（～2016年）がスタートし、その実行計画は事業計画として具体化され推進される。

　教学運営は、この大学独特の組織が重要な役割を果たす。学科・専修とは異なる、声楽、鍵盤等6つの科目会があり、分野ごとの教育運営を行い大学教育研究協議会がそれを統合することで、きめ細かい、連携の取れた教育を支える。

　キャリア支援にも力を入れる。演奏家を目指す場合はしばらくフリーが一般的であるし、就職の道も多彩だ。卒業時の就職決定率が全てを語るわけではない。その多彩な道のりを、卒業生インタビューを徹底して行い冊子にまとめ、先輩から後輩に受け継いでいく。それが「くにたちキャリアブック―音楽で広がる仕事、つながる世界」だ。

　なるほどと思ったのは、音大生の強みは、音楽ができるだけではなく、小さい頃からレッスンに励み、叱られ慣れ打たれ強い。コツコツ努力し持続力と集中力がありチームワークが良いなどの点だ。その結果として、音楽家、教員、音楽教室教師、楽器関係、音楽関連企業、調律、音楽療法士、保育士、一般企業など多方面に就職している。学生募集は、大学全体では1.05倍だが、学科によっては定員に満たない年もあり、「学生は来るものだ」という意識を払拭し、募集活動にも力を入れ始めた。

全学が、調和のとれた安定運営で伝統を堅持し、かつ常に新たな改善に挑戦し、国立音大ブランドを発展させている。

2.7 大学の事例から学ぶもの

文化学園大学は、言わずと知れた日本の服飾教育をリードする大学である。強い伝統を持つ半面、2011年から校名変更、男女共学化、キャンパス再編など大胆な改革を進めてきた。グループには著名な文化服装学院をはじめファッション大学院大学から高校・中学・幼稚園まで擁し、『装苑』や『ミセス』を発刊する文化出版局を持つ一大事業体だ。

これを率いるのが理事長・学長の大沼淳氏、長年、日本私立大学協会の会長を務める私学界の重鎮だ。学園運営に強いリーダーシップを発揮し、進むべき方向を指し示し厳しい決断を行うが、具体的運営は学内に任せ、権限委譲、参加型の運営を重視する。短期・中期・長期の計画、それを支える財政計画を策定、こうした中期的な目標の立案、推進組織として学園総合企画室や大学運営会議・将来構想委員会を置く。全国私大に強い影響力を持つリーダーでありながら現場からの提案に耳を傾け、実態に合った政策を組織的に作り上げ、実行に当たっても幹部に役割と権限を持たせ、組織全体を調和的に動かすことで、日本のファッション界を牽引し続けている。

平安女学院大学は、放漫経営から財政危機に陥り、再建のため経営コンサルタントの山岡氏が理事長・学長に就任した。直ちにガバナンス改革に着手、理事を4分の1まで削減、学長、学部長を理事長任命制にし、教授会が持っていた教員人事採用権を理事会に移管、学部教授会を廃止して、全学教授会とし学長が直轄、補佐体制強化のために理事長・学長室を設置、経営の持つ権限を飛躍的に高めた。財政再建にも直ちに着手し、専任、非常勤教員共に大幅削減、給与も30%カット、賞与や諸手当も廃止し、最終的には年俸制に移行した。

危機を回避するにはこの道しかなく、誰かが憎まれ役を引き受けねばとの思いからで、単なるワンマン経営ではない。剛腕のようにも見えるが、本人は「衆議独裁」という。改革方策を決める際はみんなで議論、ボトムアップ

もあり、批判も OK。ただし最後の決断はトップが行い、決めたことは絶対にやる、実行するのがトップの責任だという。厳しい経営再建も、単なる命令だけではできないということだ。

徳山大学は、EQ 教育で強い特色を作り、文科省等の補助金にもたびたび採択されるなど評価も高い。こうした独創的な改革、先駆的な教育手法は何処から出て来るのか。全国的な情報を集め、アイディアを出しオリジナルな企画を作り出すのは、学長をトップに学部長や学長補佐、幹部職員で構成される企画戦略室だ。トップ自ら汗を流し知恵を出し、改革案を編み出し補助金を獲得するとともに方針を教職員に浸透させ、計画を具体化し、実行にまで持っていく。

その背後には、改革を不可避とする強い姿勢の理事長、理事会がおり、理事長が統括する運営協議会でまず全体戦略を練り、企画戦略室で形にし、学部長も加わる教職一体の部課長会議で確実に実行に移していく流れだ。理事長、学長の息の合ったリーダーシップで、地方にありながら全国に通用する独創的な教育改革を遂行している。

広島文化学園大学は、何でも一番をモットーとしている。AO 入試も SFC とほぼ同じ、学生ポートフォリオも手書きで始めた 30 年前から、留学生や社会人のための秋季入学や長期履修制度も 15 年前、自己点検評価も 20 年以上前にさかのぼる。

こうした戦略は、あらゆる改革の基本方針を提起する理事長諮問機関の三役会議からスタートする。ここには理事長、学長、学園長のほか副学長や事務局長も参加する。この方針を教職幹部全員が勢ぞろいする代議員会に諮り、そこでまとまったものが教授会等学内機関に降りていく。その基礎を作るのが経営企画委員会で、これは教学を実質的に動かす 3 副学長と法人・大学・短大の 3 事務局長で構成され、実行性のある改革案が出てくる。現在、中期経営計画 II が走っている。全国に先駆けた改革を実現する布陣ができていると言える。

福山平成大学は、福山大学と同一法人の兄弟大学で、連携もするが競争もする。強みは就職で『週刊東洋経済』で全国 2 位となった実績もある。徹底したキャリア教育と個人サポート体制をとる。クラス担任と副担任を置くなど落ちこぼれのない学生支援体制を敷き、また、それを推進する教員の教育

力強化も「私の授業発表会」などのユニークな取り組みで、徹底して取り組む。

こうした活動を進めるための教学の意思決定は大学評議会、全学教授会ともに学長直轄となっている。それらを日常的に動かすのが部局長会で学長、副学長、学部長、事務局長で構成され、大学のあらゆる企画・立案を担い、学長のリーダーシップを支える。法人、理事会との連携は、月例の合同の連絡会が行われ、一体的運営を進めている。

鈴鹿医療科学大学は、求められるチーム医療を担う人材育成のため、医療人底力教育と名付けられた全学共通教育をスタートさせたが、その道のりは平坦ではなかった。理事長からは「学生本位の魅力ある教育を、手直しでなく徹底してやるように」と指示された。しかし、医療分野は目指す資格も職種も、その育成方法も全くバラバラでそれぞれが専門教育として固まった体系を保持しており、連携というよりは縦割りの意識の方が圧倒的に強かった。改革までには鎮西副学長を中心に、学部との往復議論に3年の歳月を要した。

しかし、納得と合意、主体的参加なくして教育の実効性ある改革は不可能だとの強い思いがあった。職員も加わり、具体案を練り、粘り強い議論で妥協なく目標の実現に向けて進めていった。学長のリーダーシップを強化すべく3副学長体制を敷き、IR推進室も設置、学生の教育・学習についての系統的な調査やデータ分析も進めている。本格的な教育改革はトップダウンで成功させることは難しい。揺るぎない一貫した政策による、実態を踏まえた納得性の高い具体策による合意を通してしか真の教育は実現しないことを示している。

国立音楽大学は、音大の雄として強い伝統を持つが、他方、本格的な教育改善や施設充実も連続的に行い、そのことによって伝統的な地位を保っている。この大学にはオーナーもなく、理事会が強力なリーダーシップを発揮しているわけでもない。理事長も理事も、下からの選挙や互選で選ばれ、学長も信任投票で選ばれる仕組みだが、特段派閥もなく、教授会が強い権限を持っているわけでもない。事務局にも事務局長というポストはなく、皆で議論、決めたことはみんなで実行するスタイルだ。

中期計画、その具体化としての事業計画が策定されており、進むべき方向は明確で、やるべきことを皆で協議し、分担して確実に実行していく。オー

ケストラの各パートのように、持ち場持ち場の責務を果たすことで良いハーモニーを生み出す風土がある。教学運営も音楽ジャンルごとの科目会が実質の中核となり、まとまりの取れた教学運営を作り出す。打ち合わせや会議は頻繁で理事会も年20回開く。よく議論し、情報を共有し、一体感のある調和の取れた運営で安定した経営を作り出している。

7大学のマネジメント対比表

	大学名	実質的な意思決定組織	補佐体制権限委譲	政策の確立（企画推進組織）	政策の浸透提案・執行・評価
強いリーダーシップ	文化学園大学	学園運営会議 大学は学部長会議が中心	政策の具体化は現場の幹部に任せる	短期・中期・長期の計画、財務計画策定（学園総合企画室）	大学運営会議・将来構想委員会が中心
	平安女学院大学	理事長・理事会が直接統括	理事長・学長室(現学院統括室)	（学院統括室）	理事長・学長直轄の全学教授会。学科会議も重視
合議型のリーダーシップ	徳山大学	運営協議会（全体戦略）	部課長会議（方針の実行責任）	中期経営計画財政体質改善5ヶ年計画（企画戦略室）	部課長会議を軸に浸透
	広島文化学園大学	三役会議（あらゆる戦略を練る）	教職員幹部が参加する代議員会 三副学長体制	中期経営計画Ⅱ 数値目標を掲げる（経営企画局経営企画委員会）	中期計画を全員に配布、これを自己評価、報告書を発刊
調整型のリーダーシップ	福山平成大学	合同学部長等連絡会 大学は部局長会	学部長等連絡会		学長統括の評議会、全学教授会
	鈴鹿医療科学大学	運営協議会と大学協議会	副学長3名体制で分担	(IR推進室)	教育改革は教務委員会中心に推進
	国立音楽大学	理事会（年20回開催）学内理事会	部室長会議で丁寧に議論し、具体化	中期計画と事業計画	科目会と大学教育研究協議会

こうして分析してみると、直接トップが強いリーダーシップを発揮する場合でも、議論や調整を重視する運営の場合でも、トップ個人の勝手な判断ではなく、組織的な検討を経て、意思決定は少人数で実質的な判断、決断が行われ、その基本方針を堅持した運営がなされている。トップが強くても調整型であっても、計画の立案や執行に当たっては、幹部や補佐スタッフへの権限委譲、具体化と執行に責任を持たせた運営が行われている。同様に、トップの在り様に関わらず、多くの大学が明確な方針、計画を掲げており、トップが思いのままに組織を動かすのでなく、中期的な目標とその実現方針を全学に提示して進め、成果に結びつけている。トップの権限が強い場合でも、議論・納得・共有・一致のための組織運営を重視しており、命令で動かすようなシステムにはなっていない。

こうしてみてくると、それぞれの抱える目標や課題、運営の風土や伝統により、リーダーシップの発揮の形や強弱はそれぞれだが、成果を上げる運営の基本には、共通の原理が流れていることが分かる。やはり、人を動かし、目標達成に迫るための努力の底流に流れるものは同じだということである。

初出：「事例に学ぶ、大学マネジメントの優れた取り組み」『私学経営』連載10、2016年7月号

『教育学術新聞』掲載一覧
- 「大学、短大、専門学校・・グループでアジアの服飾教育をリード・文化学園大学―トップの強いリーダーシップと教職員参加型運営で改善」（平成27年7月8日）
- 「改革断行で財政健全化、破たん寸前大学の再生モデル・平安女学院大学―衆議独裁、皆で議論して、トップが決断し、断固やり抜く」（平成26年10月1日）
- 「アクティブラーニングを独自に可視化・数値化、踏み込んだ留学生政策・徳山大学―企画戦略室がオリジナル改革を提案、理事長、学長一体で推進」（平成27年5月13日）
- 「全国に先駆けたAO入試やポートフォリオ、複数キャンパスをプロジェクトで横串・広島文化学園大学―中期経営計画に基づく徹底した組織・個人評価で前進」（平成27年4月15日）
- 「徹底したキャリア支援体制、同一法人の福山大学と密な連携・福山平成大学―

評議会、全学教授会で学長がリーダーシップを発揮」（平成 27 年 3 月 25 日）
・「医療人底力教育が始動、チーム医療に必要な知識・技術習得・鈴鹿医療科学大学―粘り強い説得で改革実現、教育に職員も参加」（平成 26 年 11 月 19 日）
・「音楽のリベラルアーツ大学へ、進路支援も充実、図書館は世界トップレベル・国立音楽大学―ボトムアップと丁寧な議論で、常に全学一体の運営を実現」（平成 27 年 6 月 10 日）

＊各大学の記載内容は、全て掲載時点のものである。

第11章

強いミッション、それを支える強い改革推進体制の構築こそが厳しい試練を乗り越え、成果を作り出す

77. 苦難の歴史乗り越え、「Eサポ」で教育支援を強化：**東北文化学園大学**―プロジェクト科目など学生の自主性を育てる教育を推進
78. 法人・大学組織を一本化、2つの専門監制度が入口と出口で活躍：**尚絅学院大学**―全教員と学長が面談、職員も目標管理で上司と面談し成長を図る
79. 地域に根差す緻密なプログラム、最新の教育手法を徹底活用：**日本文理大学**―学長室を中軸に強いリーダーシップで次々に教育充実策を実行
80. 伝統を元に厳しく改革、高い国試合格率、就職率100％、定員充足率1・17倍：**熊本保健科学大学**―重層的な学生支援で自ら考え行動する力を培う
81. ほぼ全教員に任期制を導入、総合的な組織改革に着手：**尚絅大学**―徹底した少人数教育、地域連携の実践教育を推進
82. 入学前から丁寧な教育、綿密なガバナンス体制で改革遂行：**北陸学院大学**―授業参観に全職員が参加、会議での積極的提案で教育改善
83. 分かりやすさ重視の学科改組で志願者増、ＵＲＡ、教職員のチームで研究プロジェクト採択：**新潟工科大学**―県内企業との連携で豊富なインターン先、高い就職率を実現

● 苦難の歴史乗り越え　"Eサポ"で教育支援を強化：
　東北文化学園大学
　　プロジェクト科目など学生の自主性育てる教育を推進

　東北文化学園大学には、さとう宗幸作詞作曲の「輝ける者」という学園歌がある。これが大学のシンボルワードであり目指す人間像でもある。
　この目標を実現するために全学共通科目としてTBGU（東北文化学園大学）プロジェクトⅠ・Ⅱ・Ⅲを置く。このプロジェクトⅠはベートーベンの交響曲「合唱」に、歌になじみのない学生が一年かけて取り組み、最後には地域や他大学の合唱団と百数十人の大合唱を披露し、輝ける者になる体験授業だ。
　プロジェクトⅡは「地域活動・ボランティア」。地域貢献の実績に応じてポイントを付与し単位取得の評価対象となるボランティア・ポイント制度もあり、ボランティア活動証明書は就職にも活用される。
　プロジェクトⅢは「人間形成」。ベーシックテストを基にカウンセリング、個人指導と基礎学力の育成を行う。コンサルティング＆コーチングと名付けた個別学修支援活動を徹底的に重視する。
　これらの学修支援活動を担っているのが教育支援センター「Eサポ」である。Eサポでは、授業内容の解説やレポート・論文の書き方などの基礎を教えるとともに5つのEサポセミナーを開催する。例えば「朝カフェ」は一時間早く登校し管理栄養士の指導のもと朝食を作り食べながら学生生活について話し合う。人気の「てつがくカフェ＠TBGU」は哲学の教員を交えて「働く意味」「やさしさとは？」「普通とは？」など答えのない問題に向き合う。キャンパス周辺を散策しながら郷土の歴史や文化を学ぶものや絵本を題材に人生の諸問題を考えるセミナーなど多彩だ。
　学生を支援するスチューデントジョブ制度も充実しており、授業の空き時間を利用した学内アルバイトで就学支援、職員と共同した仕事を通して社会人基礎力も養う。
　ピアサポートも重視し、新入生の学外研修も上級生が企画・運営・指導する。学友会活動や大学祭も活発で、あらゆる場面で上級生が下級生を支援する。学生リーダー育成のためのリーダー研修会も年4回開催、活躍した学生

には「輝ける者賞」の表彰もあり、FD公開討論会には学生代表、OBも参加する。こうした自ら考え行動する教育が96％の高い就職率にも結び付いている。

　しかし、なかなか定員割れが解消せず、優れた取り組みが浸透しない。この背景には、この大学の苦難の歴史がある。

　2004年、元理事長の脱税容疑での査察を契機に大学設置時の虚偽の申請、架空寄付等が発覚しマスコミが大々的に報道、経営の根幹を揺るがす大学存続の危機に直面した。教職員・学生・保護者一体の署名・陳情活動で正常化の方向に向かい、大学初の民事再生、学長を除く全理事が退任するなど体制を一新した。それが軌道に乗り出した2013年、今度は前理事長が別法人の背任横領で逮捕された。再度経営体制を刷新し学長が理事長を兼務、全学を挙げて信用回復に努力し、民事再生計画に基づく債務弁済も予定通り2014年に完済した。2011年の認証評価では教員数の不足や規程の未整備などで保留とされたが、これも2013年の再評価で基準を満たしていると判定された。同年の文部科学省の学校法人運営調査でも特段の指摘はなく、今後の発展の基礎固めは出来たといえる。

　現在、事業計画に掲げた目標を達成するための部署ごとのミッションシートの作成を重視、また4年後の大学創立20周年に向けて、2015年度中には中期目標・中期計画を策定する。理事長は教職員の全体集会を招集し方針の浸透を図る。IR室を発足させ企画調整課と一体でデータに基づく改善策作りを進めている。また、改革推進体制を強化するため副学長二人体制を敷き、教学部長も新設した。理事会運営も常勤理事の担当理事制導入を検討、外部からの地元理事及び評議員を増員、法人経営に精通した監事の就任で支援体制やガバナンス体制を強化する。教育・研究・社会貢献活動の成果と課題を明らかにする教員活動記録票の作成や、職員は人事考課制度を導入し、能力向上を追求する。

　度重なる試練を全学一体の力で乗り越え、経営・教学の新体制の下、新たな大学創りの本格的な展開で、成果が期待される。

● 法人・大学組織を一本化　2つの専門監制度が入口と出口で活躍：
尚絅学院大学
全教員と学長が面談、職員も目標管理で上司と面談し成長を図る

　尚絅学院は、明治以来120年、キリスト教精神を土台とした人間教育を行ってきたが、大学設置は2003年と比較的新しい。総合人間科学部の単科だが、表現文化、人間心理、子ども、現代社会、環境構想、健康栄養の6学科を持つ、小規模ながら文系総合大学の陣容である。

　実力を持った社会人の育成を重視し、小学校・中学・高校教諭免許状や保育士、幼稚園教諭、児童指導員、さらに管理栄養士、栄養士、栄養教諭や認定心理士など学科が目指す専門職資格に加え、プレゼンテーション実務士、学芸員、建築CAD検定、eco検定、フードスペシャリスト、食品衛生管理者など関連する数々の資格に挑戦させ、自信を持たせて社会に送り出す。

　2015年より震災後のこれからの東北を作る環境構想学科（生活環境学科改組）を設置し、地域環境、都市環境、生活環境の3コースを置いた。ここでも、環境再生医、一級・二級建築士、繊維製品品質管理士、色彩能力検定など多彩な資格を準備し、実行力を持った地域再生の担い手の育成を目指す。

　創立以来の少人数教育、丁寧な教育は、学生規模2000名ならではのもので、クラス担任制、オフィスアワー、オンデマンド教育が息づいている。面倒見が良い教育はどこでも謳い文句だが、年間で教員が行う学生相談の平均は555件、述べ相談時間は33時間のデータがその充実ぶり、実績を示している。

　それを支えるシステムとして、学習支援型eラーニングシステム、学生ポータルシステム：UNIPA、学科横断型履修コース、全学共通の教養教育、自校教育・尚絅学、尚絅コモンズなどが機能しており、その運営全体を教育開発支援センターや教務部委員会が担っている。認証評価の際もこうした共通教育の取り組みが優れていると評価された。

　年2回の全学的なFD・SD集会や授業参観、意見交換会に取り組むとともに、2011年から教員個人評価を実施、教育、研究、大学運営、地域貢献の4つの基準に基づき、教員一人一人が自己点検・自己評価報告書を提出、学長

が全教員と面談し、教員個人評価専門委員会が最終評価を行い、卓越した教員は表彰を行う。教員採用は理事長も含む役員の合同面接も行う。

　就職は昨年度(2014年度)も97％を達成、キャリア形成ステップⅠ(導入)、Ⅱ(展開)、Ⅲ(まとめ)と年次的・体系的に力をつける教育を行うとともに、就職専門監を置き、1000社を超える企業訪問、企業分析、優良企業の推薦・紹介・斡旋を行うことで実績を上げている。

　学生募集にも力を入れ、大学全体では入学者1.12倍、収容定員比でも1.05倍、ほぼ全学科で定員を充足し、2014年は目標の1300名を上回る1331名の総志願者を確保した。ここでも高校の校長、教頭経験者の進学専門監が活躍する。

　2014年からは第三次中期計画(2014年度～2019年度)を従来と違った方法、IRとボトムアップ、現場の実態等を重視して策定、実効性のある計画推進を進める。戦略的企画を進める体制も構築、政策企画室を立ち上げた。この計画を基に、中長期財政計画の策定も進める。

　学長の下に2人の副学長を配置、学長機関である運営協議会がリーダーシップを発揮して教学マネジメント体制を構築、大きな改革は学科再編検討委員会、全学カリキュラム委員会などで改革案の検討、実行を進めるなどボトムアップも重視する。経営は常任会が日常的に機能し、法人・教学・事務の協働による管理運営が行われている。

　全職員に年間目標と評価の提出を義務付ける目標管理の実施・充実も進め、評価・育成を強化する。目標設定面談、自己評価、評価面談を実施、各部署の中期計画・年度事業計画の策定を行い、この方針に沿った目標・業務遂行であるか否かの点検を重視する。

　これらに対応する形で、2011年度には新給与制度を導入、責任を明示した資格定義、管理者のリーダーシップの強化、評価結果の賞与・給与・昇格への反映などを含む新人事制度全体の骨格を策定した。研修にも力を入れ事務研修報告集を発刊する。

　時代の課題に真摯に向き合い、ミッションとその実現計画を明確に示して教職員に浸透させ、着実な制度改革と教育の充実を通して地域での安定した評価を築き上げている。

> ● 地域に根差す緻密なプログラム　最新の教育手法を徹底活用：
> 日本文理大学
> 　学長室を中軸に強いリーダーシップで次々に教育充実策を実行

　日本文理大学は前身の大分工業大学から発展、航空宇宙工学科を含む工学部と文系の経営経済学部を持つ、まさに文理の大学だ。2014年、僅か10.5％の採択率を突破し文部科学省「地(知)の拠点整備事業」に採択された。しかしこれは偶然ではない。2007年以来の先駆的な人間力育成教育の成果と言える。人間力育成は三つの教育理念、産学一致、人間力の育成、社会・地域貢献から出発する。人間力は産業人として生きる力であり、社会や地域で発揮される力であると位置付ける。

　このミッションを改めて本気で実現しようと、管理事長のイニシアティブで2007年「日本文理大学中期将来計画・チャレンジ40〜新たな決意のもとに」がスタートする。これがその後の第一期、第二期中長期改善施策へとつながる持続的改革の始まりである。人間力に集中した全学挙げた改革は大きな飛躍を作り出す。教育理念から導かれた教育方針「人間力は地域で育成され発揮される」がCOC構想となり補助金採択に結びついた。

　すでに2007年から就業力向上をめざし社会参画授業を開始。1年前期の企業取材実習は全員必修で職業観を喚起、2年で社会参画応用、社会参画実習2、企業課題挑戦型プログラム、3年次では企業研究・企業見学を行うなど4年間を通した地元企業との本格的な連携による実践教育だ。採択されたCOC事業では地域課題に取り組む地域志向科目を全体の40％まで引き上げ、体験学習参加学生を大幅に増やす。

　また全ての授業に人間力教育を普及させるため人間力育成センターが作られる。人間力育成にアクティブラーニングは必須。アクティブラーニング室が作られ、その手法を具体的に示した一覧表を作り全ての授業に徹底的に浸透させた。それだけではない。人間力育成を進めるための最新の教育手法を次々に導入する。学修の段階や順序を示す科目ナンバリングやカリキュラム・マップ、学修到達度評価・ルーブリックを実践、PBL型授業で問題発見

や解決策をプレゼン、eラーニング環境を整備し、学科学習室、多目的ルーム、フリーワークショップ、ラーニングコモンズなども作った。

　人間力育成には正課教育だけでは不十分だ。正課外学習を教育の重要な一環とし、クラブ・サークル活動、就職支援プログラム、各種資格講座、インターンシップ、体験活動、地域貢献活動、ボランティアを体系化し、NBU チャレンジプログラムと名付ける。

　人間力は評価が成否の要を握る。学生ポートフォリオや学修成果自己評価シート（成績・学ぶ姿勢などを確認し学修目標を自覚させるワークシート）で担任がきめ細かな履修指導を行う。学習時間調査、プレースメントテスト、EQ アセスメント、PROG（基礎力テスト）、卒業生対象の進路・満足度調査など徹底して実態を調査・分析し改善に生かす。

　FD ではワークショップ型研修も取り入れ体験型学習の教授方法の共有、満足度の高い授業の研究会を実施、「本学教員の任務（役割・仕事）」を発刊する。教員評価も教育・運営・自己評価（研究、地域貢献）の 3 部門で教育活動評価委員会が評価、実績を数値・ポイントで示す。

　これらが就職や退学率減少に結実する。全卒業生のうち未就職者は 10 名以内、就職率 98.9％。中退防止も出席率 70％以下の学生を把握、情報共有し対応する。しかし学生募集は厳しい。教育投資を重視し広報予算は低く抑え、本物の教育を徹底してアピールしてきた。その成果が表れ両学部とも 2015 年入学者は大幅に増えた。地域と結びつく教育が地元評価を高めたとも言える。

　これらの推進に平居孝之学長が直轄する学長室の役割は大きい。改革の中核を担う若手教員と力のある若手職員を抜擢、ここで練られた方針を理事長報告会経由で教授会の上位機関・大学評議会で決定、教授会に浸透させる。事務局も学生1部、学生2部、学生3部の編成で、1部は入試・広報と進路、2部が教務と学生支援というような編成で、縦割りを排しエンロールメントマネジメントを推進しうる組織となっている。

　大学教育の根源は何か。原点にこだわり、本物の教育づくりで勝負する。この揺るぎない信念と実践こそが未来を切り拓く。これからの大学のあり方を示す先駆的取組みと言える。

● 伝統を基に厳しく改革　高い国試合格率、就職率１００％、
　定員充足率 1.17 倍…：熊本保健科学大学
　　重層的な学生支援で自ら考え行動する力培う

　熊本保健科学大学は、衛生検査技師養成所から 60 年近い歴史を持ち、優れた医療技術者を育成する伝統は一貫している。

　保健科学部単科で、九州最大規模の臨床検査技師養成を行う医学検査学科をはじめ、看護、リハビリテーション学科を持ち、チーム医療を見据えたカリキュラムを組む。グッドデザイン賞を獲得した一号館は直径 132 ｍの円形建物、屋上の 2672 枚のソーラーパネルは年間電気使用量の 3 分の 1 程度を賄える。

　この大学の教育の特色は徹底した学生支援だ。その三つの柱はスモールグループ (SG) 担任制、スタディ・サポート・カフェ（通称スタサ）を柱とする学修支援、ピア・サポート制度である。これが相互に連携することで学生の成長と高い満足度を実現する。

　まず第一の SG 担任制。1 学年 6 〜 10 名の学生を教員 2 人が担当、1 年次から 4 年次まで学修、学生生活、進路の個別相談をきめ細かく行う。出席状況の把握、GPA に基づくセメスターごとの面談、就職のための推薦書や内申書の作成も行い、学生との懇親費用は規定に基づき大学から支給される。また、問題を抱えた学生については保健室とも情報を共有、学生相談室や学務課、就職支援センターとも連携し支援する。

　第二はスタサ。勉強の方法や授業の補習、様々な相談にのり文書添削指導も行う。運営は共通教育センターが担っているが、学修困難に陥っている学生も気兼ねなく立ち寄ることができる場とすることを最優先し、相談内容を限定していない。

　第三はピア・サポート制度。学生の大学行事等への参画を推進する取り組みは 2011 年から顕著で、学友会や次期クラブ・部長を対象としたリーダーズ研修会をスタートするとともにピア・サポーターを試行的に配置した。その効果を検証した上で 2012 年からピア・サポート養成講座を開催、現在は

90名程度の学生が活動する。新入生オリエンテーションを皮切りに4月は履修登録相談、5月は大学生活よろず相談、6月は試験対策など時期ごとのテーマで通年相談・支援体制をとっている。ピア・サポーターの卵、プチ・サポーターから育成を始める。

保健医療分野の人材は自ら考え行動する力が不可欠で、この自立した行動力を培うことが狙いだ。

授業改善の取組みも徹底している。年2回の授業改善アンケート、結果に対する教員からの授業改善計画、学生へのメッセージを400字にまとめてFD委員会へ提出、学内電子掲示板上に名前入りで学生に公開する。全科目、100％の提出だ。

FD研修会（セミナー）は年2回開催で、最低1回は参加が義務付けられており、ほぼ全教員が参加している。各半日かけ教育研究に関する現実的な課題について検証し、職員も毎回参加する。また、2012年からは教員人事評価制度をスタートさせた。各教員の意欲・能力・成果を自己評価、着眼点に基づき五段階で評価し人事評定結果によって給与に反映する。

こうした努力の成果が高い国家試験合格率にも現れる。2014年度臨床検査技師98％、看護師97％、理学療法士、作業療法士92〜94％、言語聴覚士98％、保健師99％、開学以来就職率は100％だ。就職支援センターの相談件数は年間2300件を超える。保健・医療分野では国試合格率が就職率に直結している。こうした就職実績が学生募集で最終定員充足率1.17倍を確保する原動力になっている。

これらの改革は4年ごとの中期目標・中期計画で定められ、機動的に実行される。現在の計画は2015年4月から2019年3月までで、教育研究の質向上、業務運営の効率化、財務内容の改善等を柱に置いている。これを毎年度、部門別、委員会別の事業計画、予算編成方針に具体化する。

こうした改革を推進するのが学長が統括する大学運営協議会。ここには事務局長など3名の幹部職員も参加する。学長は教学役職者の指名権を持ち教授会に対し再審議を求めることが出来る。また理事長は学長の指名権を持っており、学内理事懇談会や理事長への業務報告会で学内経営を統括する。

あらゆる会議、委員会には、伝統的に職員が正規参加しており積極的に発

言する。企画課やリエゾンオフィスがうまく機能し事務局の政策提案力を支えている。職員も厳しい人事評価が行われており、力のある職員の育成を行っている。

中期目標・中期計画、厳しい評価、トップの政策統治、親身の教育と職員参加で優れた保健・医療技術者の育成に成功している。

● ほぼ全教員に任期制を導入　総合的な組織改革に着手：
尚絅大学
徹底した少人数教育、地域連携の実践教育を推進

尚絅の名は、120年前の尚絅女学校に遡る。125周年を迎えた2013年を経営改革元年と位置付け「尚絅学園の長期ビジョン（将来計画）と中長期行動計画」を作り、教育や経営の総合的な改革に乗り出した。長い歴史は強い伝統を作り出すが、時代の変化への対応、革新的な事業創造には弱点を持つ。

計画は9つの柱からなり、ミッションに基づき、まず5年後、10年後の到達目標を示す。その上で、この柱ごとに基本方針と中長期行動計画を示し、消費収支の5か年推移表や中期財務計画も立案するなど現実的なものになっている。当面の改革の重点を教育の質向上と地域連携に置き、2年経った今年は中間評価を実施する。

教育のミッションは、学生を自ら考える主体として育成すること、そのための実践教育を徹底して進める。サービスラーニングやアクティブラーニング等体験型学習を、尚絅子育てセンター、尚絅食育研究センター、尚絅ボランティア支援センター、尚絅地域連携推進センターを中心に推し進める。

授業でも体験を重視し、メディア学では第一線の地元放送局キャスターやカメラマンが講義し、日韓比較文化言語演習では韓国語ガイドツアーの実習、食品加工学実習では食品会社の工場見学を行う。地域と連携した授業も活発で、サービスラーニング入門では大津町の議会だよりの編集に学生が参画、課題探究プロジェクトではホテルの弁当を作ったり、商品として販売するなどの実践的授業を展開する。

留学制度も体験学習の一環で、現地学生と寮で共同生活、留学先の大学で

一定の単位が認定されるため在学期間を延長することなく卒業でき、参加した学生は飛躍的に成長し帰ってくる。

　これらの教育を支えるのが少人数教育。基礎セミナーは1年前期必修で1クラス2〜6人という超少人数教育。クラス担任制を敷き、個人面談を頻繁に行い就職指導もする。授業も平均24人、教員1人当たり学生数15.6人で、退学率も2％台と少ない。

　授業改善の取組みも徹底しており、学生による授業評価は年2回、自由記述への教員の回答を義務付け、集計結果と合わせ受講学生にフィードバックする。学生生活実態調査として授業出席や理解度、学習時間などを調査、満足度調査や卒業時のアンケート調査など実態から問題点を掴む取り組みを重視する。

　FD活動の推進は教員相互の授業参観・オープンクラスウィークを半期に3週間設定、相互に授業を見学、意見交換会を行う。FD・評価事務室に職員2名を配属する力の入れようだ。

　この大学は10年前から基本的に全教員が任期制に移行した。助教・講師4年任期・更新2回、准教授5年任期・更新2回、教授10年・更新回数定めなく更新後任期5年となっている。年俸制で、これを自己申告制度に基づき教育活動・研究活動・社会への貢献度・大学運営の四要素で、学科長→学部長→学長の順で評価、その結果を基に年俸を査定する。こうした仕組みが教育研究に真摯に向き合う風土を作り出してきた。

　就職率も全体で95％以上をキープしており、熊本県内の栄養士の多くは尚絅大出身で占められ、地元企業にも評価が高い。クラス担任制による早期の進路の意識づけ、進路指導、就職指導という授業を行うなど徹底する。

　生活科学部は定員を充足しているが、文化言語学部は文学部時代から定員割れが続く。福岡一極集中を打破するため全教員による高校訪問など取り組みを強める。

　2006年、2学部体制を機に評議会を設置、学長補佐体制を強化し、今年からは教育、研究、地域連携の3人体制とした。大学は学長・学長補佐会議を中核とした運営を行う。

　経営も新設の常勤理事会を中核に日常方針が決定され、それを事務幹部に

よる事務部門会議が実行するシステムで、経営・教学・事務局一体の推進体制が組まれている。

長い歴史を背景にした伝統的な風土を、任期制、中長期行動計画、経営・教職一体運営で改革し、徹底した少人数の実践的教育で学生育成を行い、確固たる地域基盤の確立を進めている。

> ● 入学前から丁寧な教育　綿密なガバナンス体制で改革遂行：
> 北陸学院大学
> 授業参観に全職員が参加、会議での積極的提案で教育改善

北陸学院大学は今年 (2015 年) 創立 130 周年を迎えた。大学設置は 2008 年。人間総合学部単科だが、幼稚園、小学校、中学・高校、短大を持つ。3 歳から 22 歳まで 19 年間の学びが可能であり、継続教育「北陸学院スタンダード」の構築を目指す。

建学の理念を大切にし、教授会や職員朝礼の開催時には祈祷、学生には授業として毎日の礼拝（月〜金、昼 20 分間）、各学期 38 回の参加が義務づけられ、必須授業である北陸学院科目でもキリスト精神を学ぶ。

入学前からの丁寧な教育を重視、大学での学びや生活を一日体験するウォーミングアップ学習に始まり基礎ゼミは 10 人〜15 人の小規模クラス編成、個別指導のアドバイザリーシステムが整い、アクティブラーニングや体験学習プログラムを構造化した初年次教育でフィールドスタディ、教育外学習プログラムが充実、手間を惜しまぬ教育が売りだ。入学時に基礎学力テストを実施、支援が必要な学生には基礎力強化科目（英語基礎・日本語基礎・数学基礎）を半期 15 回で授業、学習支援室は午後 10 時まで毎日開放するなど親身な学習支援を行う。

授業改善の取組みも徹底している。授業評価アンケートを学期の中間に義務付ける。これは、授業が終了してから調査しても意味がないという考えからだ。授業評価結果は教員にフィードバック、教員からの回答は学生にも公開する。授業参観は前期・後期 1 回ずつ 2 週間。教職員に 1 回以上の参観を義務付け感想・改善点記入、データベースで公開する。不参観者は教職員数

名のみ。特に授業参観に職員が参加するのは珍しく、職員の目線で授業参観記録簿に意見を述べる。教員評価も実施、教育・研究活動評価委員会が業績報告書に基づき、学内での管理運営、教育・研究、社会的活動を数値化して評価、研究費を増額支給する。

　就職も個人指導を徹底し、面談は1人30～40分かける。学生生活支援、資格取得・就職支援業務を統合した学生支援課に改組することで、一年次から学生と接点ができ、入学から卒業まで一貫した支援が可能となった。社会福祉学科を社会学科に改組するなどの努力とあいまって定員割れをほぼ克服しつつある。

　こうした成果を作り出す上では、理事長のリーダーシップや幹部教職員の強い改革への意志があった。学校伝道協議会での理事長講演。「北陸学院の現状は学生・生徒数の大幅な減少、減価償却引き当て資産の不足から建て替えすら出来ない。経営戦略が無く、教育力も低下。歴史にあぐらをかき、キリスト教学校の名に寄りかかり、進歩・改革、人事の刷新がなくプロ意識が希薄、部局が自由にふるまい上位の部局を批判、学院の地域からの評価が落ちている。永い眠りから覚め、キリスト教弾圧と闘ってきたその戦いに復帰する覚悟が求められる」。厳しい自己評価と固い決意が読み取れる。

　その後、経営改善計画(2010―14)を立案、2014年には最大の目標、帰属収支差額の均衡を達成した。理事長は、教職員が一致団結して難局を乗り越え、教育内容を変革、募集に尽力した賜物と評価した。そして今、新計画・中期事業計画書(2015―19)で基本戦略と個別計画を策定、実行を始めている。計画の達成状況は毎年自己評価され、改善向上事項報告書にまとめ大学評議会に報告。未達成事項は大学評議会より各学科、各委員会に改善策として提起され、その結果は再び大学協議会で報告されるPDCAサイクルが機能している。

　この中期計画は、理事長直轄の経営企画委員会が所管、個別会と言われる理事長と部局委員が事業計画の進捗、現状と問題点、新規事業について協議するなど情報共有と迅速な意思決定を進めている。職員参加も進んでおり、大学評議会や各種委員会には職員が正規メンバーとして参加、積極的に意見表明する。人事評価制度も導入し、目標面談、進捗確認の中間面談、達成状

況確認と考課結果伝達の結果判定面談を実施し、自分は何をすべきか、何が課題かを自覚する中で課題解決力の育成を図っている。

理事長の強い信念とフランクな人柄、教職員幹部が一丸となって中期事業計画実現に取り組むことで着実な成果を上げている。

● 分かりやすさ重視の学科改組で志願者増　ＵＲＡ、教職員のチームで研究プロジェクト採択：新潟工科大学
県内企業との連携で豊富なインターン先、高い就職率を実現

新潟工科大学は、1990年、県内企業258社（現・産学交流会）と地元自治体の寄付で設立された。2006年に策定した中期計画は当時としては極めて先進的で、10年後も大学に勤務している教職員を中心にアクションプランを策定、全ての項目に責任者を明記し、達成度を評価するために数値根拠や成果物の提出を求めるなど厳しいPDCAサイクルを構築した。

その成果は、補助金事業への連続的採択にも表れている。2009年、経産省「体系的な社会人基礎力育成・評価システム開発・実証事業」、2010年、文科省「大学生の就業力育成支援事業」、2012年、文科省「産業界のニーズに対応した教育改善・充実体制整備事業」と続く。

教育の中軸に学内企業実習科目「工学プロジェクト」や「産業と大学」を開講、企業人を講師として招く課題追求型の授業である。PBL型インターンシップ、海外インターンシップ、ワンデイ・インターンシップなどで社会人基礎力、就業力を育成する。地域産学交流センターは、地元自治体や商工会議所等と連携し、地域経済の発展にも貢献している。これが過去六年平均95.2％の高い就職率を作り出し、産学交流会の支援もあり新潟県内就職率も76.4％である。補助金の連続採択には新たに採用した知財専門家、2人のURAも重要な役割を果たしている。

丁寧な教育をスローガンに教育センターでは英語や基礎科目の理解不足の相談や支援を行う。助言教員によるアドバイスやきめ細かな指導、常駐専任スタッフによる数学、英語、物理、化学の懇切丁寧な学習支援、さらに資格取得支援、就職試験対策まで行う。

教育目標に基づく達成度検証を重視、学期ごと全科目で授業評価アンケートを実施、結果は全教員配布、HP公開、各教員は授業報告書を提出、授業改善報告書集を発刊する。授業改善研究会は年3回、教員相互に授業参観、授業改善の指針をFD委員会・授業改善検証部会主導で作成し全教員に周知、シラバスの内容は教務学生委員会がチェックする。

教員評価は2010年より本格実施、成果を活動記録に記入、点数化し評価結果により個人面談を実施、教育・研究改善につなげる独自開発の教員評価管理システムを構築した。職員も目標管理制度を導入、目標は四半期ごと、進捗状況は毎月面談で確認し、成果はいずれも賞与や昇給に反映している。

2014年、創立20年を第二の開学と位置づけ、2017年までの第二期中期計画を策定し、定員割れの現状打破を目指す。抜本的な学部改組を行い、4学科を廃止し工学科1学科へ。初年次は工学基礎を全員が共通学習。2年次に3つの学系に分かれ、3年進級時はさらに細かく分類した8つのコースプログラムから選択する特色ある学系・コースの新教育システムを導入、学生本位の教育の原点に立ち返る。総合学科とも言える工学科への改組は、1つの製品を多様な職種の技術者が協力して作る工学の現実や学生ニーズにも合致していた。

おりしも2014年、県内で唯一、大学教育再生加速プログラムに採択された。教学マネジメントの改善ループ、学生の学びの改善ループ、この2つのループを機能させ、到達度テスト・資格取得、ルーブリック評価、企業評価による学習成果の可視化に挑戦する意欲的なものだ。これらの成果を基に広報活動を強化、昨年は志願者3割増、入学者1割増の成果を作り出した。

研究でも次々特色ある取り組みを作り出す。原子力耐震・構造研究センターはキャンパス内に3000mの井戸を掘り、世界に例のない最先端、高性能の地震観測システムを作る。動物実験で食品の評価技術の修得を行う滋養・薬効研究センターも創設した。環境科学科新設と合わせ県内初のエコアクション21の認証を取得、通学バスの燃料に生成した廃天ぷら油を使用するなどの実践も行っている。

こうした改革を進めるため、学長が常務理事を兼務し経営・教学の日常責任体制を構築、補佐体制強化のため副学長、学長補佐を2人ずつ配置、理事

でもある事務局長を加えた経営戦略本部を立ち上げ、迅速な意思決定と執行を行うガバナンス体制を確立した。

　中期計画を軸に、教育・研究・経営体制の先駆的な改革で特色化を進め、困難な環境の中、着実な成果を作り出している。

　　　初出:『教育学術新聞』掲載一覧
- 「苦難の歴史乗り越え　"Eサポ"で教育支援を強化:東北文化学園大学―プロジェクト科目など学生の自主性育てる教育を推進」（平成27年7月22日）
- 「法人・大学組織を一本化　2つの専門監制度が入口と出口で活躍:尚絅学院大学―全教員と学長が面談、職員も目標管理で上司と面談し成長を図る」（平成27年8月19日）
- 「地域に根差す緻密なプログラム　最新の教育手法を徹底活用:日本文理大学―学長室を中軸に強いリーダーシップで次々に教育充実策を実行」（平成27年10月14日）
- 「伝統を元に厳しく改革　高い国試合格率、就職率100%、定員充足率1.17倍…:熊本保健科学大学―重層的な学生支援で自ら考え行動する力培う（平成27年11月11日）
- 「ほぼ全教員に任期制を導入　総合的な組織改革に着手:尚絅大学―徹底した少人数教育、地域連携の実践教育を推進」（平成27年11月18日）
- 「入学前から丁寧な教育　綿密なガバナンス体制で改革遂行:北陸学院大学―授業参観に全職員が参加、会議での積極的提案で教育改善」（平成27年12月2日）
- 「分かりやすさ重視の学科改組で志願者増　URA、教職員のチームで研究プロジェクト採択:新潟工科大学―県内企業との連携で豊富なインターン先、高い就職率を実現」（平成27年12月16日）

＊各大学の記載内容は、全て掲載時点のものである。

第12章

目標実現へ、トップ、幹部職員の強い思い、教職員の創意工夫と一体行動が大学発展を作り出す

84. 30年で2400人の教員採用合格者、実践的指導力ある教員養成：**盛岡大学**—若手教職員による中長期プロジェクト推進室で実行・評価
85. 高い就職実績支える多様なメニュー、教職学生に年250回の勉強会：**東北文教大学**—授業内容や進路の満足度80％以上、卒業率は95.7％で東北1を誇る
86. 特色あるスポーツ教育で高い就職率、入試創職部などを設置、一貫支援で安定的な学生募集：**仙台大学**—教育目標達成・評価システム等で改革の精神を浸透させる
87. 中長期計画で6つの柱を掲げ、着実な改革を実現：**田園調布学園大学**—学長直轄事業で教育の充実を推進、職員が大学経営に深く参画
88. 第14期中期経営計画・アクションプランで教育の質向上：**茨城キリスト教大学**—優れたキャリア支援活動で、就職率茨城県内1位
89. スポーツ科学部など連続的な学部増で特色を鮮明化：**山梨学院大学**—学習・教育開発（LED）センターを中心に教育の質向上、学生支援を徹底
90. 基本戦略MS-26マネジメントシステムの構築で前進：**名城大学**—志願者毎年増、志願したい大学東海1位、実就職私大2,000人規模1位
91. 90年代から政策を軸にした改革推進体制を構築：**日本福祉大学**

> ● 高い就職実績支える多様なメニュー　教職学生に年250回の勉強会など：
> 東北文教大学
> 　　授業内容や進路の満足度80％以上、卒業率は95.7％で東北一を誇る

　東北文教大学は大正15年（1926年）、山形裁縫女学校からスタートし山形城北女子高校、山形女子短大と発展、2010年、東北文教大学・人間科学部・子ども教育学科として誕生した。

　徹底した少人数教育、面倒見の良い教育は短大時代からの伝統で、強い特色となり、「学生との距離が非常に近く、温かい教育がここにあると実感した」と文科省調査でも評価された。教員1人当たり学生6～8名を担当、1クラス6人の担任制、4年間徹底してきめ細かく支援、卒業研究もフェイス・トゥ・フェイスで指導する。そのため、設置基準に対する教員数は1.82倍、人件費比率が6割前後と高く、収支バランスを崩す要因でもあるが、これも覚悟の上で教育の充実を優先する。

　この成果は端的に卒業生アンケートに見て取れる。授業内容について、大変満足、まあまあ満足の合計が83％、進路支援86.8％、教員との関りの満足度85.6％。卒業時調査は在学中と違って実態が現れるが、この高さは本物だ。

　さらに、卒業率も東北ナンバー1を誇る。東北の全大学平均の卒業率は84.9％、これに対し同大学は95.7％の驚異的卒業率を誇る。これは4年間の退学率4.3％、年1％台の低さで、高い満足度を証明する。

　この要因は前述の少人数教育も大きいが、学生の要望を徹底して聞く「連絡協議会」の取組みにも表れる。昨年は大学側が学長以下教職員21人、学生自治会など学生側45人以上の規模で行われた。施設・設備の要望13項目、購買・食堂7項目、授業や先生に関する件10項目、学校全般5など率直な要望・意見が出され、それに大学から丁寧な回答が文書で示され議論が行われる。授業に関する要望では、教員の遅刻や無断休校、板書が汚い、使用しない教科書を買わせる、自己満足な授業、好き嫌いで評価など厳しい意見にも丁寧に対応し教育改善につなげる。本気で学生の意見を聞く姿勢が高い満足度につながる。

これは教育開発研究センターの取組みにも表れる。授業改善アンケート調査を全開講科目で実施するだけでなく、学修時間と学修行動についてのアンケート、さらに学生生活アンケートも行い、徹底して学生実態から改善課題を明らかにする。教員相互の授業参観も行い複数科目を参観しコメント、これを踏まえて授業担当教員が改善案を公開する取り組みやシラバス改善検討会などで授業改善を進める。3ポリシー、ルーブリック、アクティブラーニング、学生カルテ、ポータルサイト等、他大学も調査し最新の手法、外の風も取り入れて改革を進める。

　昨年（2014年度）までに卒業生は2期、158名。進路は、小学校教諭32名、幼保68名、公務員2名、企業38名、大学院11名で、小学校教諭・現役合格率66.7％、幼保97.3％と優れた実績を上げ、これも高い満足度につながっている。この成果も教職実践センターの教員による一対一のきめ細かい対策指導が功を奏している。校長経験者がスタッフとして常駐、年間250回、ほぼ毎日の勉強会で授業のやり方や面接指導が行われる。また教育ボランティア、僻地小規模校、都市部大規模校実習などを積極的に行い、教育現場で経験を積む。現場経験が飽きさせない授業、子供たちの目線で行動できる実践力のある教員養成につながっている。

　進路支援センターでも、2年生以降ほぼ毎週進路ガイダンスや対策講座が行われ70〜80人が参加、3年生以降は年2〜3回全員面接を行う。その他リメディアル教育を行う学修支援センター、体験学習支援の地域連携・ボランティアセンターなど同大学は合計15のセンターが機能して学生の育成支援に当たる。

　入学者は新設という事もありまだ定員の8割だが、小学校教諭の合格実績などが浸透するにつれ徐々に増加している。奨学金を充実させ、学生企画のオープンキャンパスなどを行う。

　これら全体の改革を主導するのは、鬼武学長のもと副学長、学長補佐、学長特別補佐をはじめとするチームワークの良い教職員幹部だ。学長の下には運営企画室が置かれ、広報戦略など学長機能を補佐するとともに、専任3人を配置する大学改革・評価室が設置され、毎年の自己点検評価、教員の業績評価、各種アンケート調査の分析などIR機能を果たす。

本物の学生本位の教育・支援の総合的な仕掛けを作り出し、着実な成果を上げている。

> ● 30年で2400人の教員採用合格者　実践的指導力ある教員養成：
> 盛岡大学
> 　若手教職員による中長期プロジェクト推進室で実行・評価

　盛岡大学は1981年、文学部単科の大学として創立、2010年、栄養科学部を設置、短大、高校、調理専門学校、幼稚園を併設する。

　創立20周年（2001年）を機に盛岡大学21世紀委員会を設置、「対話のある学校」など改めて大学のミッションを鮮明にした。この実現のため徳田学長は、就任後ただちに同大学としては初めて5か年間の中期目標（2014年〜2018年）を策定した。卒業偏差値重視、北東北で第一に選ばれる大学、就職率、国試合格率、中退率など数字で表すことのできる実績で評価される大学など目標を鮮明に打ち出した。

　教育の充実を最優先し、シラバス記載の到達目標を達成する授業の実現に向け、授業評価のフィードバック、初年次教育、補習教育、学生の主体的学びの強化に向けボランティアの単位化やアクティブラーニングを推進、学生が選ぶベストレクチャー賞、FD・SD研修等を計7回行うなど努力する。この成果を広める"攻撃的な"受験生集めを提案、リアルタイムな広報を重視する。

　計画策定に当たってはIR室を強化、意思決定の根拠となるデータの提供を重視、学部長会議に相当するフリーディスカッションの場、コアミーティングで徹底して議論、案の段階で全学に公開し、末端の教職員にも意見や提案を呼びかけた。さらに優れているのは、この取組に、自らの職場の将来的命運がかかる主体的意識で参画させるべく、若手教職員を中心にした盛岡大学中長期プロジェクト推進室を設置したことである。改革の実行に若手を据え、計画の具体化や進行状況チェック、そしてさらに第二次中期目標の策定に向けた検討も任せている。実行計画は工程表として具体化され、半年に1回は到達状況のチェックが行われる。それと並行して、法人本部では中期経

営計画を策定、財政・人事計画を整える。

　元々この大学は、「教師になるなら盛岡大学」と言われるほど教員養成で地元の評価が高く、1988年から合計で23293名の教員採用合格者を出す驚異的実績を持っており、各方面から注目され、これが強い学募力に結びついている。

　その中心が教員養成サポートセンター。ここが展開する教員養成プログラムが教育現場から高く評価されている独自プログラムである。その柱は2つ、課題解決型教育実習と授業コンテスト・テーマ劇コンテスト。1年次から徹底して教育ボランティア体験を行い、授業の実践力と対人間関係力など実践的指導力を身に付ける。これらを通じて学習意欲低下、不登校、学級崩壊などの諸問題を解決し、分かり易い授業、確かな学力をつける授業が出来る力を養い、これが教員試験を突破できる最大の要因になっている。2017年度教員採用試験合格者も現役33人、既卒72人の成果を上げている。

　就職率は、英語文化95％、日本文化87.7％、社会文化91.4％、児童教育91.2％、栄養科学100％と各学科とも高い水準だ。就職センターのキャリアサポートプログラムが有効に機能し、豊富な資格、教員免許状のトリプル取得、公務員対策、国試対策委員会による管理栄養士合格支援などを行う。こうした成果で、地方にあって、学生募集は収容定員1600人に対し在籍1815人、充足率113.4％、短大も109.3％と一貫して定員を確保している。

　好調な学募の背景には、常に新しいことをやる改革型運営の努力があり、学長の下にある中長期プロジェクト推進室、大学事務局長が室長を兼務するIR室、法人本部の企画部が連携し一体的な改革を推進する。この法人には案件審査会議という組織がある。教学も含めた学内理事が新規事業や運営方針を議論し、理事会等の意思決定に繋げ、これを定例連絡会で設置校に浸透させる。4年に一度は自己評価報告書を作成、単年度計画は事業計画とその報告書でPDCAサイクルの確立に努めている。

　同大学は1996年、理事長の背任事件が発生、巨額の損失を出した苦難の歴史がある。ただちに財政確立計画を策定し、退職補充の抑制、新たな給与制度、人件費比率の引き下げなどにより借入金完済、2000年から黒字に転化、大学だけで見ると人件費比率46.4％、消費収支差額比29.4％の健全財政を作

り上げた。
　教員養成の強い特色を武器に中期目標に基づく持続的な改革で定員確保を保持している。

> ● 特色あるスポーツ教育、高い就職率　入試創職部などを設置
>   一貫支援で安定的な学生募集：仙台大学
>   教育目標達成・評価システム等で改革の精神を浸透させる

　1967年に開学した仙台大学は、体育学部の単科大学だが、「スポーツ・フォア・オール（スポーツは健康な人のためだけでなく、すべての人に）」の基本理念のもと、朴澤理事長の主導で次々学科を増設、スポーツのすそ野を広げてきた。

　体育学科は保健体育教師やあらゆるスポーツ分野で活躍できる人材育成、健康福祉学科（1995年）は全ての人の健康増進、介護・福祉人材育成、運動栄養学科（2003年）は運動と栄養の専門人材の育成、スポーツ情報マスメディア学科（2007年）はマスメディア等に関わる人材の育成、現代武道学科（2011年）は社会の安全・安心を担う人材の育成を行っている。そして現在、就学前児童の発育発達を担う人材育成を対象とした新学科を計画中である。

　この大学の教育目標達成・評価システムは、他に例がない独自性を持った優れた取り組みである。毎年発行される冊子『教学組織・事務組織の長の年度業務目標』には、各部門の責任者全員の1年間の目標が具体的に記されている。

　例えば副学長は、教育内容の特色化、学募・入試改革、中退者減を掲げ、教育改善企画委員長は教育改善への学生の意見反映、FD、シラバスの充実、事務局長は事務効率化、職員の資質の向上、入試創職室長は定員の1.2倍の入学者、就職内定率95％など具体の数値目標を掲げる。そして、この目標の達成状況は年度末の3月、『大学院・学部学科・センター・部・委員会等の長の年度業務目標に対する自己点検・評価報告』（冊子）としてまとめられ、目標の進捗状況と課題が明らかにされる。

　同様に、個々の教員においても、前期・後期の終了時点で、『平成27年度前期を振り返って〈後期に向けて〉』（冊子）で、教育活動・サークル活動、研

究活動、管理運営、社会連携の4分野で、目標と結果、後期に向けての目標と課題を記載している。組織、個人がそれぞれ目標を明確に設定し、その達成に向けた具体的な計画を立案、その到達状況を一人ひとり明らかにしようとしており、PDCAサイクルの実質化として優れた取り組みと言える。

　このシステムも朴澤理事長が学長を兼務していた2009年、学長としてのイニシアティブで制度化し実行に移したものだ。

　同大学は2004年より新規採用者を対象に任期制を導入し、2007年からは、5年任期の全教員任期制に移行した。スタートに当たっては理事長自ら教員懇談会に出席し丁寧に説明、合意を取り付けた。再任・昇格に当たっては、教育、研究（論文等）、社会貢献（地域貢献、国際交流、社会的活動）、大学管理運営、学生サービス（資格取得支援、クラス担任等）、自己研鑽、学位・資格取得などについて5年間の取組み実績を詳しく報告、再任審査委員会の審査を経て理事長が決定する。大学のあらゆる活動について目標を掲げ、その実現に努力する姿勢を全教員に求めるシステムである。

　こうした学科新設と厳しい評価システムの構築は、学生募集の成果に結実している。入学定員500名に対し、入学者622名、充足率1.24倍、収容定員2096名に対し在籍2381名を確保する。過去5年の入学定員充足率も1.21～1.29と高い水準を保持している。

　就職率も高く、体育学科94.4％、健康福祉学科92.9％、運動栄養学科100％、スポーツ情報マスメディア学科94.1％、現代武道学科93.1％となっている。

　こうした入口・出口の成果を作り出す上で、この大学独自の組織、入試創職部（教学組織）、入試創職室（事務組織）が機能している。入学から卒業・就職まで同一部・課が担当することで、エンロールメントマネジメント、出口の成果が学募に直結する効果を狙っている。

　授業改善の推進のために教育企画部を置き、学習状況調査など各種の調査を行い、学生の実態を踏まえて教育改善企画委員会や教育課程検討委員会が教育の質向上に取り組む。

　これら大学の方針は、週1回の学長・副学長会議で審議し基本方針を定めた上で、月2回の学内調整会議で調整・浸透される。その上で全ての戦略的

意思決定は、理事長統括、学長、設置高校校長、事務局長などで構成される常任理事会（月2回）で一元的に行われる。

理事長の先見性のある提起を基に、学科新設や独自の教学改善システムを構築・運用し、教学改善、就職率向上、安定的な学生募集に成功している。

> ● 中長期計画で6つの柱を掲げ、着実な改革を実現：田園調布学園大学
> 　学長直轄事業で教育の充実を推進、職員が大学経営に深く参画

田園調布学園は、大正15年（1926年）の調布女学校に始まる。大学設立は2002年、人間福祉学部に加え2010年子ども未来学部を設置、2学部3学科、収容定員1200人規模の大学である。「捨我精進」我を捨てて精進する、思いやりの心で社会に貢献するという建学の理念の下、福祉を担う人材育成、子育て支援から高齢者介護まであらゆる福祉ニーズに対応する教育を進めてきた。

福祉系志願者が厳しい状況の中、ここ数年、ほぼ全ての学部学科で定員を充足してきた。その力の基は何か。もちろん学部・学科の新設・改組の効果、学募・入試改革の努力はある。オープンキャンパスの充実で数年前と比べ来場者も増加傾向にある。しかし、それだけではない。やはり教育を良くする持続的な取り組みが効果を表してきたと言える。

学長直轄事業を置き、改革を部局任せにせず学長が直接推進する。テーマごとに副学長がプロジェクトチーム編成、役職者だけでなく一般教職員も参画する。テーマは、カリキュラムの充実・改善、大学院設置、情報活用、FD・授業改善などである。授業改善では、毎年10名の授業を順次公開、相互授業見学を実施し各授業の問題点や改善策を検討するシステムを立ち上げた。

単位制度の実質化も掲げ、原点に返って3つのポリシーを見直し、副学長主導でシラバスチェックを行い、また2014年からはカリキュラムマップ、カリキュラムツリーを導入、ここでの到達目標に基づきシラバスを作成・管理することで全授業の質向上を目指している。

全学ネットワークシステム「でんでんばん」では、予習・復習の配信、授業に関する質問など、教員と担当学生との双方向での意思疎通が活発化、また学籍の基本情報、成績紹介、GPA、出席状況、学習情報、学納金情報などの共有を通じて教員・職員間でのコミュニケーションも進み、アドバイザーとの連携も強化された。アドバイザー制度は全教員が参加、一人10人程度の学生を受け持つ。1～2年は同じアドバイザーが担当、3・4年はゼミ担当者となる。

中途退学者対応も「でんでんばん」で、GPA1.2以下、出席率40％以下、年間単位取得30単位以下などの基準で要支援強化学生を抽出、アドバイザーが積極的にコンタクトをとる。これによって中退率は大幅に改善の方向に進んでいる。

教育への職員参加を意識的に推進しており、図書館職員、地域連携職員、実習センター職員、進路指導課職員などが直接授業に参画、教育を共同で担っている。

進路指導課では、4年生全員の活動状況を個人カルテとして作成、アンケート、個人面談、電話等の活動情報を記載し個別学生の指導方針を設定、きめ細かく指導すると共にゼミ教員に提供する。内定状況は毎週、学長、副学長に報告書（速報）を回付、教授会でも毎回最新データを提供する。2015年3月卒業者の就職率は98.8％、とりわけ全卒業者に対する就職率88・8％は神奈川県内私立大学で第1位、2016年1月実施の国家試験で社会福祉士合格49名、2015年度公務員採用試験合格27名などの実績を上げており、大半が福祉や保育の取得資格を生かした分野に就職している。

こうした取り組みは中長期計画を基盤としている。2012年末、策定された中長期計画の6つの柱は、(1)教育研究の質向上、充実、(2)人材育成、(3)地域貢献・連携推進、(4)国際交流推進、(5)教育環境整備、(6)経営の健全化である。その実行計画として教学・管理運営の19項目を設定、毎年の事業計画で各部局の方針として具体化し、実行・評価する大学独自のPDCAサイクルを図式化した（2013年自己点検・評価報告書）。

こうした改革を推進する中核組織は、理事長が参加する大学運営会議である。大学運営に関わる重要事項を審議する。それを教職の役者がそろう企画

調整会議で審議・調整し、それから教授会をはじめ学内機関にかけていく。4月には全教職員会も開かれ、大学運営の重点課題、事業計画等を提起、浸透させる。全職員参加の事務局会議も年7回行われ、方針伝達や職員からの情報提供が行われる。

中長期計画を基本に、学長直轄事業で改革を着実に進行させ、教育の質向上や確実な就職実績を通し安定した学生募集を作り出している。

● 第14期中期経営計画・アクションプランで教育の質向上：茨城キリスト教大学
優れたキャリア支援活動で、就職率茨城県内1位

1947年、地元のキリスト教会などが設立したシオン学園が始まり。1950年短期大学を、1967年に文学部単科の大学を設置、2000年生活科学部、2004年看護学部、2011年経営学部を次々に学部増設、現在4学部体制で、茨城県北部で唯一の総合大学である。

1994年に大学基準協会正会員、中期計画も現在2016年からの第14期中期経営計画（2020年まで）がスタートしているが、その始まりも1990年代の後半と長い歴史を持つ。2012年の第13期からは学部、学科、部局の各中期計画に基づき、目標達成状況評価を自己点検評価委員会に報告・検証するPDCAサイクルを構築した。

それまでの中期計画は部局の計画を取りまとめて作る形だったが、13期からは学長主導で基本方針や重点課題をチェック、教員・職員に徹底し認証評価と関連付けながらの達成度評価も重視する。2012年以降、毎年行動計画（アクションプラン）を立案、教授会、理事会等を通じて全教職員に浸透・共有を図っている。

重点は内部質保障システムの充実。教育課程の質保障への信頼が社会的評価の核心であるとする。茨城県では18歳人口は、2035年には2011年比で60％まで落ち込む。将来危機への対応は中期経営計画による成果の創出、その広報と社会的評価以外にない。合同教授会でも人口推移グラフなどを示し、現状と具体的施策を説明、3〜5年スパンでカリキュラム評価と改訂を行う。

ただ、授業を充実させるための研究活性化支援は充実しているが、授業FD、授業改善はまだ不十分さがあると自己評価する。FD活動は学科中心で、全教員から学部長に提出する担当科目の個別教員改善報告書の徹底などが求められている。授業改善推進の全学組織はなかったが、教学マネジメント強化のため教育課程評議会を置き、カリキュラムの点検・評価や質保証、ルーブリックやアクティブラーニングの徹底などの活動を開始した。授業の質向上を教員個人の手のみに委ねるわけにはいかないと考えている。

昔から学生を成長させるきめ細かな教育は教職員の文化、風土として根付いており、面倒見が良い教育との定評がある。アドバイザー制度が敷かれ、基礎演習担当者とは別にアドバイザーを配置することで、学生も気楽に相談できる。

学生表彰も徹底して行い、学業成績優秀者、優れた卒業研究のみでなく、クラブ・サークル活動や地域で活躍するなど多方面の活動を積極的に評価する優等賞、オリーブ賞、ICアカデミー賞などで学生を褒めて育てる。学生の実態を学生満足度調査、卒業生、就職先企業へのアンケートで的確に把握し教育支援に生かす。

とりわけ就職率ランキング、茨城県第1位の96.6％（2015年、読売新聞）の実績を持つ就職支援活動は優れている。キャリア支援センター職員の多くがキャリアコンサルタントや産業カウンセラーの資格を持ち、職員を学科別に配置、550人の規模なので顔と名前を覚え、年平均1人1回45分、4000回の徹底した個別面談で支援する。さらに就活塾を開き、キャリセンクルーと名付けた内定者が後輩を指導するシステムも効果が高い。教職指導室、公務員対策室も置き、教員79名、公務員32名の合格実績を作り出す。

自分のキャリアを自分で作る自立力を重視、目標設定能力、継続学習力、ストレス耐性などの育成に着目、「失敗や不運も勲章」を合言葉に、恐れず行動したものだけがチャンスをものにできるという指導を徹底する。これらの努力の成果で、近年は収容定員を安定的に確保しており、オープンキャンパスの参加者数も増加を続けている。

この法人は歴史的に設置校が独立した運営を行っており、各校から法人費を支出して運営するシステムを取っている。しかし、学長や副学長、事務局

長が理事として月2回の常任理事会に参加し、法人・大学の一体運営が行われている。学長は選挙で選ばれるが運営会議を主宰し、教授会、学科会議等を取りまとめる。職員の運営参加も伝統的に強く、あらゆる会議に規程上のメンバーとして参画、積極的に発言・提案する。法人の企画調査室は中期経営計画の策定や新たなプロジェクトの支援、学科等申請などに取り組む。2012年からは、職員全員面接制度も行い、キャリア形成シートで力を引き出し、育成を進める。

中期経営計画に基づく着実な努力が実を結びつつある。

● スポーツ科学部など連続的な学部増で特色を鮮明化：山梨学院大学
　学習・教育開発 (LED) センターを中心に教育の質向上、学生支援を徹底

山梨学院大学は1962年法学部単科として創立、その後商学部 (2006年現代ビジネス学部に名称変更)、1994年経営情報学部、2009年健康栄養学部、2015年国際リベラルアーツ学部、2016年スポーツ科学部と連続して学部を作ってきた。6学部、収容定員3460人、地方都市としては規模の多い学生を一貫して確保してきた。

その力の根源が「個性派私学の雄」「未来型学園のモデル校」を掲げた先進的な学部増設とともに、近年最も重視してきた学生満足度の向上で、教育の本質、時代を超えて変わらない価値の追求だとする。

これが運営方針 (2012年度~2016年度) の第1「学園づくりの目標」に掲げられており、2016年度運営方針では「教育力の山梨学院」、教育の質転換を最重点としている。この「教育の山学」づくりの中核として、2015年、学習・教育開発 (LED) センターが設立された。

センターの事業は、規定によると「初年次教育・コンピテンシー教育の計画と運営、FD・SD の計画と実施、ピアサポート体制の確立、補習教育を含む学習支援、IR(教育支援)」などである。LEDセンターには、従来、教育改善に大きな役割を果たしてきたFD委員会や学生総合支援委員会の機能が統合され、学長特別補佐であるセンター長のもとで全学的に機能する組織体制

となっている。

　これまでFD委員会は授業評価の5段階評価をレーダーチャート化し教員にフィードバック、教員の教育改善や授業運営に関するアンケート調査を実施、FD活動の成果を報告書にまとめ全教員に配布するなどしてきた。こうした活動を新センターではより強化する。

　また、手厚い学生支援も新センターの下で充実される。これまでは学生総合支援委員会の下で、学生総合支援室が実際の学生支援策を企画・立案・実施してきた。支援室業務としては、学習相談・修学面談、講義等の改善要望受付、県人会活動支援などである。また講義資料の事後配布サービスを実施、学習相談を年間通じて受け付け、スチューデント・アシスタントによる履修相談を行う。これらに加え新センターは就学指導や補習教育、ピア・サポーター育成を事業として行っている。

　修学面談は、留年、修得単位不足の学生を対象とし、2007年からは面談結果をデータ化し、キャンパスサポートシステム（学生カルテ）に蓄積し活用する。

　初年次教育の一環として独自作成の教科書を使用した必修科目の基礎演習Ⅰ・Ⅱを行い、演習の達成状況を成果報告書にまとめ発刊している。この基礎演習を欠席した学生のフォローもこの支援室が行い、授業開始後5回目で3回以上欠席した学生を対象に面接指導する。

　進路支援は、就職・キャリアセンターが担い、1：1のキャリアカウンセリングを重視しており、多くの学生の相談時間を確保するため1人1回の相談目安を20分程度として、きめ細やかな相談・助言、徹底した個人面談指導を行って高い就職率を実現している。YGU（山梨学院大学）キャリアアップサポート制度として、資格・検定に合格した学生に奨励金（図書カード）を支給する制度や、就職活動貸付金制度もある。現代ビジネス学部は資格チャレンジ総合研究室で簿記検定、税理士試験を目指す学生を支援。経営情報学部では、情報キャリア支援室でIT業界を目指す学生の資格、就職支援を行うなど学部の特性に合わせた支援体制を組む。

　これらの成果を広報するために徹底的にパブリシティを重視する。全国的にも目新しいパブリシティセンターを立ち上げ、昨年（2015年）は新聞約

1700 件、TV 約 490 件という成果を作り出す。広告とは違う事実の報道、この宣伝効果は計り知れない。センターのもとには広報課と Web 情報課があり、プレスリリース、記者発表、ウェブ発信を日々続けている。

こうした学園づくりの大きな目標、当該年度の運営方針は、理事長自らが 4 月の辞令交付式で全教職員の前で説明・浸透させ強いリーダーシップを発揮する。全職員は自己申告書を提出、法人本部長や事務局長による個人面談制度があり、これが現場意見の吸い上げ、ボトムアップとしても機能、寄せられた提案は一覧表にし、良い提案は実際の改善に生かされる。

大胆な学部新設と、その内実を作る教育の質向上・徹底した学生支援を両立させ、それを巧みに広報することで地方にあってゆるぎない基盤を作り出している。

● **基本戦略 MS-26 マネジメントシステムの構築で前進：名城大学**
  志願者毎年増、志願したい大学東海 1 位、実就職私大 2,000 人規模 1 位

名城大学は、9 学部・11 研究科を擁し、15,412 人（2016.5.1 現在）と、中部圏最大の学生数を持つ。法、経営、経済、外国語、人間、都市情報、理工、農、薬の総合大学で教員 509 人、職員 305 人（同上）の規模だ。

2015 年、2 年連続・志願したい大学、東海エリア私大で 1 位（リクルート進学ブランド調査 2015）、2012 年には、就職決定率（卒業者から大学院進学者を除いたものに対する就職者の割合）で卒業生 2,000 人以上の全国私大で 1 位などの成果を誇る。総合化、高度化、国際化により日本屈指の文理融合型総合大学を実現する目標へ、着実な歩みを進める。

如何にしてこうした成果を作り出し、また改革を持続させているか。とりわけ 9 学部、800 人近い教職員が、ひとつの目標の実現に向け足並みをそろえて行動するのは至難の業と言える。名城大学の改革推進体制の進化の姿を、学校法人名城大学の基本戦略プラン、Meijo Strategy-2015（以下、MS-15）から始まり、それを継承した Meijo Strategy-2026（以下、MS-26）の発展の歩みを通して見てみる。

MS-15 マネジメントシステムの特徴

　MS-15 は 2003 年 3 月、当時の岩崎理事長の発議で検討がスタート、策定段階では構成員の意見も取り入れ、2004 年 12 月、学校法人名城大学基本戦略プラン MS-15（2005 年～ 2015 年）として策定された。8 つのドメインがあり、ドメインごとに基本目標、行動目標、戦略計画の 3 層構造で記載され、戦略計画には進捗指標を設定した。

　2005 年の実働以来、学部・学科再編、特色 GP、学生の課外活動支援、世界的な研究拠点づくり、きめ細かい就職支援、再開発計画による教育研究環境の整備など様々な取り組みを行い、冒頭の成果を作り出した。2012 年には先進事例として、大学経営に関する特別補助金（未来経営戦略推進経費）にも採択された。

　優れているのは、MS-15（全学版）の到達度評価と認証評価基準に基づく自己点検・評価の 2 重の PDCA サイクルを機能させる体制を構築し、目標と評価に基づく改革推進システムを目指した点である。全ての部署において、MS-15（全学版）と同じフレームワークで、MS-15 戦略プラン（各部署版）を策定しており、設定した行動目標・行動計画に基づき、年度単位の事業計画を作成している。期中と年度末には 4 段階の自己評価で進捗度合いを検証し、その結果を踏まえたアクションを次年度事業計画に反映するという流れである。

　取り組みの成果は、毎年 MS-15 推進室で各部署の検証結果を取りまとめ、MS-15 活動報告書（以下、活動報告書）として発行、学内会議のみでなく Web 上でも公開、PDCA サイクルとして機能させている。活動報告書は成果が上がっていない数値も含め記載し、グラフを用いて可視化、次の改善活動に活用できるようにしている。この PDCA サイクルの年間スケジュールを名城戦略マネジメントカレンダーとして全学と各部署の活動に分けて明示、また戦略プランの概要と法人全体の基本情報を名刺サイズの「MS-15 カード」に記載し、全教職員に配布・携帯させることで意識化に努めた。

　一方、自己点検・評価も改善推進体制を整備、名城大学自己点検・評価実施大綱を定め、組織評価・個人評価の企画・実施、学部等評価報告書の検証、全学的組織評価の実施を進める体制を整えた。認証評価委員経験者を中心に大学評価プロジェクトチームも設置、実施大綱の策定・更新、評価運営支援、

評価を改善に結びつける企画・立案、学習会の実施を行う。

　こうした二つの評価を基本においた MS-15 に基づくマネジメントシステム、行動計画―実行―成果検証―次年度計画の策定のサイクルは 10 年間でかなり定着してきた。トップからの強制ではなく、トップの方針に基づき各部署が自ら設定した目標をベースに PDCA を実行して経営・教学改革を持続するスタイルの確立である。

　そして、こうした取り組みの一環として、毎年、MS-15 に基づく常勤理事と各部署の意見交換を行っている。戦略プランをコミュニケーションツールとして活用し、対話を重視したマネジメントシステムになっている。

MS-15 による教育、学生支援の充実

　MS-15 戦略の中心は「教育の充実」のドメインである。その背景には学齢人口の減少により大学間競争が激化、教育の質、質的転換が厳しく問われるようになったことがあげられる。教育改革ではカリキュラムマップの策定、シラバスチェックシステム、IR の実践、e - ラーニングやアクティブ・ラーニングの導入などを進める。カリキュラムマップでカリキュラムの体系性を保証するだけでなく、シラバスチェックシステムも強化し、シラバス作成要項を策定して、教務担当職員が入力内容を点検、認められた教員（教務委員の担当者など）が「シラバス記入第 3 者チェック表」を用いてチェックし、必要に応じて修正を行う。学習成果の測定にも努力、進級判定、GPA、就職率、資格取得合格率、JABEE 認定プログラムの修了、卒論などを使って総合的に測定する。2014 年には名城大学における内部質保証の方針を確立、教育の質保証プロジェクトも立ち上げた。認証評価結果でも、教育内容・方法の改善を図るため、明確な審査基準と具体的な成果検証を行う体制を構築・機能させ質向上につながっていると評価されている。

　また、大学教育開発センターが主体となり FD 活動に取り組み、教育改善の推進、各学部の教育の質向上に取り組んでいる。毎年、FD フォーラムを開催し、共通テーマを設定、講演やディスカッション、ワークショップを行い、2013 年は、各学部の優れた実践事例をシンポジウム形式で発表、議論で深めた。これらを FD 活動報告書にまとめ、教育年報も刊行している。

またFD委員会が主体で授業改善アンケートを実施、授業の満足度、改善点・要望事項、教員の授業に関する意識調査を行い、集計結果をフィードバック、報告書として取りまとめ各学部に配布、授業改善の素材として活用する。また、各授業担当教員コメントが書き加えられた報告書を、附属図書館、学務センターなどに置き学生に公開している。教員昇格審査の際、教育の実践例、作成した教科書・教材、教育目標の達成状況を報告し、評価することで教育改善への取組みの強化も促している。

　新入学生の教育支援には特に力を入れ、入学前学生支援プログラム（MEC）として推薦入学合格者に対し、学習習慣を維持、入学後円滑に学習が開始できるよう支援し、また名城サプリメント教育として入学後、学力に不安を覚える学生にリメディアル教育として数学、理科、世界史の学習を希望者自由参加で実施している。

　学生支援にも力を入れ、ゼミごとに担任制をとり、欠席者や成績不振者を呼び出し、個人面談・指導を行う。学年ごとに最低限の修得単位の基準を設け、満たない学生は教務委員会でピックアップし、ゼミ担当教員が指導、未所属学生は就学指導会にて個人面談し、必要に応じて学生相談室でメンタルケアも行う。教育の質保証プロジェクトの幅広い学生ニーズに対応する包括的な学生支援は大いに評価できる。

MS-26への発展

　法人全体の戦略を推進するのは理事長・学長の下におかれた名城戦略審議会で、全学視点で経営・教学全般の将来構想フレームワークのプランニング、学部設置・再編構想等の検討を行う。理事長、学長、常勤理事、副学長、経営本部長、学部長数名に加えて、民間企業出身の外部理事や評議員などで構成される。その下に5つの部会が置かれ、そのひとつがMS-15基本戦略部会（以下、基本戦略部会）であり、ここでMS-15の検証・見直し、次年度戦略プランの原案を策定し、学内に提示する。基本戦略部会は副学長3名、常勤理事4名、学部長等3名、事務幹部数名、総合政策部長で構成、その下で具体的な計画遂行実務を行うMS-15推進室長は副学長、副室長・経営本部長、プラス職員で構成される。

　しかし、MS-15を進めていく中で課題も抱えていたと厳しく自己評価して

いる。「① MS-15 の策定時に学内の多くの意見を吸い上げたため、大学の強み分析に基づく焦点化された戦略策定ではなく、むしろ将来像を総花的に盛り込んだ内容として策定されたこと、②ビジョンの実現を点検するマイルストーンとなるパフォーマンス指標が設定できていなかったこと、③戦略プランについて、全学と各部署のコミュニケーションツールとしての認識転換が十分でなかったこと、④理念と戦略目標・計画との関係性が構造化されていなかったこと」などである。

　これらの課題の改善を強く意識しながら、開学100周年に当たる2026年を目標とする新たな基本戦略プラン、MS-26を策定した。2013年から基本戦略部会のもとに中堅層の教職員を中心とした MS-26 起草ワーキンググループを設置、月2回の頻度で鋭意検討を進めた。MS-15 の再検証とステークホルダーからの意見集約を行い、学生、卒業生、在校生の父母、企業関係者、教職員等からも幅広く意見や提案を募った。

　また MS-26 戦略プランの位置付けは、管理ツールではなくコミュニケーションツールであり、組織目標と個人目標をつなぐツールであることを強調した。組織内への浸透を重視し、経営と教学、全学と各部署の連携をつくり出すため、「生涯学びを楽しむ (Enjoy Learning for Life)」という価値観を軸に、2026 年に到達を目指すビジョンとして「多様な経験を通して、学生が大きく羽ばたく『「学びのコミュニティ』を創り広げる」を設定した。

　目指すビジョンの共有を進めるため、戦略プランは、MS-15 と同様、全学・各部署ともに成果体系図として示すとともに、目標達成のための KPI（重要業績評価指標）を設定し、ビジョンの進捗度をモニタリングするシステムを構築した。KPI は、目標の達成度合いを計る定量的な指標を設定し、継続的に測定・監視され、その向上のための日々の活動の改善のために活用される。

　こうして、弱点としていた目標と計画の関連性や成果指標の明確化、現場からの意見や連携の重視、課題の共有や浸透、評価を改善につなぐシステムを実質化した新たな計画としてスタートしている。

MS-15、MS26 の成果

　これまで MS-15 戦略プランを導入し、様々な改革を進める中で目に見える

成果が出てきているが、その具体の成果の一つが、2015年3月卒の就職率98.7％、実就職率92.4％、2,000人以上の私大No.1である。公務員合格は2015年273人、過去5年で1,215人、高校教員合格者も49人いる。出身大学別社長数は2,488人で中部地区No.1（AERAムック『大学ランキング2016』）、第101回薬剤師国家試験において合格率91.6％となっており、充実した薬学教育を証明する。

こうした成果は、大規模大学の弱点である学生一人一人に合ったキャリア形成を徹底重視することで得られる。就職指導担当制を1年次から実施、入学後、キャリアセンター職員を担任のように割り振り4年間指導。3年生の10月には、一人一人の希望を把握し、担当職員との信頼関係を築く目的で個人面談を行い、1,624人、85.4％が出席する。卒業生や内定者で構成される就職アドバイザーが就活中の在校生を全面的にバックアップ、これまで5,000名以上が登録し、2月にはアドバイザーを招いた大規模な相談会を行う。

こうした取り組みが、志願したい大学東海エリア2年連続No.1（リクルート進学ブランド調査2015）を作り出す。2014年、全学平均定員比1.16、過去5年1.12、志願者推移は、2012年26,272人、2013年30,656人、2014年33,599人、2015年35,150人、2016年38,314人。厳しい競争環境の中で一貫して大幅な増加を作り出す。

これらの原動力は、MS-15からMS-26へと繋がる一貫した戦略プランを軸に、法人全体を大きく動かす理事長のリーダーシップ、それを支える機動性のある常勤理事会、大学協議会を主宰し4名の副学長とともに全学を動かす学長のリーダーシップ、両者の結合した力がある。

さらに改革推進に力を発揮しているのが経営本部を呼称する事務組織である。総合政策部、総務部、渉外部、財務部、施設部のシンプルな構造で、係長、課長補佐等を廃止しフラット化、全学の戦略プランから落とし込んだ部署目標に基づく個人目標を設定、結果を人事考課し、方針管理を徹底するなど目標管理で成果を上げている。

大規模組織で常に課題となる理念浸透に努め、MS-26マネジメントシステムの構築と遂行で、大きな改革から小さな改善まで多数の教職員を主体的に動かすことで具体的な成果を着実に積み重ね、今日の到達を作り出している。

調査日：2016年6月17日

● 90年代から政策を軸にした改革推進体制を構築：日本福祉大学

日本福祉大学の概要、特色

「日福、うごく。」これは、大学案内のキャッチフレーズだ。日本福祉大学は、福祉を大学名に入れた福祉専門人材養成の大学として日本で最初に誕生し、2013年、60周年を迎えた。現在、東海キャンパスに看護学部・経済学部・国際福祉開発学部、美浜キャンパスに社会福祉学部・子ども発達学部・福祉経営学部（通信教育）、半田キャンパスに健康科学部、名古屋キャンパスに大学院を持つ。ふくし（人の幸せ）の実現を目指す7学部から構成される人間ふくしの総合大学である。学生数は5000人余、通信生も7000人おり、学生の出身地は47都道府県、全国型大学だ。地方事務所も構え、西から福岡オフィスを筆頭に、岡山、名古屋、豊橋、松本、東京、富山、山形、最上の9か所に上り、全国多数の自治体と友好協力協定を結んでいる。国家資格、社会福祉士の合格者数も大学全体としては全国1位を続けるなど、日本の福祉の屋台骨を支える。

日本福祉大学マネジメントの形成過程

それではなぜ「日福、うごく。」なのか。現状に満足せず、社会の動き、時代の課題に向き合い、常に改革を進める伝統や体制はいつから、どのように出来てきたのか。

日本福祉大学の60年の経営や大学運営の歴史を振り返ると、大きく20年ごとに3期に分けられる。大学は1953年、宗教法人法音寺によって創立された。1950年～60年代は理事長、学長、理事の大半を法音寺関係者が務め経営に当たってきたが、教学の自律的運営もある程度担保されていた。この時期は、教授会を中心とする学内者と寺の調整で運営されていた。

70年代80年代は、学内から数人の理事が誕生し、ある程度自律的な経営が可能となった。しかし、一方で学内教学を統治し、実権を持つ全学教授会（全学教授会議長や学監）とは、その時々発生する課題や方針をその都度調整する形で運営されていた。それが1983年の知多美浜町への移転、その後起こっ

た不幸なバス事故対応（23名の学生等が亡くなった）、移転後の新学部設置計画や大学発展方針をめぐって意見の対立が激しくなった。調整型の運営では解決が不可能となり、学園全体の統一した意思決定できない事態が続いた。

事態終息が困難な中で、理事長、学長職が法音寺から学内者に移譲された。専任の理事長・学長が誕生、危機意識を持った事務局の一丸となった働きかけもあり、1989年、経営・教学・事務が一体となって策定された「長期計画の基本要綱」が、理事会、教授会の双方で議決され、職員会議でも確認された。創立以来初めて、全学が一致したひとつの方針で活動することになった。その後、中長期計画は数年ごとに見直し改訂され、それに基づき、新学部や新キャンパスが計画され、教育の充実や特色化を進め、今日の日本福祉大学の姿を作り出した。

これが「日福、うごく。」の原点である。改革を不断に続ける、常に先を見た政策・方針を作り出し、全学に示し共有する。それに基づいて全学がひとつの方向に向かって活動する伝統はここからスタートする。

第2期学園・大学中期計画で改革推進

この、政策を基本に改革を進める精神は、30年近くを経た今も変わっていない。現在は、2015年からスタートした第2期学園大学中期計画がスタートし、これを基にした学園・大学運営が図られている。内容は添付の骨子をご覧いただきたいが、基本戦略を3つの柱、教学の充実と財政基盤の確立、それを推進するガバナンスの強化の3点にまとめ、重点が端的にわかるものになっている。

基本戦略Ⅰは、教育の質的転換とその実質化を掲げる。内部質保証システムの確立を掲げ、エンロールメントマネジメントの強化や全学共通教養教育の重視、地域との結びつきを重視した実践的教育を提起している。まさに今、中教審等が提起する教育の質向上の課題に正面から挑むものとなっている。そして、それを展開していく器が、縦軸として位置付けられた学部新設・再編計画である。スポーツ科学部の新設をはじめ既存学部の大胆な見直しで学生・生徒のニーズに応える。

基本戦略Ⅱは財政基盤の確立。収容定員の1.05倍以上の確保、通信教育

(第1フェーズ：平成27年度～平成29年度 ▶

| 2つの基本視点 | 「ふくしの総合大学」にふさわしい教育改革の推進 |

2．基本戦略及び重点戦略
基本戦略Ⅰ．教育の質的転換とその実質化

5つの重点戦略

Ⅰ－A）戦略Ⅰの横軸
(1) 教育の質的転換に向けた質保証と改革
　①多様な学生・生徒の実態を踏まえたエンロールメント・マネジメントの強化
　②教育の内部質保証システムの確立
　③「ふくしの総合大学」としての全学共通教養教育及び専門教育の充実、多(他)職
　④2学部新設等に対応した大学院改革と若手研究者支援・育成制度の強化・充実
　⑤付属高校におけるスーパーグローバルハイスクール事業への対応及び教育の情
　⑥実践的な職業教育を行う高等教育機関としての発展に向けた専門学校改革と、
　⑦スカラシップ・高大接続強化をはじめとする入試制度改革と学生募集強化
(2) 地域発展・地方創生への貢献
　①文部科学省「地(知)の拠点整備事業(COC)」の推進
　②健康・福祉・生涯学習支援機能の集積による地域コミュニティ拠点の形成
　③周辺地域の開発・発展への寄与を見据えたキャンパス環境整備
　④地域で活躍する学生の主体的活動への支援・協力
　⑤同窓会及び通信教育部を中核とした、全国の学園拠点展開地域における地域貢
(3) スポーツの振興・強化
　①「ふくしの総合大学」のミッションを体現するスポーツ科学部(仮称)の開設と、
　②美浜町との連携による総合型地域スポーツクラブ事業(みはまスポーツクラブ)の拡充・発展、及
　③東京パラリンピック・オリンピック出場をも視野に入れた競技力強化・サポー
(4) 教育・研究のグローバル化
　①「日本福祉大学国際化ビジョン」の策定・推進
　②高大接続政策と連関させたグローバル教育の推進
　③長期ビジョンを踏まえた「FUKUSHI」を目ざす教育・研究のグローバル化
　④留学生政策を支える総合的な厚生制度(スカラシップ、住居等)の展開
(5) 同窓会・後援会・産業界・他大学等との連携強化
　①東海キャンパスを中心とした産業界、大学、地域、機関との連携教育(インター
　②学生・生徒の学修支援・就職実績向上に向けた同窓会・後援会との連携強化
　③キャンパス周辺地域における産学官コンソーシアム設立等を視野に入れた連携

基本戦略Ⅱ．財政基盤の確立

(1) 諸改革事業を推進するための財政基盤の確立
　①定員充足(収容定員比1.05以上)
　②新たな収益事業の展開に向けた経営資源の確保と活用
　③戦略的な資産運用・活用、選択と集中による事業投資
　④寄付金や補助金等の外部資金の獲得
　⑤事業別(学部等)収支管理及び収支改善に向けた合理化と効率化
(2) リカレント教育事業による収益の安定化
　①通信教育事業における安定的収益確保
　②高度専門人材育成事業の採算性向上
　③研修事業の見直し・強化による収益拡大
(3) 同窓会・後援会との連携強化・拡大及び3法人連携の推進
　①10万人を超える本学園学窓ネットワークとの連携拡充
　②父母や地元産業界をはじめとする後援会組織の強化・拡大
　③同窓会・後援会による支援及び3法人連携を基盤とする福祉文化創成事業等の展開

図表1　第2期学園・大学中期計画の骨子

第2フェーズ：平成30年度～平成32年度)

本学が抱える固有の課題（地域性・福祉逆風）等の解決

種連携教育の推進

報化の推進、部活動を含む青年期一貫教育の充実
同校における付帯事業の展開

1－B) 戦略Ⅰの縦軸
(1) 新学部開設と既存学部・学科の改組・再編
　①スポーツ科学部（仮称）の開設
　②社会福祉学部の改革
　③子ども発達学部の改革
　④福祉経営学部（通信教育）の改革
　⑤健康科学部の改革
　⑥経済学部の改革
　⑦国際福祉開発学部の改革
　⑧看護学部の完成と高い国家試験合格率の達成
(2) リカレント教育による社会的ニーズへの対応
　①日本福祉大学リカレント教育ブランドの形成
　②大学院を軸とした高度専門人材の育成
　③学外機関との連携による新たな高度専門人材の育成

献の取組

青年期一貫型スポーツ教育の展開
び同クラブと他地域の総合型地域スポーツクラブとの連携推進
ト政策の推進

ンシップ等)・事業・活動の強化・拡充

構築

基本戦略Ⅲ. 中期計画を着実に遂行するための組織ガバナンス強化

(1) 組織ガバナンスと意思決定
　①中期計画及び年次計画による政策・計画管理型の組織・事業運営の推進
　②理事長・学長会議を中心とする民主的かつスピード感のある意思決定
　③法務、財務、マーケティング、国際事業等、専門分野における有識者の活用
　④大学認証評価や外部評価委員会制度等を活用したPDCAサイクルの推進
　⑤FD・SDの推進による組織力強化
(2) 危機管理政策の推進
　①全学園を対象とする事業継続計画(BCP)の策定及び適時的な更新
　②周辺自治体・医療機関等との連携による防災事業の推進
　③包括協定を締結する自治体をはじめとする諸地域との協力・連携強化

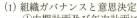
第3期中期計画(平成33年度～平成37年度)へ

事業や各種研修事業、収益事業など大規模に展開するリカレント教育事業の強化を提起している。

そして、基本戦略Ⅲでは、中期計画を着実に遂行するための組織ガバナンス強化を提起する。政策・計画管理型の組織・事業運営を掲げ、理事長・学長会議を中心とする民主的かつスピード感のある意思決定の推進、PDCAサイクルの強化、FD、SDによる組織力強化を図る。

中期計画に、改革の方針は盛り込むが、その推進のための財政やガバナンス改革を計画の大きな柱として位置付けている大学は少ない。これらを3本柱とすることで、はじめて中期計画を実効性のあるものとして機能させることができる。計画は6年間で、第1フェーズは2017年まで。短期で戦略を見直し、現実に見合ったものに改定する。

それを年次ごとに実行計画として具体化するのが事業計画である。事業計画は、中期計画の重点事項に沿ってその実行計画を定めるものになっており、文字通り中期計画の年度実行方針になっている。また事業計画は予算編成方針と一体で策定され、予算編成に事業重点が直接反映される。中期計画を実行に移すため、年度の具体的計画、予算編成と意図的に連結させることで改革を現実に進行させている。

政策一致を作り出す学園戦略本部体制

それを支えるのが学園戦略本部体制であり理事長・学長会議だ。学園戦略本部は1990年代のスタート時からほぼ同じ形で継続している。理事長をトップとする理事会・法人経営組織と、学長をトップとする大学運営組織の間に学園戦略本部という協議、合議組織を置き、理事長を議長として経営・教学の基本方針を一致させ、確認していく場だ。メンバーは、学内理事、学長、副学長や学部長など教学幹部、事務局長や職員部長など事務局幹部が一堂に会する。もちろん全体会議だけでは具体の議論は出来ないので、準備する様々な組織で事前に調査・検討・調整を行い、中期計画、事業計画をはじめ新学部設置など経営と教学が一致して取り組まねばならない基本方針を審議する。最終決定は理事会、大学評議会などそれぞれの担当機関で行うが、ここでの一致した方針をベースに、大学、設置校や部局の方針が具体化されていく。

第12章 目標実現へ、トップ、幹部職員の強い思い、教職員の創意工夫と一体行動が大学発展を作り出す　261

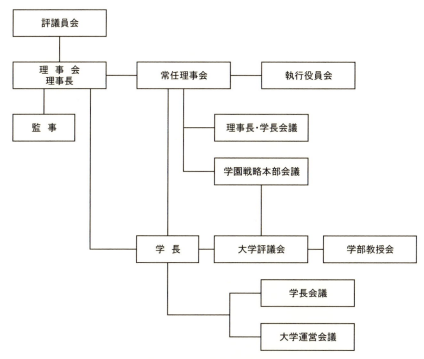

図表2　2015年度経営組織図

現在は、2015年度経営組織図（**図表2**）に見るように、理事長・学長会議を中核にする、より機動的な意思決定と執行が出来るよう組織再編されたが、経営と教学が一致して改革に取り組む伝統は強く維持されている。

一致した政策の実行を担う執行役員制度

　その政策・方針の執行を担う組織の一つが、常任理事会が統括する執行役員会である。学園戦略本部、理事長・学長会議で政策を一致させても、その執行が経営・教学でバラバラでは法人・大学一体で目標達成に向かうことはなかなか難しい。共通した政策を実現するには、その実行に当たっても統合された組織が必要だ。だが経営課題と教学課題は、具体の目的や遂行の仕方に違いもあり、教員と職員の認識の違いもある。しかし、だからこそ両者が協働することでより実効性のある教職協働が作り出せる。

　執行役員職務一覧（**図表3**）をご覧いただければお分かりのように、経営・

分　担	職　　務	兼　務　役　職
周年事業	・学園の周年事業に関する事項	【職員】事務局長兼企画政策部長
経営企画	・法人・大学の長期計画に関する事項 ・法人の経営政策に関する事項	
支援組織	・大学同窓会に関する事項 ・大学後援会に関する事項 ・学園全体の支援組織に関する事項	【職員】教育文化事業部長
教学連携	・大学のエンロールメント・マネジメントに関する事項	【職員】事務局次長兼学務部長
専門職教育	・大学の専門職教育に関する事項 ・大学の国家試験対策に関する事項	【教員】社会福祉実習教育研究センター長
多職種連携教育	・多職種連携教育に関する事項	
スポーツ・文化政策	・学園のスポーツ・文化政策に関する事項 ・学生生活活性化事業に関する事項	【教員】スポーツ科学センター長
地域連携政策	・学園・大学と地域との連携に関する事項 ・地元地域における連携に関する事項 ・COC事業推進に関する事項	【教員】まちづくりセンター長
国際	・大学の国際化推進に関する事項 ・学園・大学の国際交流、留学生政策に関する事項	【教員】国際福祉開発学部長
危機管理	・法人の危機管理政策・方針に関する事項 ・危機管理事象が発生した場合の対策に関する事項	【職員】総務部長
情報政策	・情報環境・コンテンツ整備に関する事項 ・情報化投資に関する事項 ・情報セキュリティに関する事項	
東海キャンパス	・東海キャンパスに関する事項	【教員】副学長（就職）兼就職部長兼就職キャリア開発委員長兼CDPセンター長
就職	・学生の就職支援に関する事項	
学校連携	・専門学校及び付属高等学校の学生募集に関する事項 ・専門学校及び付属高等学校の教員人事に関する事項 ・専門学校及び付属高等学校の教学運営に関する事項	常任理事（学校）・付属高等学校学監
高大接続	・高大接続推進に関する事項	【教員】社会福祉学部長
全学教育改革	・大学全体の教育改革に関する事項 ・全学的な教学マネジメントに関する事項 ・教育改革に係る補助金政策に関する事項	【教員】教務部長兼全学教務委員長
地域連携教育	・地域連携教育推進に関する事項	【教員】教務部副部長（COC担当）
産学連携教育	・産業界との連携教育推進に関する事項	【教員】経済学部長
大学間連携	・他大学との連携に関する事項	【職員】東海キャンパス事務部長
半田キャンパス	・半田キャンパスに関する事項	【教員】副学長（研究）
通信・社会人リカレント	・大学通信教育課程の学生募集に関する事項 ・大学通信教育課程の教学運営に関する事項 ・社会人リカレント教育事業に関する事項	【職員】通信教育部長
福祉文化創成	・福祉文化創成事業に関する事項	常任理事（企画）・総合企画室長
学生募集	・学生募集に関する事項	【職員】入学広報部長

図表３　執行役員職務一覧

教学にわたる幅広い職務を教学役職と事務局管理職が分担して担いながら、対等の執行役員として中期計画を実現するために一致協力する。その中でお互いの情報を交換し、また共通理解が進む運営となっている理事・教員・職員合体組織だ。執行役員は理事会から執行権限を付託され、担当分野の執行に責任を負う運営とすることで、個人責任を明確にし、いたずらに会議を増やすのではなく、責任者の判断で業務を進める運営に努めている。

　この執行役員が、中期計画や事業計画の中心課題を分担し、責任を持って執行していく仕掛けが「学園事業計画・執行役員課題カード」だ。第２期中期計画の分担責任課題を３つまで記載し、それを実行するための事業名、事業概要、到達目標を設定し、前半・後半に分けて到達すべき点を明記、達成状況の評価を行う。執行に当たって必要な予算の計画や人事に関する要望や計画を書く欄も設けられている。また、次の項で述べる「事業企画書」の担当執行役員を明確にすることで、執行役員と事務局・職員とがチームとなって目標に迫り、中期計画のテーマを確実に前進させようとしている。

　理事会の意思決定機能と執行機能の役割分担を行い、教員・職員幹部を大学行政管理職員（アドミニストレーター）として一体的に機能させることで、事業全体を統括し、目標の達成に迫っていこうとする組織運営である。

政策を具体化し実行する仕組み、事業企画書

　もうひとつ、中期計画、事業計画を実際に実行していく仕掛けがある。それが前項で述べた、職員が計画を更に具体的に企画・提案・実行する設計図、事業企画書である。これは中期計画、事業計画の重点事業と事務局の業務方針の結合でもあり、これが無ければいくら良い計画を作っても実行される保証はない。毎年100本ほどの事業企画書が事務局役職や中堅職員から企画・提出され、審議・決定され、実行に移される。その後、到達度評価を行い、人事考課にも結び付ける。重点課題にストレートに直結した業務目標の設定、実行計画の具体化、チームによる仕事、課を超えた横断的なプロジェクトなどがこれに基づいて動くこととなる。この事業企画書で、中期計画、事業計画に基づく学園全ての事業実行計画が具体化され、この進捗管理を行うことで事業目標全体の推進管理、達成が図られる仕組みだ。

提出日	企画書　　年　　月　　日		報告書　　年　　月　　日	
重点（相当）課題名称 事　業　期　間	□重点課題　　□重点相当課題			
	事業期間：□1年　　□複数年（　　　年）　　□常設			
前提または関連する 事　業　計　画	担当執行役員： 担当部長： 担当課長：			
事業目的（ねらい）				
事　業　効　果	□学生生徒募集向上　□教育効果向上　□財政改善　□業務改革 □社会的評価向上　□その他（　　　　　）			
事　業　目　標 事業計画との 整合性に注意 複数年計画の場合は当該年度 目標と最終目標を記載	定量的目標			
	定性的目標			
評　価　基　準 各評価レベルの内容	A 評価			
	B 評価			
	C 評価			
	D 評価			
担　当　者 役　割 ※ 担当者欄は任意に追加 2課題相当以上とする場合は その理由も記載	氏名	役割（遂行のために想定する必要日数も記載）		
		（　　　）日		
		（　　　）日		
		（　　　）日		
	協力者			

図表4　事業企画書・報告書

	スケジュール 理事会・常任理事会、大学評議会・学部教授会の意思決定を要する場合は記載	
スケジュール &プロセス 複数年計画の場合は想定期間内の全てを記載	プロセス 目標達成までにクリアするべきプロセスを記載	
業務遂行のために必要となる能力とその獲得計画		
事 業 費 用	合計：　　　　円　　予算措置：□済　□未	

中間点検報告

点 検 実 施 日	年　　月　　日
修正・変更の有無	□予定どおり　　　　□修正・変更あり
修正・変更の内容	□担当者の変更　□目標レベルの変更　□スケジュールの変更　□その他

結果報告

事 業 検 証	到達点や今後の改善点など		
事業総合評価	□A評価　□B評価　□C評価　□D評価		
	【評価の理由】		
担 当 者 評 価 担当者欄は任意に追加	担当者ごとに記載 個別に評価する場合は以下に記載 スタッフ級の評価はA・B評価のみ1段階上げて記載		
	氏名：　　　　　評価：　　　　　理由： 氏名：　　　　　評価：　　　　　理由： 氏名：　　　　　評価：　　　　　理由：		

しかし、事業企画書はこうした戦略遂行管理のツールとしての機能だけではない。あわせて、業務を高度化するツール、そして職員の能力開発のツールとしても機能する。それは直面する事業重点課題、その遂行過程での調査・分析、学習・研究、企画提案やその実行マネジメントを通じて、単なる処理的な業務を脱却し、高い目標に挑戦することで実践的能力を養おうとしているからに他ならない。

事業企画書のフォーマット（**図表4**）をご覧いただきたいが、事業の期間、計画、目的（ねらい）、効果、評価基準や達成指標、実行計画としてスケジュールやプロセス、予算措置などを書いた上で、そこでどんな能力を身に付けるか、必要な能力とその獲得計画を詳しく書き込む内容になっている。そして、これらは全て個人ではなくチームとして遂行され、その到達がチームとして、また個人ごとに評価される仕組みになっている。

策定された中期計画や事業計画の重点項目のそれぞれのテーマに沿って、関連する課室の管理者や中堅職員によって多くの事業企画書が作成され実行計画となる。これによって、はじめて計画や方針が具体的な実現可能な計画となって姿を現し、そこにチャレンジすることで力を高め、学園全体として目標の実現に迫っていくシステムとなっている。

「日福、うごく。」の、日本福祉大学を動かす政策を軸とした運営は、基本戦略の学園戦略本部、理事長・学長会議による策定、常任理事会、執行役員会による遂行責任体制や課題シートによる計画の具体化と管理、政策の部局、チーム、個人への浸透と事業企画書の作成・評価、このトータルシステムが「うごく。」ことで初めて成果を上げることが出来る。

初出：『教育学術新聞』掲載一覧
- 「高い就職実績支える多様なメニュー　教職学生に年250回の勉強会など：東北文教大学―授業内容や進路の満足度80％以上、卒業率は95.7％で東北一を誇る」（平成28年3月2日）
- 「30年で2400人の教員採用合格者　実践的指導力ある教員養成：盛岡大学―若手教職員による中長期プロジェクト推進室で実行・評価」（平成28年3月2日）
- 「特色あるスポーツ教育、高い就職率　入試創職部などを設置　一貫支援で安定

的な学生募集：仙台大学―教育目標達成・評価システム等で改革の精神を浸透させる」（平成 28 年 3 月 16 日）
・「職員が大学経営に深く参画：田園調布学園大学―学長直轄事業で改革推進」（平成 28 年 6 月 8 日）
・「学生を成長させるきめ細かい教育：茨城キリスト教大学―面談重視のキャリア支援を充実」（平成 28 年 6 月 15 日）
・「学習教育開発センターが学生支援を徹底：山梨学院大学―現場と経営の上下から教育改革を行う」（平成 28 年 6 月 22 日）
・名城大学　2016 年 6 月 17 日調査
・日本福祉大学　2016 年 7 月調査

＊各大学の記載内容は、全て掲載・調査時点のものである。

第13章

中長期計画の確立、トップマネジメントの強化とボトムアップの重視、政策遂行体制の進化

92. 戦略を具体化し確実な実践を図る：**大阪経済大学**
93. ＰＤＣＡサイクルの全学的な定着：**福岡工業大学**
94. 理事会を中核に改革を進める：**広島工業大学**
95. 教職員参加型の中期計画立案：**京都女子大学**
96. 学園一体の改革を目指して：**京都ノートルダム女子大学**
97. 周年事業を機に中期計画を策定：**神奈川大学**
98. 初めての将来構想で改革推進：**大妻女子大学**
99. 企業手法の大学への創造的応用：**静岡産業大学**

● 戦略を具体化し確実な実践を図る：大阪経済大学

　ここからは、前著『大学戦略経営論』で紹介した 20 の大学の実例を見ていきたい。それぞれの大学が掲げるミッション実現のための努力、取組みの中から改革の実際の姿、方法、その背後にある組織や人の動きを掴んでいただき、経営のあるべき姿、戦略的マネジメント像をそれぞれの立場で形づくっていただければ幸いである。

第 1 次 5 カ年計画の策定
　大阪経済大学は、経済学部、経営学部、経営情報学部、人間科学部を持つ学生数およそ 7500 名規模の大学である。「自由と融和」を建学の精神とし、教育理念として「人間的実学」を掲げ、豊かな人格形成とよりよい社会人・職業人の育成の同時達成を目指し、特色ある実践的な教育を展開してきた。
　創立 70 周年を迎えた 2002 年を「改革元年」と位置づけ、改革の目標と計画を鮮明にすると共に、全学あげた取り組みとすべく「第 1 次中期 3 カ年計画」（2003 年〜 05 年）を策定した。その柱を、①理論と実学の融合教育の確立、②地域社会、企業社会、国際社会に開かれた大学づくり、③人文・社会科学系の COE を目指す、などに置いた。教育・研究改革から学生募集や就職、学生生活支援、地域等との連携、施設・設備計画から管理運営・組織改革、財政・人事計画までを網羅する 12 の大項目、101 の小項目から成る具体的計画とし、その実践を進めてきた。とりわけ教育については職業人育成を重視し、キャリア・サポートシステムの構築、インターンシップ、現場体験型教育、資格講座の充実などきめ細かな施策を行い、就職実績の前進を図った。また、教育理念に基づく学部の再編・拡充を進め、ビジネス情報学科、ファイナンス学科、ビジネス法学科など、求められる最先端の実学教育の充実を進めてきた。それらの成果は好調な学生募集にも反映されている。

戦略を計画に落とし込む
　それらの到達と総括の上に立って、2006 年度から、新たに「第 2 次中期計

画―教育力・就職力・研究力・経営力の強い大学を目指して」（2006年～08年）を策定し、実践を始めている。ここでは、人間的実学教育の目標をいっそう深化させると共に、改革による成果を社会的評価や学生募集に定着させ、関西の経済・経営系私大の中で独自の位置の確立と個性ある発展方策を明確にすることに重点に置いた。

　第2次計画は、4つの基本目標と6つの大きな柱にまとめられており、その中身は①幅広い職業人の育成を目指す人間的実学教育の推進、②経済・経営系の伝統を生かした社会・人文系の総合大学づくり、③地域社会・企業社会・国際社会との連携強化と社会貢献、④自由と融和と協働の大学運営の確立である。その優れた点は、構想のタイトルにもある通り、実現すべき大学の到達目標を端的に示し、さらに、その実現のための政策、計画を事業計画や教育システム、組織・制度にまで落とし込んで具体的に提示している点だ。しかも2012年、創立80周年までに到達すべき大学の大きなビジョンを提起しつつ、その目標への接近を計画的に図る構造となっており、構成員に、教育理念―長期ビジョン―短期計画の全構造が具体的施策を伴って理解される形となっている。しかも、その推進の要としての理事会改革、大学運営の改善、職員参加や人事制度改革、教員評価など、組織・運営・事務改革にまで踏み込んで、改革に実効性を担保しようとしている。さらに、年度ごとの事業計画として「運営基本方針」を定め、年次的な実行計画を具体的に提起している点など、優れた特徴を持っている。

政策を推進する体制

　こうした政策の策定と推進を担うのは、まずは理事会である。理事会は18名で構成されるが、うち学内者は11名、教員8名、職員3名（事務局長や本部長）の構成で、学部長理事制をとっている。大学教学、事務局の責任者を網羅しており、現場の実態を踏まえた政策の策定とその実際の遂行に責任が負える構成になっている。経営事項はもとより、教学の基本政策も全て理事会審議で一義的に処理、調整することができ、経営・教学が一体となった、迅速な意思決定と執行が可能な仕組みとなっている。理事は、細かく課題別に担当・分担が設定されている。これも責任を持った業務の構築や指揮権限

の明確化による改革の前進に寄与していると思われる。

　中期計画は、事務局の各部門からの提案をベースに練り上げられるが、出来上がった素案は、理事会はもとより教授会や事務局の各レベルの会議にも図られ、全学で討議し一致するスタイルが定着している。策定に一定の時間を要するが、一旦決まれば全学の組織がその目標の実現に向け行動することとなる。学部は4つあるが、全学事項は大学評議会で決定するシステムになっており、大学としての意思形成が迅速にできるシステムだ。

事務局への権限委譲

　事務局は、事務局長の下、経営本部、教学本部に分けられ、政策に基づき統一的に業務執行される仕組みが整っている。経営本部長の下には総務、財務、広報渉外、入試の各部長が置かれている。教学本部長の下には、学生部長、教学部長、研究支援部長、進路支援センター長等が置かれ、全て職員が担っている。執行機能はできる限り職員組織に権限委譲し、責任を持って推進するやり方だが、教授会組織の対応する各専門委員会と連携して、教職一体で仕事が進められている。学生部長、教学部長、入試部長等を職員が担っている点では、新たな教職協働を模索する組織運営といえる。

　職員人事考課制度を実施しているが、この優れた特徴は、「自己目標設定管理表」の記載に当たり、定められた中期計画や運営基本方針の重点課題との連結を意識的に行い、しかも課題の達成方法や業務高度化の方策、またそのための能力開発目標を明確に定めようとしている点だ。これによって政策遂行に挑戦することを通して職員業務のレベルアップに努めている。定年を教員67歳、職員62歳に下げた。常勤監事を配置し、業務監査にまで踏み込んだシステムを作るなど、自らに厳しい制度改革も進めている。

調整型運営からの脱却

　大阪経済大学は、強力なトップダウンによる運営ではなく、学内各層の合議を大切にしながら大学行政を推進する大学である。こうした大学では勢い各組織の利害がぶつかり、調整型の運営に陥る危険性を持っている。調整型運営では、本格的、抜本的な改革に踏み込むことが難しく、また長期的・計

画的な改革を推進する点でも難点を持っている。そうした弱点を克服すべく 2002 年をスタート地点として、学内での徹底的な議論により、痛みを伴う自己改革を含んだ中期計画を立案した。そして、その実践を保障するための実施計画として、学内各層が取り組むべき改革の内容と目標を具体的に、詳しく策定することとした。そのことで改革の推進に曖昧さや妥協を廃し、政策遂行上での揺れを最小限にし、目標達成を確実なものとする工夫を行っている。方針の全学共有と、執行における教職一体の参加型の運営も、こうした進め方にマッチしたこの法人らしい特徴になっている。特に政策遂行の現場にいる職員を複数名理事として登用するとともに、経営、教学両本部長、部長等の職員に執行権限を大幅にゆだね、信頼関係を持って業務遂行している。職員の提案を積極的に大学運営に取り入れることによって、実践的な基盤を持って改革推進を図っている点は優れていると思われる。

● PDCA サイクルの全学的な定着：福岡工業大学

経営の基本精神

　福岡工業大学は、1954 年の福岡高等無線電信学校に始まり、1963 年大学設置、66 年に現在の福岡工業大学に名称変更した。大学院、工学部、情報工学部のほかに文系学部である社会環境学部も設置され、およそ 4200 人の学生が学ぶ。「情報、環境、モノづくり」の 3 分野の教育を通じて社会に貢献できる人材育成を目指し、それを実現する学部構成となっている。短大、高校も併設され、学園全体では 6100 人が在籍する。

　この学園の経営を特徴付けるのは、明快な経営戦略（マスタープラン・MP）の策定とその具体化として分野別にアクションプログラム（AP・年度事業推進計画）を策定、その実現の裏づけに一般予算とは別の特別予算を編成、その進捗管理、評価を実績報告会、成果発表会などの形で改革推進を行っている点だ。まさに、PDCA サイクルを経営戦略の遂行のみならず、教学改革、事務改革のツールとして教職員が使いこなし、独自のやり方で学校運営の基本サイクルとして全学的に定着させている点にある。経営理念として掲げる

「For all the students- 全ての学生・生徒のために」とその推進のための標語「Just Do It (すぐ実行する)」のプレートは全管理者の机に置かれ、常に業務の基本に立ち返り、改革を恒常的に推進する精神を表している点で、この学園の経営を象徴するものといえる。

マスタープランの策定

1998年からスタートしたマスタープラン(MP)は、3年ごとに更新され今年から第4次計画として新たに始まった。戦略の柱は5つ、①広報・募集活動の強化による志願者増、②丁寧な教育による教育付加価値の向上、③特色ある研究の展開による学園のステイタスアップ、④就職支援の充実による学生満足度の向上、⑤財政基盤の強化と組織の活性化による計画の実現、である。簡潔に募集力、教育力、研究力、就職力、経営力と表現している。これを「戦略マップ」に落とし込み、経営理念、経営目標、経営戦略が一覧できるようにすると共に、この5つの分野ごとに、実現のための具体的な施策を明確に示し、取り組むべき課題が、教学組織別、部課室別に端的に把握できるようになっている。この学園改革の羅針盤ともいえるマスタープランは、トップダウンで示されるのではなく、学園を構成する理事会、教学、事務局、各学校の代表者によって、時間をかけて議論され、とりまとめられる。会議は全てオープンで、議事録もWeb上で公開され、構成員以外からの提案や意見も積極的にとり入れる場を持っている。こうした全学あげての議論の過程こそが、現状や課題、改革方向を全学が共有し、一致して目標に立ち向かうための、極めて大切な時間と位置づけている。

アクションプランの具体化

こうして全学の一致で作りあげられたMPは、当然、全学の諸機関の3ヵ年の共通する目標となり、あらゆる組織を拘束する。そして、その実現のために、各組織ごとに具体化のための年度ごとの実施計画(AP)が作られ、審査会において、目標との整合性や効果等について評価、検証を受けた上で、その実施の裏づけとなる重点事業予算(特別予算)が組まれることとなる。2007年度、大学の場合は、①教育内容の改善事業、②教育方法改善事

業、③学習支援事業、④就職・課外教育支援事業、⑤その他総合的教育改善、⑥研究事業の高度化、⑦志願者対策、⑧組織体質・財政の強化の 8 つの柱に沿って予算化され、全予算の 3 割強が投下される。逆に一般予算は、課題や状況に応じて一定の圧縮率をかけ、削減を計画的に行っている。このように、MP―AP―特別予算の流れで実行計画に落された事業は、教職員が参加する「AP 中間報告会」「AP レビュー報告会」「成果発表会」など年何回かに分けて、事業の進捗状況や到達状況を報告する場を設けて、成果を確認すると共に問題点を明らかにし、次年度の改善につなげている。このための共通の書式として「AP レビューカード」が作られ、「事業名・達成目標・進捗状況・効果・進捗度（％）・問題点・解決策」などを記載し、これに基づいて評価する仕組みとなっている。PDCA を具体的な会議設定を行って年間計画(スケジュール)として確定し、教授会も巻き込み、教員（教学事業）も含めこのサイクルを定着させている点は優れている。また、職員の場合は、この MP、AP 目標を個人の業務目標に連結させ達成度評価を行うことで、全職員が目標を実現する業務遂行過程を通して成長できる仕組みを構築している。

先駆的改革の背景

こうした本格的な経営改革が成功した背景には、理事長を中心に学長、校長の強いリーダーシップがある。それは、6 年間、500 号に及ぶ理事長からの学内通信（『Just Do It』として発行）にもそのメッセージと精神が端的に表われている。常に考え方は示すが、方針を一方的に提起するのではなく、教学組織の意見を丁寧に汲み上げ、現場各層からの積極的提案を生かしながら大きな目標にまとめあげていく、そして一旦確立した計画は、厳しく実行を求めることでリーダーシップを発揮している点に大きな特徴がある。そして、これらの推進を支える中軸に、1990 年代後半より行なってきた企業経験者の中途採用と幹部登用による人材強化策がある。また、政策を軸とした運営を実務上担う中核組織として、法人事務局（長）直轄の改革推進室の役割も大きい。よく練られ、調査された政策原案の準備なしには、民主的な議論の積み重ねだけでは、抜本的で先見性のある政策立案は困難だからだ。同様の機能は、大学教学改革においては、教務部（長）直轄の教育改善支援室が、研究

推進の分野では産学連携推進室が果たしている。企画部門が、全学改革のみならず分野別の改革推進も担っている。理事会は9名で構成され、日常執行機関として常任理事会（学内理事4名で構成）が機能している。そして、このライン機関運営を政策的に支えるものとして理事長主宰の経営懇談会（常任理事、学長、校長等）と学長主宰の運営協議会（学長、常務理事、教学役職者等）の2つの組織が大きな役割を果たしている。この2つの会は、決定機関ではないことで自由な発想による長期的視点での議論を可能にすると共に、経営と教学に関連する課題を実質的に一致させることを通して、学園、大学の一体的運営を担保している。

経営システムを担うもの

　こうしたシステム全体によって、ボトムアップを重視した運営方法をとりながら強固な経営戦略を確立している。一旦確定した方針は確実に重点予算に反映させ、実行に移し、中間点で集団的に到達点を評価し、全学あげて推進するこの学園独自の強い運営体制を作り出してきた。トップのリーダーシップ、とりわけスローガンとして掲げる「学生生徒のために」「すぐ取り組む」熱い思いが教員・職員に浸透している。経営陣にはダイエーホークスの取締役編成管理部長をしていた大谷忠彦常務理事をはじめ外部からの採用者がいるが、企業経験を一方的に押し付けるのではなく、学内合意を大切にし、信頼関係を築きながら徐々に改革的手法を導入してきたことも成功の要因にあげられる。改革推進室をはじめ各分野に配置された企画推進組織も持続する改革のエンジンの役割を果たしている。

● 理事会を中核に改革を進める：広島工業大学

中長期運営大綱の柱

　学校法人鶴学園（広島工業大学）は、小学校、中学校、3つの高等学校、大学（3学部）、大学院を持つ、8000名規模の総合学園である。建学の精神に「教育は愛なり」、教育方針に「常に神と共に歩み、社会に奉仕する」を掲げ、学生・生徒・

児童に熱い想いをもって教育にあたり、自然や神への畏敬の念を持ち、社会に貢献できる人材の育成を目指している。

　こうした理念、目標を実現するため、鶴学園の経営戦略の中軸として「中長期運営大綱」（2006年度～2015年度）が制定されている。「中長期運営大綱」では、運営の4つの基本方針として、①私学として特色ある教育の実現を図る、②各学校の連携・協力の強化を図る、③教職員の意識改革と研修の充実を図る、④財政基盤の確立を図る、を掲げている。鶴学園としての個性ある教育の創出のために、特に、学校間の連帯や教職員の意欲向上、全員の団結で前進をはかる家族的一体感を残した鶴学園らしい推進方策の基本を提示している。

　その目標の5年間の実現計画として、「中期的運営目標」で5つの大きな柱を掲げている。第1は、教育の特色を明確にした「鶴学園ブランド」の創出、第2に、教育の質の向上を核とした大学教育の改革で、新分野の学部創設や異分野との融合を目指す学科の設置も進め、女子学生比率も高める。第3に、小学校からの「12年一貫教育」により、鶴学園の建学の精神に基づく、旧来の6・3・3制度にとらわれない独自のカリキュラム体系を創出し、県内外で卓越した教育実践を作り上げることを目指している。第4に、社会のニーズに応じた学校教育の実現を掲げ、社会的な要請の変化に対応した専門学校、高校の再編や充実を図ること、第5に、教育環境の整備とキャンパスの再構築を掲げ、計画的な整備の実現を目指している。

　その上で、広島工業大学の改革課題としては9点をあげ、「地域産業界に貢献できる中核技術者の育成」を目指し、教育の改善やカリキュラム開発の促進、就職支援の充実、地域産業界との連携強化、外部研究資金の導入、教員評価制度や自己点検・評価制度の充実、などをあげ、これらの課題の具体化と計画的な実施を目指している。

ＰＤＣＡの年間計画化

　特に優れているのは、この中長期戦略を年次計画に具体化するため、年度運営計画（事業計画）を策定し、具体的な実行計画や予算編成に落とし込んで、その実現を計っている点にある。5月には前年の実施状況、到達状況に

ついて問題点や課題を明らかにし、運営報告（事業報告書）として取りまとめる。その総括を踏まえながら、7月の運営計画概要の各会計単位（部課室等）からの提出に始まり、その理事長総括作業、10月から予算編成方針の立案、12月の理事長予算査定を経て、1月に運営計画と予算を確定、その後第1次補正を行うPDCAサイクルを年間スケジュールとして確立している。

　こうした流れの中に、建学の理想を実現するための10年計画、「中長期運営大綱」や、その5カ年計画としての「中期的運営目標」が位置づいている。そしてそれを単年度の計画として具体化したものが「年間重点運営計画」で、最終的に学内各組織や部課室単位で個別方針が策定されることとなる。これをベースに予算編成方針が立案され、予算編成を実施、重点課題が最終的に予算に反映されているかどうかも含め、理事長査定が行われることとなる。大きな目標設定とともに、それが実行計画にまで落ちて、現実化されているかどうかをトップが直接関与・指揮することで改革の確実な前進を図っている。

　また、この各部署ごとに具体化された年間重点課題を、人事考課における被考課者の重点目標設定に連動させている。大学の全体目標を意識しながら個人目標を設定させることで、重点課題を予算とだけでなく業務遂行と繋ぐことになり、計画実践をより確かのものにしている。

シンプルな運営組織

　これらを推進する中核は理事会であり、これが、年にもよるが10数回開催されている。理事は現在12名だが、大学学長、小・中・高校長、専門学校校長の各教学機関の代表6名と事務局長が理事となっており、理事会が中長期計画や各学校の教学改革も含む年次の運営計画（事業計画）の立案、推進機関として機能できる構成になっている。月によっては理事会が何回も開催され、具体的なところまでの方針の議論と決定を行うことで、諸課題の推進や大学の行政運営に実質的な役割を果たしている。

　学内の日常的経営業務運営の中心は、理事長・総長が主宰する「朝のミーティング」で、たいへん特徴のある取組みだ。基本的に毎日、9時15分から1時間程度開催し、ここに学長、副総長、事務局長、総務部長等が常時出席

している。ここで、あらゆる経営業務、教学の基本事項などが協議され、様々な情報交換が行われるため、煩雑な学内の会議体を極力少なくして、迅速な意思決定や執行が図られる仕組みとなっている。屋上屋の重層的な会議運営が一般的な大学組織の中では貴重な取組みといえる。

政策遂行を支えるもの

「中長期運営大綱」の策定過程においては、教授会、各学校等でも審議を行い、教学機関とのすり合わせも行われている。大学組織は、教授会、大学協議会、代議員会など、課題・テーマに応じて柔軟に開催されている。そして、これら教学機関の会議には、基本的に、理事長・総長、副総長は毎回出席することが、伝統的に行われており、この努力が経営・教学の実質的な連携をより強固なものにしている。そして、こうした計画策定を支援し、必要なデータ、資料を整えるのが企画広報室をはじめとする事務組織である。

2007年度より3年の準備・試行期間を経て、教員業績評価を、大学、各学校あわせて実施することとなった。評価項目としては、教育業績、研究業績、大学（学校）運営、社会貢献の4本柱に基づき、大学・学校ごとに具体的基準・配点を定めるが、いずれも教育実践にウエイトをかけた構造となっている。職員人事考課は、すでに2007年度から実施されており、レベルアップシート（能力考課）、チャレンジ＆カンバセーションシート（業績評価）をもとに業務の到達度合いを評価するとともに、育成が図られ、昇任、異動、昇給に活用されている。

トップを中核とした経営

鶴学園（広島工業大学）は、鶴衛理事長がトップを担うオーナー型の学園である。しかし、ご自身がアメリカの進んだ大学運営を直接学ばれ、その手法を随所に取り入れることで近代的な運営システムに改革する努力を続けられている点に特色と強みがある。創立の精神を体現するトップの責任ある経営管理を保持し、その強みを生かした大学行政への直接関与を、ポイントを抑えて実行している。他方、大学運営には近代的手法を取り入れ、ミッションに基づく基本方向は示すが、実現すべき政策自体は学内の知恵や実態をよく

反映した客観的なものとして策定している。このことで、恣意的ではなく、現場を踏まえた政策に基づく運営、この確実な実行のための業務管理によって、ミッションの実現に迫っているところに優れた特徴がある。トップを中核に経営と大学が動く仕組みを、政策を軸に構築した事例といえる。

● 教職員参加型の中期計画立案：京都女子大学

前進し続ける大学

　京都女子学園は、大学院、大学、短期大学部、高校、中学、小学校、幼稚園を擁する女子教育の総合学園として発展してきた。大学は、文学部、発達教育学部、家政学部、現代社会学部の4学部からなり、学園全体でおよそ9000名が学んでいる。創始以来、「親鸞聖人の体せられた仏教精神」を建学の精神として「心の教育」を重視、女性の地位向上と活動の場の拡大を求めて、高い知性と豊かな心を身につける人間教育を行なってきた。

　近年の京都女子大学の改革推進の中心には、4年スパンで策定・推進される学部新設・改組計画を柱とする全学的な教学改革方針(将来構想)がある。すでに「平成12年度改革」では、現代社会学部の設置、教育課程の抜本的改革、S校舎・錦華殿新設、情報教育環境の抜本的整備を行い、「平成16年度改革」では、発達教育学部の設置、生活福祉学科の設置、教育課程の見直し改革、T校舎増築などに取り組んできた。大学院も専攻ごとに順次修士課程、博士課程の増設を進めた。また各種資格も、管理栄養士、食品衛生管理者、保育士、二級建築士、情報処理士、衣料管理士、社会福祉士、介護福祉士、臨床心理士など、次々と新たな資格課程教育の充実を図ってきた。これらの急速な拡充・発展政策により、建学の精神を実現するための学部教育体系を形作るとともに、進化し前進し続ける活発な大学イメージを作り上げてきた。

将来構想の連続的推進

　京都女子学園では今、「平成20年度改組―人を育てる大学・短大教育を目指して―」の策定、推進に全学あげて取り組んでいる。ここでは改めて大

学の現状や問題点、大学教育に求められているのは何かの検討から出発し、大学のあり方を原点から問い直そうとしている。過去2回の将来構想での連続した学部拡充の到達点を踏まえつつ、学部新設の継続だけで志願者を確保していくやり方には限界があり、体力低下も引き起こしかねないという、先見的な見通しを提示した。将来構想の提起は、(1)全国大学の現状と問題点、(2)いま大学教育に求められていること、(3)本学における問題点と課題、(4)目指すべき方向性、からなる。第2次大学・短大将来構想検討委員会の中間まとめを見ると、受験生や学生アンケート、さらに父母、社会から「今大学に求められていることは何か」のヒヤリング等、実態に基づく真剣な分析から出発していることが読み取れる。そこには評価が良くなった項目と合わせ、マイナス評価も丁寧に取り上げられ、その中から率直に改善課題を提起している。そうした検討の中から、改めて「社会人基礎力」の育成を核とした教育充実の課題を導き出している。改革案の柱は、(1)組織の改革(教員評価制度や副学長制導入等)、(2)教育の質の向上(教育方法討論会の開催、授業公開・討論システム、教育課程見直しなど)、(3)学生生活支援(学年別キャンプの実施、教員と共に職員も学生アドバイザーに)、(4)教育環境の整備(整備計画の立案)、(5)研究支援計画(外部資金の獲得)、(6)キャリア教育推進(全学キャリア教育の体系化)、(7)生涯学習、(8)国際交流となっている。4年スパンの、目標を定めた改革は続行していく。しかし学部設置だけが改革ではない。今こそ大学としての本当の力を付けていく改革が求められるとして、教育改革、学生生活改革、教育環境支援改革の諸課題を提起している。

現場提案を重視した計画

　こうした深みのある将来構想検討は如何にしてできるのか。すでに過去2回にわたる改組計画の策定に当たっては、大学・短大将来構想検討委員会を中心に多くの委員会や部会を設置し、70人に及ぶ教職員が検討に加わり、全学参加型で改革の立案を行ってきた。「平成20年度改組」に向けた検討体制も、こうした流れを踏まえ、将来構想委員会を軸に取り組まれた。教育・研究企画会議で検討すべき課題を特定、それを目的別ワーキンググループで調査・研究し、策定された改革案を課題別ワークショップで具体化するとい

う形で、多くの教職員の参加を組織している。その中で特筆すべき取り組みが「研究会」だ。将来構想について、自由にテーマを設定し、有志を募って改革案を議論・提案する。検討テーマ、メンバー、期間、取り組み内容・方法、意義、必要経費などを申請し、承認を得る制度である。予算も付き、期間は1年、成果は教育・研究企画会議に報告（プレゼンテーション）され、採択されたものは目的別ワーキングで本格的に具体化される。すでに終了したものも含めると27の「研究会」が活動している。テーマは例えば、大学と地域の連携、高大連携、授業評価、通信教育検討、附属小学校でのインターンシップ、教員養成課程高校との連携、1級建築士課程検討、栄養クリニックの創設、障がい学生支援、生活造形学科将来構想、新図書館構想など多岐にわたる。教職共同により現場からの企画、アイディアが提案され、将来構想に厚みを加えるとともに、自らの手で作り上げた自分たちの計画だという自覚を高め、全学を挙げた実践を作り出す上で大きな役割を果たしている。

政策を遂行するシステム

　理事会は、理事長のもと学長、校長、事務局長理事3人を常務理事とし、それに学内選任の管理職理事を加えて常任理事会を組織、週一回の開催で、理事会決定の遂行を担っている。学園長制を敷いており、寄付行為上も「各学校の教学を統括する」と定められ実際の最高執行権限者と位置づけられている。これはかつて宗教法人から理事長が選任されていた状況に対応したもので、現在は理事長が学園長を兼務している。

　大学は、学長の下、学部教授会の審議を踏まえ、大学評議会が全学事項を決定する仕組みとなっている。ここには事務系職員から3名（総務部長、財務部長、進路・就職部長）が議決権を有する正規構成員として加わっていることは教職協働の前進という点で特筆に価する。またこの大学では学長選任の方法を、全教職員による選挙制度から平成13年度より学長選考委員会制度による選考に変更した。選考委員は、学園長、理事と合わせ大学の教育職員から5名、附属小学校の管理者から2名が選任される。これにより大学を統治するに相応しい人材をより客観的に選任するとともに、学内に無用な対立を起こさないことを狙いとしている。

経営と教学は、将来構想を媒介として政策の統合とその年次的な実施計画の一致が図られている。将来構想の具体化は「年度予算編成の基本方針」で行われ、この「重点事項」に基づいて各分野別の課題・方針を全領域に渡って明示するとともに、実際の予算が編成され、執行状況・到達点を総括・公表する仕組みとなっている。

教職員の知恵を生かす

改革精神の全学への浸透をベースに、教職員の参加型運営を重視し、その知恵と力を最大限に生かすことで、大学のあらゆる領域で創造的な改革を積み上げてきた。またそうした取組みを繰り返すことで、一丸となって目標に向かう風土を醸成してきた。ボトムアップの運営が成功した背景には、この学園が歴史的に形成してきた強み、法人・大学一体の目標がしっかり打ち立てられ、共有されているという前提がある。将来計画の全学的検討と共有による立案・推進とそれを担う教職一体組織によって、力のある改革を推進しているところに、この学園の強みがある。

● 学園一体の改革を目指して：京都ノートルダム女子大学

学院の理想を掲げて

学校法人ノートルダム女学院は、1952年の中学校開校に始まり翌年高等学校、さらにその翌年小学校を設置し、1961年京都ノートルダム女子大学を開学して一応の完成を見る。現在児童・生徒・学生数は約3500名ながら、建学の精神を育む小学校からの一貫教育が実現できる教育システムとなっている。「ノートルダム」とはフランス語で「聖母マリア」を意味し、その名の通り建学の理念は、キリスト教精神そのものである。その具体的姿として3つのビジョン、1) 自尊感情の強固な土台をつくる、2) 可能性を最大限に開花させる、3)「徳」と「知」の統合で「対話力」を育む、を掲げる。各学校の規模は、大学1600人強、高校500人強、中学400人弱、小学校1000人弱となっている。

ノートルダム女学院は、2006年より理事会体制を一新して新たなスタートを切った。これまで、7名の理事全員が教育関係者で占められていたが、うち3名を企業経営者等に就任頂き、学長、校長の教学出身理事と合議することで、教学の充実と経営改革の統合的な前進を狙った。また設立母体である宗教法人カトリックノートルダム教育修道女会の代表は理事を外れ学院長に就任することで、建学の精神を生かすとともに理事会をより実務型に編成した。その目的を「教育共同体としてのアイデンティティーの明確化と共有化、『顧客』に通じる『言葉』でのアイデンティティーの発信、持続可能な仕組みづくりを目指す経営の中長期戦略の策定」とその推進体制の整備（『ノートルダム』第49号）とした。

法人の下での一体運営

　こうした改革の背景には、この法人が設置する3つの学校が、教学運営はもとより財政まで独立した運営を行い、法人本部は各学校が拠出する法人分担金で運営されるシステムとなっており、それぞれの強い個性が作られたが、理事会や法人本部の下、3校が連携しながら前進する気風に欠けていた点が上げられる。3校合同教職員研修会の実施や内部進学に関する協力体制の強化、法人事務局と大学事務局の連携体制の強化等、次第に協力関係が改善されつつあるが課題も多く、これが中期計画策定の背景にもなっている。厳しい環境の中、今後、小学校から大学院までを擁する学園としてのメリットを生かす教育企画の創造、広報の一体化、事務連携強化や規程の一元化をはじめ、法人の目指す目標実現と各校の教学改革の連結、経営母体と教学現場の意思疎通の強化、中期政策の具体化の中で法人としての一体的な運営の確立を目指して改善を図っていくことが求められていた。

中期計画の目指すもの

　それらの課題を実現するため、ノートルダム女学院は、2006年8月「中期計画」(2007年―2014年)を策定した。グランド・プランの柱として「小学校から大学院までの一貫教育システム」、「設立母体の国際ネットワークと総合学園ならではの資源を生かした特色ある教育」の2つの目標を掲げ、その実現

のために、3つの主題と 15 の主要課題を提起した。

　その内容は、1、魅力の創出、⑴施設・設備の刷新、⑵大学・大学院の付加価値の向上、⑶総合学園として時代のニーズに合った特色ある企画の創出、⑷就学支援制度の充実、⑸進学・就職実績向上に結びつくカリキュラム・制度の導入、⑹教職員の資質の向上、2、経営の安定、⑺健全な財政基盤の確立、⑻収入の多様化と安定確保、⑼学院全体の連携による事務の効率化、経費削減、⑽人事制度と職務規定の改定、3、組織の進化、⑾理事会のリーダーシップの強化、⑿ビジョンと戦略の先鋭化、⒀中期計画の学院全体での共有、⒁競争的予算制度の創設、⒂対話力の向上、である。教学の改革と経営強化を統合的に前進させること、そのための政策の全学浸透と理事会のリーダーシップの確立を提起した総合的な内容になっている。

連携した教育への前進

　「ノートルダムの再創造に向けて」と題されたこの中期計画の冒頭での提起は、大学創立 50 周年（2011 年）、女学院創立 60 周年（2012 年）、小学校創立 60 周年（2014 年）の節目が連続するこの時期に、法人と 3 校を含む学院全体が協力し、新たな学校を創立するほどの意気込みによって目標達成に邁進することを訴えている。

　相対的に自律したそれぞれの学校からの改革の積み上げだけでは、学院全体の大きな前進は望めない。各学校のリーダーが法人の提起する目標を共有し、学院全体の一貫教育による抜本的な強みの強化、社会的な評価の向上を一致して目指すことが不可欠である。各学校の発展計画が学院全体の政策と整合することによってこそ、大きな飛躍が期待できるとした。

　そしてこれらの課題の推進のため中期計画総合推進室（通称：エンジンルーム）を、法人、各学校、事務局の中核メンバーで発足させるとともに、全学一体の中期計画委員会、経営効率化委員会、連携特別委員会、募金委員会、施設設備委員会を作り、その具体化と推進を始めた。長年の各学校の独立運営の歴史から、統一した学園政策の浸透・共有や連携した教学改革の推進にはなお時間を要するところもあるが、各校の現場の声も踏まえながら、大き

な目標の実現に向けて前進を開始している。

大学改革の推進

　人間文化、生活福祉文化、心理の3学部を擁する大学の運営は、学部長・研究科長会議を軸に運営される。副学長は置かず、その主要構成メンバーである3学部長、4学科長、大学院研究科長の計8人をいずれも学長補佐に任命し、ライン管理に責任を持つと共に学長スタッフとすることで、大学の全体政策と学部現場の実践との結合を図っている。通常の教育行政は学部教授会を軸に遂行されるが、全学的な方針や将来構想、管理運営や財政、全学的な諸制度や規定等は、管理運営会議で審議、決定される。この会議は学長以下大学の全役職者で構成されるが、ここには事務局長、同次長、総務部長など職員を正規構成メンバーとして参画させ、政策立案や執行面での教職の一体的な協力関係の強化を図っている。

　年度の大学運営は事業計画に基づき推進される。事業計画は、2011年の大学創立50周年に向けての中期的な改革課題を踏まえながら、第3者評価による大学改革の推進、北山キャンパス整備、学生確保と広報活動の強化、そのための入試制度の全面的な見直し、財政の改善、魅力ある大学創造に向けた諸課題が提起されている。特に学生の学力向上、学力不足学生への対応を重視し、学生指導の充実、授業評価、教育研究活動の活性化等が直面する重点課題として掲げられている。第三者評価を契機とした自己点検評価を通して明らかにされつつある今後の大学の改善計画を基礎に、中期計画策定を進めており、これが法人の中期政策と接合されることで、より強い特色を持った大学運営が実現されるものと思われる。

学院の再創造に向けて

　力があり、評価も定着している大学、学校、法人が、如何に一体化し、さらに相乗効果を発揮していくかが、まさに問われている。歴史的に形成されてきた風土を変えるには、トップダウンによる政策提起が必要だし、有効性もある。理事会、法人本部の政策を基礎に、各学校の新たな連携による学院の再創造と発展を目指す取組みが進んでいる。

第13章 中長期計画の確立、トップマネジメントの強化とボトムアップの重視、政策遂行体制の進化　287

● 周年事業を機に中期計画を策定：神奈川大学

ミッションの見直し

　神奈川大学は、1928年創立者・米田吉盛が勤労青年対象に夜間部だけで開設した横浜学院がその始まりである。翌年横浜専門学校と改称、1949年学制改革により神奈川大学となった。今日、大学・大学院、7学部8研究科、18000人余、附属中・高を含め総数約2万人、卒業生19万人余の総合大学に発展した。横浜キャンパスに法、経済、外国語、人間科学、工の各学部、湘南ひらつかキャンパスに経営、理学部が置かれている。専任教員450名、職員も約250名の大規模大学である。

　80周年を機にその中心事業として、創立以来初めて、学園全体の統一した「基本方針」「経営の方針」を定めるとともに、「中期目標・中期計画」を策定した。これらを策定するに当たり、改めて創立の理念を見直し、ビジョンや基本政策を今日的課題を踏まえて明確にする作業を行った。

基本目標の確立と具体化

　新たなミッションに基づき、学園の基本方針として、教育方針、人材輩出方針、入学生受入方針、研究活動方針、社会貢献活動方針の5本柱を掲げ、「経営の方針」として、学園資源の選択と集中、教学の主体性尊重と法人ガバナンスの強化、組織強化のためのマネジメント推進、安定経営基盤の確立の4本柱を掲げた。キャッチフレーズを「約束します、成長力。－成長支援第一主義－」とした上で、世界への発進力の強化、進路の柔軟性の拡大、実践力の強化、学生交流の多様化の4つの基本目標を鮮明にし、それぞれに具体的な事業計画の柱を設定している。

　白井宏尚前理事長は「この基本政策は、全教職員が改めて創立の原点に立ち返り、知恵を出し合うことが出来た成果だ」と述べるとともに、その具体化については「既に改革案づくりに着手している附属中高と事務局とあわせ、大学の教員組織も人事・給与体系を含めた見直しを行う。大学教員、附属教

員、事務職員の3つの総合的改革を実施し将来構想と統合することで、将来に向けて磐石の基盤が築ける」(学園ニュース第96号)と述べ、スタートラインに立った成果と、今後の具体化と実践こそが正念場だと提起した。

構想による前進と課題

将来構想の検討の中心組織として2007年4月「学校法人神奈川大学将来構想策定委員会」を新たに、理事会の下に設置して審議、策定を進めた。学園全体のマネジメントに責任を負う理事会の総括の下に位置づけることで、大学や附属学校の責任者、事務局幹部および外部の理事・評議員が集まり、忌憚のない意見を出し合いながら、学園としての大きな統一方針を策定することとした。この検討を経営企画室をはじめとした事務局がサポートすることで、教職協働による策定作業が進むこととなる。

検討の第1フェーズでは、まず建学の精神を改めて共通の拠り所として再確認するとともに、その理想を実現するためのミッション、ビジョン、それを現実化するための教育方針と経営の方針の双方を定めた。それを基に第2フェーズで大学・附属学校の中期目標、中期計画を具体化するという方法を採った。事務局改革案の策定、大学教員人事制度改革もスタートすることで、学園を構成する全ての領域で改革のプランニングが進み、その方向が確定していくことになる。

今後この構想の具体化と推進は将来構想推進委員会の活動にかかってくる。改革が具体化し、それぞれの組織の立場や個人のあり方が問われ、利害に関わってくれば来るほど、合意と推進には困難な点も予想される。しかし、基本政策の一致を実現した力と、その過程で築き上げた経営、教学、事務局が力を合わせて前進する実績や気風が生きてくることは間違いない。

管理構造とその改革

理事会は15人で構成され原則月2回開催、また日常業務は毎週開催される常務理事会で審議、遂行される。また、大学機構は、7学部それぞれに学部教授会が置かれ、ここを基礎に運営される。その上に評議会が置かれ、教学運営の最高決議機関と位置づけられている。しかし評議会は、学部教授会

の審議を経た案件や学長諮問事項の審議となっており、やや形式的になり有効に機能していない面もあったと自己評価されている。

　これまではどちらかというと意思決定は学部を中心に行われ、それらを緩やかに学長が束ね、経営と合議しながら進めるという民主的運営に重きが置かれてきた。大きな大学の機構運営の中で、明確な目標や戦略を掲げて学園を動かすというより、学部や附属学校の自立的な動きをベースにした調整型運営の総和で力を発揮してきたといえる。

　この背景には、歴史的に形成されてきた構成員の総意を大事にする各種の選任システムがある。それは全教員・職員が参加する学長選挙制度であり、寄附行為施行規則に定められた評議員から選出される理事の選挙区分ごとの選挙に基づく選任であり、評議員が59人という、理事数の4倍近い多数の各層の代表者による経営チェックの仕組みなどである。

　しかし一方、厳しい時代状況は明確な基本方針に基づく迅速な意思決定と執行を求めており、ビジョンに基づきその実行に責任を負う体制の整備も不可欠になってきた。2007年8月9日の理事会、評議員会で決定した法人管理運営体制の改革は、評議員総数を44人に減ずるとともに、事務局長を職務上の理事とし、意思決定の迅速化と経営体制の強化を図った改革の第一弾といえる。将来構想の策定とその具体的推進に並行して、今後とも政策実行体制の整備が必要で、理事会の先見性と強いリーダーシップが求められている。

事務局改革基本構想

　将来構想の進展と合わせ、事務局管理運営体制の改革も、その全体構想をグランドデザインの形で公表した。厳しい環境の中で「選ばれる学園」であり続けるためには、学園の運営・経営のプロフェッショナルとしての自覚の下、自己研鑽、自己改革が出来る人材が必要である。「For The Students －すべては学生のために」の視点を基本に、全職員がミッションを共有し、ビジョンを実行に移すことが出来る業務運営、大学構成員の信頼性や満足度を高めうる組織作りが求められる。　そのために新人事制度と新組織の検討を進めている。人材育成重視、役割と責任の明確化、貢献度に応じた処遇等を基本

内容とする新たな総合的人事制度の構築、機能的、合理的でシンプルな事務組織への再編成を推進している。これまでの年功序列を改め、自ら進んで能力を開発し、実力を発揮していくことを評価する能力主義的考えを取り入れ、職能資格制度を基本にした育成と評価によって、やる気と誇りを持てる職場づくりを提起している。事務局組織の再編も、学生から見て分かりやすい組織づくりの視点を最も重視している。また事務局長を核とした経営政策の遂行、政策立案機能を強化し、学園ビジョンを担い実行しうる事務局づくりを行っている。これも将来構想具体化の重要な一翼となる。

　大きな、そして歴史のある大学の改革には、他とは比べられない困難が伴うが、周年事業を大きな好機として捉え、全学を動かし、全教職員に呼びかけ、目標と戦略を定め、またその推進を担う経営、管理運営機構、事務局の改革を短期間で統合的に進めている事例といえる。

● 初めての将来構想で改革推進：大妻女子大学

ブランドとしての評価

　大妻女子大学 100 年の歴史は、1908 年（明治 41 年）創始者大妻コタカが女性のための裁縫、手芸の私塾を開いたことに始まる。その後 1942 年、大妻女子専門学校となり、49 年、大妻女子大学が開学される。「女子も自ら学び、社会に貢献できる力を身につけ、その力を広く世の中で発揮していくことが女性の自立につながる」というコタカの確信は、「女子の実学を身に付けた生活者の育成」という今日の大妻女子大学の建学の精神に貫かれている。これは時代の求める「良妻賢母の大妻」、今日の「就職の大妻」というブランドを形作ってきた。現在大学には家政学部、文学部、社会情報学部、人間関係学部、比較文化学部の 5 学部があり千代田キャンパス、多摩キャンパス、狭山台キャンパスの 3 つのキャンパスで学んでいる。法人が経営する学校は、中学 2 校、高校 2 校、短大・大学、大学院で、大学・短大では 8000 人の学生が学び、教員約 320 名、事務局職員 165 名が在職している。

所信での鮮明な課題提起

　佐野博敏前理事長は、学長の退任に当たり所信を表明、時代が求める大妻の理念の再確認を呼びかけると共に、環境の変遷、厳しい現状を直視し将来構想の具体化を提起した。そして、特に以下の2点の課題を強調した。第1は大妻の教育環境として、遠隔キャンパス立地による学校間、学部・学科間の孤立・隔絶状況が総合力、相乗効果を発揮する上で障害となっており、優秀な教職員の能力の発揮や学院全体への貢献意欲にマイナスの面をもたらしている。また、統一的な企画・広報戦略の展開を弱め、大学の実力が過小評価されることにつながっており、ソフト、ハードの両面からの改革が不可欠だとした。第2には、社会や学生・生徒の教育ニーズの変化への理解の不足やこれに対応する教育改革の遅れを指摘した。現在の教育理念や教育方法と社会の変化の乖離を厳しく問い、また、それを埋めるための教員の一層の努力を求めた。

　それらの対応策として、創立100周年を迎えるに先立ち(1)キャンパス再構成の基本構想を踏まえつつも、短期的には、情報共有制度の拡充、学校・学部間の協力体制の強化、相互学習、相互履修、連携活動の拡充、キャンパス間IT連携の強化、各種議事録の公開、メール配信、HP活用等情報交換の充実により、相互理解の有用性を実感することで組織力の向上を目指すこと。(2)教育については、中高・大学間の相互学習・履修制度、早期卒業制度、本質的教養教育等の充実と促進、学力向上実績の積み上げ、情報公開の前進や広報活動の体系化、体制の統一など具体的な改革推進課題を提示した。

　この理事長による提起は、学院が直面する大きなふたつの課題を鮮明にすると共にその解決に向けた基本方向を指し示すものであった。この総合的な課題提起を踏まえ、将来構想の検討が進むこととなる。

将来構想委員会の設置

　2006年2月、学校法人大妻学院将来構想検討委員会が発足した。これは理事会の下で、経営・教学の共通課題について審議する機関として機能してきた企画整備作業部会をベースにしたものであった。この経営・教学一体機関である将来構想委員会が、所信も踏まえ、特色ある教育体制の確立を中核

に、法人全体の視野から中長期政策のとりまとめを行った。また企画室がその策定作業を業務上担うことを通して、教職共同による立案作業の実績も作り出してきた。

そして 08 年 3 月、将来構想の提案としては学院で初めて、「創立 100 周年に向けての本学のミッション―共に取り組むための経営戦略―」を発表した。記念すべき創立 100 周年を期に更なる発展を目指し、大妻学院 100 年の到達点や教育・研究の見直しが必要となる時代背景を明らかにしながら、新たな教育・研究の理念と目的を、創立の精神を現代に再構築しながら提起した。それを踏まえ今後 100 年の発展の方向性を 4 つの柱で示し、9 つの重点目標と戦略を掲げた。

総合的な政策提起

その内容は (1) 全学自己点検自己評価、全学 FD 等の充実を目指した改善計画 (教職員の意識改革)、(2) 全学的カリキュラム問題の解決 (学びと暮らしの工夫)、(3) 志願者漸減傾向への全学的な対応策の検討 (学生募集への更なる注力)、(4) 全学の組織的な学生支援体制の強化 (学生サービスの更なる改善)、(5) 教育・研究計画の限界を克服する戦略としての外部資金取得 (教育と研究の工夫)、(6) 大学の地域社会貢献活動の活性化 (大学の社会的責任)、(7) グローバル化への対応 (国際交流の活性化)、(8) 意思決定の柔軟・迅速化 (法人組織の管理運営体制の見直し)、(9) 財務の更なる健全化 (堅実な財務運営基盤の保持) である。教育・研究活動、学生支援、志願者対策、外部資金獲得、社会貢献、国際化に始まり管理運営体制や財務改革にまで言及する総合的な提起となっている。

経営・教学、大学と中・高が一体となった基本政策、大妻学院として共通の目標を目指して前進する旗印が明確になった点では画期的な意義を持っている。そして今後はこの具体化、マスタープランとアクションプランの作成、その周知と推進が求められ、これからが正念場だとも言える。理事長所信でも述べられた大妻が直面する困難な課題であるキャンパス問題の本格的解決も、これら全体改革の推進の中で前進させられなくてはならない。周年事業を契機とした経営・教学・事務局が協働した統一戦略策定の取組みの実践こ

そが、今後の困難な課題を切り開く力の源になると考えられる。

理事会・大学機構の連結

　理事会は、寄付行為により19人以上21人以内と定められ、学長、副学長、6人の学部長・短大部長、各学校長、事務局長が職務上理事になる構成をとっており、学内各構成員の意向が制度的に反映できる形になっている。定例理事会は6回、評議員会は3回だが、経営の通常業務運営を担う常任理事会は年間で70-80回開催されており、よく練られた運営が行われている。またここで策定された経営方針は、月例開催の拡大常任理事会に報告・審議され全学に周知・徹底される仕組みとなっている。ここには常任理事会メンバー以外に、大学各学部長・短大部長、各学校長も参加、関連部長やセンター長、事務幹部等も陪席する。これによって経営方針がダイレクトに教学部門に伝えられると共に、理事長を交えた意見交換が常に保障され、また必要な情報の共有が日常的に行われることで、スムーズな経営と教学の協力関係を作り出している。

　教学に関する案件は、学部教授会を中心に決定執行されるが、各学部教授会には、適宜、学長・副学長が陪席し、学部間のバランスや相互に必要な情報を共有できるようになっている。他方、学部長も理事会並びに上記の拡大常任理事会の構成員として、常に全体方針を把握、またその策定に参加している。こうした教学機関と経営機関の直接的な連結によって、整合性のある一体的な運営を作り出している。

　歴史と伝統がある大学が、直面する課題や問題点に正面から立ち向かい、周年事業を契機に、ビジョンを鮮明に中期的な改革の政策を確立、推進を始めた。堅実な運営と大胆な改革により、伝統をさらに今日に適応させ、より鮮明な特色化を推進している。

● 企業手法の大学への創造的応用：静岡産業大学

地域に根ざす教育重視大学

　静岡産業大学は、磐田市に経営学部、藤枝市に情報学部を置く総定員2000人の大学である。理念に「東海に静岡産業大学ありといわれる、小粒だがキラリと光る個性ある存在、大学の新しいモデルとなる、専門的職業教育を推進する」を掲げ、ミッションとして「時代の先端的な教育を行うことを第一義的使命とし、教育の品質と生産性を重視し、入学はやさしいが卒業は難しい大学を目指す。偏差値では測れない個々の学生の潜在能力を引き出し開発することを重視、学生の夢、志が成就できるようサポート、支援する。そのために教育のプロに徹する」ことを教員に求めている。合わせて県民大学宣言を発し「地域社会に貢献する人材の育成、地域の産業・文化の発展のための連携、協力」を掲げている。この実践として、地元企業の出資による20の寄附講座（冠講座）を開講、各業界の今を学生がいきいき学ぶことができる仕掛けを作っている。講座には、ヤマハ、スズキ、ブリジストン、タミヤ、中外製薬などの日本を代表する企業の名前が並ぶと共に、静岡銀行、浜松ホトニクス、磐田信用金庫、静岡県の厚生部、産業部、藤枝市など地元企業、自治体も多い。そのほかにも「ジュビロ磐田のチーム経営」と題して、ジュビロの現職経営者やスタッフが授業を担当したり、「静岡第一テレビの番組製作」と題して、テレビの製作現場や経営の講義を現場の専門家が語る講義も行われている。またインターンシップにも精力的に取組み、地元密着型大学の実践、学生が体験的に学ぶことを通して成長できる仕組みを作っている。

学生重視の大化け教育

　教育第一主義の理念の下「分からないのは教え方が不十分だからだ」の合言葉で、全教員がティーチングメソッド（教授法）の開発に取り組み、小集団による研究と実践を積み重ね、年一回研究会を開きその成果を発表している。その中から生まれたのが「大化け教育」「オバケスイッチ」のコンセプト。入学時には将来の目標が持てなかった学生でも、それぞれが持つ固有の能力を

引き出すことができれば、必ず学生は変わり、生きいきと学び、活発に動き出す。教育はそのきっかけを与えること、すなわちオバケスイッチを見つけ出すことだ。学生を大化けさせるために体験型学習を重視し、学生に自信を与えること、そのための手法を教員が切磋琢磨し開発している。大化けして希望の仕事に着いた卒業生たちの経験談も大きな励ましなっている。またここでは学生満足度調査を学生自身が行っている。調査方法を考え、分析し提言にまでまとめる。その内容は講義の良い点・悪い点、施設等の改善課題、学生の悩みや勉強への意欲、将来への希望等多岐にわたり、そのまとめは理事会、教授会に直接学生からプレゼンされ改善に生かされると共に、大学の将来構想の策定にも影響を与えている。こうした学生参加型の創意に基づく取組み一つひとつが学生に自信を与えている。

方針管理制度の創造的応用

　創立15年、地方に立地する小規模大学でキャンパスは2つに分かれているなど厳しい条件下にある大学がなぜこうした成果を上げ得たか。それには米国ブリジストンの経営責任者などを経て2000年4月より学長に就任した大坪檀学長のリーダーシップによるところが大きい。専門であるマーケティングや経営戦略論をうまく大学運営に取り入れ改革を推進している。大坪学長は、厳しい環境の中での大学再生には、魅力作りの戦略の再構築が不可欠だとし、大学のよって立つ基盤、達成目標、管理運営理念などを出来るだけ具体的にそして共鳴、感動を与えるよう記述する必要があると「静岡産業大学の理念とミッション」を提起した。戦略は大学全体の行動の長期の基盤をなすものであり、建学の精神を誰でも解るように具体的に示し、構成員に伝達し続ける必要がある。そしてそれに基づき年度ごとの学長方針、学部長方針を立案、提示する。

　しかしここまでは行われている大学もあるが、優れているのは、この方針の達成度報告などフィードバック体制、コミュニケーションシステムを整備した点だ。学長用、学部長・事務局長用、委員会用、教員・職員用に作られた報告書の書式は、分担された課題の遂行状況をチェックすると共に、実践にあたっての問題点や課題、提案や要望、工夫、私の貢献策などを記載する

欄を設けている。委員会や職員からの報告に当たっては「活動状況」や「業務実績」の報告とあわせ、「提案要望事項」「事務改善・要望事項」「学内外に知ってほしいこと」等の記載を重視している。方針の実践過程での問題点や改善点、さらには様々な提案事項や要望を集約することによって、方針がより現実の実態を踏まえて遂行できるようなシステムになっている。「方針管理制度」と総称されるこれらのシステムは、掲げた戦略を適切に具体化し、推進する上で極めて重要だと位置づけている。すなわち学長方針などでテーマごとに執行責任者、責任機関を明確にし、その進捗状況を月次、4半期、年次でチェックすると共に、積極的に提案やアイディアを組織し、方針をより豊かにし、実践的にしている。この報告書を1冊にまとめ関係教職員に閲覧、配布することで情報の公開と政策・方針の共有を図っている点も優れている。

構成員を生かす運営

　大学運営においても、教授会の性格を審議機関として明確にしつつ、方針の具体化に当たっては、委員会機能を重視し、また重要なテーマについては特別な委員会を組織するなど委員会審議を活性化させている。正規教授会は短時間で終了するが、全教員を実質的な議論に巻き込む参加型の運営で政策の具体化をはかり、実効性を担保している。

　こうした取り組みを支える教員の育成のため、教員人事制度改革に着手し、任期制の一部導入や授業評価に連動させた教員評価制度とその基準作りの検討を進めており、時間をかけながら徐々に新制度への移行を目指している。職員が果たす重要な役割も明確にしており、その育成のための研修や職員人事制度の改革の検討を進めている。経営と教学の関係は、学長が副理事長を兼務することで、大学の経営についても学長に一任する体制が整い、学長のイニシアティブで改革が貫徹できる仕組みが整備された。その上で理事長との日常的な報告、相談が行われており、経営との協力体制は良好だ。学長を始め学部長、事務局長、校長等も理事に就任しており、学内の意向が経営に反映する仕組みとなっている。こうした全体の取り組みによって高い就職率を維持し、また学生募集においても増加を続け、財政も安定させるなど実際の成果をあげ大学評価の向上につなげている。

地域型大学の発展モデル

　戦略的マネジメントの専門家であり実践者である大坪学長が、自らの理論に基づき、大学運営に企業手法を創造的に適用させ成功を勝ち取ってきた事例である。大学の置かれた条件をうまく生かしたミッションの創造と貫徹、教職員をやる気にさせる巧みなマネジメント、小規模を生かした濃密なコミュニケーション作り、最新のマーケティング理論を駆使した新学科作りや広報、そして何よりも大学が立地する地域に役立つ大学作り、学生を主役に置いた教育の創造への徹底したこだわり、これら全ての総合が今日の成果を生み出している。

　　初出：『大学戦略経営論―中長期計画の実質化によるマネジメント改革』東信堂（2010年）

　　各大学の調査、報告掲載日（『教育学術新聞』等）
　　・大阪経済大学 2006 年 12 月 8 日
　　・福岡工業大学 2007 年 7 月 13 日
　　・広島工業大学 2006 年 11 月 17 日
　　・京都女子大学 2008 年 2 月 15 日
　　・京都ノートルダム女子大学 2008 年 2 月 15 日
　　・神奈川大学 2008 年 7 月 11 日
　　・大妻女子大学 2008 年 7 月 10 日
　　・静岡産業大学 2005 年 12 月 2 日

　　＊各大学の記載内容は、全て、調査、掲載時点のものである。

第14章

強い信念と熱意、個性あるリーダーシップ、全学を動かす組織力が危機を乗り越える

100. 斬新な改革を作り出すマネジメント：桜美林大学
101. リーダーシップによる運営：女子栄養大学
102. 明確な目標の浸透による運営：中村学園大学
103. 鮮明な経営コンセプトで改革を推進：山梨学院大学
104. 強い経営とボトムアップ：東京造形大学
105. 達成指標を鮮明にした堅実な運営：国士舘大学
106. 経営危機、全学一致で乗り越える：兵庫大学

● 斬新な改革を作り出すマネジメント：桜美林大学

意欲的な教学改革

　桜美林大学は、総合文化学群、健康福祉学群、ビジネスマネジメント学群、リベラルアーツ学群で構成される入学定員1800人の大学である。短大、高校、中学、幼稚園も併設し、学生・生徒総数約1万人を擁する。「キリスト教主義に基づいた国際教養人の育成」を建学の精神とし、明確なミッション（使命）、ビジョン（目標）、バリュー（共通の価値観）を掲げている。桜美林大学は、学群制への全面的な移行をはじめとする抜本的な教学改革に取り組んでいる。学群制度は、従来の学部の壁を取り除き、学生自身が本当に望む教育を受けられるよう、所属学科を越えた幅広い基礎科目を学んだ上で専門科目を履修できるようにする日本でも数少ない意欲的な取り組みだ。学群制導入以前にもセメスター、GPA、アカデミック・アドバイザー制度、学生の学びを主眼に置いた新たな学習区分制度など様々な教育改革に取り組んできた。また教員をユニット所属とし、教員人事権も学部教授会を改組した学群教授会からの代表によって構成される人事委員会に移管するなど全学的な視点で教学改革が遂行できる運営システムを目指している。

アメリカ型理事会

　なぜそうした改革が可能となったのか？　同大は創立以来アメリカ型理事会と性格づけられ、15人の理事中、大学学長、中・高校長、幼稚園長の3人以外は全て学外者で、理事長も非常勤であった。理事会は年2～3回の開催で、経営の基本政策を決定し、執行機能は持たず、日常経営は学長、校長、園長に委任されてきた。各学校の自律的な運営がおこなえる反面、基本政策にかかわって理事会との間で判断や意見の相違が発生することがあったという。また学内経営業務の遂行に当たって、担当理事制や常務理事会を置くことが出来ず、経営政策の遂行や管理運営の責任体制の確立、経営と教学の一体運営の推進などで不十分さやバランスを欠く面も出ていた。

　2003年、理事会の互選により学長である佐藤東洋士氏が理事長に選任さ

れた。これにより、創立以来始めて学内者による常勤の理事長が誕生した。これはまた経営と教学が政策、執行面で一体化して機動的な動きが出来ることを意味するが、教授会をはじめ学内からは、教学の自立性が損なわれる等の批判があったという。その後、アメリカ型理事会システムの基本形は維持しつつ、学長が経営トップを兼ねる利点を生かして、理事長・学長をトップとする経営・教学一体化のシステムを徐々に整備していくこととなる。

理事長と学長の一体化

　この間のいきさつについて、佐藤理事長・学長は「学長は何ができるのか」(『IDE』2006年1月号) で語っている。アメリカの理事会は、時に学長が理事になることもあるが、100%外部の有識者によって構成されている。理事会の役割は①学長を選任すること、②選任した学長を財政面でサポートすること、③学長を評価すること、④学長を解任することなどである。理事長の職務はこの議長であり、日本の場合とは異なっている。アメリカ型理事会の本質は、学長が日常的には大学の経営と教学の総責任者としてその全ての権限を委譲されている点にある。国立大学の法人化も、学長に経営も含む全権限を集中させることで改革を進めようとしている。佐藤氏自身、副学長、学長時代を通して先述した理事会との微妙な判断のずれを感じておられたので、教授会や教職員組合からは教学と経営は一定の緊張関係を保つべきだと抗議も受けたが、理事長を受けることにした。「なぜならば、経営が確固とした教育理念を持ち、大学が掲げる使命を遂行する強い意思を持たなくては、良い大学は出来ない。したがって教学と経営は一体不可分である」と語る。

学長のあるべき姿

　その上で学長は何をしなければならないか。教学のトップとして将来に対しての見通しを示し、ビジョンを持つことである。日本の大組織のリーダーは、勢い現状の問題への迅速な対応を期待されてきた。しかし教育の府である大学のリーダー、学長という職を考えた場合、今進行中の諸事業の取りまとめより、大学の将来像を組織の構成員に明快に提示すること、そして学長が責任を取るという意思表示を明確にすることである、と話す。その例とし

て、桜美林大学が先駆的に取り組んできた先述の学群制組織への大きな転換を上げる。この構想自身が学長のビジョンとして学内に提起されたが、教員は総論賛成、各論反対の典型であった。佐藤学長は教職員全員を対象とした説明会を何回も繰り返し開催し、自らが目指す将来像をはっきり説明し、学長が全責任を負うことを述べ同意を得ていった。

組織運営の工夫

桜美林大学では、現在でもアメリカ型理事会の基本枠組みは保持しているため、1号理事を除いて全ての理事が外部者で構成されている。そこで学内経営業務の遂行体制については、日本福祉大学の制度を参考に、担当分野に責任を負う執行役員制度を導入した。当初の配置は①法人・労務担当②教学担当③財務担当④情報担当の4分野とした。これにより経営の意思決定の円滑な教職員への浸透と責任体制の強化を図った。執行役員会（毎週開催）は、常務理事会としての機能も併せ持つことを機構上も明確にし、学内経営の中核機関として位置づけた。

理事会は月例開催に改め、理事には大学改革への提言をレポートしてもらうなど実質化させると共に、学長、副学長による学長室会議（毎週開催）、学長、副学長、学部長による大学運営会議（隔月開催）、学部長、学科長など全役職者による教学部門長会議（月例開催）などを設け、政策・方針の全学的徹底を図る機構整備を行った。また政策原案を専門的に調査、企画、立案する事務機構として企画開発室を設置し、現実的な計画機能を強化した。大学のミッションを誰にでもわかるようにホームページや広報物の冒頭に明示し、その実現方策としての事業計画を毎年立案、その到達を評価する事業報告書を公開している。佐藤氏は、トップのリーダーシップは重要だが、トップダウンに走りすぎると現場の教員のやる気をそいでしまう。改革を他人事と思わせないためには、教員自身に考えさせ、案をまとめさせることも必要だと語る。実際、教員評価制度など自らの利害に絡む課題の導入に当たっても、教員の検討チームを作りそこに原案作りを任せたところ「評価をするなら給与に反映させなければ意味がない」など積極的な提案が出てきた。方針が現場に浸透すれば改革に前向きに取り組んでくれる。トップは現場から上がってきた

案には、よほど譲れない点がない限りそれを尊重し、問題があれば実施した上で軌道修正するやり方が大切だと語る。

実質権限の一本化

アメリカ型の理事会の強み、外部者の知恵や力を効果的に大学運営に生かしながら、学長・理事長兼務による実質権限の一本化で迅速な意思決定システムの整備を行い、執行役員会設置による執行体制の強化、経営と教学の一体化した運営体制の整備、企画部門や政策遂行に関わる事務体制の強化など一連の改革が、学群制度の導入など思い切った改革の推進を可能としてきた。そしてこの源には、ミッションを実現するための斬新な改革を提起し続ける理事長・学長の強いリーダーシップとそれを支える教職員幹部の、日本の最先端の改革に挑戦しようという高い志がある。

● リーダーシップによる運営：女子栄養大学

個性的教育の堅持

女子栄養大学は、栄養学による予防医学の日本における草分けとして、1933年創設の「家庭食養研究会」を前身に、1948年「財団法人香川栄養学園」として設立された。単なる栄養学の研究にとどまらず、実践的に食を通じた日本人の健康増進に寄与してきた。計量カップ・計量スプーンの考案により、誰でも栄養バランスの良い美味しい食事を、均一に作れるようになった。これを雑誌「栄養と料理」(1935年創刊)を通して調理法(レシピ)を全国に普及、日本の食卓を変え、健康と食生活の向上に大きな影響を与えてきた。1950年に短期大学制度ができると同時に女子栄養短期大学を、1961年に女子栄養大学を、さらには1956年開設の調理師学校を、1976年に専門学校制度が確立されると同時に香川栄養専門学校に改組し、現在、大学院・大学・短期大学部・専門学校を持つ、2700名規模の学園に成長している。食と栄養にこだわった学科構成を維持し、いたずらに領域を広げず、この分野屈指の総合学園として、堅実な経営を続けている。学校法人香川栄養学園は、共に東

京帝国大学医学部の内科医師であった香川昇三・綾により設立された。「食を通して人々の健康の増進と、病気を予防する実践的人材を育て、社会に貢献する」との明解な建学の精神は、今、学園トップを構成する香川達雄理事長をはじめ香川芳子学長、香川靖雄副学長に受け継がれ、強い個性を持った特色ある教育、人材育成が行われている。

トップが現場を直接掌握

香川理事長は、小さいけれども世界に類を見ない食と健康の総合学園に発展してきたのは、特にこの10年の地道で総合的な改革の成果だと強調する。学部・学科の改編や教育機構の改革、経営の刷新、教職員の意識改革、校地・校舎・設備の充実、情報教育、国際交流、生涯学習の強化、学生サービスや広報活動の促進など、これまであまり積極的に取り組まれてこなかった事業に力を入れてきた。しかもこうした様々な改革、改善を原価主義、競争原理、目標管理など企業の手法を取り入れて実行してきた成果で、学園発展の強固な基盤が整備されたと述べている。

学園の経営は、理事会 - 常任理事会 - 役員会 - 部長会 - 業務連絡会のラインにより行われるが、これら全ての会議には理事長が出席し、その直接的な指導の下に運営される。方針の実行部隊である業務連絡会は、全ての部長・課長により構成され、毎週木曜日開催される。全部署から、重点課題に基づく業務方針、今週の取り組み、さらに課題の進行状況や問題点、関連の情報交換などが行われる。基本的に全員が発言し、それに対し理事長や常任理事からアドバイスや具体的指示があり、トップの考え方や方向が示される。トップが直接現場を掌握し、現場と日常的なコミュニケーションを行いながら業務を推進することは、実態を踏まえた経営の展開に重要な意義を持つ。部長会は月例開催で、もう少しロングスパンの全体方針や構想についてテーマ別に意見交換し、基本方針の策定を行う。昨年からは、理事長自ら、私大でも例が少ないと思われる、職員全員との個別面談を始めた。これも職員一人ひとりの実情や意見を直接把握することで、現場の実態を掌握しながら経営を行おうとする姿勢の現れである。また、これを通して経営者の目指すものや熱意が浸透していく機会となる。

政策の直接の語りかけ

　常任理事会は、学園の日常経営を担う中核機関である。寄付行為第7条2項で「常任理事会は、理事会の委任に基づき経営の基本方針、全般的業務執行方針ならびに重要な業務の計画および実施に関する事項、また理事長が必要と認めた事項について協議し決定する。」と定めている通り、経営の決定機関として月例開催で機能している。現在、理事会は16名で構成されているが、うち学外理事が9名を占めることもあり、理事会は予算・決算をはじめとした経営の基本方針を決することを重点に、年3回〜4回の開催となっている。この理事会の基本政策に基づき、日常的な経営計画を策定、推進する責任機関として、常任理事会が位置づけられ機能している。また常任理事会メンバーから監事2名を除いた理事が、毎週定例役員会を開催し、常任理事会と現場との業務遂行上のパイプ役として機能し、いずれも理事長が統括している。

　ここで策定された基本政策は、トップから全教職員に直接伝達される。例えば新年の仕事始めの日に、学園の年間方針について、理事長から所信表明が行われる。この内容は文書化され、学園の教職員に改めて配布、周知される。予算編成方針説明会の場でも、理事長が直接、年度経営の重点事業計画や予算編成の基本方針が説明される。いろんな機会を捉えてのトップからの直接の語りかけは、構成員が一致して目標に向かう上で大切な意味を持つ。

経営・教学の組織的連携

　大学運営は単一学部のため、学部教授会（月例開催）が軸になり、その下にある各委員会も含め丁寧な議論が行われている。学長が副理事長を兼務しているため、大学の運営に当たっては経営上の責任も負って、一義的な判断と権限をもって当たることができ、また教学からの提言が直接経営に生かされ得る構造にもなっている。

　教学と経営の間には、常設の政策審議、調整、決定機関として、学園構想協議会と学務運営会議が機能している。学園構想協議会は、テーマに応じ不定期であるが、理事長が召集し、教学組織や制度の変更、大きな建築計画な

ど学園の基本事項を審議し決定する。学務運営会議も経営と教学に共通する重要案件について意見交換をし、共通認識を得ることを目的に、隔月で開催されている。このように経営と教学が組織的にも連携を密にして円滑に事業推進を行うシステムとなっている。

　事務機構は、1997年より課制を廃止し、大きく8つの部の括りで仕事を進める仕組みとなっており、部内の異動は、部長権限で行うことができる。課の壁を撤廃し、業務の繁忙や課題の集中、年間の業務サイクルの違いに応じて、柔軟な業務編成、必要な支援体制が取れることを目指している。また職員の目標管理、達成度評価を行っており、昇格に伴う評価も実施している。

学園発展の原動力

　もうひとつ特徴的なものに事業部の運営がある。雑誌「栄養と料理」の出版事業を中心に、12億を超える事業規模があり、理事長直轄で運営されている。2部6課、約40人の職員で構成され、大学とは別給与体系の独立した運営を行っている。部課長会議を軸に事業計画が策定され、営業活動を含む企業型の運営が行われている。この事業活動が学園全体の運営に刺激を与えると共に、大学の研究成果の社会的な普及や学園広報の点でも役割を果たしている。

　創立以来、食と栄養にこだわった人材育成に一貫して取り組み、この分野で有数の個性的学園に発展させてきた力の源に、建学の精神を体した創業家の力がうまく作用している。確固とした路線を引くトップのリーダーシップと、一方で現場の声に熱心に耳を傾ける努力、基本原則を曖昧にしない大学運営、良くまとまった教職員の熱意と大学への誇り、これらがうまく噛み合って、この学園に活気を作り出している。

● 明確な目標の浸透による経営：中村学園大学

食を軸にした総合学園

　中村学園は、創立者中村ハルによって、1954年開校した福岡高等栄養学

校を母体とする。その後1957年短期大学、1965年に中村学園大学、さらに高校、幼稚園、中学校、大学院と次々に拡充を行ってきた。現在、大学には栄養科学部、人間発達学部、流通科学部の3学部を有し、短大、2つの高校、2つの中学校、2つの幼稚園を擁する総合学園に発展した。大学・短大で約4000人の学生が在学し、学園全体では約6500名が学んでいる。建学の精神、中村学園らしさに「堅実・個性・進展」を掲げる。さらに中村学園を特徴付けるのに、1959年開設、半世紀の伝統を持つ中村学園事業部の活動が挙げられる。学校、病院、福祉施設、企業等の食堂の委託給食事業を中心に220箇所を超える事業所を展開、1500人の従業員（パートを含む）を擁する一大事業体の経営を行っている。

明確な数値目標を掲げる

　中村学園の積極経営を支える柱は、2003年度から始まった「中期総合計画」で、現在、第3次、2006年から2010年までが進行している。計画の目標では「社会のニーズを的確に捉え、変化に対応した教育と経営を行うこと、教職員が熾烈な競争環境を前向きにとらえ、計画を具体的指針として目標実現に挑戦していくこと」を求めている。製本されたこの冊子は80pもあり、各学校ごとに教育方針から研究計画、学生支援計画、社会貢献計画、さらに施設計画から財務計画、事務局の課別の業務計画まで、総合的、具体的に定めたものとなっている。しかも単なる目標ではなく、それを何時までにやるのか実施年次を必ず明記し、また就職等においては何％、資格取得においては何人、順位を競うものは何位以内に入る等、具体的な数値目標を書き込んでいる点に特徴がある。例えば計画の冒頭、「財政基盤の安定」の項では、大学、各学校、幼稚園ごとに、帰属収支比率や人件費比率の最終年度における数値目標を具体的に提示、これを達成するための取り組みを求めている。個別計画の中でも、TOEICの人数やスコアの具体的目標やインターンシップの参加学生人数目標、シンポジウムやセミナー、講座などの動員人数目標、受講生獲得目標までも掲げている。こうした数値の明確化は、目標の実践の上でも、到達評価でも、大学業務は評価に馴染まないという風潮を打破する上で極めて重要な役割を持つ。志願者、入学者の5ヵ年の年次別獲得目標、教員・

職員の人員計画等は一覧表で作成されている。さらに計画全体を「年度別計画表」に落として、学部別、事務局課室別に、何年度何をやるか、簡潔に一覧で見られるようにしている。5ヵ年にわたる改革課題全体を俯瞰できると共に、課題を年次的、総合的に掴むことで進捗管理や評価にも活用できる点で優れている。

理事長による政策の浸透

　こうした総合計画の推進を担うのが、中村量一理事長をトップとする理事会で、12名で構成されている。常任理事会は、学園主要機関の代表者が全体に責任を持って統括できる構成で、月2回開催され迅速な経営政策の具体化と執行がなされている。大学には学長の諮問機関として「審議会」が置かれ、毎月開催、教育・研究の基本方針や学部共通の全学的課題について審議している。事務局も毎月、部課長連絡会を持って各種決定事項の伝達、業務方針の立案、問題点の検討などを行っている。理事長召集により月2回、大学・短大の全教職員を対象に、8時30分から8時50分の間に行われる「朝礼」は、特色ある取り組みだ。理事長、学長から毎回交替で話があり、時々の課題、テーマに基づき、大学を巡る動きやそれに対応する経営・教学の考え方、改革方針が直接教職員に伝えられる。また教員、職員、管理職を対象とする研修会をそれぞれ定例的に実施しているが、ここでも理事長が1時間をこえる講演を行っている。直面する課題の共有と政策の浸透、トップとのコミュニケーションの強化による改革の推進という点で重要な取り組みだ。

全教職員の人事考課制度

　さらに全教職員が、学園のビジョンに基づき、目標を持って教育や業務遂行に当たる上で、重要な役割を果たしているものに、2000年度実施の人事考課制度がある。この制度が優れているのは、大学・短大教員、中高教員、幼稚園教員及び事務職員まで、学園を構成する全ての教職員をひとつの考課制度で統一運用している点だ。「教職員の意欲、能力、成果を評価し、昇給、昇格、賞与等の処遇に適正に反映」することで「能力および資質と士気の向上に資することを目的」としている。評価は「意欲・態度考課、能力考課、

業績考課の3つで構成」されるが、大学・短大教員は、教育、研究、学内・学外活動によって、中高教員は、教科指導、クラス運営、生活指導・進路指導、特別活動指導による評価となる。幹部教職員はこれに、大学・学校運営や人材育成などの評価が加わり、最終評価者は、学長、理事長となる。評価は、自己評価に基づき、1次・2次考課で確定するが、特に提案・改善事項、担当業務の実績、研究補助金の採択、学園評価（PR）への貢献、保育への創意工夫、自己啓発などを記載させ、重視して評価している。この点でも、中期計画での具体的目標の設定が有効に機能していると思われる。職員は目標を面接によって設定し、結果を各人にフィードバックすることで育成につなげている。中期総合計画の掲げる目標を全教職員が自らの課題として掲げ、評価し、問題点を明らかにしながら次年度計画に生かすことで、この制度が改革推進に大きな役割を果たしている。

全国屈指の事業部運営

　65億の売上、1500人の従業員という、大学が行う収益事業としては極めて大きな規模を持つ事業部の取り組みも特筆すべきである。事業理事の指揮により、統括部長の下、経理、総務、販売、営業開発、仕入、製造、安全指導の7人の部門長を置き、さらに19の課（課長）を配置して全体の運営が行われている。収支も健全状況を維持しており学園への寄付金も堅調に推移している。「給食事業を通じて、栄養改善、食生活改善を実際的に具体化する」（事業部創設の精神）とともに、大学の学術研究の実践の場としての役割も果たして来た。撤退する事業所がある半面、新規事業所がさらに増加し、仕入れ価格安定化の工夫と収益確保、営業開発部門の活発化、食中毒等の安全管理部門の強化等の経営活動は、学園運営にも良い意味での刺激を与えている。「おいしいものを安く、気持ちよく提供して広く社会に貢献する」（事業部理念）に基づく事業展開は、学園の評価向上や財政基盤の強化に貢献している。

　こうした発展の源泉には、中村理事長の大学経営者と企業経営者の両面を持つ優れた経営手腕がある。全国的な大学行政でも要職を勤め、地元財界でも大きな役割を担う幅広い交流と識見がこの大学の発展を支えている。明確なビジョンを指し示し、論理的体系的な話しぶりで多数の教職員や従業員を

ひとつの方向にまとめ上げ、目的実現に組織している。こうしたリーダーシップと全学の取組みの総和がこの大学の発展を作っている。

● 鮮明な経営コンセプトで改革を推進：山梨学院大学

個性派私学の旗手

　山梨学院大学は、法学部、現代ビジネス学部、経営情報学部を擁する総定員3280人の大学である。「個性派私学の旗手」をキャッチフレーズに、地方にありながらブランド確立のための戦略を策定し着実に実行してきた。経営の4つのコンセプト「良質な教育サービスの提供」「ネットワーク展開による新しい教育システムの展開」「地域連携と生涯学習事業の開発」「カレッジスポーツの更なる振興」を掲げ、重点事業に積極的に取り組んでいる。特にスポーツにおいては20回をこえる連続出場を果たしている箱根駅伝を始め、レスリング、スケート、ラグビー、陸上競技、ホッケー、柔道、水泳、野球などを重点育成し、全国的な知名度をあげる活躍を維持している。このために陸上競技場や野球場などスポーツ関係施設を整備すると共に、力のある選手を集め育成するための授業料免除制度など年数億円の経常経費を投下している。しかしスポーツだけを重視する大学ではない。大学・短期大学で特色GP・現代GPを合計7つ獲得し、地方大学としては全国屈指の特色ある教育で成果を上げていることに端的に現れているように、優れた教育実践を積み上げ、学生を育成してきた大学である。最近ではロースクールや小学校を設置すると共に商学部を現代ビジネス学部にリニューアルするなど積極的な改革を行っている。この推進の原動力に古屋忠彦理事長・学長の強いリーダーシップがある。

実効性のある計画

　「学園づくりの目標」や経営コンセプトを具体化するため、年度ごとに「運営方針」「事業計画」「教学政策方針」を立案、決定している。これを理事長・学長が直接全教職員に向かって、1月の新年スタート時の「新年祝賀式」や4

月恒例の「辞令交付式」など機会を捉えては説明を行い、その徹底を図っている。しかしこれらの方針はトップから一方通行で出てくるものではない。法人本部長と事務局長による全学の諸機関、部課室のヒヤリングをベースに、現場の問題点や課題を踏まえて取りまとめられる。トップの目指す理想と直面する現実の融合の中に実効性のある個性的な大学作りの基本政策の策定が可能となる。予算査定は、最終段階では理事長陪席のもとで行い、目標とする事業が適切に具体化され、財政投下されているか、逆に不要不急の事業の改廃が進んでいるかの確認を行っている。政策の具体化や重点予算にトップが直接関与することで実効性を担保している。

理事会は定数 7 名と機動的で、方針を実行する管理運営組織として運営協議会、行政職代表者協議会、教学事務連絡会議が置かれている。運営協議会は大学、各学校の役職者、事務局幹部によって、行政職代表者協議会は事務局の課長以上の役職によって構成され、毎月 1 回開催される。いずれの組織も年度方針の徹底と重要事項の審議、方針の具体化をはかると共に、政策の遂行に現場からの意見を反映させることを狙いとしている。また職員の自己申告書に基づき、全職員に対し法人本部長、事務局長による面接を行い、業務方針の浸透や業務の到達状況の評価を行っている。こうしたシステム全体を通して大学が目指す目標や政策を、教育や業務に具体化し実践に繋げている。

● 強い経営とボトムアップ：東京造形大学

強い経営と選挙制度

東京造形大学を経営する学校法人桑沢学園は、デザイン教育の草分けとして、特色ある教育、人材育成を行ってきた。造形学部 1 学部、入学定員 380 人の単科大学である。小田一幸理事長に、厳しい中、財政再建を果たし今日の発展を築いた施策は何かを伺った。まず経営責任体制を強化し、実効性のある審議と迅速な意思決定を実現するため、理事は年次的に 10 名にまで減じてきた。名誉職的な理事を減らし、確固とした改革を先導できる理事会を

作り上げてきた。理事会は月例開催され活発な議論が行われている。強いリーダーシップで経営組織改革を進めてきたが、学内選出評議員は、寄付行為の定めにより教職員全員の投票によって選出される。学内各層の意見を反映する措置として創立以来行われてきた。学長選挙への全教職員の参加と合わせ、総意による大学運営実現の制度的保障として重要な意義と特色をなしている。一時は多額の負債を抱え、経営が困難な時代もあったが、長期的な視野で再建の方策を定め、特にトップから無駄を省き、特権をなくすと共に、人件費削減（計画的な人員の削減や組織のスリム化による）を中心において財政の再建を実現させた。教職員を大切にすると共に、危機意識を共有し、力を合わせた取り組みで、混乱なく今日の安定を作り出した努力は特筆に価する。

政策一致に基づく運営

　常務会は、理事長、学長を中心に理事、関連役職者で構成され毎週定例的に開催される。経営の中核をなす東京造形大学、桑沢デザイン研究所の日常経営事項の決定、事業執行の調整が行われる。特に学長との政策一致を重視し、教学の重要事項も事前審議し、また情報交換を密にしている。将来構想については、理事会内に21世紀委員会が設置され、その下に施設検討委員会や新教育検討委員会が置かれ、中長期計画や短期計画が作られる仕組みになっている。政策上の発想や新しい事業への挑戦はトップから……と言う風土があり、それが選挙等を通じたチェック、ボトムアップのシステムと良くマッチした運営を作り出している。トップの発想を組織の審議や事務局の検証によって現実計画へ高め、具体化する方策が採られている。中長期の計画に基づき年度予算編成方針が決定され、それをもとに毎年1月に理事長の所信表明が全教職員の前で行われ、課題と方針が示される。

　事務局組織は、部課室を廃止し、センター、グループ、チームの呼称に変えた。これは課室の壁を低くし、テーマに応じて柔軟に連携できる組織運営を狙ったもので、先進的な取り組みとして評価できる。

2 大学に共通する教訓

　山梨学院大学と東京造形大学に大学に共通するのは、トップの明確な方針

提起と全学への浸透の努力だ。ミッションや改革目標を掲げると共に、それをトップ自らが直接教職員に語りかけ、また質問に答えるなど全学に徹底させる仕組みを持っている。政策を具体化し日常経営を推進する常務会、常務理事会、教学部門長会議、運営協議会等が、いずれも定例で開かれている。学内各層の意見を吸い上げ、方針を豊かにする場として機能している。さらに東京造形大学では評議員や学長が全教職員の投票で選ばれる仕組みをとっており、山梨学院大学では事務局長等が部局や全職員面談を行うなど、トップダウンにボトムアップの仕組みを巧みに組み合わせて、政策の全学的共有と推進をはかっている点に特徴がある。改革方針の策定には21世紀委員会などの専門的な企画・立案組織により、良く練られた中長期計画を策定している。経営と教学の認識の一致に努め、全学が統一した政策のもとで力を合わせて改革に取り組める環境を作り出している。

　大きな方針提起はトップの決断によるところが大きいが、これを現実的な政策として、構成員の知恵も生かしながら全学浸透を図り実践に結び付けているところに、改革推進の原動力がある。

● 達成指標を鮮明にした堅実な運営：国士舘大学

新たな総合計画

　国士舘大学は、6学部、学生およそ1万2千人強を擁する大学だ。政経学部、体育学部、法学部、文学部と並んで、2002年には21世紀アジア学部という特色ある学部を立ち上げ、また2007年からは工学部を改組・発展させた理工学部をスタートさせた。医療と工学を結ぶ「健康医工学系」といった新分野を開拓している古くて新しい大学である。1917年（大正6年）創立、今年で90年を超える歴史があり、『誠意・勤労・見識・気魄』の四徳目を涵養することを教育指針に掲げている。そうした人材養成に向け、PBL（プロジェクト・ベースト・ラーニング）という、設定したゴールに向けプロジェクトを進める手法で知識や技術を積み上げて行く新しい教育方法の開発・実践にも挑戦している。創立100周年、2017年に向け、国士舘大学の新たな中長期の総合計

画を策定、推進すべく、現在全学的な検討組織を立ち上げる準備を進めている。また、世田谷キャンパスに新たな土地を購入し、新教育棟建設を進めるなど、キャンパス整備にも取り組んでいる。

学内理事懇を軸に

　大学運営は、学長スタッフ組織が日常的に機能し、学長のリーダーシップの下、大学の政策立案とその遂行に役割を果たすとともに、理事会と連携の取れた運営を行っている。学長の下には、「学長調整会」と「学長室打合せ会」の二つの組織が置かれ、調整会は、学長、副学長（2人）、学長室長、教務、学生両部長に教学担当の常任理事も加わり月3回、打合せ会には、さらにセンター長や事務部長等も加わって月2回と頻繁に開催されている。教学政策、教学運営のあらゆる事項を審議し、また決定事項の推進や調整を行っている。

　ここで原案が作られた諸計画のうち、理事会との調整が必要なものは「定例学内理事懇談会」で事前に審議・調整される。ここには理事長、4名の常任理事、教学側からは学長、学長室長、教務、学生両部長、中学校、高等学校校長等が出席する。ここで確認、了承されたものが、学部長会を経て各学部教授会に諮られ実行に移されるとともに、理事会議決が必要なものは理事会にかけられる。ここが学内の全ての基本案件が実質審議され、また日常経営・教学の基本政策をまとめ確認する場として大きな役割を果たしている。月2回と頻繁に行われ、経営、教学が一致した政策と足並みをそろえた行動を行う上での原動力となっている。この審議を経て確定した大学政策は、学長が招集する学部長会議、大学院研究科委員会、付置研究所長会議等を経て教学現場に伝えられ実行される。

職務分担による責任体制

　理事会は現在10名で構成され、理事長、学長を除く学内理事4名が常任理事として、学内経営に当たっている。常任理事の業務分担は、将来構想から大学教務、学生生活支援、スポーツ振興、学生・生徒募集、施設、財務、情報、広報、渉外、募金、職員人事などをはじめ全24項目に上り、一人当たり5～6項目を担当している。各事業をもれなく担当者を明確にすることで、

目標達成に向け役割と責任を分担した経営を目指している。理事長が召集する機関として学部学科等改組整備検討委員会、創立100周年記念事業委員会、自己点検・評価委員会などがある。とりわけ重要なのが学部等改組検討委員会で、理事長をトップに学長、副学長、常任理事、学部長、校長、教務・学生・就職の各部長、総務・教務・企画部門の事務幹部で構成される。経営・教学・事務のトップが集まるこの会議体で学園全体の将来構想や発展計画が審議・策定されることとなる。法人・大学の基本政策の準備・調整は、学長室や理事長室が業務上担い、その下にある企画課が専門的な調査や企画の立案、取りまとめに当たっている。

年間8箇所の定例監査

　監査システムの整備も進んでいる。監事監査規程、内部監査規程等が整備され、専任職員配置の監査室が置かれている。監事の監査業務の支援と合わせて、内部の業務監査を定期的に行っている。5年サイクルで全組織の監査が行われるよう、毎年8箇所ずつの定例監査が行われ、理事長宛の監査報告書の提出を行って持続的な業務の改善、向上を推進している。内部監査規程には目的として「業務の適正な執行、経営効率の向上、業務の改善の促進」がうたわれ、監査内容として「業務の運営・諸活動の有効性、制度・組織・規程の妥当性、事務の効率性・適法性、予算執行処理・会計処理・財産管理等について定期監査、臨時監査を行う」と定めている。監査室は被監査部門に必要な資料・帳票の提出、議事録の閲覧、会議出席、説明等を求めることができる。2週間前までに監査予定を告知、終了後1ヶ月以内に監査報告書を理事長に提出、理事長は速やかに当該部門に結果通知と業務是正の指示を行い、是正後ただちに改善実施報告を受けるというサイクルで、学内全部局の恒常的な業務改善を推進している。

優れた事業計画立案

　年間の法人・大学運営の基本指針として事業計画がその中核の役割を果たしており、またその事業の到達を総括する形で、事業報告書が取りまとめられている。事業計画は、法人・大学を構成するすべての基礎組織（経営・教

学・事務)から、それぞれで検討された分野別事業計画が集約され、それを基礎に当年度の重点を念頭に取捨選択し、予算編成方針等とも整合させながら取りまとめられる。この作業は、財務部、企画課、学長室が共同で担っており、法人事務局長が全体を整理・調整のうえ、理事会はじめ学内機関で審議決定される。その中でも特に事業計画の現場からの提案書(計画書)が優れている。単なる事業(予算)要求書ではなく、どうしてその課題・事業が必要か、問題点はどこにあるのか、「現状の課題」欄に記述し、その上で事業の「実施計画」を具体的に記載している。さらに事業の「達成目標」とその達成度合いを示す指標を、定性的に、あるいは可能な数値指標も入れ込みながら設定する。あわせて現在の評価と目標達成時の評価を5段階の数字で表す試みも行っている。これは事業を単に計画するだけでなく、その遂行を通して目標をどの程度達成できたのか、この達成指標をいろんな角度から設定することを通して評価にも使おうとするものである。単に事業がやれたかやれなかったかではなく、どこが前進しまたどこが不十分だったのか、年度終了時に事業を振り返り評価に活用できる点で工夫された事業計画書となっている。「経費」欄の予算計画も、前年の予算措置から今年度の要求、次年度以降の計画まで数年計画として記載させるようになっており、この点も計画的な予算編成を行ううえで大切である。まだ開始されたばかりだが、この継続により経営や大学運営のPDCAサイクルの構築に役割を果たすものと思われる。

　大きな大学の統合的な計画の推進には独特の困難さが伴う。現場からの実態や提案を組織的に汲み上げる制度を構築すると共に、それを理事長、学長機構が丁寧に把握・調整し、また将来構想に基づく適切な方向付けを行い、その実施結果については監査室での恒常的な内部監査システムによって改善を積み上げるなど、事業計画を軸に目標の推進と改善のサイクルが機能する、堅実な運営体制を作り出している。

● 経営危機、全学一致で乗り越える：兵庫大学

震災による生徒数激減

睦学園は、1923年（大正12年）に設立された、聖徳太子生誕1300年記念の太子日曜学校に起源を持つ。戦後、須磨ノ浦女子高校、睦学園女子短大、そして1995年に兵庫大学を設置した。経済情報学部からスタート、その後健康科学部、生涯福祉学部を増設した。設置校は幼稚園2つ、中学、高校2校、大学・短大で学生・生徒・園児数約3500名。大学、短大では1750人が在籍、教職員数180名が勤務する。17条憲法が掲げる和の精神を建学の理念とし、法人名・睦学園もそこに由来する。

1995年1月の阪神・淡路大震災で須磨ノ浦女子高校が全壊した。前年には神戸国際高校を開設し、また同年4月には兵庫大学の開学を控えており、支出がかさむ時期とちょうど重なった。しかし生徒さえ戻ってくれれば大丈夫と楽観し、約50億円をかけて元の土地に新校舎を建てた。工事中の2年間、生徒たちは約30キロ離れた兵庫大学のキャンパス内の仮校舎で授業を受けた。その間に以前の通学地域からの生徒は激減、新校舎が完成し、元の地に戻っても回復せず、生徒数は1400人から600人弱に落ち込んだ。これがボディーブローのように効いて経営全体が悪化、女子校再建時に借りた25億円の返済猶予期限が切れた。2001年には経営はどん底に陥り、土地の切り売りを考える事態になった。

経営危機からの脱却

しかし、この危機が学園内に「法人を潰してはいけない」という一体感を生み、これまで独立採算的だった7校の教学・経営上の連携が急速に強まっていった。女子高には保育士養成に定評がある兵庫大学・短大に自動的に進学できる新コースを設置、これが人気を呼び、引っ張られる形で全体の志願者も増加し、生徒数は1000人程度まで回復した。

借金はできるだけ繰り上げ返済し利息を減らす、大学教職員の定年年齢を70歳から3~5歳引き下げる、早期希望退職を募る、通勤定期券を1ヶ月ものから半年に変えるなど、大きなものから細かいところまで、全学的な理解を得ながら経営改革を断行していった。また80年を超える堅実な学園経営で蓄積した豊富な資産があったことも幸いした（『朝日新聞』08年1月21日付参照）。大きな試練を教職員の理解と一致した行動を支えに、厳しい改革を断

行することで乗り越えていった。

数値目標による財政再建

睦学園の基本方針は、理事長より創立記念日等に全職員を前に提起される。学園の進むべき方向として「付加価値の高い専門店型教育の展開」という優れた基本方向を打ち出した。志願者の漸減、補助金の競争配分による減少等収入面での課題、校舎整備費の増加、人件費、IT関連設備費の増加の状況を踏まえ、財政基盤再生のための学生、生徒、園児の安定確保、時代の要請に応える学部・学科再編、特色ある教育の展開、経費削減の実行を訴えた。特に財政再建については、具体的な数値、消費収支差額比率の目標指標を設定し、収支構造の早期改善を目指している。

こうした全体方針の下に事業計画では、教学基盤事業の整備、競争的研究資金の確保、大学評価、FD/SDの推進など6つの重点課題を設定している。特に定員割れ学部の改善を重視し、改組再編構想策定やカリキュラム、取得可能資格の充実、良い授業の創出、成果に応じた研究費の傾斜配分、ダイナミックな学募・広報の展開等を提起している。

これに基づく予算編成方針も数値目標が明快に提起されており、帰属収入に対する人件費、教育研究経費、管理経費等の比率目標が示され、予算費目ごとの目標数値が具体的に提示される。この前提には理事会決定による財政計画の最終目標数値があり、これとの対比で年次目標が設定されており、現在第6次財政中期計画が進行中である。

ボトムアップを重視した運営

理事会は8名が学内理事、4名が学外で、公認会計士や弁護士、地元県会議員やメインバンクから就任している。拡大常任理事会は、設置する7つの学校の代表者など8名の常任理事によって構成され、学内の実質経営を担っている。

7つの学校を束ねる上で重要な役割を果たしているものに月例懇話会がある。学校を4つの単位、大学・短大、中学・高校、幼稚園等に分け、理事長が主宰、それぞれのキャンパスに出向き、毎月開催される。理事会方針の浸

透と学校単位の実情に即した実行方策を推進することで、学園の一体的運営を担保している。

　学園協議会も特徴的な取組みだ。構成員を理事長が指名、役職者では無い中堅・若手を中心に平均年齢40歳位、7つの学校全てを網羅している。次代の学園を担う年齢層から広く意見を聞くと共に、全学的な視点からものを見ることで次期幹部層の育成も狙っている。ここでは理事長諮問のテーマを議論し、答申としてまとめ、発表される。

　その答申のひとつに「学園の事業計画、財務状況の周知、各部門の動きを知り相互のコミュニケーションを図るため、創立記念日に各校持ち回りで、理事長や各部門からのプレゼン、ワークショップ、懇親会を学園の全役員、教職員が参加して開く」企画提案がある。これを学園名と創立日をとって「進睦610会」（しんぼくロクテンミーティング）と命名し実施、7つの学校が一体となって前進する上で大きな役割を果たしている。

　地震による校舎全壊、生徒激減などの危機、困難を乗り越えられたのは、この学園の全構成員が一致して前向きに取り組む気風であり、それを理事長や学園幹部が常に堅実な方向を提示し、教職員の信頼を得ながら運営していることによる。

個人評価から目標達成評価へ

　兵庫大学のもうひとつの優れた取組みに人事考課制度がある。大学設置と同時にスタートし、丁寧な評価、絶対評価を基本に管理職評価制度も導入、部下からの評価、同職位者評価を含んだ先進的なものだ。しかし実施10年頃から制度の問題点や改善要望が噴出した。マンネリ化でモチベーションが高まらない、評価で重要な妥当性、信頼性、客観性、納得性、公平性が担保されていないなどである。しかし根本には職員個人の活性化や育成だけで良いのか、それが組織の活性化、目指す目標の前進に繋がらなければ、単なる人物評価に終わってしまうという問題があった。また書類や手続きの複雑さが負担感を増幅させ、目的の希薄化が指摘された。結論的には目標管理制度を加味し、組織目標と個人目標の統合、個人の努力を組織全体の目標達成に結実させる、出来るだけ簡素な制度にした。また制度の詳細（考課要素や考課

の着眼点、ウエイト配分、処遇システムなど）を徹底的にオープンにした。目標設定時や考課結果・理由を説明する上司との面談を重視した。目標達成度を評価する業績考課と育成能力を評価する能力考課の2本立てにし、そのウエイトは一般職で半々、上位に行くほど業績考課のウエイトを高めた。制度改正の説明・討議は全員を対象に繰り返し行い、出された意見を取り入れることで実効性、信頼性のある制度を作り上げ、マンネリを打破してきた。人事制度改善の例を見ても、この学園が目的に向かって現場の意見を踏まえながら手作りで着実な改善を行っていく前向きな姿勢が見て取れる。

　予想だにしなかった困難に直面しながらも、トップの先見的な方向付けと教職員の努力で前進してきた事例である。

初出：『大学戦略経営論—中長期計画の実質化によるマネジメント改革』東信堂（2010年）

各大学の調査、報告掲載日（『教育学術新聞』等）
・桜美林大学 2006年4月21日
・女子栄養大学 2007年6月5日
・中村学園大学 2007年7月13日
・山梨学院大学 2006年7月21日
・東京造形大学 2006年7月14日
・国士舘大学 2007年6月8日
・兵庫大学 2009年2月25日

＊各大学の記載内容は、全て、調査、掲載時点のものである。

第15章

新潟・金沢地方大学が作り出す、それぞれの大学に合った優れたマネジメントと改革推進体制

107. 定員割れ克服へ果敢な挑戦：長岡大学
108. 「ビジョン21」を柱に改革を推進：新潟工科大学
109. 評価を生かした教育品質の向上：新潟青陵大学
110. 外部評価生かした堅実な改革推進：新潟薬科大学
111. 「教育付加価値日本一」大学の源泉：金沢工業大学

● 定員割れ克服へ果敢な挑戦：長岡大学

開学当初からの危機

　中越学園（長岡大学）の歴史は、1905年（明治38年）の私塾、齋藤女学館に始まる。1944年に長岡女子商業学校（後の中越高校）、1971年に長岡女子短大を設置し、大学開学は2001年となる。経済経営学部単科の収容定員640人、教員数26人、職員数14人の地方、小規模大学である。開設時より定員割れが続き、現在の在学生数は382人で、直面する最大の課題だが、教育改革の進展とともに、入学者は2005年度をボトムに着実に増加してきている。

　大学改革の取組みは開学直後から始まる。初年度からの定員割れに危機感を持った理事会は、その打開のため、2002年に学生募集に関する検討小委員会を設置する。年度末には報告書を取りまとめ「中越地区での減少が著しい、教育力と地域密着度の早急な再構築が不可欠である」と提起した。これが今日まで続く長岡大学の改革のメインテーマとなっており、その先見性は際立っている。法人にオーナーはすでに存在せず、理事会は地元の産業界や教育界の有力者で構成されている。大学は地元の財産であり、これを潰してはならないという強い責任感があった。

迅速な改革への着手

　理事会は直ちに行動を起こし、全教職員を対象に危機打開のための理事長懇談会を設置、直接対話を始めた。理事長、学長を軸に緊急対策委員会を設置、また常任理事会体制を敷き、教授会の主要委員長を刷新するなど改革推進体制を急速に整えた。理事長名で「長岡大学緊急アクションプラン」を提示、学長の下に基本構想委員会、教育プログラム刷新のためのカリキュラム検討委員会を作り、教員に目標管理制度を導入するなど矢継ぎ早に改革を推進した。2004年3月、経営経験のある原陽一郎氏を学長に任命した。就任後直ちにこれまでの改革の取組みや方向を踏まえた学長基本方針を提起し、具体的な改革に着手する。改革のスタートに当たって、まず改革推進を計るための体制刷新を果断に実行した点は特筆すべきである。

大学理念の再設定─充実感、達成感、満足感

　最も重視したのが長岡大学の目標・ビジョンの再構築だった。そのための大学改革宣言の策定に着手したが、企業出身の原学長は、まず高等教育関係の60冊を超える文献を短時間で読破した。注目したのは1998年の大学審答申「競争的な環境の中で個性輝く大学」の4つの基本理念や2005年の中教審の答申である。大学の目指すべき7つの機能の中で長岡大学は何を目指すのか、経済産業省や内閣府が示す「社会人基礎力」や「人間力」、産業界や現場が求める人材養成に応える教育とは何かという点であった。大学の立地の強み、産業集積がある中堅都市にあり、産業界との繋がりが深く、地域の教育力を活用できる利点も徹底して生かした。

　2004年10月、こうした検討を経て建学の精神を再吟味した基本理念「長岡大学は、ビジネスを発展させる能力と人間力を鍛える大学です」、基本目標「毎日の学生生活で充実感を、能力アップを確かめて達成感を、4年間を振り返って満足感を実感させます。」を定めた。人材育成目標を「地域、企業と連携して、ニーズに直結したビジネス能力開発プログラムを展開し、知識より職業人としての実践能力と人間力を鍛え、就職率100%を目指す」とした。そしてこれを内外に明らかにする大学改革の基本方針、大学改革宣言を発した。

徹底的に面倒を見る大学

　翌2005年度から方針を具体化するため、集中的なFD研究会を開くなど教職員をこの理念、目標の実現に徹底して組織した。経済経営学部に置かれた二つの学科、環境経済、人間経営に計9のコース、情報ビジネス、経営戦略、事務会計、マーケティング、まちづくり、医療福祉などを置き、その中から2つを選択できるダブルコース制を採用した。教育の特徴を「徹底的に面倒を見る大学」とし、「行動して得る充実感、挑戦して得る達成感、実現して得る満足感」をキャッチフレーズに、1年次からの少人数ゼミナール（8人以内）でマンツーマン指導を徹底して行った。経営の現場を知るインターンシップや地元の企業経営者を招いた企業家塾等の科目の充実、資格試験対応型の授

業編成など大幅な改革を進めた。

　特に教育の特色化と地域連携、この2大テーマの飛躍的な発展を目指し、三つの目標、(1)内部改革を強力に推進し、(2)資金を確保し、(3)社会的評価を獲得する、を同時達成すべく、現代GP(文科省選定・現代的教育ニーズ取組み支援プログラム)を獲得する戦略を立てた。

GPの連続採択を柱に

　2006年、07年連続採択されたふたつの現代GPは、長岡大学の教育目標の柱を見事に具現化し、社会的評価を得るものとなった。ひとつは「産学融合型専門人材開発プログラム・長岡方式」で、地元サポート企業の支援のもと産学連携の実践型キャリア開発プログラムと資格対応型の専門教育を連結させた。そこに全学生の4年間一貫した目標マネジメント、個々の学生の目標設定と評価、「自己発展チェックシート」「マンツーマン指導カルテ」に基づく徹底した個人面談、相談による能力開発プログラムを結合した画期的なものであった。もうひとつは「学生による地域活性化提案プログラム - 政策対応型専門人材の育成」で、長岡市総合計画の分野別政策課題をそのままゼミのテーマとして取り上げた。地域で実際にこれに携わっている職員などをアドバイザーに、資料収集・フィールド調査・アンケート調査を行う。最終的に調査研究報告書として地域活性化策を取りまとめる体験型学習の中で、学生の社会人基礎力、企画・提案力の育成を図ると同時に、地域貢献も実現しようとする優れたシステムである。また2007年にはこれらの成果を基にして、「定員割れの改善に取り組んでいる大学等に対する支援補助金」に応募、他のモデルとなる優れた取組みだと評価され、採択された。

変革を可能とした力

　こうした取組みを可能とした原動力は何か。まず第1には理事会、理事長の開設当初からの危機認識と先見的な改革方針の提起、その推進のための組織改革や体制作りを断行するなどのリーダーシップの発揮が上げられる。

　第2には学長の現実に適合した改革のビジョン作りとその実行指導力である。原氏が新任で長岡大学勤務も短かったことが、かえって厳しい客観的な

自己評価を可能にし、また斬新なビジョン、前例に拘らない実行システムを作り出し、職場風土を一変させていった。また同氏が長年東レの技術開発の先端分野で、プロジェクトリーダーや戦略コーディネーターを勤めた専門家であり、チームを困難な目的に向かって結集させ、成果を上げるプロであったことも幸運であった。

第3には進行する現実を背景に危機意識を共有する教職員の情熱ある献身的な協力、特に改革の先頭に立つ何人かの優れたリーダーがいたこと、また改革の抵抗勢力が少なかったことも上げられる。

第4は教授会などの行政組織より、実質教育改革を推進するFD研究会や現代GP推進本部を中心とした改革推進型の組織運営で全教職員の力を結集した。

都市部とは比較にならない厳しい環境の中にある地方大学の定員割れの克服には、なお大きな壁を乗り越えねばならないが、先進大学に並ぶ優れたマネジメントと教職員一丸となった取組みによって、必ず未来を切り開くことができると思われる。

●「ビジョン21」柱に改革を推進：新潟工業大学

厳しい環境の打破へ

新潟県内の企業経営者が自らの手で優秀な技術者を県内に輩出しようと、柏崎市と新潟県内市町村の賛同を得て1992年に財団法人新潟工科大学設立準備財団を設立した。1995年に開学した新潟工科大学は、地元企業、自治体など県民からの強い要望と支援を受け、公私共同で実現した大学である。こうした経緯から「産学協同を通して新潟県内産業界に貢献する」「工学教育を通じて、未知の分野に果敢に挑戦する創造性豊かな人材の育成」を建学の精神とした。開学15年目を迎える大学は現在、1学部4学科、大学院は1研究科を設置、総学生数は約1000人、専任教員48名、事務職員32名である。

新潟工科大学は、地方立地、小規模、単科の私立工学部という厳しい環境の中、2006年度入学生より定員が確保できない状況になっており、入学者

確保こそが大学における最重要課題となっている。具体的な対策として、特色化、魅力づくりと帰属収入の増加策という両面から (1) FD による教員の教育内容や教育方法の改善、(2) 教員評価の検討、(3) 環境科学科への改組、(4) 学習支援センターの開設、(5) 福利厚生棟・講義棟の建設、(6) 資産運用の見直し等の改革を進めてきた。

中期計画目標の鮮明化

　しかしながら厳しい事態は改善せず、抜本的、総合的な改革が不可避と、経営陣は 2007 年 3 月開催の理事会において中期計画の策定を提起、同年 6 月の理事会で将来構想委員会を設置した。中越沖地震によって策定作業は一時中断を余儀なくされたが、同 12 月開催の理事会において、中期計画案「ビジョン 21 学園中期計画」が上程され決定、その後教授会において具体化のためのアクションプラン作りに入り、担当者を決め、2008 年将来構想委員会にアクションプランが報告され前進が始まった。

　策定に当たっては、直面する中心課題を解決するための戦略課題を実態に即して徹底的に洗い出してミッションとし、それを直ちに実行に移すアクションプランを策定した。目標設定と合わせ評価尺度・評価指標を明示した点も優れている。

　まず、ビジョンでは「"ものづくりは、ひとづくり" 私たちは、学園の永続的改革に取り組み、自己の成長を体感できる学生満足度を第一とした『学生を育てる大学オンリーワン』を目指す」と宣言した。コアコンピタンスとして、(1) 産学交流と連携システムの強化、(2) 助言教員制度、少人数教育による教員のきめ細かな指導・相談体制の確立、(3) キャリア教育トータルシステムによる挑戦力、創造力、コミュニケーション力を備えた実践的ものづくり技術者「NIT 人間力」を育成するとした。

　その実現のための 7 つ戦略課題は (1)「学生を育てる大学オンリーワン」を目指す教育研究づくり、(2) 教職員組織の見直し、新たな評価の仕組みの構築、(3) 学生募集戦略、ブランドイメージ向上戦略の立案・実行、(4)「就職に強い大学」の更なる強化、キャリア教育の充実、(5) 産官学交流による大学の魅力づくりと地域社会の発展への貢献、(6) 環境整備、(7) 戦略推進体制の確

立である。とりわけ「助言教員制度」と「少人数教育」を二大特色と位置づけた。

優れたアクションプラン

　この実行のため、41項目に上る施策アクションプランが作られたが、優れているのは、全ての課題ごとに担当部局、役職者など責任者が明記され、また到達度を評価するための実態調査や統計、数値根拠、具体的な成果物の指定などの評価尺度、評価指標が設定されている点だ。また目標設定のみでなく、それを推進する組織改革、教員評価制度、事務機構改革や人事考課制度、教員と職員の連携などの課題もあわせて提起している。さらにこれら全体を詳細にスケジュール化し、行動計画を関係者全てに提示している。プランを実行に結びつけるための細部にわたる工夫を随所に行うことで、確実な実現を図っている。

　この策定プロセスでは、多くの教職員を巻き込み意見を聞き、コンセンサスを深めながら進めている。教職員や学生、卒業生、取引・支援企業など幅広いステークホルダーに率直なアンケートやヒヤリング調査を実施して、改善すべき基礎情報の収集と分析を行い、5ヶ月で計画を立案した。委員は10年後も大学に勤務している若手教員とし、職員出身委員も5人加え、10名程度の教職員で膨大な作業を短期間でこなした。事務機構の中にもプロジェクト推進室を設置し、計画推進を持続的に担っている。

管理運営、事務局の改革

　管理運営も整備が進み、その一つが学長選考規程の改定である。学長の選任は、一般的には教員選挙による方法が多く、新潟工科大学も同様であった。これを2008年度より理事長が選考委員会を設けて、学長候補者を選出し、理事会にて選任する方法とした。これは厳しい環境の下で経営と教学が一致して難局に当たり、またそれを指導できる力を持った学長の選任を目指した。

　合わせて、教学・経営改革の担い手、学園の専門家集団である職員の組織能力、政策スタッフとしての専門能力の向上と効率的な支援業務の確立を図るため新たな人事制度の開発を行った。「目標管理による人事制度」の最大の目的は、職員の力を抜本的に高め、他大学との差別化による魅力ある大学

作りにあった。そのために「お客様からお褒めや高い評価が得られているかどうか」、このお客様満足度の向上を、努力や創意工夫などよりも重視した評価とした。「目標管理シート」では、お客様の満足度レベル、生産性レベルを上げるために「今月集中すべきこと、改善できること、勉強しなければならないこと」の具体的な設定を求めている。年功序列を改め、自ら進んで能力開発し、その実力を評価する能力主義的な考え方を取り入れ、年功給から職能給へ、仕事の実績（目標達成度）を給与と連動する処遇に転換している。

コミュニケーション重視

　学園の価値はステークホルダーである取引先を含めて形成されているとの考えから、取引企業向けの「お取引先説明会」を開催して、学園の現状や抱える課題を説明するとともに協力を要請している。また教職員向けに経営に関する事業報告と計画を説明する経営報告会、教職員と理事・評議員との意見交換会、評議員会終了後の教職員との茶話会などの行事を頻繁に開催し、経営サイドと教職員、学園関係者との間に積極的にコミュニケーションを図り、理解と協力を求めている。この説明に使う事業報告書も優れており、事業計画項目ごとに目的と計画、進捗状況と実績評価を詳しく記載、また財務報告でも、同系他大学比較や経営判断指標・判定表（私学事業団、活性化・再生研究会：考案）に基づく経営診断を掲載するなど、到達と評価を客観的に見られる工夫がされている。

　困難な課題に、全学を上げた中期計画策定による焦点を絞った改革と全教職員参加による実践、ステークホルダーも巻き込んだ取組みで挑んでいる。顧客第一主義を徹底し、少人数教育と丁寧な学生への指導助言制度を始めとした満足度向上への取組みにより、オンリーワン大学としての評価の確立と向上に挑戦している。大学改革推進システムの構築という点で、地方大学の実践に止まらない共通の教訓を提示している。

● 評価を生かした教育品質の向上：新潟青陵大学

定員割れしない大学

　新潟青陵学園は、1900年（明治33年）に帝国婦人協会新潟支部会による女子の裁縫伝習所として始まり、その「実学教育」は100有余年の歴史を刻んできた。新潟青陵大学は、新潟市長の協力のもと、看護協議会始め看護、助産に関わる多くの組織の支援を得て「人間性豊かな看護及び福祉の専門職の育成」を目的として2000年に設立された。

　「こころの豊かな看護と福祉」の実践を通しての地域へ還元を目指し、「看護・福祉の対象は、病める臓器と病める身体ではなく、尊い生命とこころを備えた人間である」という認識で、看護・福祉の全人的教育を行っている。

　看護福祉心理学部看護学科は定員340人に対し350人（1.06倍）、福祉心理学科は、定員430人に対し532人（1.27倍）を確保（2009年）している。県内には看護系大学が多数ある厳しい環境の中、安定した入学者を確保をしており、2010年度には福祉心理学科の入学定員を100人から110人へと増員している。

　FD活動に特に力を入れており、平成18年度より「授業公開・見学」を開始した。これらの運営はFD委員会ではなく、自己点検・評価委員会が行い、顧客満足度の向上という観点から、大学の理念を実現する教育事業と位置付けている。これは理事長、学長の「学校にとって学生はかけがえのない顧客である」という強い信念とリーダーシップに基づいており、この経営理念、教育目標を学内に周知し、単に授業改善という位置づけに留まらず、学生満足度の向上につなげる経営改善のサイクルとして重視している。こうした教職員の取り組みが、高い学生満足度を作り上げている。

学長、学部長の選任方法

　学長の選出方法は、理事長のもとに学長候補推薦委員会を置き、委員は理事会および教授会から各3人で構成される。選出結果は理事長が報告を受け、これを教授会に諮問し、教授会は理事長に対して答申、理事長がこれを受けて理事会で決定する。教授会を中心とした学長選挙という形ではなく、教授会の意見を踏まえ、全学的な合意形成を図りつつ、経営と教学双方の一致に基づき、理事長が最終判断する。経営と教学による望ましいリーダーの選出方法として一つの在り方といえる。

学部長も教育と経営の見識と決断力をあわせ持ったリーダーを必要とすることから、学部長人事は理事長の専権事項としている。法人事務局長は、大学事務長を兼務し、常務理事として理事会に参画している。これらの組み合わせにより教学組織と理事会組織との意思疎通や相互理解が図られ、トップの意思が迅速に伝えられ機動的な業務遂行を可能にしている。

大学では、全学に関わる基本方針は、月一回の評議会で審議・決定する。教授会は一部助手を含む講師以上の全専任教員が等しく参画し、事務局も課長以上は全員陪席することで、審議決定のプロセスを含めて詳細な情報共有を可能としている。

顧客が満足できる教育の質

新潟県経営品質協議会の代表幹事も務める理事長は、いかにして顧客が満足できる質の高いサービス（＝教育）を提供できるかという経営理念に基づいた教育改革を強力に推進している。「本学が目指す学生の姿」「本学が目指す教職員の姿」並びに設置母体である新潟青陵学園の「本学園が目指す学園の姿」の三つのポリシーを具体的に提示している。単に、学園全体や学生の目指す姿を示すだけでなく、教職員のあるべき姿を明示することによって、学生・保護者に対して範を示すとともに、自らの戒めとしている。これによって教職員全体の価値観を統一し、ベクトルを全学的に一致させ、大学全体の一体化を図っている。

「経営品質賞」への挑戦

新潟青陵大学は、平成19年に大学基準協会による認証評価を受審し、適合認定されている。義務的な改善を求める「勧告」は一つもないが、大学の一層の改善努力を促す「助言」を重視して、今後の改革項目として利用することで評価を改善の推進に繋げている。経営品質協議会の「日本経営品質賞」の受賞にも大学として挑戦しており、8つのカテゴリー（①経営管理のリーダーシップ、②経営における社会的責任、③顧客・市場の理解と対応、④戦略の策定と展開、⑤個人と組織の能力向上、⑥顧客価値創造のプロセス、⑦情報マネジメント、⑧活動結果）に対して評価を受ける準備をすすめている。また、学生の満足度調査

や授業評価アンケートなどを利用して課題を洗い出し、改善に役立てている。

このように、客観的な外部評価を意識的に活用して、学内での改革・改善を積極的に進めている。弱点の補修だけでなく、これらの評価から強みを再認識する機会として活用し、教職員の自信の裏づけとしており、評価に基づくPDCAサイクルを構築している。

タスクフォース、経営企画課新設

2007年から学園の長期的な目標、特定のテーマを実現するため、専門的知識を有する者を集めて取組む「プロジェクトチーム」や緊急性の高い問題を迅速・的確に対処するために学長の指揮下に編成する「タスクフォース」と呼称する臨時的組織を設置している。具体的な活動成果としては、平成20年度文部科学省の「戦略的大学連携支援事業」に代表校として申請し、採択された取り組みもその一つである。社会のニーズの変化に迅速に対応するために、時々のテーマに合わせて必要な時期に必要な人を結集している。その検討成果と提案に基づくトップの決断と実行は、迅速な経営・教学改革を実現するうえで、大変有効な手段だと言える。

また、新たに経営企画課を新設して、財務や広報、対外的な諸行事企画など、市場調査・分析から経営戦略、実行計画までを取り扱う専門部門として組織構成した。これらは大学の教育経営ビジョンを中長期的に描く上では重要な措置である。

情報の発信と討論

意志決定システムと表裏一体の関係にその伝達システムがある。この大学では、意思決定に伴う情報の発信および周知を工夫している。例えば、教授会議事録のLAN上の公開や2006年には全教職員の意見集約と討論の場として「Web会議室」を開設するなど、情報環境を積極的に利用して教職員の情報共有、浸透を図っている。構成員が少ない組織の場合、伝聞に頼ってかえって内容が正確に伝わらず、意思疎通が不十分になる場合がある。これを自覚しての伝達の仕組みの意図的な整備は学ぶべき点である。

SD研究会、大学院奨励

　事務職員の力量形成のための人材の開発を重視し、大学経営職として必要な資質を修得させることを目的としたSD研究会を主体的に開催している。また様々な外部研修への積極的な参加、大学院（通信制課程）進学者に対して授業料の30%を補助する制度を理事長裁定で制定した。

　自己管理目標や自由意見（職務に関する希望や職場への提案）を盛り込んだ自己点検・評価シート提出等、事務組織の目標達成促進システム作りも進めている。改革の推進には、職員個々の能力と組織の能力の高度化が必要だとし、そのための資質向上、企画立案、政策提言力の向上を目指していることもこの学園の力の源泉である。

　これらを総合した力が、満足度の高い教育を作り出す原動力となって、定員割れのない大学を作り出している。

● 外部評価生かした堅実な改革推進：新潟薬科大学

特色のある学校設置

　新潟薬科大学の設置母体である学校法人新潟技術学園が創立されたのは1967年、新潟工業短期大学や新潟医療技術専門学校を次々と立ち上げ、1977年に新潟薬科大学を開設した。その後大学院、応用生命科学部を開設し今日に至る。地方立地の厳しい環境の中でも、大学院も含めた総定員1259人に対して1443人の学生を確保している（平成20年度）。短期大学は、自動車工学やシステムデザインを、専門学校は、臨床検査技師、視能訓練士、救急救命士をそれぞれ養成している。大学の2学部も特色ある学部構成だが、法人設置の各学校とも、それぞれ全く違う分野で特色ある学科構成となっており、幅広い領域から学生・生徒を集め、独立採算を基本にしっかりした運営を行っている。

初めての中期目標の制定

　開学以来初めて、中期目標が制定され、2010年度から3カ年計画で実行

に移される。この計画は、2007年の「大学基準協会の認証評価結果」と2008年「外部評価委員による自己点検・評価報告書」を踏まえたもので、外部の目による客観的な課題設定を重視するとともに、評価を無駄にせず、改革につなげていこうとする姿勢の表れである。

この中期計画では、ミッション実現のため、教員個人の業績目標を設定し評価すること、事務組織も達成目標を設定し、その実現に努力すること、また各委員会でも、分野別の課題や政策を具体化の上で年度事業計画に反映させることを求めている。

計画では、6年制薬学教育の完成に向け、入学前教育や初年次教育を重視、SAによる下級生学習支援制度の創設検討やFDの強化を進めている。またICTを活用したサイバーキャンパスシステムの構築（文科省整備事業に採択）により、ホームページから講義の音声ファイルや資料、演習問題にアクセスできるとともに、Pod Castingという配信方法によって、パソコンや携帯電話にも取り込み可能となり、講義の予習・復習支援、他学部授業の聴講支援などに活用できる先進的なシステムを導入した。これによって携帯を使っての学生応答・理解度把握など双方向型授業が可能となり、授業アンケートの結果や対応策の学生フィードバックもできるようになる。

これらの特色を使って積極的なブランドアップ広報を展開し、単位認定授業を含む高大連携講座の積極展開、受験生一人ひとりを大切にした学生募集活動などにより定員の安定的な確保を目指している。

予算編成、外部評価の取組み

これらの中期的な課題を実践に移すための予算編成方針では、財源の安定確保と経費削減などの一般方針を前提に、特に資金投下すべき事項とそれによる繰越消費支出超過額増加の計画的な解消方針などを示している。学生数、入学検定料、寄付金などの見込みを具体的な目標数値、金額を定め、重点課題を絞った消費支出計画を立てる。

事業単位ごとの検討と査定を経て確定される予算編成作業も優れている。必要な主要事業経費について、全ての委員会など予算単位が、その必要性や見積もり根拠となる説明を記した「教学関係経費支出予算見積理由書」と「同

見積書」を提出する。そのうえで、後述する運営検討会議で予算査定ヒヤリングが行われ、部局長会で予算案が協議、裁定され予算配分される。

　外部評価員による点検評価とその結果公表も優れている。この評価は、教員個人と委員会活動の二つの領域に分かれている。教員に対しては、教育活動と研究の両面について、評価員一人一人から具体的なコメントが記述される。評価は委員により多少の違いも見られるものの、努力を励ますとともに問題点、改善すべき点も率直かつ具体的事例で指摘されている。こうした内容を全て公表するのは勇気のいることであり、改善への強い決意、意欲が感じられる。委員会評価は、各評価員が5点満点で点数も付ける。理事も含む将来計画委員会や予算委員会から始まり、薬学部、応用生命科学部とも24の委員会とプロジェクトが評価の対象となっている。各組織の目標に対して、実際の活動実態や実績、成果はどうか、各委員がふさわしい役割を果たしているか厳しいチェックが行われ、評価が公表される。こうした評価は、まだ大学では例が少なく、組織活動改善に大きな役割を果たすものと期待される。

特徴ある理事会、大学運営

　理事会構成は12人、うち2人が外部理事で、設置学校の責任者を中核とした学内者中心の構成となっている。経営は、理事会、学長・校長会の2機関を軸に行われ、他に学園協議会が置かれる。学長・校長会は、法人設置の学校間の連携や調整を行うために設置され、各学校状況を経営的視点から把握し、全学園的な立場から議論、また情報交換を行う機関として機能している。これに対し、学園協議会は、理事や学部長と共に、委員として一般教職員も理事長任命で参加し、法人全体にかかわる課題について意見表明できる機関として機能している。このふたつの会には、事務局代表や課長も正式な構成員になっており、こうしたボトムアップも取り入れることで、全ての学校、全ての教職員で支える円滑な法人運営を実現している。

　この法人の理事長は、大学学長、短大学長、専門学校校長が持ち回りで務めるという特色ある方式をとっている。こうした運営が、各学校が対等な形で、しかも利益代表ではなく、常に法人全体を視野に置いて一致協力して経営を支える風土を醸成してきた。しかし、平穏な時代には有効に機能したこ

の制度も、迅速な意思決定、法人としての責任体制の確立や強力なリーダーシップの発揮が難しいなどの課題を抱え、次のステップへの模索が続いている。

　大学の運営では、2009年より改革推進体制を強化するため、運営検討会議を設置した。教育研究の将来構想や予算・人事計画、教員の評価、その他学長の企画・立案の支援にかかわる事項はここで扱われる。学部長のほか学長任命の教職員で構成されることで、戦略的な施策検討、自由で迅速な企画立案が可能となる。それをもとに大学書機関で議論、決定されることで斬新な改革推進と安定運営の両立を図っている。

職員のチームとしての力量形成

　職員は全ての組織に正式参画してこの大学の運営を下からになっているが、その力量形成のため2006年より「人事評価規程」を制定し育成を強化してきた。しかし、これだけでは、今日求められるチームとしての力量形成は困難だということで、2008年度より「事務組織向上目標管理実施要綱」を定め取組みを始めた。これはあくまでチームを基本に、チーム名、チームカラーを自ら定め、「目標管理シート」でチーム目標、実行アクションプランを計画する。その前提として事務局長が事務組織全体目標を定め、その達成のための部目標が設定され、それに基づきチーム目標が設定される。チーム目標には、①顧客の視点（学生に継続的で満足のいくサービスの提供）、②コスト・財務の視点（財政改善への貢献）、③業務プロセスの視点（業務の効率的改善）、④組織人材の視点（人材の変革能力や学習能力の向上）の4本柱に基づいて設定される。終了後4段階で評価され、優秀チームは表彰される。まだスタートしたばかりだが、個人を中心とした評価システムに目標設定とチームによる推進を補う意欲的なものだと言え、今後の成果が期待される。

●「教育付加価値日本一」大学の源泉：金沢工業大学

金沢工業大学の評価

　金沢工業大学(1965年開学)は、工学、環境・建築、情報、バイオ・化学の4学部を持ち、在籍学生・院生数が7000名を超える大学である。入学定員1480人に対し、地方立地で減少傾向にあるとはいえ、09年度で5000人を超える志願者を確保している。朝日新聞『大学ランキング』、教育分野の評価で、5年連続1位を確保、GP補助金などに11件(全国3位)が選定されるなど、教育実績では極めて高い評価の定着した大学である。その取り組み自体はすでにいろんな形で広く紹介されてきた。今回は、そうした教育熱心な大学がどのように作られ、維持され、日々の革新が進められているか、その秘密に迫った。

教育熱心大学の始まり

　金沢工業大学の教育改革は1990年代初め、5人の小さなプロジェクトから始まった。まず研究の発展のための企業との共同研究、資金獲得や研究開発体制についての先進事例を学ぶため訪米調査を行った。訪米して衝撃を受けたのは、研究よりもむしろ教育システムだった。専門人材の育成を、目標達成のために体系化されたカリキュラムを基に徹底して行い、学生に確実に力をつけて、目指す職業につけさせる教育体制であった。そのためのシラバスやGPA、エンロールメントマネジメントなどのサブシステムにも目を見張った。

　このシステムとしての教育は、当時の日本の大学が、科目ごとに勝手な内容を個々バラバラに教え、学生の成長など二の次だった教育の対極にあると強く感じた。帰国し、ただちに理事長(当時は常務理事)に報告、その指示のもと、その後3年に及ぶ教育改革の取り組みがスタートする。同時併行で、延べ170人に及ぶ教職員の連続的な訪米調査を企画し、このアメリカ型教育を教職員が肌で感じ、直接体感するため、当時としては巨額な予算を理事長から預けられた。百聞は一見に如かず、これが教職員を大きく変えた。

すでに第2代学長により「教育付加価値日本一の大学づくり」のミッションは掲げられており、読売新聞記事「勉強する大学もある―入学の点数より卒業時の実力」（1977年7月6日付）に象徴される、学生本位の力をつける工学教育をやろうという雰囲気や熱心な学生指導の取り組みの素地は存在し、これが訪米調査で加速した形だ。また、地方都市のさらに郊外に立地し、単科大学で、これからの存立や発展は極めて厳しくなるという幹部層の先を見通した強烈な危機意識も背景に存在した。

教育改革検討委員会は副学長を中心に教員10名、職員5名で構成され、延べ100回を超える会議で、90年代はじめに4回の答申を理事長に出す。といっても難しい理念や方針ではなく、簡単な言葉で行動を促すもの、まず学生の質問に懇切丁寧に答えるとかオフィスアワーを徹底的に活用、充実させるとか、授業内容を一つ一つ変えていくなど具体的な改善行動を伴うものであった。こうした全学をあげた教育改善の検討と実践、訪米調査で学んだシステムとしての計画的な学生育成の成果の実感、徐々に進化した学生本位の教育活動によって、顧客は学生、大学は教育サービスを提供する組織であるという考え方と行動が隅々にまで浸透していくこととなる。「意識を変えろ、などと言ったことは一度もない。ただ顧客である学生のために、より良いシステムや行動を皆で考え、繰り返し実践してきただけ。その中で自然と身についていった。」という言葉に端的に表れているように、こうした風土への転換は、行動の積み重ねの結果であり、教員の半数が企業出身者であることも良い条件であった。

知識から知恵へ、支援の多彩な空間

金沢工業大学が開発した学生本位の教育システムは多彩である。3学期制であり、充実したシラバス（学習支援計画書）、導入教育、プロジェクト・デザイン教育、数理工統合教育、人間形成基礎教育、目的指向型カリキュラム、成績のGPA評価制度や修学アドバイザー制度、それら全体の授業評価アンケートと教育FD活動などによって成り立っている。そして、これらの教育の環は、知識から知恵へ、「教える」から「学ぶ」教育への転換であり、職員は業務最終目標を顧客（学生）満足度の向上とする。

この自ら学ぶためのシステム、教育方法、環境づくりを最重視する。そのため、学生の学習支援のための教育支援機構を10（ライブラリーセンター、プロジェクト教育センター：夢工房、ライティングセンター、基礎英語センター、自己開発センター、数理工学教育研究センターなど）も設置、専任の教職員を多数配置する。一例を示すと、ライブラリーセンターに置かれた専門基礎学力の向上を支援する「学習支援デスク」の利用者は、学習相談で579件、文章表現力向上支援で467件（08年度）で、合計1000件を超える。学生が自分の意見を的確に文章表現できる能力を育成するライティングセンターでは、1年生と3年生を対象に、徹底した文章添削による実践的指導を行うが、その添削枚数は4784枚（08年度）にのぼる。プロジェクト教育センター：夢工房も、授業時間以外に、学生が自由な発想でものづくりを進めることを通して、知識を使いこなし主体的な力に変えるアトリエである。年間利用者は、今や1万1千人を超える。パーツショップにはあらゆる部品が並び、在籍スタッフ36名の充実した相談・指導体制が整っている。ここからテレビでもお馴染みの人力飛行機やロボットを始め、ソーラーカーや福祉機器など様々な創造的な作品が誕生する。センターの利用人数の多さは注目すべきである。

褒める教育と1年300日学習

　金沢工業大学の教育は、学長によって提唱された「知識を知恵に変える教育」が中核にある。伝達する知識の量を精査、質を検証したうえで、例題解答型教育から問題発見・解決型教育に抜本転換する。その推進装置として「工学設計（プロジェクトデザイン）教育」を編み出した。それは、グループによる教育で、問題領域の明確化→自主的な学習・行動→情報の収集と分析→解決案の創出と評価→報告書の作成→成果発表（プレゼンテーション）からなる。この繰り返しで学生が自らの力で知識を応用力に変えていく。
　こうした正課と課外の密度の濃い教育システムと整った環境が、「1年300日学習」を実現していく。入学時の力を飛躍させるには、いかに学びに関心を持って長く持続して学習に取り組ませるかが勝負だ。年間170日ある授業に加えて、休日を除く130日の課外学習を徹底して組織することで、教育付加価値日本一の教育を実現している。それを支える教職員は、専任教員が

350名、設置基準の1.8倍もおり、職員も200名を超えるのもこの大学の強みだ。

また、学生の努力、成果を徹底して褒める教育も大きな効果を発揮している。1983年から始まった学長褒奨制度は、教員が、徹底して学生の長所を発見して褒める制度として年々数が増え、現在では春、秋、冬の3回、それぞれ約2000人、計7300人を超える学生に褒賞授与を行っている。一人ひとりの学生の努力に注目し、繰り返し評価し励ますことで学生は大きく変わっていく。しかもその数の多さ、褒める対象が学生全員に向けられているところに、この取り組みのすごさがある。

内外評価の徹底した活用

このように「知識から知恵への教育」「一年300日学習」「褒めの教育」によって「付加価値日本一大学」を実現してきた。しかし方針も制度も年を追うごとにマンネリ化し、改善のテンポが鈍るのは避けがたい。そこで出てきたのが、評価によって自己の取り組みを反省、改革するシステムの導入である。徹底的な外部評価とアンケートやデータに基づく内部評価に基づく改善システムを構築していく。

経営の健全性については「日本経営品質賞」の受賞の取り組みを通して、大学機関の健全性については大学基準協会や高等教育評価機構の認証評価で、教育研究の健全性についてはJABEEを活用して改善する方式を作り上げた。評価を義務ではなく、内部改革に徹底して有効利用することに本気で取り組む。従ってこれは、大学の一部の組織による一時的取り組みではなく、日常教育機能の中に点検評価、データの集積と分析システムを組み込み、点検・改善を日常化（PDCAサイクル）している点が注目される。

現状を把握し、改善に生かす

この推進組織として、学長主催による「KIT（金沢工業大学）評価向上委員会」がある。この委員会は、各部や委員会など諸機関の活動報告に基づき、問題点の整理と明確化及び全学的な対応や改善措置が必要かどうかの判断を定期的、総合的に行う。強みを伸ばし弱みを改善する、この両面から問題に迫り、課題が明らかになれば、問題解決や教育改善の取り組みをスタートさせる。

テーマを定め横断的なプロジェクトによりタスクフォースで取り組む。

KIT評価向上委員会で実施の可否が決定された改善・充実の方針は、全学教職員が参加する「教育フォーラム」においてタスクフォースから提案・報告され、全学の理解と共有のもとに実践に移される仕組みとなっている。

内部評価については、例えば、入試センターによる入試改善については入学者満足度アンケートから、教務部やFD推進課による教育改善の取り組みは、授業結果アンケートや卒業生満足度アンケート、修学ポートフォリオから、進路開発センターのキャリア支援の改善については修学満足度アンケート、企業満足度アンケートなどから、事実に基づき徹底して自らの活動を評価、検証、改善するしくみをシステムとして作り上げた。教育分野では教育点検評価部委員会が活発に活動している。

持続する改革を作り出す力

金沢工業大学は、「教育付加価値日本一の大学」づくりを出発点とする目標の連鎖、目標の共有化は徹底して重視する。①教育の卓越性：教育付加価値日本一、②研究の卓越性：技術革新と産学協働の実現、③サービスの卓越性：自己点検評価システムの成熟を図り顧客満足度の向上を目指す、の3本柱を常に掲げ、徹底させている。それに基づき①学生の実践目標：知識から知恵に、②教員の実践目標：教える教育から学ぶ教育へ、③職員の実践目標：顧客満足度の向上のスローガンを掲げる。その具体化として学部・学科の教育目標、科目ごとの行動目標へと続く。

しかし、それをどのようにやるか、方針とか計画はあまり文章化しないし、あらかじめ定めることに重きを置かない。計画を作りすぎることは変化する現状への対応を型にはまったものとし、創造の可能性を弱めると考える。すでに目標が浸透し、顧客本位が根付いており、その展開は各部署ごとに進んでいる。むしろ学科レベルや各教員、各機構やセンター、各課長に権限をゆだね、自由に提案、企画してもらい、その切磋琢磨と調整の中から自然と方針が出てくる。これを理事会が拾いあげ、形にしていくというやり方だ。

一人ひとりの行動が大学を動かす

会議体にもあまり重きを置かない。教授会も年数回、不定期の開催だ。しかし、学長スタッフである部長会は隔週開催、ここからダイレクトに方針が学科レベルに伝わり、主任会議や学科別のミーティング、教育研究会議、各センターの会議で議論される。教授会にかかってから議論が始まるということはなく、むしろ逆。こうした実質主義、教育や事務の現場から課題が設定、改善提案がされ、根回しにより方針が練り上げられる。この現場からの発信力がこの大学の改革を支えている。そしてもう一つの特徴が幹部の率先垂範だ。やるべきことは理事長、学長トップ、幹部からまずやる。4日間のFD研修もまず学長が受ける。行動で示すことが言葉の何倍も威力を持つ、実践こそが全てだとの考えが徹底している。

　そしてそれらの動きを理事が分担ごとに掌握、理事同士の議論や調整のうえ、理事長決済となる。問題意識を持った人、やりたい人が動いて事業や改革を形にする。理事会はこれをミッションに基づき取捨選択し承認するだけ。司令塔や上からの具体的な方針や指示が最初にある訳ではない。ここに、一人ひとりの理事や幹部の培われた力と、それが層（集団）として形成されているという、なかなか他大学でまねの出来ない蓄積がある。このなかで職員理事も重要な役割を果たしている。理事総数12名（学内理事11名）、理事長、法人本部長を除くと4名が教員理事、5名が職員理事の構成だ。分野は、①総務、②財務、③広報、④大学事務局、⑤企画・調整・対外事業の5分野で、大学の経営、教学の屋台骨を支えている。また、大学のあらゆる組織は、職員が正規の構成員となって教員と分け隔てなく議論し、意見を言い、提案する風土が出来上がっている。課長レベルへの権限移譲もかなり進んでいる。教職ほぼ半々の理事会構成、教員は入学後の学生育成に徹底して責任を持ち、職員はその成果を生かして学生獲得に専心する。学生に付加価値をつけ成長させることを唯一の目的に切磋琢磨し協働する強い連携ができている。

赤いリンゴで優れた行動を作り出す

　そしてこの教職員の主体的活動にも褒めて励ますやり方が貫かれている。赤いリンゴと呼ばれる大理石で出来たリンゴを授与する理事長表彰である。毎月、常任理事会で、所属長の推薦に基づき選定され贈られる。最近では

年間 70 件を超える受賞者があり、制度施行以来延べ 500 名近い教職員が受賞している。飛びぬけて多いのが「熱心な学生指導で優秀な学生を輩出」の 134 件、続いて「教育 GP 等のプログラム採択に貢献」の 61 件、となっている。その他にも 10 人以上の表彰があった項目を拾ってみると、研究論文発表で教育の質向上に貢献、教育改革推進に貢献、JABEE 審査に貢献、大学院修士課程設置に貢献、施設管理・防災対策、保健衛生（インフルエンザ対策）、地域社会に貢献、などが並ぶ。

　人は処遇だけで動くのではなく、自らの行動が承認（評価）されることで勇気を得る。これらが熱心な教育への教職員の一丸となった取り組みを励まし、個人の地道な努力を発掘し、光を当てるとともに、優れた行動事例（コアコンピテンシー）を作り出し、拡大再生産することに大きな役割を果たしている。

　学生・教職員の主体的行動を作り出し、徹底して褒め、評価して育てる。このシステムがこの大学の力の源泉にある。制度や組織、システムは他大学でも取り入れることは可能かもしれない。しかし、こうした運営を支える人々の目標に賭ける熱意や力、主体的取り組みは 20 数年に及ぶ改革行動の蓄積の上にあり、すぐに真似ができるものではない。

　　　初出：『大学戦略経営論―中長期計画の実質化によるマネジメント改革』東信堂（2010 年）

　　　各大学の調査、報告掲載日（『教育学術新聞』等）
　　　・長岡大学 2008 年 12 月 5 日
　　　・新潟工科大学 2008 年 12 月 5 日
　　　・新潟青陵大学 2009 年 5 月 29 日
　　　・新潟薬科大学 2009 年 12 月 18 日
　　　・金沢工業大学 2009 年 12 月 11 日

　　　＊各大学の記載内容は、全て、調査、掲載時点のものである。

第16章

20大学（13章〜15章）の経営・教学改革、マネジメントサイクルに共通する原理

1. 中長期計画の意義と必要性
    改革推進の柱・中長期計画／政策は如何につくられるか／政策実現のポイント
2. 戦略推進型の運営—マネジメント改革
    様々な理事会改革の取組み／教学との連結、現場への浸透／政策を策定、推進する組織
3. 戦略を具体化する—中期計画の実質化
    戦略の実行計画化／特別予算の設定と成果発表／数値目標、実行計画に具体化／政策実現のための工夫
4. 戦略を遂行するリーダーシップの発揮
    方針管理制度による意見集約／リーダーの役割／中堅管理者の重要性／大学の総合力—絶えざる自己改革

1. 中長期計画の意義と必要性

　第13章から15章で、20大学のマネジメントを、実際の現地調査に基づく報告のまとめとしてご覧いただいた。ここで明らかになった、いくつかの共通する取り組みの特徴点、優れた事例を改めてテーマごとに、ポイントだけ再掲・整理してみたい。

1.1　改革推進の柱・中長期期計画

　日本私立大学協会附置私学高等教育研究所で調査した大学法人の多くは、それぞれやり方に違いはあるが、中期計画を改革推進の中核に位置づけ、それに基づく大学運営が行われている。静岡産業大学の大坪檀学長、長岡大学の原陽一郎学長は、あらゆる改革に先立ち、まずビジョン作りが先行すると言う。自らの大学の強みを発見し、立地する地域を生かし、際立った特色作りに取り組む。静岡産業大学は、「地域に根差す教育重視大学、学生重視の大化け教育」を掲げ、地元企業による20を超える冠講座を作り上げるとともに、「オバケスイッチ」のコンセプトで学生の持つ本来の力を引き出す教育を進める。長岡大学も「学生生活の充実感、達成感、満足感」を掲げ、徹底した少人数教育とマンツーマン指導、地元企業と連携した実践型教育を展開し、その二つでGPを申請、採択されることで、改革の促進と資金確保、社会的評価の3つを獲得している。

　大阪経済大学では、学内各層による調整型の運営を脱却する切り札として、改革内容を細部にわたって書き込んだ「中期3カ年計画」を設定している。山梨学院大学の「経営の4つのコンセプト」もブランドを維持しながら、特色ある大学作りを進める指針として機能している。中村学園大学では8つの学校、幼稚園と年商65億の給食事業を総合的に経営する基本計画として、数値目標を重視した「中期総合計画」が重要な役割を果たしている。福岡工業大学では、「第4次マスタープラン」とアクションプログラムに基づき、特別予算を組んで改革目標の達成を目指している。全管理者の机に置かれた「For all the students- 全て学生・生徒のために」「Just Do It- すぐ実行する」の標

語は、この目標実現の基本精神を表している。

　長岡造形大学では、中期計画で毎年学科やコースを再編し、高校生のニーズに応えるとともに新たな大学像を打ち出すことで定員割れを克服している。新潟工科大学も、中期計画に実施プロセスや推進組織、スケジュールや担当者まで入れ込み実践性を高めるとともに、目標の到達尺度、評価軸を設定することで、達成を曖昧にしない取り組みを進めている。

　日本福祉大学の「学園ビジョン・中長期計画・短期計画・事業計画・事業企画書」の流れもミッション実現のための計画を、最後まで詰めて具体化し、実践していく仕組みである。神奈川大学や大妻女子大学では、それぞれ80周年、100周年を迎えるのを期に、創立以来はじめて全学的な中期計画を立案し、周年事業を契機として全教職員が目標を共有して新たな前進を始めている。

1.2　政策は如何に作られるか

　そして、こうした政策形成にあたって多くの大学が、上からの一方的な提起ではなく、各部局からの提案やヒアリングを積極的に組織している。現場の課題を生かすことによって、トップのイニシアティブと共にボトムアップを結合させている。困難な環境の中での抜本改革の推進には、現実問題と切り結ぶ中期計画の存在が不可欠である。

　政策を策定、推進する上で、トップダウンが良いか、ボトムアップが良いかという点もよく議論になる。調査大学でも、例えば京都女子大学は3年スパンでの学部新設を中心とした改革が定着しており、「研究会」といわれる教職員の自由な提案を基礎にした政策作りが行われている。一方、大学や小中高各学校の独立した運営が定着している京都ノートルダム女学院で、学校間の一体性と共通した目標作りという風土改革に着手するには、上からの改革提起が有効性を持つ。今の風土や運営システムを一気に変える場合は、トップダウンの要素を取り入れないと難しいし、改革の気風が根付いている所では、現場の知恵を結集するボトムアップが有効だといえる。つまり実現すべき課題や環境による。

　しかし、最終的には政策は現場の実態から出発し、現場の教育や業務の指

針とならないかぎり有効性は持ちえない。山梨学院大学や中村学園大学、広島工業大学もトップの強いリーダーシップで運営されているが、その政策立案の源には、現場の丁寧なヒヤリングや提案がある。多くの大学では、教職員から現状の問題点や課題、改革のアイディアについてアンケート調査を行ったり、学生の授業評価や生活実態調査を分析したり、データの収集を行っている。正確な実態把握抜きには、正確な課題設定は困難だ。

　また計画策定過程での議論や公開、教職員参加型の検討も有効性がある。教職員の参加する検討会・意見交換会（新潟青陵大学の「Web会議室」など）の開催や積極的な提案公募、質問や解説、会議議事録等のウェブ上で公開などが、政策策定への参加意識を高め、かつ現場の実態を踏まえた意見を生かすことになる。議論には一定の時間を要するが、政策はこうした過程を経て共有され、構成員の活動指針として機能していく。

　ただし、議論を重ねるたびに、当初の改革案の角が取れて丸くなっていくようでは駄目だ。だれもが心地良い改革案は、本当の改革になっていない。変えるべき本質、根源は何か、ここを明確にすること。痛みの伴う改革かどうかが、真の改革のバロメーターである。

1.3　政策推進上のポイント

　その上で各大学の取り組みを整理すると、以下の点が共通する柱だといえる。

> (1) 中長期計画を実際の実行計画に落とし込み、業務遂行計画や教育改革、予算編成方針に具体化されているか、そういう仕組みを持っているかという点。重点目標の実現のために資金や人が集中され、逆に廃止・縮小すべき事業の判断が行なわれ、選択と集中、リストラクチャリングが機能しているかが重要だ。
>
> (2) 政策の具体化と推進を担う組織運営のあり方。理事会責任を明確にし、教授会、事務組織が一丸となって実践する仕組みが出来ているか。ミッションや改革目標を全学に浸透させるため、トップが直接教職員に語りかけ、また政策を執行する常務理事会、経営・教学の会議、事務幹部の会議等が機能しているか。プランを実践に移せるかは、この

組織の力にかかっている。
　(3) 経営と教学の政策一致、事務局も含む協力体制の構築も重要な課題だ。理事会と教授会が共通の目標を掲げ、真剣な議論と一体的運営を作り上げていくことが、全学が力を合わせた改革の源となる。
　(4) 計画を策定するにあたって、調査・原案作成を専門的に担う企画部門、事務組織も重要だ。外部環境や自大学の実態、他大学のベンチマークの中から展望のあるビジョンと現実計画が求められる。
　(5) そして最後にトップや幹部層のリーダーシップの在り方が問われる。
これらについて事例に基づき整理してみる。

2. 戦略推進型の運営―マネジメント改革

2.1　様々な理事会改革の取組み

　戦略の遂行にとって重要なのが、政策の具体化と推進を担う組織のあり方だ。ミッションの実現、目標・計画の実行を組織運営の中軸に据えなければならない。まずは法人・学園全体の運営に最終責任を負う理事会機能の強化・確立が求められる。

　京都ノートルダム女子大学は、改革に先立ち、大学関係者のみの理事構成から企業経営者を 3 人理事に登用した。神奈川大学では、評議員から選挙で選ばれる理事を減らし、職務上の理事を増やして実務機能を強化するとともに、理事数の 4 倍近い評議員を減じて効率化を図った。理事の構成は法人創設以来の社会的支持の歴史を反映したものであるが、改革のための機能強化は不可欠だ。

　常任理事会等の日常経営組織を強化することや理事の責任分担の明確化も求められる。24 項目に上る重点を学内理事に割り振って執行責任を明確にした国士舘大学や日本福祉大学の執行役員制など経営の全課題に個人責任を明確にして、現場指揮権も含む確実な執行を図る試みといえる。厳しい改革には、課題を最後までやりぬく責任者、計画を断行する「憎まれ役」が不可欠だ。計画の実効性は、プランの正しさだけでなく、それに誰が責任をもつかで決まる。

広島工業大学の朝のミーティングは、毎日、短時間、理事長、学長が打ち合わせする。長岡造形大学のG4会議も理事長、学長、常務理事、事務局長がディスカッションする会だが、トップ集団の本音での一致が意思決定の効率化と迅速な推進を支える。

兵庫大学では、理事長が、設置学校7校を4つのグループに分け、毎月訪問し「月例懇談会」として学校幹部と率直な意見交換を行い、学校ごとの実態に即した自律的な運営や方針の浸透を図っている。

また新潟工科大学のように、理事会、評議員会終了後、毎回、全理事、評議員と教職員の茶話会を開催し、率直な意見交換を行っているところもある。ここでは大学の状況や方針を関連企業に理解し支援してもらうため、「お取引先説明会」も定期的に開催している。

広島工業大学では、年間10数回理事会を開催し、学内の最高意思決定機関としての実質機能を強めている。実質統治にふさわしい理事会運営への改善の取り組みが求められる。

2.2 教学との連結、現場への浸透

経営と教学の政策一致、協力体制の構築も多くの大学にとって重要な課題だ。研究所調査では理事長と学長が分離している法人は8割を超えており、半数近くが、経営・教学の「政策調整組織」を持っている。これを理事会で統合している所も多く、大阪経済大学は、学部長4人（教員理事は8人）、職員3人（事務局長、本部長）が理事となり、学内合意と政策の徹底を重視した運営を進めている。

女子栄養大学では学園構想協議会、国士舘大学では定例学内理事懇談会、大妻女子大学は拡大常任理事会など、経営と教学が定期的に協議しながら政策推進を行っているところが多い。経営と教学が、真剣な議論を通して、共通の基本目標を掲げ一体的に運営されることが大切だ。経営目標を達成するためにも、教育、研究、地域連携の総合作戦が不可欠である。

トップ機構だけを整備し、その権限を拡大しても、それが学部教授会や各部局、事務局の現場に貫徹されねば実行には結びつかない。政策を浸透させ、方針の具体化を図り、構成員の実際の行動を目的に向かって統括する機関の

役割が極めて重要だ。このトップとボトムを結び合わせる機関をどう作るかが中期計画の実質化を左右する。

例えば、理事と学部長、事務局幹部が一堂に会し、率直な議論と本音で一致した目標・計画が持ちうるかが、その後の政策の実効性を担保する。学部や事務局の現場からの意見を基本方針とすり合わせ、議論を深めながらも、決定したら確実に実行に移す組織風土を作り上げなければならない。

さらに学長の下での大学としての一義的な政策決定も重要だ。大学評議会と学部教授会の権限関係も、どの議事がどの機関の決定事項で何が報告事項なのか峻別すべきだ。各機関の決定権限を法令や原則に基づき改めて明確にすること、仮に一学部の反対があっても大学としての意思決定が進む運営でなければ、目標の推進は困難だ。

2.3 政策を策定、推進する組織

計画策定のシステムも重要だ。周年事業を契機に初めて将来計画を策定した神奈川大学や大妻大学では、新たに理事会の下に教学も含む将来構想策定委員会を期間限定で設置した。恒常的機関としては、福岡工業大学、星城大学の戦略会議、京都ノートルダム女子大学の中期計画総合推進室、日本福祉大学の学園戦略本部や基本計画委員会など多数ある。トップの下に有力な若手教職員のプロジェクトを設置、アイディアを提案させて改革を断行し成功した例もある。いずれにせよ、中期計画の策定と推進を担う機関を恒常的に学園運営の中軸に位置づけ、日常組織を政策目標で統括することが重要な点である。

事務組織における企画部門の役割も重要だ。研究所の調査でも、中期計画原案策定は、法人事務局長、担当事務部署などもっぱら事務局が担っているケースが多かった。企画部、企画室、企画推進室など、企画専属部門を事務機構として位置づける所も多くなっている。

法人、大学全体の企画を担う部署を置くだけでは、教育や地域連携など各分野の具体的な開発には十分とは言えなくなってきた。福岡工業大学では、改革推進室の他に教育改善支援室、産学連携支援室などを設置、日本福祉大学でも企画事業局の他に教育開発室や事業開発室を置いて、教育改革や社会

連携、地域貢献事業の開発に当たっている。

　IR機能も注目を集めている。だがここがデータを集め分析・研究し、あるいは認証評価に対応するだけでは不十分で、政策決定機関と結びついて内部改革に力を発揮しなければならない。ただ委員会等で集まって議論するだけでは深みのある長期的な政策はできない。先駆的な政策立案に企画専門部門の強化・拡充は不可欠だ。

　現場から政策遂行を担う職員の開発力とマネジメント力量の向上、職員のプロフェッショナル化もまた重要だ。市場とニーズに向き合う職員の現場からの情報発信、先駆的な課題設定や解決方策の提起の水準が、大学改革のレベルを規定する。教員のみによる統治システムは変えられなければならない。職員を大学運営に参画させ、現場からの提起を組織的に生かすことで、真の教職共同が実現できる。

　危機的事態からの改革を始めるにあたって、まず人事を刷新し、体制の改革を断行した長岡大学の事例も教訓的である。理事長が、全教職員に直接呼びかける理事長懇談会を設置、常任理事会体制を敷き、学募の緊急対策委員会を置くとともに教授会主要委員長を刷新、続いて学長交代を行った。

　京都女子大学や新潟工科大学などいくつかの大学では、学長選挙制度を廃止し、選考委員会制度に切り替えた。厳しい時代に学内の無用な対立を避けるとともに、より適切な人、経営と教学が一致して推薦できる力のある人物を選任する仕組みと言える。

　どんなに斬新なプランがあっても、それを決定し執行する統治機構が機能しなければただの紙切れになってしまう。中期計画の実質化は、まさにこの組織運営のあり方、決定と執行のシステムの強化にかかっている。

3. 戦略を具体化する―中期計画の実質化

3.1　戦略の実行計画化

　戦略を実質化するには、それを実際の実行計画に落とし込まなければならない。戦略重点課題が、学部の教学計画や年度ごとの事業計画、予算編成方針、業務方針に反映されなければ、目標が実行に移される保証は何もない。中期

計画をお題目で終わらせないためには、それを現実のプランに具体化し、そこに人、物、金を集中することが求められる。

しかし、これは言うほど易しいことではない。今日の右肩下がりの財政構造の中で目標の実現を図ろうとすれば、当然にも廃止・縮小すべき事業を明確にする決断が求められる。既得権益や前例を重視する大学風土の中では、批判や抵抗は免れえない。しかしこれを避けたり、中途半端な調整を図っては、中期構想の実現は絵に描いた餅、方針は掲げても実行が伴わないこととなる。ここにこそ経営の責務があり、その真価が問われる。

予算査定に、最終段階で理事長自ら立会い、掲げた目標が実現できる予算になっているか点検を行う法人も多い。資源の再配分が行えるかどうか、平等型の配分から選択と集中に転換し、リストラクチャリングできるかどうか、政策実現は、ここにかかっている。

またいくつかの法人では、この重点課題を個々人の業務課題に連結させ、個人責任を明確にして業務推進を図る目標管理制度、人事考課を取り入れている。政策を全教職員が分担して遂行し、目標実現に迫る工夫が求められる。そして年度末には、到達点、課題を明らかにし事業報告書等に取りまとめる。このPDCAサイクルを単なる標語でなく実際の学内の年間サイクルに具体化し実行できるかどうかも大切である。

また、評価を改革に生かす取り組みも重要だ。認証評価、第3者評価や監事監査、さらには学生の授業評価や教育評価、各種の実態調査などを実際の政策立案に繋げることが現実問題の解決に意義を持つ。外からの評価は、意識する、しないに関わらず常に存在する。問題点や批判も含め、課題に正面から向き合うことが前進につながる。静岡産業大学では、学生自身に学生満足度調査を委託し、その結果を学生自身が分析、直接、理事会や教授会に報告することで、率直な問題把握と課題解決に努めている。

3.2 特別予算の設定と成果発表

福岡工業大学の経営を特徴付けるのは、明快な経営戦略（マスタープラン・MP）の策定と分野別のアクションプログラム（AP・年度事業推進計画）への具体化、その実現のため一般予算とは区別された特別予算を編成、進捗を図っ

ている点だ。PDCAを戦略の遂行、教学改革、事務改革のツールとして使いこなし、独自のやり方で学校運営の基本サイクルに定着させている。

　MPは全学的に公開された会議で徹底的に議論されるが、一旦決められると学内全機関の3ヵ年の目標となり、あらゆる組織とその構成員を拘束する。そしてその実現のために各部署から実施計画（AP）が提案され、教職員参加の審査会で目標との整合性や効果等について評価、検証を受けた上で特別予算が組まれる。MP—AP—特別予算の流れで実行計画に落された事業は、「AP中間報告会」「APレビュー報告会」「成果発表会」などで事業の進捗や到達、成果や問題点を明らかにし、次年度の事業につなげている。掲げた目標の実践に徹底的な拘って追求するやり方こそが、中期計画の実質化を支える。

3.3　数値目標、実践計画に具体化

　中村学園大学では、大学・短大など6つの学校、幼稚園を持ち、65億規模の給食事業を展開している。ここの中期総合計画は80Pもあり、現在第3次計画が進行中である。計画の特徴は、事業に実施年次を明記、就職等においては何％、資格取得は何人の学生、順位を競うものは何位以内に入る、さらにはインターンシップの参加学生人数目標、各種セミナー・講座等の受講生獲得目標など数値を多くの項目に書き込んでいる点にある。また志願者・入学者の5ヵ年の年次別獲得目標、教職員の人員計画、財務指標も一覧表で示されている。

　新潟工科大学でも、41項目に上る施策アクションプランが作られたが、優れているのは、課題ごとに担当部局、役職者など責任者が明記され、また到達度を評価するための実態調査や統計、数値根拠、具体的な成果物の指定などの評価尺度が設定されている点だ。達成度を何で評価するか、具体的に示すことが実践に繋がるキーとなる。

　大阪経済大学では、教育・研究改革から学生募集や就職、学生生活支援、地域との連携、施設・設備計画から管理運営・組織改革、財政・人事計画までを網羅する12の大項目、101の小項目から成る具体的計画を作り、その実践を進めてきた。構成員の総意に基づく運営を伝統としているが、それだ

けに、掲げた目標の実践を曖昧にしない措置として具体的な計画への書き込みを重視している。その優れた点は、目指す目標を端的に示すと共に、その実現のための体制整備、組織改革にまで言及し、理事会改革、大学運営の改善、職員参加や人事制度改革、教員評価などにまで踏み込んで改革に実効性を担保していることにある。

3.4 政策実現への具体化と工夫

　日本福祉大学でも、1990年代から中期計画に基づく大学運営を進め、ほぼ5年スパンで新たな目標や計画の設計を行ってきた。現在の計画は、学園ビジョン、創立60周年 (2013年) までの中期構想、短期計画、各年度の事業計画によって成り立っている。学園ビジョンにおいては、改めて3つの基本目標を掲げるとともに、短期計画での中心事業として2008年度、3つの学部の同時新設を行った。そしてこの計画を年度に具体化する23項目の重点事業全てに、担当執行役員の分担責任が明確にされ、年2回、丸2日をかけてその立案 (計画策定) や総括 (到達点、問題点の評価) を行っている。担当執行役員が重点事業の予算、推進体制の構築、実行管理、その結果に責任を負うことで、全体目標の実現に努めている。

　広島工業大学でも中長期運営大綱に基づき2015年までの4つの基本方針、5つの計画を定め、改革の方向を鮮明にすると共に、3ヵ年ごとの中期基本計画、単年度ごとの年度運営計画を定めている。そしてこの年度運営計画の策定・評価、予算編成方針の立案から予算編成作業、理事長査定、決算、事業報告書の作成に至る全過程を年間スケジュールとして確定することで、PDCAを学内業務に定着させている。

　国士舘大学の年間方針の柱である事業計画の立案の取組みも優れている。全ての基礎組織 (経営・教学・事務) から提出されるこの計画表には、事業の「達成目標」、「目標の達成度合いを示す指標」を、数値指標も入れ込みながら設定する書式になっている。これは事業が単にやれたかやれなかったかだけでなく、どこまで前進しどこが不十分だったのか、終了後に事業を評価し、継続的改革ができる点で工夫された事業計画書といえる。

　長岡造形大学では、学生募集を入試広報課と企画推進課が共同で担う体制

をとっている。学生募集を単なる学生集めの手法に止めず、高校生のニーズに基づく大学の魅力作りに結びつけることで真の学募強化を図っている。大学改革の方針を作る企画部署が同時に、その社会的評価でもある募集に責任を負うのは、工夫されたやり方だと言える。

このように戦略は、実行計画まで落としこむことで、初めて実践される保証を得ることになる。

4. 戦略を遂行する―リーダーシップの発揮

4.1 方針管理制度による意見集約

政策を遂行するには、信頼感のあるトップのリーダーシップが求められる。今日、トップや幹部に求められるのは、先を見通した現実性のある政策提起、構成員に納得と確信を持たせること、そして構成員の行動を目的達成に向けて組織することである。

静岡産業大学の大坪檀学長は、大学再生には戦略の再構築が不可欠だとし「静岡産業大学の理念とミッション」を提起した。教育に特化した新しい大学モデル作りを掲げ、授業料に値する教育の品質を問い、教員に教育のプロへの変身を求めた。戦略は大学の長期の行動基盤であり、誰でもわかるよう構成員に伝達し続ける必要があるという。

優れているのは、こうした方針提起に止まらず、その達成度報告などフィードバック体制、コミュニケーションシステムを整備した点だ。学長用、学部長・事務局長用、委員会用、教員・職員用に作られた業務報告書の書式は、課題の遂行状況をチェックすると共に、問題点や課題、提案や要望、実践上の工夫、私の貢献策などをも記載するようになっている。

「方針管理制度」と総称されるこれらのシステムは、課題ごとに執行責任者を明確にし、その進捗状況を月次、4半期、年次で報告させる。その中で特に、方針を実施する上での困難、それを乗り越える知恵やアイディアの記載を重視している。単に計画が出来たかどうかではなく、方針の実践過程での問題点や改善点、さらには様々な提案事項や要望を集約することで、方針がより実態を踏まえて遂行できるようになる。さらにこの報告を一冊にまと

めて関係者に閲覧、配布することで、情報の公開と方針の共有を図っている。

4.2 トップからの語りかけ

中村学園大学で月2回、全教職員を対象に行われる「朝礼」は特色ある取り組みだ。理事長や学長から毎回交替で、直面する情勢や経営・教学の時々の課題・方針について語られる。また教員、職員、管理者を対象とする研修会でも、理事長が1時間をこえる講演を必ず行っている。直面する課題の共有と政策の浸透、トップとのコミュニケーションの強化による改革推進の取り組みだと言える。

女子栄養大学の経営は、理事会 - 常任理事会 - 部長会 - 業務連絡会のラインによって行われる。これらの会議には全て理事長が出席し、その直接的な指導の下に運営される。業務連絡会は、職員の部長・課長により構成され、重点課題に基づく業務方針や課題の進行状況、問題点が討議される。ここにも毎回理事長が出席し、アドバイスや具体的指示がされ、トップの考え方や方向が示される。トップが直接現場を掌握し、日常的なコミュニケーションを行いながら業務を推進することは、実態を踏まえた経営の展開に重要な役割を果たす。

理事長からは定期的に基本政策、学園の年間方針や経営重点、予算編成方針が全教職員に直接伝達される。これらは文書化され学園の教職員に改めて配布、周知される。まだ珍しい理事長による職員全員との面接も始めた。トップからの直接の対話は、構成員が一致して目標に向かう上で大きな役割を果たしている。

山梨学院大学は、「個性派私学の旗手」をキャッチフレーズに、地方にありながらブランド確立の戦略を明示し着実に実行してきた。経営の4つのコンセプトを掲げ、重点サークルに多額の投資を行い全国的な知名度を上げると共に、教学面でも現代GPを7つも獲得（大学・短大計）するなど地方大学として全国屈指の成果を上げてきた。

この原動力に理事長・学長のリーダーシップがある。「学園づくりの目標」を具体化するために毎年度の「運営方針」「事業計画」を立案、これを理事長・学長が繰り返し全教職員に説明し、徹底を図っている。この方針はトップか

らの一方的なものでなく、法人本部長と事務局長による全学の諸機関、部課室のヒヤリングをもとに取りまとめられ、実態を反映したものとなっている。

4.3 リーダーの役割

　改革のビジョン作りと実行指導力を持つ学長の選任も重要だ。危機に直面した長岡大学でも、長年東レの技術開発の先端分野で、プロジェクトリーダーや戦略コーディネーターを勤め、世界初の技術開発をいくつも創り出した専門家である原陽一郎氏を学長に起用した。チームを困難な目的に向かって結集させ、一人ひとりを鼓舞し成果を上げるプロを抜擢したことで大学は大きく変わった。

　戦略方針の徹底、書いて繰り返し伝える、現実を示しロジックで説明する、本音で話す、そしてやる気のあるものに任せるやり方で成果を作り出してきた。原氏が、大学人ではなく長岡大学勤務も短かったことも、かえって客観的な大学評価を可能にし、従来のやり方や前例に拘らない実行システムを作り出し、職場風土を一変させていった。

　神奈川大学や大妻女子大学でも、周年事業を契機に将来構想に基づく改革を強力に推し進めている。これらもトップの強いリーダーシップなしには実現しなかった。大妻女子大学では、理事長の所信で、学園の直面する現状と解決方策を率直かつ鮮明に提起することで大学改革の進むべき具体的な方向を指し示した。神奈川大学でも理事長の強いリ‐ダーシップがあって初めて、教員組織や事務局改革が可能となり、理事会構成等、内部改革が推し進められている。

4.4 中堅管理者の重要性

　また戦略を実質的に担う幹部層、特に中堅管理者の役割、レベルアップは、実践的には極めて重要である。戦略目標を理解しつつ現場も熟知しているミドル層（中堅管理者）を、戦略の具体化と実現の中核部隊と位置づけ、ここを基点にトップと繋ぎ、課員を業務遂行に組織する。教員・職員幹部のレベルの向上、この層の厚さが問われている。ミドル層の目標実現への目線の高さが、戦略の水準を決める。単なる管理サイクルを回すだけの管理者から、戦

略目標に従って現場を変革する、新たな事業を創造する、これを課員を巻き込みながら推し進めるチェンジリーダーが求められている。

その実現の最大の条件は、年功型管理職人事の転換である。現在の管理者の多くは大学成長期に育ち、調整型の管理に馴染んでしまっている人もいる。これを変えねば厳しい環境下での戦う管理者集団はできない。そしてこれはトップ層の決断さえあれば実行可能である。有力な若手登用によるチェンジリーダーの実現、職場風土の変革こそ、戦略経営を支える大きな力となる。

4.5 おわりに

大学の存立と発展にとって、市場のニーズや競争環境に対応して、適切な自己革新が継続的にできるか否かが重要だ。経営戦略と教学戦略の一体化による真の改革ビジョン、法人・大学一体の目標の確立なしには、厳しい環境の中で本当の大学評価の向上につながる改革は実現できない。

そしてその推進もまた、理事会だけでも、教授会、事務局だけ頑張っても困難である。理事長をトップとする経営システムと学長をトップとする大学管理運営機構、事務局の現場からの政策提起や創造的な具体化、これらの総合力が不可欠だ。その点でマネジメントとガバナンスは、目標の実現に向け統合されねばならない。

教職員の知恵と力を生かした戦略経営の確立による改革の持続こそが、激変する環境の中で大学が前進できる保障だといえる。

あとがき

　本書『戦略経営 111 大学事例集』並びに『大学戦略経営の核心』『大学戦略経営論』の 3 部作は、著者自身の 40 年以上に及ぶ大学職員生活の後半から、桜美林大学の教授に就任した現在までの 10 数年間の仕事、とりわけ日本の大学に戦略経営構築の必要性を提唱し、実態を調査してその定着に努力してきた取組みの総まとめとなるものである。
　「戦略経営こそが大学の未来を切り開く」という確信は、職員時代、総務部長、事務局長、常任理事としての職務遂行の中で、多くの仲間と共に推し進めた大学改革の実践を通して掴み取った私にとっては不動の理論であり、実践で成果が検証された真理であると考えている。
　3 部作を貫く戦略経営とは、ミッション・目標とその実現計画を第一義とする経営である。企業では当たり前かもしれないが、部局調整型運営を数十年にわたって続けてきた多くの私大にとっては、簡単に実行できるものではない。これを大学運営の実情や教育・研究機関としての性格を踏まえ如何に具体化・実践し目標実現に迫るか、これが本書を始め、3 部作の最大のテーマである。
　危機に直面する大学は、確固とした戦略を明確にし、その実現に集中する経営が強く求められる。ただ戦略の形だけ整えただけでは実効性がない。しかも問題はその実現のための組織や方法、答えは一つではないということである。歴史も伝統も環境も、教育・研究の内容や発揮の仕方も異なる中で、大学の 3 大任務、学生を育成し、世界を相手に研究し、地域の生活・文化の発展に関わる社会貢献という複雑な目標の実現を図るためには、ひとつのやり方、同じ方策はありえない。この点で事例は最も有効な政策の選択肢となりうる。それぞれの大学改革の前進に、111 大学の事例をご活用いただければ幸いである。
　本書の出版は、東信堂社長下田勝司氏のお勧めとお力添えの賜物である。心よりお礼を申し上げたい。

また、本書は、ここ10年間に訪問した111の大学のご協力、実態を示す資料やデータの提供、率直なお話なしには生まれなかった。改めて調査へのご協力に感謝したい。

　ただ111大学の調査には10年を超える歳月を要したため、それぞれの大学には、その後の変化は当然あると思われる。従って各大学の記載内容はすべて調査時点（各章ごとの初出一覧に掲載年月日を記載）のものであることを読者の皆さんにお断りしておきたい。

　事例を連載頂いた『私学経営』『教育学術新聞』の編集部、とりわけ丁寧な編集・校正、また折に触れて励ましの言葉を送っていただいた的場理江氏、足かけ6年にわたり大学の取材・調査に同行いただき苦労を共にした小林功英氏には記してお礼を申し上げたい。

2016年10月
信州伊那にて

著者紹介

篠田　道夫（しのだ　みちお）

桜美林大学教授　日本福祉大学学園参与
昭和 25 年 2 月 22 日生　　現住所　長野県伊那市
愛知大学法経学部法学科卒業
昭和 47 年 4 月学校法人日本福祉大学職員に採用される。図書館課、学生課、庶務課等を経て、昭和 59 年 4 月広報課長、昭和 60 年 4 月庶務課長、平成元年 6 月総務部長、平成 6 年 4 月学園事務局次長兼大学事務局長、平成 9 年 4 月学園事務局長
平成 9 年 4 月　　学校法人日本福祉大学理事就任。（平成 25 年 3 月まで）
平成 24 年 4 月　　桜美林大学大学院教授（現在に至る）
平成 25 年 4 月　　学校法人日本福祉大学学園参与就任（現在に至る）
平成 25 年 4 月　　大正大学特命教授（非常勤）（現在に至る）

[主な役職]
平成 14 年 4 月　　日本私立大学協会附置私学高等教育研究所「私大マネジメント改革」チーム研究代表（現在に至る）
平成 18 年 7 月　　（財）日本高等教育評価機構　評価システム改善検討委員会委員、平成 27 年 4 月より副委員長（現在に至る）
平成 24 年 4 月　　文部科学省学校法人運営調査委員（現在に至る）
平成 27 年 4 月　　中央教育審議会大学教育部会委員（現在に至る）

[著書]
『大学戦略経営の核心』東信堂、2016 年
『大学マネジメント改革―改革の現場・ミドルのリーダーシップ』ぎょうせい、2014 年
『大学戦略経営論－中期計画の実質化によるマネジメント改革』東信堂、2010 年
『大学アドミニストレーター論－戦略遂行を担う職員』学法新書、2007 年
『大学職員論―経営革新と戦略遂行を担う SD』地域科学研究会、2004 年

戦略経営 111 大学事例集

2016 年 12 月 20 日　初　版第 1 刷発行　　　　　〔検印省略〕

＊定価はカバーに表示してあります

著者©篠田道夫　発行者 下田勝司　　　　　印刷・製本　中央精版印刷

東京都文京区向丘 1-20-6　郵便振替 00110-6-37828
〒113-0023　TEL 03-3818-5521（代）FAX 03-3818-5514
E-Mail tk203444@fsinet.or.jp

発行所　株式会社 東信堂

Published by TOSHINDO PUBLISHING CO.,LTD.
1-20-6, Mukougaoka, Bunkyo-ku, Tokyo, 113-0023, Japan

ISBN978-4-7989-1381-0　C3037 Copyright©2016　SHINODA, Michio

東信堂

転換期を読み解く──潮木守一時評・書評集	潮木守一	二六〇〇円
大学再生への具体像〔第二版〕	潮木守一	二四〇〇円
フンボルト理念の終焉？──現代大学の新次元	潮木守一	二五〇〇円
いくさの響きを聞きながら──横須賀そしてベルリン	潮木守一	二四〇〇円
「大学の死」、そして復活	潮木守一	二八〇〇円
大学教育の思想──学士課程教育のデザイン	絹川正吉	二八〇〇円
大学教育の在り方を問う	絹川正吉	二三〇〇円
北大 教養教育のすべて	山田宣夫	二四〇〇円
エクセレンスの共有を目指して	小笠原正明・安藤厚・細川敏幸編著	
国立大学法人の形成	大崎仁	二六〇〇円
大学は社会の希望か──自立と格差のはざまで	天野郁夫	三六〇〇円
国立大学・法人化の行方	江原武一	二〇〇〇円
転換期日本の大学改革──アメリカの実態からその先を読む	江原武一	三六〇〇円
大学の管理運営改革──日本の行方と諸外国の動向	新藤豊久	三六〇〇円
大学経営とマネジメント	篠田道夫	二五〇〇円
大学戦略経営の核心	篠田道夫	三六〇〇円
戦略経営Ⅲ 大学事例集	篠田道夫	三六〇〇円
大学戦略経営論	篠田道夫	三四〇〇円
大学の財政と経営 中長期計画の実質化によるマネジメント改革	丸山文裕	三三〇〇円
私立大学マネジメント	㈳私立大学連盟編	四七〇〇円
私立大学の経営と拡大・再編──一九八〇年代後半以降の動態	両角亜希子	四二〇〇円
大学の発想転換──体験的イノベーション論二五年	坂本和一	二〇〇〇円
30年後を展望する中規模大学 マネジメント・学習支援・連携	市川太一	二五〇〇円
大学のカリキュラムマネジメント	中留武昭	三二〇〇円
戦後日本産業界の大学教育要求──経済団体の教育言説と現代の教養論	飯吉弘子	五四〇〇円
アメリカ大学管理運営職の養成	犬塚典子	三八〇〇円
〔新版〕アメリカ大学政府による大学生経済支援政策	高野篤子	三三〇〇円
より良い大学経営専門職となるために──大学事務職員のための高等教育システム論	山本眞一	一六〇〇円

〒113-0023　東京都文京区向丘1-20-6　TEL 03-3818-5521　FAX 03-3818-5514　振替 00110-6-37828
Email tk203444@fsinet.or.jp　URL:http://www.toshindo-pub.com/

※定価：表示価格（本体）＋税

東信堂

大学の自己変革とオートノミー——点検から創造へ	寺﨑昌男	二五〇〇円
大学教育の創造——歴史・システム・カリキュラム	寺﨑昌男	二五〇〇円
大学教育の可能性——教養教育・評価・実践	寺﨑昌男	二五〇〇円
大学は歴史の思想で変わる——FD・評価・私学	寺﨑昌男	二八〇〇円
大学改革 その先を読む	寺﨑昌男	一三〇〇円
大学自らの総合力——理念とFD そしてSD	寺﨑昌男	二〇〇〇円
大学自らの総合力Ⅱ——大学再生への構想力	寺﨑昌男	二四〇〇円
21世紀の大学：職員の希望とリテラシー	寺﨑昌男	二五〇〇円
ミッション・スクールと戦争——立教学院のディレンマ	老川慶喜編	五八〇〇円
一貫連携英語教育をどう構築するか	前田一男編	一八〇〇円
英語の一貫教育へ向けて——「道具」としての英語観を超えて	鳥飼玖美子編著 立教学院英語教育研究会編	二八〇〇円
大学評価の体系化	大学基準協会編	三二〇〇円
高等教育の質とその評価——日本と世界	山田礼子編著	二八〇〇円
アウトカムに基づく大学教育の質保証——チューニングとアセスメントにみる世界の動向	深堀聰子	三六〇〇円
高等教育質保証の国際比較	杉本和弘純編 羽田貴史編 米澤彰純編	三六〇〇円
学士課程教育の質保証へむけて——学生調査と初年次教育からみえてきたもの	山田礼子	三二〇〇円
新自由主義大学改革——国際機関と各国の動向	細井克彦編集代表	三八〇〇円
新興国家の世界水準大学戦略——世界水準をめざすアジア・中南米と日本	米澤彰純監訳	四八〇〇円
東京帝国大学の真実	舘昭	四六〇〇円
日本近代大学形成の検証と洞察	舘昭	二〇〇〇円
原理・原則を踏まえた大学改革を——場当たり策からの脱却こそグローバル化の条件	大野雄幸多 清野勇司人	二八〇〇円
学生支援に求められる条件——学生支援GPの実践と新しい学びのかたち	清水栄子	二四〇〇円
アカデミック・アドバイジング その専門性と実践——日本の大学へのアメリカの示唆	清水栄子	二四〇〇円

〒113-0023 東京都文京区向丘1-20-6
TEL 03-3818-5521 FAX 03-3818-5514 振替 00110-6-37828
Email tk203444@fsinet.or.jp URL:http://www.toshindo-pub.com/

※定価：表示価格（本体）＋税

東信堂

溝上慎一 監修　アクティブラーニング・シリーズ（全7巻）

① アクティブラーニングの技法・授業デザイン　水野正朗・鈴木健生編　一六〇〇円
② アクティブラーニングとしてのPBLと探究的な学習　溝上慎一・成田秀夫編　一八〇〇円
③ アクティブラーニングの評価　松下佳代・石井英真編　一六〇〇円
④ 高等学校におけるアクティブラーニング：理論編　溝上慎一編　一六〇〇円
⑤ 高等学校におけるアクティブラーニング：事例編　溝上慎一編　二〇〇〇円
⑥ アクティブラーニングをどう始めるか　成田秀夫　一六〇〇円
⑦ 失敗事例から学ぶ大学でのアクティブラーニング　亀倉正彦　一六〇〇円

アクティブラーニングと教授学習パラダイムの転換　溝上慎一　二四〇〇円

大学生の学習ダイナミクス
―授業内外のラーニング・ブリッジング　河井亨　四五〇〇円

大学のアクティブラーニング　河合塾編著　三二〇〇円

「学び」の質を保証するアクティブラーニング
―3年間の全国大学調査から　河合塾編著　二〇〇〇円

「深い学び」につながるアクティブラーニング
―全国大学の学科調査報告とカリキュラム設計の課題　河合塾編著　二八〇〇円

アクティブラーニングでなぜ学生が成長するのか
―経済系・工学系の全国大学調査からみえてきたこと　河合塾編著　二八〇〇円

初年次教育でなぜ学生が成長するのか
―全国大学調査からみえてきたこと　河合塾編著　二八〇〇円

主体的学び　創刊号　主体的学び研究所編　一八〇〇円
主体的学び　2号　主体的学び研究所編　一六〇〇円
主体的学び　3号　主体的学び研究所編　一六〇〇円
主体的学び　4号　主体的学び研究所編　二〇〇〇円

「主体的学び」につなげる評価と学習方法
―カナダで実践されるCEモデル　S.ヤング&R.ウィルソン著　土持ゲーリー法一訳　一〇〇〇円

ポートフォリオが日本の大学を変える
―ティーチング/アカデミック・ポートフォリオの活用　土持ゲーリー法一　二五〇〇円

ティーチング・ポートフォリオ　授業改善の秘訣　土持ゲーリー法一　二〇〇〇円

ラーニング・ポートフォリオ　学習改善の秘訣　土持ゲーリー法一　二五〇〇円

〒113-0023　東京都文京区向丘1-20-6　TEL 03-3818-5521　FAX 03-3818-5514　振替 00110-6-37828
Email tk203444@fsinet.or.jp　URL:http://www.toshindo-pub.com/

※定価：表示価格（本体）＋税